neukirchener
theologie

Beiträge zu Evangelisation und
Gemeindeentwicklung

Herausgegeben von
Michael Herbst / Jörg Ohlemacher /
Johannes Zimmermann

Band 19
Matthias Clausen / Michael Herbst /
Thomas Schlegel (Hg.)
Alles auf Anfang

Matthias Clausen / Michael Herbst /
Thomas Schlegel (Hg.)

Alles auf Anfang

Missionarische Impulse für Kirche
in nachkirchlicher Zeit

Neukirchener Theologie

Bibliografische Information der Deutschen Nationalbibliothek

Die Deutsche Nationalbibliothek verzeichnet diese Publikation in der Deutschen
Nationalbibliografie; detaillierte bibliografische Daten sind im Internet über
http://dnb.d-nb.de abrufbar.

© 2013
Neukirchener Verlagsgesellschaft mbH, Neukirchen-Vluyn
Alle Rechte vorbehalten
Umschlaggestaltung: Andreas Sonnhüter
DTP: Nadine Bauerfeind
Gesamtherstellung: Hubert & Co., Göttingen
Printed in Germany
ISBN 978–3–7887–2730–7 (Print)
ISBN 978–3–7887–2731–4 (E-Book-PDF)
www.neukirchener-verlage.de

Für Jörg Ohlemacher zum 70. Geburtstag

Geleitwort

Liebe Leserin, lieber Leser!

Zum Auftakt des 10-jährigen Jubiläums des Instituts zur Erforschung von Evangelisation und Gemeindeentwicklung (IEEG) erscheint die Programmschrift zum Thema: „Alles auf Anfang. Impulse für Kirche in nachkirchlicher Zeit". Dieser Titel macht neugierig. Zwar finden sich Gedanken über die mündig gewordene Welt und das weltliche Verständnis der christlichen Lehre bereits bei Dietrich Bonhoeffer, allerdings bleibt dort die sanctorum communio zentraler Ort christlicher Gemeinschaft und Kirche ist nur dann Kirche, wenn sie für andere da ist. Und nun Kirche in nachkirchlicher Zeit?

Seit zehn Jahren setzt das Institut zur Erforschung von Evangelisation und Gemeindeentwicklung wichtige Impulse in den Bereichen Evangelisation, Mission und Gemeindeentwicklung. Vieles davon fand dankbare Aufnahme in der Evangelischen Kirche in Deutschland und ihren Gliedkirchen. Die Evangelische Landeskirche in Baden hat ein besonderes Verhältnis zum IEEG. Durch die schon mehrere Jahre während Abordnung eines Pfarrers zur Mitarbeit am Institut unterstützt und wertschätzt sie die dort geschehende Forschungsarbeit. Sie profitiert aber auch selbst auf diesem Weg in intensiver Weise von den Forschungsergebnissen und nimmt Impulse aus Greifswald an vielen Stellen landeskirchlicher und gemeindlicher Arbeit auf. Stellvertretend möchte ich den Bereich der Glaubenskurse nennen, den das IEEG seit vielen Jahren begleitet und auch selbst aktiv mitgestaltet. Im Zusammenspiel mit der Arbeitsgemeinschaft Missionarischer Dienste (AMD) und der Evangelischen Kirche in Deutschland (EKD) beteiligt sich das IEEG aktiv am Projekt „Erwachsen Glauben". Darüber hinaus erforscht das Institut die Bedeutung von Glaubenskursen für die Entwicklung von Kirche und Gemeinde. Erste Ergebnisse, die 2013 vorgestellt werden, sollen das Nachdenken über das Instrument der Kurse zum Glauben in der Breite der Landeskirchen fördern. Ein weiteres Beispiel für das Wirken der Forschungsarbeit des IEEG in die EKD und ihre Landeskirchen ist das neue Ideenmagazin „3E echt.evangelisch.engagiert", an dem das IEEG maßgeblich mitarbeitet. 3E ist der Versuch, auf publizistischem Weg Gemeindearbeit bundesweit zu vernetzen und innovative Modelle und Initiativen für die Gemeindearbeit vorzustellen.

Anlässlich des 10-jährigen Jubiläums des IEEG danke ich allen Verantwortlichen und Mitarbeitenden für die zahlreichen und wertvollen Impulse, die das Institut in den vergangenen zehn Jahren in die Gliedkirchen der EKD und ihre Gemeinden gesendet hat. Es gehört zum Auftrag des Forschungsinstituts, Entwicklungen und Veränderungen in Kirche und Gesellschaft zu erkennen, zu analysieren und zu deuten. Deshalb bin ich gespannt auf die Impulse für Kirche in nachkirchlicher Zeit und wünsche dem IEEG alles Gute und Gottes Segen für die weitere Forschungsarbeit.

Ich grüße Sie mit einem Wort aus den Klageliedern Jeremias: *Lasst uns erforschen und prüfen unsern Wandel und uns zum Herrn bekehren* (Klagelieder 3,40)!

Ihr Landesbischof Dr. Ulrich Fischer

Inhalt

Vorwort

Zu Beginn eine Prise Karl Barth:

> „Ich sehe merkwürdigerweise gerade über dem uns hier vorgelegten Material so etwas wie einen tiefen Trauerschatten, der davon herzurühren scheint, daß wohl noch allzu viele der Meinung sind, als müßten wir Christenmenschen und Kirchenleute das ausrichten, was doch nur Gott selbst vollbringen kann und was er ganz allein vollbringen will: das nämlich, daß Menschen (...) durch das Evangelium wirklich zum Glauben kommen"

– so Barth 1948 in Amsterdam, zum Thema: „Die Unordnung der Welt und Gottes Heilsplan".[1] Noch schärfer urteilte Barth im gleichen Zusammenhang über den Gebrauch der Vorsilbe „nach-":

> „Wie kommen wir nur dazu, uns die zuerst von einem deutschen Nationalsozialisten vorgetragene Phrase, daß wir heute in einer „unchristlichen", ja „nachristlichen" Aera lebten, mit einer Selbstverständlichkeit zu eigen zu machen, als ob wir von der Begrenzung unserer Zeit durch Jesu Auferstehung und Wiederkunft noch nie etwas gehört hätten, um dann ausgerechnet von dieser Voraussetzung aus darüber meditieren zu wollen, wie man in unseren Tagen am besten Evangelisation und Mission treiben könnte? ‚Nachchristliche Ära'? Unsinn!"[2]

Barth meinte 1948 nun zwar nicht die Beiträge des vorliegenden Bandes, die konnte bei allem Respekt auch er nicht vorhersehen. Zudem sprechen wir in diesem Band ja nicht von nach*christlicher*, sondern bewusst von nach*kirchlicher* Zeit. Was genau wir damit meinen, wird im Folgenden erläutert.

Barths Warnung nehmen wir dennoch ernst: So wichtig die nüchterne Bestandsaufnahme ist, so wenig dürfen wir doch den Ausgangspunkt und die *Mitte aller Mission* vergessen: das, was Gott in Jesus Christus getan hat und tut und was sich durch keinen Mitgliederschwund und keinen gesellschaftlichen Wandel rückgängig machen noch aufhalten lässt.

---

[1] Barth, Karl, Die Unordnung der Welt und Gottes Heilsplan, in: Lüpsen, Focko, Amsterdamer Dokumente. Berichte und Reden auf der Weltkirchenkonferenz in Amsterdam 1948, Bielefeld ²1949, 143 (sic).

[2] Ebd.

Das soll nicht einfach ein besinnlicher Vorspann sein, bevor es dann praktisch-theologisch und empirisch-sozialwissenschaftlich „ernst wird". Sondern es soll die Blickrichtung anzeigen: Auf den folgenden Beiträgen liegt eben *kein* „Trauerschatten", sondern sie sind bestimmt von missionarischer Zuversicht. Selbstverständlich ist missionarisches Handeln auch unter wechselnden gesellschaftlichen und kirchlichen Bedingungen möglich und wirksam. Gerade das ist ja der Beweggrund für diesen Band.

Natürlich sind dabei auch *Abschiede* nötig – aber eben Abschiede nur von einer bestimmten *Gestalt* oder von vertrauten *Strukturen* von Kirche, keinesfalls der Abschied vom Auftrag der Kirche. Bei den Abschieden bleibt es also nicht, sondern sie sind Durchgangsstation auf dem Weg zur Entwicklung neuer missionarischer Impulse. Gott ist für sein Wirken nicht auf einzelne, historisch gewachsene Strukturen angewiesen, also sind wir es auch nicht.

Das alles ist nicht erst unsere Idee, sondern ganz Ähnliches hat schon vor zehn Jahren Paul Michael Zulehner angemerkt – in seinem Beitrag zum Gründungssymposium des Greifswalder „Instituts zur Erforschung von Evangelisation und Gemeindeentwicklung" im Jahr 2004. Auch Zulehner beginnt mit der Beschreibung eines grundlegenden Wandels:

> „Die Konstantinische Kirchengestalt geht vor unsern Augen zu Ende. ,Konstantinisch': das war die Zeit der engen Verflechtung von Kirche – Staat – Gesellschaft."[3]

Auswirkungen dieser Verflechtung sieht Zulehner noch in den lange Zeit stabilen Mitgliedschaften der europäischen Großkirchen – sozusagen als spätes Echo des Prinzips *cuius regio, eius religio*.[4] Diese Stabilität sei seit einigen Jahrzehnten aber dahin.[5] Schon der Begriff „konstantinisch" macht nun deutlich, dass Zulehner sich nicht einfach vergangene Verhältnisse zurückwünscht. Kirche gab es schon vor Konstantin, und es wird sie natürlich auch in Zukunft geben. Die Frage ist nur, wie etwa die verfassten Kirchen Westeuropas mit dem sich vollziehenden Wandel umgehen:

> „(Die) tief greifende Veränderung der Beziehung der Menschen zu den christlichen Kirchen führte in den letzten Jahrzehnten vor allem in jenen Kirchen, die den Luxus einer Kirchensteuer besaßen, zu einer tiefen Krise (...). Kirchen müssen sich dieser

---

[3]   Zulehner, Paul Michael, Aufbrechen oder untergehen. Wie können unsere Gemeinden zukunftsfähig werden?, in: Herbst, Michael/Ohlemacher, Jörg/Zimmermann, Johannes (Hg.), Missionarische Perspektiven für eine Kirche der Zukunft, Neukirchen-Vluyn ²2006, 17.

[4]   „Wessen Region, dessen Religion." Vgl. Zulehner, Aufbrechen oder Untergehen, 17f.

[5]   Ebd.

Übergangskrise stellen. Das kann in doppelter Weise geschehen: rückwärtsgewandt oder zukunftsorientiert. Wenn die praktisch-theologischen Analysen stimmen, dann ist jener Umgang mit der Krise am weitesten verbreitet, der mehr den bestehenden Kirchenbetrieb stabilisiert. Es wird mehr auf die rückbauende Verschlankung („downsizing") der bisherigen Kirchengestalt gesetzt und weniger auf den Entwurf einer neuen Kirchengestalt. Das hat seinen letzten Grund darin, dass das Geld den Ton angibt, nicht eine Vision."[6]

Wie sehen also Impulse für künftiges kirchliches Handeln aus, die von der oben beschriebenen missionarischen Zuversicht bestimmt sind?

Um nicht missverstanden zu werden: Dass traditionell volkskirchliche Strukturen auch in Deutschland vielerorts noch funktionieren, ist unbestritten. Die Mitgliedschaft der Großkirchen ist in den letzten Jahrzehnten geschrumpft, aber in absoluten Zahlen immer noch beachtlich. Kirchliche Angebote in Kasualien, Seelsorge und Diakonie haben zunehmend Konkurrenz bekommen, werden aber nach wie vor geschätzt und abgefragt.

Und doch ist Entkirchlichung längst kein Randphänomen mehr. In manchen deutschen Regionen liegt der Anteil der eingetragen Kirchenmitglieder unter dem Schnitt klassischer Missionsgebiete. Von schönen alten Gebäuden auf die Prägekraft des Glaubens zu schließen, wäre hier reines Wunschdenken. Da kann selbst die Anknüpfung an Kritik und Missverständnissen ins Leere laufen – denn wo kaum noch Bilder von Christsein in den Köpfen existieren, gibt es nicht einmal mehr Zerrbilder.

Damit sind wir bei unserer eigenen Definition des *Begriffs „nachkirchlich"*: Gemeint ist ein gesellschaftliches Umfeld, in dem die Stabilität und Reichweite traditioneller kirchlicher Strukturen, die Resonanz auf christliche Glaubensinhalte und schon die Kenntnis solcher Inhalte rapide im Schwinden sind. „Nachkirchlich" beschreibt so bewusst einen *Ausschnitt* der gesellschaftlichen Wirklichkeit in Deutschland im Jahr 2014 – allerdings einen Ausschnitt, der sich vergrößert.

Dabei ist der Blick – wie gesagt – nicht nach hinten, sondern nach vorne gerichtet. Wir wünschen uns nicht vermeintlich goldene Zeiten zurück (die es so nie gab), sondern träumen von einer missionarisch belebten Zukunft. Jede grundlegend veränderte Ausgangslage ist ja nicht nur Herausforderung, sondern auch Ermöglichung. Mit der Erosion alter Strukturen werden ganz neue Ansätze möglich; das gilt etwa für die Pluralität von Gemeindeformen. Umso wichtiger ist die

---

[6] Zulehner, Aufbrechen oder untergehen, 18.

Gewinnung theologischer Kriterien für missionarisches Handeln unter den neuen Bedingungen.

Damit beschäftigt sich der erste Beitrag des Bandes, *Michael Herbsts* Text über Gemeindeaufbau auf dem Weg in das Jahr 2017. Er hält auf dieser Etappe drei Dinge für besonders zentral. In einer Kirche, die immer seltener auf traditionelle Zugehörigkeitsmuster zurückgreifen kann, wird die Plausibilität sichtbarer Gemeinschaft zunehmen, auch wenn es hier gilt, eine Pluralität an Geselligkeitsformen und -orten zu ermöglichen. Zukünftig wird die regelmäßige, leiblich-lokale Versammlung vor Ort häufiger auch jenseits der Parochie realisiert werden. Abschiede wird es auch in pastoraltheologischen Bezügen geben: Das Verhältnis von Haupt- und Ehrenamt braucht eine neue Klärung und Einordnung in eine beide umfassende Theologie des Allgemeinen Priestertums.

Nach diesen programmatischen Impulsen für eine Kirche, die sich im Sinne Bonhoeffers von einer Volkskirche auf eine Missionskirche zubewegt, äußern sich im weiteren Fortgang des Sammelbandes die Teammitglieder des IEEG zu Themen, die am Institut eine wichtige Rolle spielen.

Den Auftakt bildet *Martin Alex*, der nach dem Pfarrbild unter sich verändernden Rahmenbedinungen in *ländlichen Räumen* fragt. Unter Rückgriff auf die aktuellen Raumtypen des Bundes und sozialwissenschaftlicher Diskurse skizziert er die Entwicklungsdynamiken in ländlichen Räumen: Insbesondere die massive Schrumpfung stellt hier flächendeckende Versorgung zunehmend in Frage. Die Vergrößerung des Pfarrbildes führe andererseits zu einer Infragestellung klassischer pastoraler Leitbilder, wie sie jüngst wieder von Isolde Karle vertreten werden.

Matthias Clausen geht in seinen Betrachtungen über *evangelistische Verkündigung* von einem Phänomen aus, was sich in spätmodernen, pluralen Gesellschaften einstellt: der Postatheismus. Wie kann man Menschen mit dem Evangelium erreichen, die von Kindesbeinen kaum Berührung mit christlichem Glauben hatten und für die sich die Gottesfrage nicht mehr stellt? Clausen parallelisiert nun das Erschließen des Glaubens und das Erlernen einer neuen Sprache. Er rät, Menschen das Miterleben der neuen Sprachpraxis zu ermöglichen, und betont nachdrücklich den Wert der Erzählung: Dadurch ergebe sich am ehesten ein Resonanzraum für die frohe Botschaft.

Margret Laudan stellt in ihrem Beitrag eine Langzeitfortbildung des Institutes vor: das *Spirituelle Gemeindemanagement (SGM)*. In den 1990er Jahren konzipiert, versucht es, auf eine spezifische Facette der Nachkirchlichkeit zu reagieren: der aus dem Pluralismus folgenden religiösen Marktsituation. Das SGM geht davon aus, dass man Methoden aus dem Management mit geistlichen Visionen und Gottes

Verheißungen für die Gemeinde kombinieren kann. Eine besondere Bedeutung kommt hier den Zielen zu, die konkret und visionär zugleich sein sollten.

Martin Reppenhagen reflektiert die neue kirchliche Aufmerksamkeit auf Mission vor dem Hintergrund der *Missionstheologie*. Wichtig ist in dem Zusammenhang, dass sie kein Additivum, sondern Konstitutivum von Kirche darstellt, dass sie von der *missio dei* ausgeht und die Gemeinschaft aller Christen damit beauftragt ist: Insofern ist Kirche für Mission in nachkirchlicher Zeit entscheidend – aber zuerst theologisch als *communio sanctorum* verstanden. Mission in Deutschland sollte Gottes Verheißungen für die weltweite Christenheit im Blick behalten und nicht rückwärtsgewandt die Wiederherstellung des christlichen Abendlandes zum Ziel haben.

Thomas Schlegel begibt sich auf die Suche danach, wie unter nachkirchlichen Verhältnissen in *Ostdeutschland* das Evangelium verkündet werden kann. Woran ist dabei anzuknüpfen? Er reflektiert die Kontroverse zwischen Barth und Brunner und prüft die beiden Positionen vor dem Hintergrund der religiösen Indifferenz in den neuen Bundesländern. Es zeigt sich, dass der Relativierung des Anknüpfungspunktes als anthropologischer Konstante hier besondere Plausibilität zukommt und sich Verkündigung in ihrer Frage nach dem *Wie* vielmehr an der Bewegung der Offenbarung selbst orientieren sollte.

A.-K. Schröder rekurriert auf die *Greifswalder Konversionsstudie „Wie finden Erwachsene zum Glauben?"*. Hieran könne man im Vergleich von Ost- und Westdeutschland sehen, wie der makrosoziologische Kontext auch das konversive Erleben und die Konversionsnorm prägt und beeinflusst. Überhaupt habe sich die christliche theologische Reflexion von Bekehrung in Analogie zum sozialwissenschaftlichen Begriffswandel verändert. Für eine Kirche unter den Bedingungen des Pluralismus plädiert sie für eine möglichst große Breite an Formen und Normen von Hinwendungen zum christlichen Glauben.

Jens Monsees und Georg Warnecke fragen in ihrem Beitrag danach, wie *Glaubenskurse* in Nullpunktsituationen aussehen könnten. Sie beschreiben zunächst, was unter Glaubenskursen zu verstehen ist, welche Lernfelder sie berühren, welche Zielgruppen sie erreichen und welche Erfahrungen damit gemacht wurden und werden. Mit den Glaubenskursen wird auch kirchengeschichtlich noch einmal manches auf Anfang gestellt und wieder neu in den Blick genommen, so z. B. das Katechumenat und das Allgemeine Priestertum. Die Vorstellung eines Grundlagenkurses unter diakonischen – und weitgehend postatheistischen – Mitarbeitern in Vorpommern rundet den Aufsatz ab.

Carla J. Witt reflektiert zu Beginn ihres Artikels das Verhältnis von *Sozialwissenschaften* und Praktischer Theologie. Empirische Studien bieten eine Sehhilfe, die aber nicht von der Aufgabe der Interpretation entledigt. Vor allem die Umsetzung bleibe Aufgabe von Kirchen und Gemeinden. Carla Witt zeichnet nun auf verständliche Weise nach, wie empirisch gearbeitet wird, was im Vorfeld zu beachten ist, welche Methoden existieren, wie man an Daten kommt, und gibt praktikable und hilfreiche Tipps für das Erstellen und den Umgang mit Statistiken.

Den Abschluss bildet *Hans-Jürgen Abromeit*, der selbst nicht zum Team des IEEG gehört, aber die Entstehung des Instituts maßgeblich gefördert hat und hier einen Gastbeitrag leistet. Er gibt mit dem letzten Artikel einen Überblick über das Verhältnis von Kirche und Mission in den letzten Jahrzehnten. Von der Wegscheide der Leipziger Synode 1999 fragt er zurück nach dem missionarischen Weg der beiden Teilkirchen vor 1989 und zieht die Linien von dort aus bis zum Reformprozess der EKD, dem Entstehen des IEEG und der Magdeburger Missionssynode 2011. Für den Kontext des 21. Jahrhunderts plädiert er für eine stärkere Integration von Diakonie und Mission, die Belebung des Ehrenamts und die Entdeckung einer einfachen Sprache für die Verkündigung.

Der vorliegende Band erscheint pünktlich zum 10jährigen Bestehen des Greifswalder IEEG. Gewidmet ist er Prof. Dr. Jörg Ohlemacher, dem Mitbegründer und ehemaligen Direktor des IEEG, in enger freundschaftlicher Verbundenheit – ohne ihn gäbe es uns als Institut nicht.

Wir danken unseren Kolleginnen und Kollegen am IEEG sowie Bischof Dr. Hans-Jürgen Abromeit für die Erstellung der Beiträge dieses Buches. Besonderer Dank für die Durchsicht und das Korrekturlesen sämtlicher Texte gebührt Nadine Bauerfeind, Lý Dang und Andreas Scheuermann. Nadine Bauerfeind danken wir außerdem für die Bearbeitung des Layouts und die Erstellung der Druckvorlage.

Bei allem dankbaren Rückblick auf die vergangenen zehn Jahre: Dieser Band will mehr sein als ein reiner „Jubiläumsband". Er zeigt an, womit wir uns am Institut aktuell beschäftigen, und gibt einen Einblick in die Bandbreite unserer Forschungsgebiete. Vor allem versteht er sich als Sammlung missionarischer Impulse, Denk- und Sehhilfen für die Zukunft. Wir wünschen angeregte Lektüre.

Greifswald, April 2013

Matthias Clausen und Thomas Schlegel

Gemeindeaufbau auf dem Weg ins Jahr 2017

Michael Herbst

1. Die Begriffe klären

Auf dem Weg ins Jahr 2017: Reformation und Reform

Reformationsjubiläen sind besondere Ereignisse. Sie erinnern an unsere Ursprünge und lassen nach der Zukunft fragen. Sie eignen sich dazu, Bilanz zu ziehen, aber auch Programmatisches für den weiteren Weg zu sagen. Sie sind natürlich gewaltige Medienereignisse, die – zumal wenn es um 500 Jahre geht – auch einmal der Evangelischen Kirche einen Platz in der ersten Reihe erlauben.

Das Reformationsjubiläum 2017[1] ist aber nicht nur ein Medienereignis, sondern zugleich mit einer *Reformdekade* verknüpft.[2] Reformation wird wieder einmal auf (Kirchen-)Reform hin ausgelegt. Sie erscheint in diesem Sinn als nicht vollendet, als aufgetragen und nicht als vorgegeben. Schon Ph. J. Spener war der Auffassung, die Reformation sei stecken geblieben und noch nicht vollendet, und auch F.D.E. Schleiermacher hielt viel davon, die Verbesserung der Kirche müsse als „Correction oder Reformation" weitergehen. In den 1950er Jahren (sic!) findet sich dann erstmals die von Karl Barth und Hans Küng später rezipierte Formel von der „ecclesia semper reformanda".[3]

Das könnte auch das Motto unserer Tagen sein, geht es doch darum, dass sich die Kirche in Deutschland, wie es heute gerne heißt, „neu aufstellt". Sie muss den diversen Veränderungen des kulturellen Kontextes gerecht werden und dabei ihrer reformatorischen Botschaft treu bleiben. Sie muss auch verarbeiten, dass sie kleiner, älter und ärmer wird. Die Reformdekade soll mit Blick auf das Jubiläum 2017 einen Gesprächsprozess in Gang setzen, der klären soll, wie die Kirche 2017 aussehen kann, um auch 500 Jahre nach dem Thesenanschlag in

---

[1] Vgl. z. B. http://www.luther2017.de [zuletzt besucht am 17.03.2013].
[2] Vgl. z. B. http://www.reformdekade.de/beitraege-reformdekade.html [zuletzt besucht am 17.03.2013].
[3] Belege vgl. Seebaß, Gottfried, Art. "Reformation" TRE, Bd. 28, 1997, 386-404.

Wittenberg die öffentliche Zeugin des Evangeliums für möglichst viele Menschen in Deutschland zu sein.

In narrativer Form hat Fabian Vogt ein mögliches Szenario entworfen:[4] Er präsentiert ein Denkmodell der erneuerten Kirche im Jahr 2017 nicht im Rahmen der landeskirchlichen Strukturen, sondern als Neugründung. Ein reformerischer Geist namens Christian van Haewen publiziert 95 neue Thesen, natürlich über die sozialen Medien: Die Kirche, wie wir sie kennen, hat sich entfernt von den Menschen, die durchaus nach Gott fragen, aber mit der Kirche nichts anzufangen wissen. Überall im Land bilden sich „Faithbook-Gruppen", die fröhlich, lustbetont, entspannt und gänzlich frei von kirchlichen Traditionen christlichen Glauben und christliches Leben ausprobieren. Die Bewegung wächst und mit der Bewegung wachsen die Konflikte. Am Ende ist kein Platz in der Kirche für die neue Bewegung. So wird aus „Faithbook" allmählich die „Lebendige Kirche". Allerdings geht die neue Kirche nicht nur anfänglich durch diverse Krisen, sie entwickelt sich vielmehr auf Dauer selbst zu einer Institution mit eigenen Traditionen und festen Ordnungen, mit Abgrenzungskämpfen und mit anderen überaus menschlichen Konflikten. Heißt die Botschaft auf dem Weg in das Jahr 2017: Es geht nicht in und mit der Kirche? Und folgt sofort die Ernüchterung: Es geht auch nicht außerhalb der Kirche – wirklich lange gut? Wie denn dann? Gibt es Impulse für eine Reform der Kirche, die in der Kirche und mit der Kirche gelingt?

Impulse für die Kirche

Spricht man also (etwas bescheidener nicht gleich von fortgesetzter oder gar zweiter, dritter und vierter Reformation[5], sondern nur) von *Impulsen* für die Kirche, so kann man auf einige Sympathie hoffen. Impulse hoffen ja viele zu geben. In einer anregenden neueren Schrift zur Kirchentheorie suchen Reinhard Feiter und Hadwig Müller nach „pastoraltheologischen Impulsen aus Frankreich".[6] Martin Alex und Thomas Schlegel fragen nach missionarischen Impulsen für die Kirche in peripheren ländlichen Räumen.[7] Und die EKD selbst gab sich

---

[4] Vgl. Vogt, Fabian, 2017 – Die neue Reformation, Asslar 2012, besonders 77-86.
[5] So wie z. B. Douglass, Klaus, Die neue Reformation. 96 Thesen zur Zukunft der Kirche, Stuttgart 2001 oder Schwarz , Christian A., Die Dritte Reformation, Neukirchen-Vluyn und Emmelsbüll 1993.
[6] Vgl. Feiter, Reinhard/Müller, Hadwig, Frei geben. Pastoraltheologische Impulse aus Frankreich, Bildung und Pastoral Bd. 1, Ostfildern 2012.
[7] Vgl. Alex, Martin/Schlegel, Thomas, Leuchtfeuer oder Lichternetz – Missionarische Impulse für ländliche Räume, BEG-Praxis, Neukirchen-Vluyn 2012.

2006 ein viel diskutiertes „Impulspapier", in dem sie sich ihre Zukunft als „Kirche der Freiheit" vorstellte.[8]
Ein Impuls ist eine „Bewegungsgröße", er hat eine „Wucht" und gibt einen „Stoß" (den er evtl. selbst empfangen hat) an andere „Körper" weiter. Denkt man etwa an den Stoß einer Billardkugel, so verteilt sich der Impuls auf alle angestoßenen Kugeln.[9] Wer einen Impuls gibt, will kraftvolle Bewegung und Veränderung, die sich ausbreitet.

In nachkirchlicher Zeit?

Spricht man nun aber von einem Impuls für die Kirche in *nachkirchlicher Zeit*, dann könnte die anfängliche Sympathie der Verwunderung, ja sogar der Verärgerung weichen. Denn nun verbindet sich mit dem Impuls eine Lagebeschreibung. Die Zeit, in der sich der Impulsgeber wähnt, wird als „nachkirchlich" interpretiert.
Ist das eine zutreffende Beschreibung für ein Land, in dem 60 % der Menschen zu einer christlichen Kirche gehören?[10] Stimmt das, wenn man sieht, dass sonntäglich eine Million Menschen allein zu evangelischen Gottesdiensten gehen? Dramatisiert eine solche Zustandsbeschreibung nicht hoffnungslos, wenn man sieht, dass es weiterhin Religionsunterricht an den meisten Schulen, theologische Fakultäten an den Universitäten und Seelsorger bei der Bundeswehr und der Polizei, in Krankenhäusern und Gefängnissen gibt?
Natürlich kann man neben die durchaus wahrnehmbaren und zahlreichen Zeichen vitaler Kirchlichkeit die ebensogut wahrnehmbaren und zahlreichen *Krisensymptome* stellen, etwa die quantitativen Abbrüche. Dazu zählen die immer noch sehr hohen Zahlen der Kirchenaustritte, die durch Eintritte bei Weitem nicht kompensiert werden. Dazu zählt auch der mit 3,9 % an einem durchschnittlichen Sonntag nicht gerade starke Gottesdienstbesuch. Vielleicht sind es aber mehr noch qualitative Krisensymptome, die schwerer zu fassen sind: eine zunehmende Kühle im Verhältnis weiter Teile der Gesellschaft zur Kirche, eine zunehmende Störung in der Kommunikation der Kirche mit den meisten gesellschaftlichen Milieus, etwa den intellektuellen Eliten, den jüngeren Leistungsträgern, den prekären Schichten und den jugendlichen Hedonisten.[11]

---

[8] Vgl. Kirchenamt der EKD (Hg.), Kirche der Freiheit. Perspektiven für die Evangelische Kirche im 21. Jahrhundert. Ein Impulspapier des Rates der EKD, Hannover 2006.
[9] Vgl. https://de.wikipedia.org/wiki/Impuls [zuletzt besucht am 17.03.2013].
[10] http://fowid.de/fileadmin/datenarchiv/Religionszugehoerigkeit/Anteil_der_Kirchenmitglieder_1950_2011.pdf [zuletzt besucht am 17.03.2013], zeigt die Entwicklung seit Ende des Zweiten Weltkriegs.
[11] Vgl. dazu schon Huber, Wolfgang, "Du stellst unsere Füße auf weiten Raum". Rede zur Eröffnung der Zukunftswerkstatt am 24. September 2004 in Kassel, ThBeitr

Es bleibt aber auch bei einer skeptischen Einschätzung der Vitalität kirchlicher Verhältnisse in Deutschland die theologisch gewichtige Frage: Von welcher Kirche ist die Rede, in deren Nach-Zeit man sich zu befinden scheint?[12]

Die *Kirche als den Augen verborgene geistliche Größe*, also der Leib Christi, kann wohl nicht gemeint sein. Sie steht ja unter der Verheißung, dass selbst die Pforten der Hölle sie nicht überwinden sollen (Mt 16,18). Die Zeit der Kirche dauert demnach bis zur Parusie. Dann erst geht die Kirche gänzlich in das Reich Gottes über. Eine nachkirchliche Zeit kann also nur die *sichtbare* Kirche meinen, d. h. die Kirche als menschliche Versammlung, in der das Wort gehört und die Sakramente empfangen werden können, so dass in, mit und unter dieser sichtbaren menschlichen Gemeinschaft jene verborgene Kirche Ereignis werden kann, „ubi et quando visum est Deo" (CA V).[13]

Diese *sichtbare und auch* (in Grenzen!) *menschlich gestaltbare Kirche* kann sehr verschiedene Phasen durchlaufen. Sie erlebt Phasen des Wachsens und des Schrumpfens, der „Gnade beim ganzen Volk" und der Verfolgung, des Aufstiegs zu gesellschaftlicher Größe und der Marginalisierung. Es kann sein, dass Kirchen in diesem Sinn geboren werden und sterben. Es gibt in diesem Sinn möglicherweise auch nachkirchliche Zeiten.

Dieser Kirche kann man – hoffentlich kraftvolle und zielgerichtete – *Impulse* geben. Man wird dies so tun, dass der innere *Zusammenhang von sichtbarer und verborgener Kirche* nicht in Vergessenheit gerät: Das bedeutet zum einen, dass das, was wir aus der Bibel über das Wesen der verborgenen Kirche wissen, Orientierung und Kriterium ist für das, was wir als Impuls auf die sichtbare Kirche einwirken lassen. Das bedeutet zum anderen, dass diese Impulse mit dem Gebet verknüpft werden, das in der Hoffnung darauf gesprochen wird, dass sich tatsächlich in der sichtbaren Kirche die verborgene ereignet. Denn Wilfried Härle verweist ja zu Recht darauf, dass die sichtbare und die verborgene Kirche aufeinander bezogen bleiben müssen, und zwar in dem positiven Sinn, dass die verborgene Kirche die Seele, die sichtbare Kirche aber der Leib der Kirche Jesu Christi ist.[14] Wer an der sichtbaren Kirche mitbaut, tut es in dieser Erwar-

---

41 (2010), 68-78. Neuerdings vgl. Hempelmann, Heinzpeter, Gott im Milieu. Wie Sinusstudien der Kirche helfen können, Menschen zu erreichen (Kirche lebt – Glaube wächst), Gießen 2012.

[12]   Zum Verhältnis von sichtbarer und verborgener Kirche aus kirchentheoretischer Sicht vgl. auch Hermelink, Jan, Kirchliche Organisation und das Jenseits des Glaubens. Eine praktisch-theologische Theorie der evangelischen Kirche, Gütersloh 2011, 32-43.

[13]   Vgl. auch Jens Monsees und Georg Warnecke in diesem Band, 155ff.

[14]   Vgl. Härle, Wilfried, Dogmatik, Berlin und New York ⁴2012, 589-592.

tung: Die sichtbare Kirche ist „der Raum und die Versammlung, in denen Menschen von Wortverkündigung und Sakramentsfeier so erreicht werden können, dass in ihnen Glaube geweckt (und erhalten) wird."[15]
So gibt es die verborgene Kirche nie ohne eine Gestalt von sichtbarer Kirche. „Die sichtbare Kirche ist also das unverzichtbare Mittel dafür, dass das Evangelium von Jesus Christus tradiert und kommuniziert wird und so immer neu Glaube entsteht und die ‚Gemeinschaft der Glaubenden' erhalten wird, [...] der [...] die sichtbare Kirche dient."[16] In diesem Sinn kann es keine nachkirchliche Zeit geben.
So wird aber auch keine Gestalt der sichtbaren Kirche so identisch mit der verborgenen Kirche sein, dass das Dasein der verborgenen Kirche vollständig von der Erhaltung dieser Gestalt der sichtbaren Kirche abhinge. Vielmehr kann es einen Gestaltwandel der sichtbaren Kirche geben oder auch eine Ablösung alter Gestalten durch neue Gestalten der sichtbaren Kirche, solange auch jede neue Gestalt der sichtbaren Kirche an den notwendigen äußeren Zeichen der Kirche festhält. In diesem Sinn kann es nachkirchliche Zeiten geben, die allerdings sofort wieder vorkirchliche und kirchliche Zeiten werden.
So hat etwa Wolfgang Huber bereits vor längerer Zeit darauf hingewiesen, dass mindestens für die Kirchen in den östlichen Bundesländern, aber zunehmend auch für die Kirchen im Westen die *volkskirchlichen Zeiten* zu Ende gehen. Wesentliche Merkmale einer im deskriptiven Sinn verstandenen Volkskirche sind ja z. B. die Zugehörigkeit mindestens großer Teile der Bevölkerung zur Kirche und die nahezu selbstverständliche Rekrutierung des kirchlichen Nachwuchses durch die Säuglingstaufe. Die Präsenz der Kirche in der Gesellschaft ist da, wo es Volkskirchen gibt, stark, wenn nicht dominant. Davon kann im Grunde weitgehend keine Rede mehr sein. Im Osten ist die Kirche mit etwa 20 % der Bevölkerung Minderheit. Konfessionslosigkeit ist der Normalfall.[17] Im Westen nähern sich die Verhältnisse zumindest in den großen Städten denen im Osten an, wenn auch aus anderen Ursachen. Wolfgang Huber schloss daraus, dass die Kirchen jetzt in einer „vermutlich auf lange Zeit bestehenden *missionskirchlichen Situation*"[18] leben – und diese gerade dann zu akzeptieren haben, wenn sie im präskriptiven Sinn Volkskirche, also Kirche für das ganze Volk bleiben, sein oder auch erst wieder werden wollen. Er zitiert hier Dietrich Bonhoeffers Diktum, die Alternative zur Volkskirche als sichtbarer Kirche sei nicht die Freiwilligkeitskir-

---

[15]   Ebd., 591.
[16]   Ebd., 591f.
[17]   Vgl. Thomas Schlegel in diesem Band, 117ff.
[18]   Huber, Wolfgang, Art. "Volkskirche, I. systematisch-theologisch", TRE, Bd. 35, 2003, 249-254, 253. Hervorhebung durch M. Herbst.

che, sondern die Missionskirche – als sichtbare Kirche.[19] In diesem Sinne wäre der Terminus „nachkirchlich" also streng deskriptiv als „*nach-volkskirchlich*" zu präzisieren. Gemeint wäre dann der allmähliche Übergang von der volkskirchlichen Zeit in unseren mitteleuropäischen Breiten hin zu missionskirchlichen Zeiten. Partiell könnte man tatsächlich schon von nach-volkskirchlichen Kontexten reden (z. B. in weiten Teilen Ostberlins), partiell von spät-volkskirchlichen (etwa in großen westdeutschen Städten wie Hamburg und Stuttgart). Freilich gibt es auch noch Regionen (und nicht nur im Südwesten), in denen die Volkskirche noch nahezu intakt erscheint. Nur ist unter dem Strich eine solche gesunde Volkskirchlichkeit die Ausnahme. Der Regelfall ist eher der Übergang von der Volkskirche zur Missionskirche.

Missionarische Impulse

Auch da könnte man etwas stolpern: Es scheint nicht von Impulsen für die missionarische Kirche die Rede zu sein, sondern von missionarischen Impulsen, also „Anstößen", die selbst etwas Werbendes und Gewinnendes haben. Aber vermutlich geht es schon um gewinnende Anstöße, die die Kirche an ihre *Mission* erinnern.[20] Das entspräche der Sechsten These der Barmer Theologischen Erklärung: Demnach ist es der Kirche ja aufgetragen, „an Christi Statt und also im Dienst seines eigenen Wortes und Werkes durch Predigt und Sakrament die Botschaft von der freien Gnade Gottes auszurichten an alles Volk."[21]
Sicher hat die erneute Lernbereitschaft hinsichtlich der Mission der Kirche (etwa seit 1999) mehr mit den unübersehbaren Krisensymptomen der Volkskirche zu tun als mit unmittelbarer Einsicht in die Sendung der Kirche oder mit ungetrübter Liebe zur Mission. Dennoch ist es zu begrüßen, dass in der Evangelischen wie in der Katholischen Kirche der Grundauftrag der Kirche aufs Neue von vielen, wenn auch nicht von allen bejaht wird: nicht für sich, sondern für andere da zu sein, um ihnen das Evangelium in Wort und Tat einladend zu bezeugen.[22]

---

[19]   Vgl. ebd., 252 mit Verweis auf Bonhoeffer, Dietrich, Sanctorum Communio. Eine dogmatische Untersuchung zur Soziologie der Kirche, DBW, Bd. 1, München 1986, 165.283.
[20]   Vgl. dazu den Beitrag von Martin Reppenhagen in diesem Band, 103ff.
[21]   Burgsmüller, Alfred/Weth, Rudolf, Die Barmer Theologische Erklärung. Einführung und Dokumentation, Neukirchen-Vluyn 1984, 39.
[22]   Vgl. z. B. Kirchenamt der EKD (Hg.), Reden von Gott in der Welt. Der missionarische Auftrag der Kirche an der Schwelle zum 3. Jahrtausend, Frankfurt a. M. [2]2001.

Eine wesentliche Einsicht ist dabei die ambivalente Stellung der (sichtbaren) Kirche zur Mission Gottes. Die Kirche Jesu bezeugt ja einerseits das Evangelium von Jesus Christus anderen. Und andererseits wird sie selbst als Kirche Jesu Christi immer wieder durch dieses Evangelium konstituiert. Sie ist damit wohl (abgeleitetes) Subjekt der Mission, deren erster Träger Gott selbst ist. Sie ist aber zugleich (unmittelbares) Objekt der Mission. „Dass die Kirche das ‚sie selbst‘ konstituierende Evangelium zu bezeugen hat, zeigt, dass dieses Geschehen nicht nur etwas ist, das von der Kirche ausgeht, sondern auch der Kirche und ihren Gliedern gilt. Die Kirche ist niemals eine Gemeinschaft von Menschen, die das Evangelium besitzen und es nun nur noch anderen zu bezeugen hätten, sondern die Kirche wird durch das Evangelium immer neu konstituiert. Sie ist also selbst darauf angewiesen, dass ihr das Evangelium immer wieder zuteil wird.“[23]

Das allerdings soll gerade nicht dazu führen, dass sich die Kirche nur noch mit sich selbst beschäftigt. Aus dem je neuen Hören erwächst sofort auch die Sendung zu anderen, die diese Botschaft lange nicht mehr, noch nie oder jedenfalls noch nie so, dass es sie „anginge“, gehört haben. Und das Ziel ist dann immer auch, dass diese anderen anfangen, dem Evangelium zu vertrauen. Kirche ist so immer *Kirche für Anfänger*.

Dabei wird Mission in der Regel „*integrativ*“ verstanden, so wie es etwa auch in den „Five Marks of Mission“ der Church of England geschieht: Diese Kennzeichen der Mission Gottes, an der er uns beteiligt, zeigen, dass es Mission nicht geben kann ohne selbstlosen Dienst für das Wohl von Mensch und Schöpfung. Gleichermaßen kann Mission nicht von der Sehnsucht Gottes absehen, dass der verlorene Sohn und die verlorene Tochter wieder heimkehren in ein vertrauensvolles Verhältnis zum Vater. Das ist nicht zu trennen von allem anderen Dienst, der Menschen durch die Sendung der Kirche zuteilwird, aber es ist gleichermaßen das Herzstück dieses Dienstes. Es nützte dem Menschen wenig, wenn sein Leben äußerlich völlig intakt wäre, aber seine Beziehung zu Gott weiterhin Schaden litte. Und insofern das erneuerte Verhältnis zu Gott auch sofort ein erneuertes Verhältnis zu allen anderen einschließt, die an diesen Gott glauben, ist auch die Kirche wieder ein Ziel der Mission Gottes. Sie ist die erneuerte, wenn auch noch vorläufige sichtbare Gemeinschaft derer, die das Evangelium hören.

Jedenfalls sind diese fünf Merkmale der Mission in der nachvolkskirchlichen Zeit so zu lesen und aufeinander zu beziehen: eben nicht additiv, sondern integral, nicht so, dass der eine dieses und der

---

[23] Härle, Dogmatik, 595f.

andere jenes tut, sondern so, dass der Mensch nicht scheiden soll, was Gott zusammengefügt hat. Dann geht es darum:

... to proclaim the good news of the kingdom,
... to teach, baptize and nurture new believers,
... to respond to human need by loving service,
... to seek to transform unjust structures of society,
... to safeguard the integrity of creation and to sustain and renew the life of the earth.[24]

Zwischenbilanz

Der Blick nach vorne lässt uns fragen, welche Impulse die (sichtbare) Kirche braucht, um sich unter veränderten Rahmenbedingungen neu als reformatorische Kirche darzustellen und in der Gesellschaft zu präsentieren. Das Reformationsjubiläum 2017 ist dafür ein guter Anlass. Die zu Ende gehende Volkskirchlichkeit verstärkt die Einsicht in die Notwendigkeit einer Erneuerung des kirchlichen Lebens. Das sichert die Ernsthaftigkeit und Dringlichkeit von Reformen. Dabei kann sich die Kirche von ihrem Wesen her nur als nach außen gerichtete, missionarische Kirche, also als „Kirche für andere" neu aufstellen. Und sie darf von ihrem Glauben an den verlässlichen Gott her nicht reinen Katastrophenszenarien erliegen, die nur des Niedergangs einer bestimmten Gestalt von Kirche gewahr würden. Sie wird vielmehr erkennen, dass es zwar schmerzhafte Veränderungen geben wird, sie sich aber im *Übergang* und nicht im *Niedergang* befindet. Das wiederum sichert neben der Ernsthaftigkeit und Dringlichkeit der Reformen gleichzeitig die Gelassenheit und Zuversicht derer, die sich auf einen neuen Weg wagen.

2. Die Gemeindlichkeit des christlichen Glaubens: „Ubi est verbum, ibi est ecclesia!"[25]

Fragt man auf dem Weg ins Jahr 2017 nach, was für Martin Luther das Wesentliche an der Kirche war, dann stößt man auf seine Schrift *„Von den Konziliis und Kirchen"* (1539).[26] Im dritten Teil dieser kleinen Abhandlung geht es im Wesentlichen um die Frage, woran ein schlichter Mensch erkennen kann, dass er es mit der Kirche Jesu

---

[24]   Zitiert in Moynagh, Michael, Church for every context. An introduction to theology and practice, London 2012, 129.
[25]   WA 39 II, 176, 8f.
[26]   WA 50, 509-653.

Christi zu tun hat. Es geht ja nicht um das steinerne Haus, es geht ja um das heilige, christliche Volk.[27] Woran erkennt man das aber? Luther gibt 1539 eine Antwort, die einerseits die klassische Feststellung der Confessio Augustana, Artikel 7, aufnimmt, sie andererseits aber auch fortführt, präzisiert und vor Missverständnissen schützt. Er nennt nämlich zuerst die klassischen *„notae ecclesiae"*, die wir aus CA VII kennen: Wort, Taufe und Abendmahl. Als Erstes nennt er das Wort, „denn Gottes Wort ist heilig und heiliget alles, was es berührt."[28] Hier klärt Luther über den unlöslichen Zusammenhang von *Gottes Volk und Gottes Wort* auf. „Wo du nun solchs Wort hörest oder siehest predigen, glauben, bekennen und danach tun, da habe keinen Zweifel, dass gewisslich daselbst sein muss eine rechte ecclesia sancta catholica …, denn Gottes Wort kann nicht ohne Gottes Volk sein, wiederum Gottes Volk kann nicht ohne Gottes Wort sein; wo wollts sonst predigen oder predigen hören, wo kein Volk Gottes da wäre? Und was könnte oder wollte Gottes Volk glauben, wo Gottes Wort nicht da wäre?"[29] Das ist das erste Merkmal: Wo ein Volk sich versammelt und Gottes Wort predigt und hört.[30]

Und es ist ein Wort, das nicht leer zurückkommt. Das ist das zweite Merkmal: Es ist ein Wort, das Menschen hören und auf das sie reagieren; sie „glauben, bekennen und tun danach". Die „notae ecclesiae" werden auch für den, der sich fragt, wo er Kirche findet, nicht gelöst von den *verheißenen Wirkungen* dieser „notae": Glaube, Bekenntnis und Gehorsam. Zwar ist auch hier nur das Sichtbare vor Augen: „Menschen, die sich (jedenfalls äußerlich) zu Wortverkündigung und Sakramentsfeier halten und sich (jedenfalls äußerlich) zum Glauben bekennen."[31] Nimmt man aber den beschriebenen Zusammenhang des Äußerlichen mit dem Verborgenen ernst, dann wird das, was vor Augen ist, mit Zuversicht als die verheißene Wirkung von Wort und Sakrament wahrgenommen und geglaubt.

Das wird auch daran deutlich, dass Luther nach Taufe, Abendmahl und Beichte *weitere Zeichen* aufzählt, an denen man die Kirche als heiliges, christliches Volk erkennen kann: die Ämter und Dienste in der Gemeinde, das Gebet und den Lobgesang und auch das Kreuz und die Leiden der Gläubigen. Das „satis est" aus CA VII kann ja nicht bedeuten: Andere Kennzeichen der Kirche darf es nicht geben. Freilich sind diese „notae ecclesiae" wie konzentrische Kreise ange-

---

[27]   Vgl. a.a.O., 625.
[28]   A.a.O., 629.
[29]   Ebd.
[30]   Darauf bezieht sich auch Karle, Isolde, Kirche im Reformstress, Gütersloh 2010, 131f.
[31]   Härle, Dogmatik, 591.

ordnet: Je weiter außen die Kreise liegen, desto geringer ist ihr ekklesiologischer Stellenwert.[32]

Worin liegt die kybernetische Brisanz dieser Aussagen des Reformators? Und inwiefern haben diese Aussagen das Potenzial, kräftige missionarische Anstöße zu geben? Zwei Folgerungen sollen kurz beleuchtet werden, die zwei umstrittene Gesichtspunkte der Gemeindeentwicklungs-Diskurse berühren:

Erstens: Luther kann Kirche nicht anders denn als Versammlung denken. Es ist die *grundsätzliche Gemeindlichkeit* des christlichen Glaubens[33], die hier zum Ausdruck gebracht wird. Der Geist erweckt und erhält den Glauben durch das Wort, und das Wort findet sich, wo sich Gottes Volk versammelt. Von Gottes Volk kann man nur reden, wo auch das Wort ist. Somit ist der Regelfall bestimmt: Der Glaube kann gar nicht ohne die Gemeinde gedacht werden. Ein gemeindefreies Christentum ist eine Illusion. Das allgemeine Priestertum bedeutet für den Einzelnen ein direktes Verhältnis zu Gott, das nicht auf priesterliche Vermittlung angewiesen ist. Das ist aber nicht so zu verstehen, dass religionsproduktive Individuen auch gut und gerne ohne die Gemeinschaft der Heiligen auskommen könnten. Über die „Freiheit eines Christenmenschen" schreibt darum Oswald Bayer zutreffend: „Solcher Freiheit kann man sich nicht in einsamen, innerem Monolog erinnern. Sie gewährt und konstituiert sich allein im Medium des Zuspruchs eines anderen Menschen – nicht nur des beamteten Priesters oder Predigers – der ihn mir im Namen Jesu sagt. Selber kann ich ihn mir nicht sagen. Er muss mir gesagt werden."[34] Wie sich diese Gemeinschaft gestaltet, ist variabel, aber nicht beliebig: Es muss schon eine Gemeinschaft sein, in der dem Einzelnen das verbum externum zugesprochen wird. Die Erörterungen Luthers in „Von den Konziliis und Kirchen" (1539) wehren jedenfalls einem „freischwebenden Einzelchristentum"[35]. In diesem Sinne kann Luther sogar sagen, die Kirche sei „die Mutter, die einen jeglichen Christen zeugt und trägt durch das Wort Gottes."[36]

Zweitens: Luther kann Wort und Sakrament nicht trennen von den *verheißenen Wirkungen*, die sie im Leben des Einzelnen und der

---

[32] Vgl. Bayer, Oswald, Martin Luthers Theologie. Eine Vergegenwärtigung, Tübingen [2]2004, 237.

[33] Vgl. dazu ausführlich Zimmermann, Johannes, Gemeinde zwischen Individualität und Sozialität. Herausforderungen für den Gemeindeaufbau im gesellschaftlichen Wandel, BEG Bd. 3, Neukirchen-Vluyn [2]2009.

[34] Bayer, Theologie, 49.

[35] So a.a.O., 236.

[36] So im Großen Katechismus (1529) = Rat der EKD (Hg.), Die Bekenntnisschriften der evangelisch-lutherischen Kirche. Herausgegeben im Gedenkjahr der Augsburgischen Konfession 1930, Göttingen [2]1976, 654,46-655,8.

Gemeinde zeitigen. „Die Kommunikation des Evangeliums als Auftrag der Kirche ist aber auch nicht von ihren Resultaten abzulösen. Ziel ist es, dass Menschen in diesem Kommunikationsvorgang dem Evangelium so begegnen, dass sie seine Bedeutung für sich und ihr Leben und Handeln erleben. Entscheidend ist also nicht, ob die Botschaft ausgerichtet ist, sondern ob sie ankommt."[37] Der einzelne Mensch muss das Heilsgeschehen in Christus für sich erfassen: Über diese Wirkungen verfügt niemand, sie stellen sich auch nicht „ex opere operato" ein. Aber sie sind verheißen und dürfen darum erbeten werden. Man kann ihnen geradezu erwartungsvoll entgegenschauen und mit Zuversicht hoffen, dass sie sich auch einstellen und wahrnehmbar werden: Glaube, Bekenntnis und Gehorsam, nie unzweideutig, nie ungebrochen, aber doch zumindest für die Augen des Glaubens identifizierbar. Aber wo das Wort ist, darf erwartet werden, dass Menschen, denen es ausgeteilt wird, auch sagen: „Ja, das nehme ich gerne!" „Die Ausweitung der Dreizahl von Kennzeichen der Kirche verweist darauf, dass das Wort nicht für sich allein bleibt, sondern auf Bewährung im Leben des einzelnen Christen, der Gemeinde und der Welt hindrängt."[38]Die Ambivalenz dieser sichtbaren Bewährung bleibt Luther freilich immer im Sinn: Heiligkeit liegt eben nicht „wie der Kram auf dem Markt".[39]

Zwischenbilanz

Luthers Überlegungen aus dem Jahr 1539 zur Frage, was die Kirche hervorbringt und was sie wesensmäßig auszeichnet, führen zu zwei Folgerungen: Was immer wir über die Reform der Kirche auf dem Weg ins Jahr 2017 sagen, es wird auf jeden Fall die Gemeindlichkeit des Glaubens stärken müssen. Das meint nicht eine bestimmte, gar monopolistisch aufgestellte Gestalt dieser Gemeindlichkeit, aber es meint reale und auch regelmäßige Versammlungen von Menschen, die auf das Wort hören, welches Christus bezeugt. Und was immer wir über die Reform der Kirche auf dem Weg ins Jahr 2017 sagen, es kommt darauf an, dass Menschen dieses Wort nicht nur folgenlos zur Kenntnis nehmen, sondern persönlich darauf reagieren. Das Wort will Resonanz – und es erzeugt Resonanz. „Denn ob Christus tausendmal für uns gegeben und gekreuzigt würde, wäre es alles umsonst, wenn nicht das Wort Gottes käme, und teilet's aus und schenke mir's und spräche, das soll dein sein, nimm hin und habe dir's."[40] Paul Michael

---

[37]   Hauschildt, Eberhard/Pohl-Patalong, Uta, Kirche, Lehrbuch Praktische Theologie Bd. 4, Gütersloh 2013, 414.
[38]   Bayer, Theologie, 237.
[39]   Aus WA DB 7,419,36-421,17.
[40]   Martin Luther, WA 18,202,37-203,2.

Zulehner formuliert dies für Zeiten der zunehmenden Minorisierung des Christlichen in der Gesellschaft: „Widerständig ist Religion [...] um so eher, je mehr sie [...] in überschaubaren Gemeinschaften gestützt wird. [...] Es wäre [...] gut, gleichsam jetzt schon Überlebensvorrat für durchaus mögliche schlechtere Zeiten zu schaffen, nämlich persönliche Glaubensüberzeugung und die Vernetzung von Überzeugten."[41]

Im folgenden dritten Kapitel werden die praktisch-theologischen Folgerungen aus diesen grundlegenden Aussagen zur Kirche gezogen werden:

3. Drei Missionarische Impulse für die Kirche 2017

Der erste Impuls: Wie viel Gemeinde verträgt der Mensch?

Nachkirchliche Zeiten bringen auch eine Verunsicherung hinsichtlich der Mitglieder der Kirche mit sich. Wer gehört zur Kirche, und wie belastbar ist diese Zugehörigkeit? Funktioniert noch die volkskirchliche Selbstverständlichkeit, mit der nahezu alle als Säuglinge getauft werden, eine gewisse religiöse Sozialisation erleben und (in gewiss unterschiedlicher Intensität) von der Wiege bis zur Bahre selbstverständlich Glieder der Kirche bleiben?

Eine der Dauerdebatten in der Auseinandersetzung über den zukünftigen Weg der Kirche ist die Frage, wie genau diese höchst unterschiedliche Beteiligung bzw. Nicht-Beteiligung von getauften Kirchenmitgliedern am Leben der Gemeinde zu bewerten ist. Höchst umstritten ist die Frage, ob die „treuen Kirchenfernen" nun als defizitär hinsichtlich ihres Christseins zu betrachten sind oder ob sie im Grunde genommen nur ihre evangelische Freiheit in Anspruch nehmen und ihren Glauben auch ohne kirchliche Vermittlung oder Beteiligung an vereinskirchlichen Aktivitäten selbst gestalten. Im ersten Fall müsste man sich ihrer ja annehmen und ernsthafte Bemühungen unternehmen, um sie zu „evangelisieren" und in die Gemeinschaft der Gemeinde heimzuholen. Im zweiten Fall müsste man respektieren, dass die Zugehörigkeit zur Kirche unterschiedliche Intensitäten hinsichtlich der Teilnahme an gemeindlichem Leben umschließt – und erlaubt. Der Mensch, der nur im Jahreszyklus (z. B. an Weihnachten) am Leben der Kirche teilnimmt, oder der, der nur im Lebenszyklus (z. B. durch Amtshandlungen) partizipiert, gestaltet so gesehen sein Christsein nicht weniger gültig als der, der wöchentlich zum Gottes-

---

[41]   Zulehner, Paul Michael, Pastoraltheologie – Fundamentalpastoral: Kirche zwischen Auf-trag und Erwartung, Düsseldorf 1989, 193f.

dienst kommt oder ehrenamtlich in der Kirche mitwirkt.[42] Diese Menschen sind dann gerade nicht durch evangelistische Anstrengungen für das Leben der Gemeinde zu erwärmen, wohl aber sollen sie, wenn sie (z. B. aus Anlass einer Amtshandlung) Kontakt mit der Kirche haben, gut begleitet und in ihrer Weise des Christseins unterstützt werden.

Es können verschiedene Argumente herangezogen werden, um diese zweite Position zu stützen. Dies ist nur eine kleine Auswahl:

> ‣ *Biblisch-theologische Argumente:* Schon in den Evangelien begegnen uns verschiedene Formen des Glaubens. Gerhard Lohfink spricht etwa von der „Vielgestalt der Berufung".[43] Nicht alle wurden „Jünger" (trotz Mt 28,18-20). Es gab den Zwölferkreis und weitere Jünger. Doch nicht alle wurden „Nachfolger", die mit Jesus unterwegs waren. Zur Jesusbewegung gehören auch „Teilnehmer an der Geschichte Jesu"[44], die nicht mit Jesus weiterziehen (vgl. z. B. Mk 5,19f), und „ortsgebundene Anhänger Jesu"[45] wie die Familie des Lazarus (vgl. Joh 11), aber auch „gelegentliche Helfer"[46] (wie z. B. Mk 15,42-46). Gerhard Lohfink spricht in diesem Zusammenhang von verschiedenen Berufungen, die man sich nicht aussucht. Und die Berufungen sind aufeinander bezogen: Die „Jünger" leben z. B. von den „gelegentlichen Helfern". Keine dieser Lebensweisen im Glauben ist vom Ruf zum Glauben entbunden, keine ist gegenüber anderen minderwertig.

> ‚ *Empirische Argumente:* Auch die, die sich nur selten beteiligen, sind mit der Kirche verbunden und denken in der Mehrheit gar nicht daran, der Kirche durch Austritt den Rücken zuzukehren. Wir haben zu verstehen, dass Verbundenheit mit der Kirche nicht mit intensiver und regelmäßiger Beteiligung verknüpft sein muss. Die Kirchenfernen sind zu großen Teilen „treue" Kirchenmitglieder. Die Kirchen werden auch nicht immer leerer, nur ändert sich das Teilnahmeverhalten: Manche kommen seltener, aber sehr bewusst „bei Gelegenheit", und zu den Gottesdienstbesuchern darf man nicht nur die Sonntagsbesucher zählen, sondern auch die Weihnachtschristen und Kasualteilnehmer. Unter dem Strich soll gelten, es sei „eine unabweisbare Erkenntnis der Kirchenmitgliedschaftsuntersuchungen seit 1972, dass

---

[42] Vgl. zu dieser Debatte bereits ausführlich Herbst, Michael, Missionarischer Gemeindeaufbau in der Volkskirche, BEG, Bd. 8, Neukirchen-Vluyn ⁵2010.

[43] Vgl. Lohfink, Gerhard, Jesus von Nazareth – Was er wollte, wer er war, Freiburg/Breisgau 2011, 129-148.

[44] A.a.O., 135.

[45] A.a.O., 137.

[46] A.a.O., 139.

die distanzierte Kirchenmitgliedschaft nicht als defizitärer Modus gegenüber der engagierten, hoch verbundenen anzusehen ist, sondern ein eigenständiges, originäres Kirchenverhältnis darstellt."[47]

‣ *Milieutheoretische Argumente:* Die „Vereinskirche", die sich mit ihren Gruppen und Kreisen im Gemeindehaus überhaupt erst Ende des 19. Jahrhunderts herausbildete[48], ist häufig Kirche für die kleiner werdenden bürgerlichen und traditionsorientierten Milieus, während andere Milieus sich in ihr nicht wohlfühlen, weil sie z. B. die dort gepflegte Form der Geselligkeit nicht mögen.[49]

‣ *Argumente aus der Erfahrung mit Wiedereintrittsstellen:* Eine qualitative Münsteraner Studie zeigt, dass Menschen, die nicht in Kirchengemeinden, sondern in zentralen Wiedereintrittsstellen erneut in die Kirche eintreten, nicht Kirche als Gemeinschaft suchen. Sie bejahen die Kirche als Institution und wollen zu dieser aufs Neue gehören, aber sie suchen nicht Gemeinschaft, schon gar nicht in der Ortsgemeinde.[50] Wer „mehr" von diesen Menschen will, muss mindestens damit rechnen, damit nicht gerade auf eine erwartungsvolle Bedürfnislage zu stoßen, sondern eher auf Unverständnis.

‣ *Argumente aus kybernetischer Erfahrung:* Die gegenwärtige Lebenswelt ist so kompliziert und anspruchsvoll, dass es Menschen besonders in den hochaktiven, mobilen Lebensphasen des beruflichen Aufstiegs und der Familiengründung gar nicht möglich ist, intensiv am Leben der Gemeinde teilzunehmen. Anders gesagt: Auch Gemeinden mit einem sehr geselligkeitsintensiven Programm erleben, dass sich durchaus nicht alle in dieses Programm einbinden lassen. Es gehen nicht alle in Hauskreise, es arbeiten nicht alle mit und zum Gottesdienst kommen die Menschen in sehr verschiedenen Rhythmen. Manche überfordert die Erwartung intensiverer Gemeinschaft, manche entziehen sich grundsätzlich diesem Appell. Auch wer sich die „Beteiligungskirche" auf die Fahnen schreibt, erlebt „Betreuungskirche", weil

---

[47] Kirchenamt der EKD (Hg.), Kirche – Horizont und Lebensrahmen. Vierte EKD-Erhebung über Kirchenmitgliedschaft, Hannover 2003, 10.

[48] Vgl. Hermelink, Organisation, 144-151.

[49] Vgl. zur Milieuthematik vor allem Hempelmann, Heinzpeter, Milieu. Zur Frage der Abneigung gegen Geselligkeit vgl. Schulz, Claudia/Hauschildt, Eberhard/Kohler, Eike, Milieus praktisch. Analyse- und Planungshilfen für Kirche und Gemeinden, Göttingen 2008, z. B. 113f.

[50] Vgl. Hauschildt, Eberhard, Wiedereintritt in welche Gemeinschaft der Kirche? Was sich von den Wiedereintretenden für eine Praktische Theologie der Kirche lernen lässt, PTh 102 (2013), 27-39.

nicht alle aktiv werden können (weil sie z. B. durch schwierige Lebensphasen gehen), und „Kirche bei Gelegenheit" (weil sich nicht jeder für mehr Präsenz erwärmen kann). Besonders profiliert vertritt diese Sicht einer legitimen Pluralität von Mitgliedschaftsformen in jüngerer Zeit Gerald Kretzschmar. Er setzt bei dieser beliebten Figur an: *der stabilen Mitgliedschaft von treuen Kirchenfernen.*[51] Sie kommen selten, aber ihre Zugehörigkeit und ihr Gefühl der Verbundenheit mit der Kirche sind stabil. Kretzschmar rät dringend davon ab, die treuen Kirchenfernen für mehr äußere Beteiligung oder innere Zustimmung gewinnen zu wollen. Das sei vergeblich und auch unnötig. Vergeblich sei es, weil in pluralisierten Gesellschaften Distanz äußerst wichtig sei. Der Einzelne hält Abstand zu den Institutionen und Organisationen; von Zeit zu Zeit aber sucht er deren Nähe, um dann wieder auf Abstand zu gehen.[52] Unnötig sei es, weil die reformatorische Christenheit die Freiheit des einzelnen Getauften über alles schätzt und ihn nicht kirchlich bevormunden darf.[53] Die regelmäßige Teilnahme am Gottesdienst etwa ist nicht entscheidend für die stabile Bindung an die Kirche. Wichtig ist, dass man „bei Gelegenheit" teilnehmen kann und dass die Kirche verlässlich für die Themen eintritt, die man von ihr erwartet: nämlich erstens das diakonische Engagement für Einzelne, zweitens die geistliche Begleitung durch Kasualien und drittens das gottesdienstlich-geistliche Handeln, unabhängig davon, ob man daran teilnimmt.[54] Kretzschmars *Konsequenzen* sind aufschlussreich: Da die Ressourcen knapp und die Erwartungen der Mitglieder stabil sind, wäre es nicht sinnvoll, Änderungen im kirchlichen System vorzunehmen, die obendrein Geld kosten.[55] „Eigentlich könnte alles so bleiben, wie es ist."[56] Seine Überlegungen „legen strukturkonservative Zugänge nahe". Er empfiehlt auch, die starke Rolle der Pfarrer nicht infrage zu stellen.[57] Gerald Kretzschmar setzt auf ein entschiedenes „weiter so". Davon würden alle profitieren: Die Kirche, weil sie stabil bleibe, und der Einzelne, der in seiner religiösen Autonomie geachtet würde und „bei Gelegenheit" zur Kirche hinzustoßen könnte. „Eigentlich könnte alles

---

[51] Kretzschmar, Gerald, Mitgliederorientierung und Kirchenreform. Die Empirie der Kirchenbindung als Orientierungsgröße für kirchliche Strukturreform, PTh 101 (2012), 152-168, 156.

[52] Vgl. a.a.O., 158-160.

[53] Vgl. a.a.O., 152+160f.

[54] Vgl. a.a.O., 163-165. „Aus dem breiten Themenspektrum, das die Kirche vorhält, sind es das gottesdienstlich-geistliche Leben, die kasuelle Begleitung in Schwellensituationen des Lebens und das diakonisch helfende Handeln für spezielle Zielgruppen, die in Fragen der Kirchenbindung von zentraler Bedeutung sind.",165.

[55] A.a.O., 166.

[56] A.a.O., 160f.

[57] A.a.O., 167.

so bleiben, wie es ist." Das bedeutet: Wir respektieren Distanz und wir begegnen freundlich, qualitativ hochwertig, aber erwartungsarm und zurückhaltend, wenn Menschen Kontakt zur Kirche „bei Gelegenheit"[58] suchen.
Allerdings ergeben sich bei dieser Sicht der Dinge eine Reihe von Problemen und die Notwendigkeit einer Nachjustierung.

›   Ein erstes Problem besteht in der *Überschätzung der Stabilität einer „Kirche bei Gelegenheit"*. Es ist angemessen, die Mitgliedschaft von Menschen wertzuschätzen, die mit ihrem finanziellen Beitrag Leben und Dienst der Kirche unterstützen, auch wenn sie nicht oder selten daran partizipieren. Aber es ist doch problematisch, die Stabilität dieser Form von Mitgliedschaft zu überschätzen. Offenkundig kann die Kirche an ihren Rändern keine Stabilität erzeugen, denn die Austrittszahlen sind nach wie vor erheblich. Auch kann man nicht davon ausgehen, dass auch nur die Inanspruchnahme von Amtshandlungen selbstverständlich ist. Durchaus nicht alle Evangelischen lassen ihre Kinder taufen, feiern ihre Hochzeit mit einer Trauung und beerdigen ihre Angehörigen kirchlich. Aus der spezifischen Erfahrung der Kirchen in der DDR heraus kommentiert Eberhard Winkler die große Zuversicht hinsichtlich der „Kirche bei Gelegenheit" skeptisch: „Kasualien und Religionsunterricht werden auf Dauer nicht ausreichen, die ‚Christen in Halbdistanz' in der Kirche zu halten. Wir haben in der DDR erlebt, wie schnell eine Kasualkirche zusammenbrechen kann."[59] Mindestens wird man festhalten dürfen, dass die „Kirche bei Gelegenheit" nur deshalb „funktioniert", weil es Menschen gibt, die die Kirche auch außerhalb der Gelegenheit stetig mitgestalten: „Die ‚Kirche bei Gelegenheit' lebt ‚parasitär' von der Kirche der Kontinuität, von gemeindlicher Sozialität."[60]

›   Dahinter verbirgt sich ein tieferes Problem, das vielleicht auch der Kern der kirchentheoretischen Debatten an dieser Stelle ist: Es besteht in der *Überschätzung der Religiosität der „Christen in Halbdistanz"*. Dabei wissen wir aus diversen Befragungen, wie brüchig das Verständnis elementarer Inhalte des christlichen Glaubens und auch das Einverständnis mit zentralen Überzeugungen des Glaubens bei unseren kirchendistanzierten Mitgliedern ist. Das ist nichts Neues: Schon Luther beklagt in der Vorrede zur „Deutschen Messe" (1526), dass viele in der Kirche

---

[58]   Klassisch dazu: Nüchtern, Michael, Kirche bei Gelegenheit. Kasualien – Akademiearbeit – Erwachsenenbildung, Stuttgart u. a. 1991.
[59]   Winkler, Eberhard, Tore zum Leben: Taufe – Konfirmation – Trauung – Bestattung, Neukirchen-Vluyn 1995, 34.
[60]   Karle, Kirche, 126.

„noch nicht glauben oder Christen sind." Nur ist dies für Luther ein Grund zur Klage und zu Bemühungen, Gottesdienste als „öffentliche Reizung zum Glauben und zum Christentum" zu gestalten.[61] Wir wissen, dass wir die Einstellungen von kirchendistanzierten Menschen nicht nüchtern genug einschätzen können: „Man schätzt die Diakonie und schickt die Kinder in den Religionsunterricht, damit ihnen beigebracht wird, ein guter Mensch zu werden, aber der sonntägliche Gottesdienst und der genauere Inhalt der Bibel sind fremd. Jesus gilt als vorbildlicher Mensch, aber Trinität ist ein Fremdwort."[62] Die bisherigen Kirchenmitgliedschaftsuntersuchungen zeigen eine bei den abwesend-verbundenen Mitgliedern tief verwurzelte Vorstellung vom Christsein als Verpflichtung zum moralischen Verhalten: Dominante Rollenmerkmale christlicher Existenz sind die Orientierung an den Geboten, Toleranz und das Bemühen, dem Gewissen zu folgen und ein anständiger Mensch zu sein.[63] Johannes Zimmermann spricht zu Recht von einer „Religion der guten Werke".[64] Der Abstand zu den elementaren Gewissheiten und dem fundamentalen Trost des Evangeliums, mithin zum „sola gratia" und „solus Christus" könnte kaum größer sein. Das ist gar kein Anlass zu kirchlichem Hochmut, denn es stellt sich ja sofort die kritische Rückfrage an die Kirche, warum es ihr nicht gelingt, das Evangelium so zu kommunizieren, dass mehr Menschen die Schönheit der Gnade erfassen. Es ist auch kein Versuch, den Glauben Einzelner zu beurteilen und ihnen doch ins Herz zu schauen. Aber es ist die Weigerung, einfach große Teile der kirchlichen Mitgliederbestände für einen Glauben zu vereinnahmen, den sie selbst gar nicht zu haben behaupten. Man kann Menschen Unrecht tun, indem man ihnen Unglauben unterstellt – man kann ihnen aber auch Unrecht tun, indem man ihnen einfach Glauben zuschreibt, unabhängig von ihrer Selbstwahrnehmung. Die Konsequenz müsste so aussehen, dass wir die vielen treuen Kirchenfernen ehren, indem wir ihnen möglichst verständlich und relevant das Evangelium bezeugen

---

[61] Beide Zitate aus der „Deutschen Messe": WA 19,74f.

[62] Schulz u. a., Milieus, 20.

[63] Vgl. die Fragen zu den Merkmalen des Evangelischseins: Huber, Wolfgang/Friedrich, Johannes/Steinacker, Peter (Hgg.), Kirche in der Vielfalt der Lebensbezüge. Die vierte EKD-Erhebung über Kirchenmitgliedschaft, Gütersloh 2006, 440.

[64] Zimmermann, Johannes, Die vierte Kirchenmitgliedschaftsuntersuchung aus (missions)theologischer Perspektive, in: Huber, Wolfgang/Friedrich, Johannes/Steinacker, Peter (Hgg.), Kirche in der Vielfalt der Lebensbezüge, Gütersloh 2006, 135-140, 137.

und nahebringen, das sie offenkundig noch nicht kennen, anstatt sie damit zu „verschonen" und zu meinen, wir täten ihnen so einen Gefallen. Die Überbewertung der Religiosität der Menschen erscheint entweder als kirchliche Strategie zur Selbstberuhigung: „Es ist alles nicht so schlimm!" Oder es erweisen sich hier die fatalen Konsequenzen einer Theologie, die nicht „oben" beim Evangelium und seiner Sicht des Menschen einsetzt, sondern „unten" im autonomen Individuum mit seiner ihm eigenen Religionsproduktivität, die zu respektieren sei.

‣ Nun muss aber ein drittes Problem genannt werden, damit der größere Zusammenhang sichtbar wird: Man wird ein ganzes Bündel von Ursachen nennen können, wenn es um den Abstand vieler Menschen zum biblisch bezeugten Evangelium geht. Es wäre ein Kurzschluss, hier *eine* Ursache allein verantwortlich zu machen. Es gibt ja zum Beispiel so etwas wie eine kirchliche „Selbstsäkularisierung" (Wolfgang Huber), sodass das Evangelium nicht nur „draußen" bei kirchendistanzierten und konfessionslosen Menschen unbekannt wäre, sondern auch „drinnen" bei prominenten kirchlichen Akteuren. Es gibt eine Bringschuld der Kirche (vgl. Röm 1,14f), die sie aus verschiedenen Gründen oft nicht eingelöst hat. Es gibt säkularisierende Tendenzen und Traditionsabbrüche, auf die die Kirche nur bedingten Einfluss hat. Aber fragt man nach Ursachen, ist *auch* auf den Zusammenhang von Gemeinschaft und Glauben zu verweisen, der dort unterschätzt wird, wo man meint, ein vitaler Glaube könne entstehen, erhalten bleiben und wachsen, wenn es nur zu seltenen Begegnungen mit anderen kommt, die mit mir glauben und mir zusprechen, was von Gott her Wahrheit meines Lebens ist. Es geht hier um die *Unterschätzung der Versammlung unter Wort und Sakrament.* Und das knüpft nun an die grundlegenden ekklesiologischen Überlegungen im zweiten Kapitel an: Der christliche Glaube ist ein sozialer Glaube. Er stellt den Glaubenden nicht nur in ein unmittelbares Verhältnis zu Gott, sondern auch in eine verbindliche Beziehung zu denen, die mit ihm diesen Glauben an Gott teilen. Der Glaube lebt von dem, was sich kein Mensch selbst sagen kann, also von dem „verbum externum", das den Angefochtenen tröstet. Keiner kann sich selbst taufen oder die Gaben des Altars an sich nehmen. Dazu kommt, dass der Glaube verbindlich ist: Er ist auch Berufung zur geschwisterlichen Gemeinschaft, zum Tragen des Anderen (1 Thess 5,12-15), zur Betätigung der eigenen Gaben in der Ergänzungsgemeinschaft des Leibes Christi (Röm 12,1-8) und zur Liebe, mindestens *auch* gegenüber „des Glaubens Genossen" (Gal 6,10). Diese Verbindung mit Christus und den Christen ist die Bedingung der Möglichkeit zu vitalem und fruchtbarem Glauben (Joh 15,1-17). Dies wird gestützt durch die Einsicht Peter L. Bergers, dass der (christliche) Glaube in Kontexten, in denen er nicht mehr kulturgestützt existiert, also eher Ausnahme als Regel ist, eine „Plausibilitätsstruktur" braucht. Dieses glaubensförderliche Klima entsteht durch die für den Einzelnen relevanten Anderen, mit denen der Glaube geteilt wird.[65] Reden wir in diesem Band von „nachkirchlichen Zeiten", dann ist genau dieses Ende der „christentümlichen" Gesellschaft gemeint. Hier gilt: Noch dringender als eh und je hängt nun der Glaube des Einzelnen am dünnen Faden des regelmäßigen Austauschs.

Konsequenterweise muss nun beides ernst genommen werden: die gegenwärtigen Lebensbedingungen, von denen eingangs die Rede war, und die grundlegende Gemeindlichkeit des Glaubens. Das führte dann nicht zu einer starren Normierung, die ein bestimmtes, etwa „vereinskirchliches" Modell der christlichen Geselligkeit allen Getauften vorschriebe. Es führte aber auch nicht zu dem „Weiter so!" bei Gerald Kretzschmar. Konsequenterweise werden wir nicht länger so tun, als „hätten" wir die Menschen. Vom Modus des „Habens" wäre umzuschalten auf den Modus des „Gewinnens". Und dieser Modus des „Gewinnens" würde ernst nehmen, dass Glaube und Gemeinschaft eng verknüpft sind, ja, dass „belonging" nicht selten vor „believing" kommt. Evangelisation und Gemeinschaftsbildung rücken hier eng zusammen. Dann aber gilt es, unterschiedliche Modelle der christlichen Geselligkeit anzubieten, eine Pluralität der Orte, an denen Menschen miteinander den Glauben, die Hoffnung und die Liebe Christi verbindlich teilen. Das führt nun gleich zum folgenden zweiten Impuls. Kriterium dieser pluralen Orte wäre in jedem Fall eine nicht zu geringe Regelmäßigkeit der Begegnung, die überhaupt erst einen nachhaltigen Einfluss auf die Lebensgestalt der Glaubenden ausüben kann.

Damit lautet die Antwort auf die eingangs gestellte Frage, wie viel Gemeinde ein Mensch verträgt: erstens deutlich mehr, zweitens aber wohl in lebensweltlich adäquaten Geselligkeitsmodellen.

Der zweite Impuls: Wie viele Gemeinde(forme)n verträgt die Kirche?

Das dominante Organisationsmodell kirchlicher Vergemeinschaftung ist die Parochie. Immerhin kann die Parochie für sich in Anspruch

---

[65] Vgl. Berger, Peter L., Zur Dialektik von Religion und Gesellschaft, Frankfurt a. M. 1973. Diese Einsichten verdanke ich wesentlich der Habilitationsschrift von Zimmermann, Johannes, Gemeinde, insbesondere den Paragraphen 6-8 = 321-461.

nehmen, „zu den ältesten Strukturmerkmalen der Kirche" zu gehören.[66] Parochien sollen die verlässliche Erreichbarkeit und Zugänglichkeit des Evangeliums für jeden Ort in einem Territorium sichern. Umgekehrt ordnen sie jeden Getauften seiner Gemeinde, seinem Pfarrer, seinem Kirchgebäude etc. zu. Nachkirchliche Kontexte stellen auch diese Struktur infrage: Wie kann sich die Kirche auf dem Weg ins Jahr 2017 für neue Formen der Gemeindlichkeit öffnen, ohne das parochiale Grundmodell ganz preiszugeben? Wir sprechen also von einer *Relativierung* der Parochie, und das hat wiederum mehrere Gründe. Zwei sollen hier exemplarisch benannt werden:

‣ Zum einen ist auf die *Mechanismen von Schrumpfung und Dehnung* zu verweisen, die Martin Alex in seinem Beitrag über Kirchen in ländlichen Räumen herausgearbeitet hat.[67] Das ist die Binnenperspektive: Durch wiederholte Strukturreformen kommt es in zahlreichen kirchlichen Regionen zu Fusions- und Konzentrationsprozessen. Gemeinden werden vereinigt oder unter einem Pfarramt zusammengefasst, ganze Kirchenkreise *fusionieren*. Der Normalfall ist hier, dass kirchliche Arbeit damit auch *zentralisiert* wird. Man setzt auf leistungsfähige Zentren und nimmt eine Ausdünnung kirchlicher Nähe an der Peripherie in Kauf. So stellt sich für die Peripherie Nachkirchlichkeit dar. Hadwig Müller stellt fest: „Der Prozess der Zentralisierung, wo auch immer er die Ordnung gesellschaftlicher Verhältnisse bestimmt, zerstört die Peripherie."[68] Das bedeutet: Die Kirche schrumpft, denn es gibt weniger Mitglieder, weniger selbstständige Gemeinden, weniger Pfarrstellen, weniger Ressourcen, weniger kirchliche Kreise und auch weniger Gottesdienste. Dadurch dehnt sich die Kirche auch: Die Zuständigkeitsgebiete der Pfarrer wachsen, die Entfernungen zum Gottesdienst nehmen zu, die Flächen der Parochien weiten sich. Ist aber die Grundidee der Parochie die „Kirche im Schlappenbereich", also Gemeinde in der Nähe als nachbarschaftliche Lebensform von Kirche, so führt das auf dem Weg der Strukturreform gerettete Parochialsystem sich selbst ad absurdum, denn statt Nähe gibt es jetzt eine wachsende „Distanzreibung". Distanzreibung führt auch bei anderen gesellschaftlichen Dienstleistern oft zu sinkender Nachfrage.[69] Die Kirche entfernt sich von den Menschen und die Menschen entfernen sich von der Kirche. Man hat weiter

---

[66] Hermelink, Organisation, 126.
[67] Vgl. Martin Alex in diesem Band, 42ff.
[68] Müller, Hadwig, Netze des Evangeliums knüpfen. Berufung „örtlicher Gemeinden", Lebendige Seelsorge 58 (2007), 162-167, 165.
[69] Vgl. Fleßa, Steffen, Grundzüge der Krankenhausbetriebslehre, München ³2013, 52f.

Organisationsformen, die den Namen „Parochie" tragen, aber hier ist nicht mehr „Parochie drin", obwohl „Parochie drauf" steht.

‣ Zum anderen ist *der parochiale Nahbereich nicht mehr für alle Menschen der entscheidende Referenzrahmen der eigenen Lebensführung.* Das ist die Außenperspektive, die besonders dann relevant ist, wenn wir vom „Haben" auf das „Gewinnen" umschalten wollen. Im parochialen Nahbereich erreicht die Kirche im Wesentlichen Menschen, die ihren Lebensmittelpunkt tatsächlich in der Nachbarschaft haben.[70] Das können z. B. Familien mit kleinen Kindern sein, aber auch alte Menschen mit kleiner werdendem Lebensradius oder Menschen in prekären Lebensumständen, die sich ein höheres Maß an Mobilität nicht leisten können. Für viele andere Menschen ist es genau umgekehrt: Die Wohnung oder das Haus sind eigentlich eher der Schlafort als der Lebensort. Sie gestalten ihr aktives Leben eher regional: Ihre Kinder besuchen nicht einfach die Schule nebenan, sondern z. B. eine Schule in einem anderen Stadtteil mit einem attraktiven pädagogischen Konzept. Gehen sie aus, so suchen sie nicht die Eckkneipe aus, sondern wählen unter Restaurants in einem größeren Umfeld. Sie fahren zum Sport vielleicht bis in die nächste Stadt und haben ihren Arbeitsplatz durchaus nicht in der Nähe ihrer Wohnung. Für freundschaftliche Beziehungen sind Netzwerke bedeutsamer als Nachbarschaften. Die parochialen Kontaktangebote erreichen sie in der Regel nicht: An den typischen Gruppen und Kreisen haben sie kein Interesse, und der sonntägliche Gottesdienst kommt ihnen bei der Planung des Wochenendes nicht in den Sinn. Wollte die Kirche mit ihnen in einen tieferen Kontakt treten, so müsste sie sich auf den regionalen Lebensradius der mobilen Menschen einlassen.[71] Umgekehrt verfestigt sich die „mentale Gefangenschaft im eigenen Milieu"[72], wenn die Kirche darauf beharrt, nur in der Parochie die legitime Gestalt von Kirche zu sehen.

Das EKD-Impulspapier *„Kirche der Freiheit"* hat daraus die Konsequenz gezogen: Wir brauchen eine neue Vielfalt von Gemeindeformen. Im zweiten der zwölf Leuchtfeuer (also: Reformimpulse) wird

---

[70] Vgl. Hermelink, Organisation, 133.

[71] Vgl. die anglikanische Analyse dieser kulturellen Verschiebungen: Herbst, Michael (Hg.), Mission bringt Gemeinde in Form. Gemeindpflanzungen und neue Ausdrucksformen gemeindlichen Lebens in einem sich wandelnden Kontext. Deutsche Übersetzung von: „Mission-shaped Church. Church Planting and Fresh Expressions of Church in a Changing Context" (2004), BEG-Praxis, Neukirchen-Vluyn 2006, 34-55.

[72] Huber, Zukunftswerkstatt, 71.

diese Forderung näher dargelegt. Verschiedene, in gleicher Weise legitime Gemeindeformen soll es künftig geben: „Die Profilierung spezifischer Angebote ist erwünscht, die frei gewählte Zugehörigkeit der Kirchenmitglieder zu einer bestimmten Gemeinde wird bejaht, ein verantwortetes Maß an Wettbewerb unter den Gemeindeformen und -angeboten wird unterstützt und gelingende Beispiele werden gestärkt."[73] Das Spektrum ist groß: Vorgeschlagen werden eher passagere Gemeindeformen („Passantengemeinden" beispielsweise für Touristen und Besucher von Citykirchen, auch Kommunitäten und Klöster für Pilger) neben Profilgemeinden, kleine selbstständige Gottesdienstkerne in peripheren Räumen[74] neben „Mediengemeinden", Citykirchenarbeit, Anstaltsgemeinden, Krankenhausseelsorge und Evangelische Akademien. Beachtlich ist, was dann den Parochien ins Stammbuch geschrieben wird: „Die Parochialgemeinde hat als bleibende Grundform evangelischer Gemeinden erhebliche Wachstumsmöglichkeiten im Blick auf neue Zielgruppen und veränderte Erwartungen. Dazu müssen Ortsgemeinden allerdings eine bewusste Wendung nach außen vollziehen, ihre Arbeit missionarisch ausrichten und auf anspruchsvollem Niveau gestalten."[75] Unter dem Strich sollen nur noch 50 % der Gemeinden Parochien sein, je 25 % sollen auf Profilgemeinden oder netzwerkorientierte Angebote fallen.[76]
Praktisch-theologisch aufschlussreich ist die Debatte, die sich an diese Anregungen anschloss. Besonders profiliert und wirksam war die Kritik von *Isolde Karle*, die die Kirche nicht auf dem Weg zur „Kirche der Freiheit" sieht, sondern sich um die *„Kirche im Reformstress"* sorgt.[77] Isolde Karle trägt in verschiedenen Publikationen immer wieder Einwände gegen den EKD-Reformprozess vor. Sie bezweifelt z. B. die umfängliche Steuerbarkeit kirchlichen Lebens durch Reformprozesse. Die „protestantische Dauerunruhe"[78] hält sie für bedenklich. Sie kritisiert die kaum kaschierte Unzufriedenheit mit gemeindlicher Arbeit und den „dafür verantwortlichen Pastorinnen und Pastoren".[79] Sie mahnt zu realistischen Bemühungen um die Kirche, verbunden mit einer größeren Gelassenheit im Vertrauen auf

---

[73]   Kirche der Freiheit, Leuchtfeuer zwei = Kirchenamt der EKD (Hg.), Kirche im Aufbruch. Schlüsseltexte zum Reformprozess, Kirche im Aufbruch. Reformprozess der EKD Bd. 7, Leipzig 2012, 66f.
[74]   Damit soll offenkundig etwas gegen die Phänomene der Schrumpfung/Dehnung, also der zunehmenden Distanzreibung getan werden.
[75]   Kirchenamt der EKD (Hg.), Aufbruch, 68.
[76]   Vgl. a.a.O., 70f.
[77]   Vgl. Karle, Kirche.
[78]   A.a.O., 73.
[79]   A.a.O., 74.

Gott.[80] Ihr wichtigstes Anliegen aber scheint das *Plädoyer für die dezentrale Kirche* am Ort und damit für die Ortsgemeinde zu sein.[81] Isolde Karle legt nebenbei mit wünschenswerter Klarheit die Schwächen der Kirchentheorien offen, die die Versammlung der Gemeinde tendenziell abwerten (vgl. oben den ersten Impuls). Sie hält ein entschiedenes Plädoyer für die Ortsgemeinde, und zwar für die Ortsgemeinde als Parochialgemeinde mit einem starken Pfarramt. Die Ortsgemeinde ist kein „kirchliches Auslaufmodell"[82]. Hier gestalten ja „Menschen aus den unterschiedlichsten Milieus" das gemeindliche Leben. Hier ist direkte, nicht mediatisierte, leibliche Begegnung möglich, die Menschen so dringend brauchen.[83] Der theologische Hintergrund liegt in einer beachtlichen Feststellung zur „Kirche des Wortes": Das Wort gibt es nicht ohne die Versammlung. „Die Weckung und Stärkung des Glaubens setzt die Beziehung der Gläubigen, die congregatio sanctorum, notwendig voraus. Wortverkündigung und Versammlung der Gläubigen sind unmittelbar miteinander gekoppelt."[84] Versammlung und Wort sind die unverzichtbaren Pole der evangelischen Christenheit. „*Kirche realisiert sich primär und zuerst in und als Gemeinde und hat nur als Gemeindekirche Zukunft.*"[85] Diese Gemeindlichkeit des Glaubens am Ort in den kleinen Versammlungen ist im Neuen Testament und in der Alten Kirche maßgebend, sie wird erst durch die Konstantinische Wende relativiert; es bildet sich nun eine „flächendeckende Versorgungs- und Massenkirche", freilich mit dem Gemeinschaftsgedanken als Regulativ.[86] Noch einmal mahnend sagt die Bochumer Praktische Theologin: „Ohne Beziehung verfällt der Glaube."[87] Isolde Karle bringt das hochdifferenziert ins Verhältnis zu funktionalen Diensten und neuen Gemeindeformen, aber unter dem Strich sagt sie: Entscheidend für die Zukunft der Kirche ist die Ortsgemeinde, und zwar als Parochialgemeinde mit starkem Pfarramt.

Hier droht aber ein *entscheidender Kurzschluss*. So sehr der engen Verkoppelung von Geselligkeit und Religion, von Wort Gottes und leiblicher Versammlung an konkreten Orten zuzustimmen ist, so wenig muss man diese lokalen Versammlungen mit der Parochie identifizieren. Hält man nun das EKD-Impulspapier und die Streitschrift von Isolde Karle nebeneinander, so gerät man leicht zwischen

---

[80] Vgl. ebd.
[81] Vgl. ebd.
[82] A.a.O., 124.
[83] Vgl. a.a.O., 88.
[84] A.a.O., 81.
[85] A.a.O., 132.
[86] A.a.O., 135.
[87] A.a.O., 145.

Skylla und Charybdis: Während die EKD-Reformstrategie die problematischen Effekte der „Kirche bei Gelegenheit" nun auch in die neuen Gemeindeformen transplantiert, nähert sich Isolde Karle einer weitgehenden Identifikation der örtlich-leiblichen Gemeinschaft mit einem bestimmten historisch gewachsenen Modell von Kirche. Während wir bei Gerald Kretzschmars „Weiter so" auf eine *weitgehende Abwertung der regelmäßigen, leiblich-lokalen Versammlung unter Wort und Sakrament* stoßen, finden wir bei Isolde Karle eine *weitgehende Identifikation dieser regelmäßigen, leiblich-lokalen Versammlung unter Wort und Sakrament mit der Parochie und einem relativ dominant gedachten Pfarramt.*

Hier ist zuerst an die enorme evangelische Freiheit im Umgang mit den Zeremonien zu erinnern. Nur die Versammlung unter Wort und Sakrament ist nach CA VII notwendig, alles andere ist zwar nicht beliebig, aber doch der jeweiligen Gestaltung überlassen, wie es die Zeiten bzw. der missionarische Kontext fordern.[88] *„Nicht irgendeine Verfassung ... macht die Kirche zur Kirche, sondern allein ihr Verfasstsein in Wort und Sakrament."*[89]

In allem anderen sind wir frei. Wir können und dürfen dann sowohl in kleineren als auch in größeren Größenordnungen denken, wir können uns lokale Hausgemeinden denken, örtliche Gottesdienstkerne, kleine kommunitäre Zentren, überschaubare örtliche Dienstgruppen, Netzwerke von Menschen ähnlicher Milieus, intakte profilierte Parochien, kooperierende oder fusionierende Ortsgemeinden. Wir können ebenso eine Region als ἐκκλησία denken, in der es wiederum beides gibt, die große Vollversammlung im Tempel wie die kleinen Treffen „von Haus zu Haus" (Apg 2,46). Das alles lässt sich dann auch rechtlich ordnen, wie es die Verhältnisse verlangen. Aber entscheidend ist, was Johannes von Lüpke auf den Punkt brachte: *„Kirche ist dort, wo geschieht, was Kirche zur Kirche macht."*[90]

Darum steht der anglikanische Impuls der *„fresh expressions of church"* zwischen dem EKD-Reformprozess und der Mahnung von Isolde Karle.[91] Und er ist obendrein dezidiert missionarisch ausge-

---

[88] Vgl. Hauschildt, Eberhard, Organisation der Freiheit – „evangelisch Kirche sein" verändert sich, in: Kirchenamt der EKD (Hg.), Kirche im Aufbruch. Schlüsseltexte zum Reformprozess, Leipzig 2012, 215-232, 218.

[89] Pöhlmann, Hans-Georg, Unser Glaube. Die Bekenntnisschriften der evangelisch-lutherischen Kirche, Gütersloh 1986, 64. Ebenso: Schölper, Elke, Regionalisierung – Märchenprinz oder Kröte, in: Bölts, Stefan/Nethöfel, Wolfgang (Hgg.), Aufbruch in die Region. Kirchenreform zwischen Zwangsfusion und profilierter Nachbarschaft, Netzwerk Kirche, Bd. 3, Hamburg 2008, 228-238, 233.

[90] Zitiert in: Karle, Kirche, 84.

[91] Vgl. zu den „fresh expressions of church" z. B. Herbst, Michael, Wir brauchen auch in Deutschland "fresh expressions of church"!, in: Bartels, Matthias/Reppenhagen, Martin (Hgg.), Gemeindepflanzung – Ein Modell für die Kirche der Zukunft?,

richtet. Die Frage neuer Gemeindeformen wird der missionarischen Herausforderung zu- und nachgeordnet. Nicht die Selbstbehauptung der Kirche ist Anlass zur Begründung neuer Gemeindeformen, sondern die Beteiligung der Kirche an der *missio Dei* lässt auch nach neuen Gemeindeformen suchen. Die Argumentation setzt bei der missionarischen Leidenschaft Gottes für die Menschen ein und befasst sich dann mit missionarischem Handeln und *abschließend* mit kirchlichen Strukturen.[92]

Was aber verstehen wir unter einer „*fresh expression*"? „A fresh expression is a form of church for our changing culture established primarily for the benefit of people who are not yet members of any church. It will come into being through principles of listening, service, incarnational mission and making disciples. It will have the potential to become a mature expression of church shaped by the gospel and the enduring marks of the church and for its cultural context."[93]

In dieser Definition von Steven Croft stecken einige wesentliche Festlegungen: Der *Blick* geht *nach außen*: Menschen, die noch nicht dazugehören, sind primär im Blick. Sie sollen dazugehören und das heißt: Sie sollen *teilnehmen* am Geschehen von Kirche. Die *Etappen des Weges* sind nicht zufällig: Da wird auf Gott und den Kontext gehört, da wird gedient und geholfen, eine Gemeinschaft verwurzelt sich tief in einem Kontext und hilft dort Menschen, ein Leben in der Nachfolge Jesu zu beginnen und zu führen. Dies ist die „serving-first-journey".[94] Man kennt nicht schon im Voraus die neue Gestalt von Kirche am Ort oder in der Region. Diese Gestalt ist nicht die Franchise-Filiale eines kirchlichen Missionskonzerns, sie erwächst erst dort, wo das Evangelium sich im Boden des Kontextes verwurzelt. Das ist auch *keine Brückenlösung*, bis diese Menschen dann in die „eigentliche", also die traditionelle Gemeindlichkeit finden, vielmehr wird, vielleicht erst ganz allmählich, aus der missionarischen Gemeinschaft im Kontext eine vollgültige und vollwertige Gestalt von Kirche.

BEG, Bd. 4, Neukirchen-Vluyn 2006, 204-217; Croft, Steven, Fresh expressions in a mixed economy Church: a perspective, in: Croft, Steven (Hg.), Mission-shaped Questions. Defining issues for today's Church, London 2008, 1-15; Weimer, Markus, Bewegung im Bewährten. Wie die Kirche von „fresh expressions" profitieren kann, ThBeitr 43 (2012), 222-236; Herbst, Michael, Fresh Expressions of Church – made in Germany, in: Moldenhauer, Christiane/Warnecke, Georg (Hgg.), Gemeinde im Kontext. Neue Ausdrucksformen gemeindlichen Lebens, BEG-Praxis, Neukirchen-Vluyn 2012, 83-96.

[92]   Vgl. etwa Moynagh, Church.

[93]   Croft, Fresh expressions, 9. Vgl. auch http://www.freshexpressions.org.uk/guide /about/whatis [zuletzt besucht am 28.02.2013].

[94]   Vgl. Moynagh, Church, 205-221.

So entstehen *neue Lebensformen von Kirche*, stetige Orte gemeinsamen Hörens, Betens, Feierns und Dienens unter dem Einfluss des Wortes und gestärkt in der Feier der Sakramente. Das sind Gemeinden, die häufig kein Kirchgebäude haben, nicht unbedingt einen hauptamtlichen Pfarrer, zuweilen ganz andere liturgische Formen pflegen und gerade nicht durch die gemeinsame Wohnlage in der Nachbarschaft geeint sind. Es sind Gemeinden in Cafés und Schulen, an Surfstränden und in Klöstern, in Plattenbauten und Dorfgemeinschaftshäusern, in Backstuben und in Wohnzimmern, es sind aber auch vollständige „Zweite Programme" unter dem Dach einer Ortsgemeinde, und ja: Es sind *Gemeinden* im vollen Sinn, nicht nur Subkulturen und Gemeinschaften, nein *Gemeinden*, „church" im vollen Sinne. Aber es ist die Kirche mit leichtem Gepäck, beweglich, auch noch zerbrechlich, manche nur auf Zeit lebensfähig, manche aber auch der Keim dauerhafter Gestalten von Kirche.

Zugleich gehört es zu den Wesenszügen dieser anglikanischen Aufbrüche, sich gerade nicht herablassend von traditionellen Ortsgemeinden abzugrenzen. Das bedeutet, „that we need fresh expressions of church alongside existing and traditional churches."[95] Begrüßt werden sowohl die, die neue Gemeindeformen begründen, als auch die, die vorhandene Gemeinden neu formen.[96] Man spricht darum mit Rowan Williams von einer *„mixed economy"*. Traditionelle Gemeinden und neue Ausdrucksformen sollen sich gemeinsam der missionarischen Herausforderung stellen. Diversität und Einheit werden nicht gegeneinander ausgespielt; vielmehr darf große Verschiedenheit in den Strukturen sein, weil Einheit im Glauben an das Evangelium und in der gemeinsamen Mission gegeben ist.

Immer mehr Menschen leben in nachkirchlichen Zeiten ohne relevanten Kontakt zur Welt des christlichen Glaubens. Parochiale Gemeinden können einen Teil dieser Herausforderung beantworten, aber daneben braucht die Kirche in Deutschland neue Formen gemeindlichen Lebens. Die Bereitschaft zum Wagnis, die Dominanz der Parochien durch pilotprojektartige neue Gemeindeformen zu relativieren, ist allerdings in weiten Teilen der Kirche noch mehr als zögerlich. Die Ausgangsfrage dieses Abschnitts lässt sich nun aber beantworten: Wie viele Gemeinde(forme)n verträgt die Kirche? Weit mehr als bisher, wenn sie missionarisch orientiert sind und auf dauerhafte Gemeinschaft abzielen!

Das führt nun unmittelbar weiter zum letzten Impuls: Diese Kirche der pluralen Gemeindeformen wird keine Pastorenkirche mehr sein können. Wenn wir die Phänomene der Schrumpfung und Dehnung

---

[95] Croft, Fresh expressions, 1.
[96] Nach einem Wortspiel von Hans-Tjabert Conring, Bielefeld.

ernst nehmen, ist ja eine Erweiterung des gemeindlichen Spektrums nicht denkbar, wenn sie primär auf den Pfarrer als zentralen Akteur setzt. In nachkirchlicher Zeit schreiten wir auch auf nach-pastorenzentrierte Kirchenmodelle zu.

Der dritte Impuls: Wie viel Ehrenamt darf's sein?

Es ist schon oft bemerkt worden, dass das Allgemeine Priestertum eine der liegen gebliebenen Aufgaben der Reformation sei. So hat Klaus Douglass in seinen 96 (sic!) Thesen aus dem Jahr 2001 festge-stellt, man könne „nicht behaupten, dass knapp 500 Jahre nach der Reformation Martin Luthers die große Masse der evangelischen Christen wirklich mündig geworden sei."[97] Die Spät- und Folge-schäden liegen eigentlich auf der Hand: Dem Burn-out vieler Pfarrer-innen und Pfarrer korrespondiert der „Bore-out" von Christenmen-schen, deren Gaben brach liegen, weil sie entweder nur als Betreute oder als Zuarbeiter verstanden werden, an die vom Pfarramt nicht zu bewältigende Hilfsdienste delegiert werden.

Ein ganzes Knäuel von Problemen macht allerdings die Frage nach dem Allgemeinen Priestertum so kompliziert: Einer hypertrophen (Pfarr-)Amtstheologie korrespondiert eine hypotrophe Theologie des Allgemeinen Priestertums.

Die *hypertrophe Pfarramtstheologie* produziert stets neue pastoral-theologische Leitbilder, die zwar häufig erkennen, dass die Er-wartungen an den Pfarrberuf längst völlig überzogen und von norma-len Menschen nicht mehr zu erfüllen sind, dann aber fast wider Willen den überlangen Pflichtenkatalog der Pfarrerinnen und Pfarrer noch um weitere Punkte ergänzen.[98] In der Regel geht damit ein Mangel an Vorstellungskraft hinsichtlich einer Kirche einher, die vom Allgemeinen Priestertum her denkt und lebt. Ist aber „Kirche bei Gelegenheit" der Leitstern, so kann das auch nicht wirklich überra-schen.

Ein Beispiel dafür ist der pastoraltheologische Ansatz von *Ulrike Wagner-Rau.* Die Marburger Praktische Theologin tritt auch mit der Absicht an, die vielen Pflichten im Pfarrberuf zu reduzieren. Sie möchte zugleich den Pfarrberuf neu ausrichten. Ihr Leitbild von Kir-che ist das des *Gast*hauses. Und das ist ein anderes Bild als das vom *Gemeinde*haus einer sesshaften Kerngemeinde. „Symbolisch aussa-gekräftig für das Bild einer veränderten Kirche erscheint mir das der

---

[97]   Vgl. Douglass, Reformation, 113.
[98]   Eine Ausnahme bilden Schneider, Nikolaus/Lehnert, Volker A., Berufen – wo-zu? Zur gegenwärtigen Diskussion um das Pfarrbild in der Evangelischen Kirche, Neukirchen-Vluyn 2009.

Anziehungskraft der offenen Türen der Kirchengebäude: Sie werden
gesucht und aufgesucht als Durchgänge zu einer mehr oder weniger
langen Einkehr in einem Raum, der die haltende und aushaltende
Gegenwart Gottes repräsentiert."[99] Es geht um offene Räume der
Gastfreundschaft, die ein Mensch mehr oder weniger intensiv nutzen
kann. Manche bleiben lange und beteiligen sich intensiv, andere
kommen gelegentlich, wieder andere nur von Zeit zu Zeit.

Wir begegnen also einer Variante der „Kirche bei Gelegenheit": „Ein
solches Bild der Gemeinde *als eines offenen Ortes der Gastfreundschaft*, in dem dann vielleicht oft tatsächlich der Kirchenraum wichtiger ist als das Gemeindehaus, verabschiedet sich von der Perspektive
des Gemeindeaufbaus, jedenfalls insoweit es um das Ziel geht, dauerhafte Bindungen an die Kirchengemeinde herzustellen. Es geht nicht
darum, möglichst viele zu binden und zu halten, sondern – auch vo-
rübergehende Gemeinschaft zu schätzen und zu gestalten mit denen,
die da sind. Es geht darum, Räume zur Verfügung zu stellen, in die
man eintreten, von denen man sich aber auch wieder verabschieden
kann."[100] Im Gegensatz zu missionarischen Ekklesiologien soll das
Leitbild der Gastfreundschaft eine größere Flexibilität und Offenheit
signalisieren: „Während die Mission eine deutliche Bewegungsrich-
tung hat, nämlich hinauszugehen in die Welt, um hineinzuziehen in
die Gemeinschaft der Kirche, schwingen in der Gastfreundschaft die
Türen in beide Bewegungsrichtungen: Man kann eintreten und es
besteht keine Erwartung, dass man bleibt."[101]

Wie wirkt sich das auf das *Pfarrbild* und das Allgemeine Priestertum
aus? Der Pfarrer ist für Ulrike Wagner-Rau der Gestalter von Gastfreundschaft in diesem Gasthaus. Eigentlicher Gastgeber ist Gott,
aber der Pfarrer organisiert die Gastfreundschaft. Im Gasthaus kommen und gehen die Menschen. Der Pfarrer aber lebt sozusagen auf
der Schwelle. „Die Schwelle – das ist auch der Raum zwischen Innen
und Außen, der von dem Pfarrer und der Pfarrerin als spezifischer Ort
aufmerksam wahrgenommen werden muss."[102] Zwar braucht es auch
einige andere Bewohner, die Verantwortung übernehmen, aber unter
ihnen ragt der Pfarrer hervor. Denn Pfarrer hüten die theologische
und geistliche Qualität im Gasthaus. Sie organisieren den Dialog mit

---

[99]   Wagner-Rau, Ulrike, Begrenzen und öffnen. Perspektiven für das Pfarramt in
einer gastfreundlichen Kirche, PTh 93 (2004), 450-465, 459.
[100] A.a.O., 460.
[101] Wagner-Rau, Ulrike, Auf der Schwelle. Das Pfarramt im Prozess kirchlichen
Wandels, Stuttgart 2009. Man kann hier erkennen, dass das Missionsverständnis
relativ traditionell formatiert ist. Dass Mission hinausgeht, aber Menschen dann nicht
„hineinzieht", sondern mit ihnen zusammen „draußen" neu Kirche wird, ist nicht im
Blick.
[102] A.a.O., 7.

den Fremden, sie helfen denen, die vorbeischauen, beim Aufbau ihrer persönlichen religiösen Existenz. „Die besondere Verantwortung und Aufgabe der Pfarrer und Pfarrerinnen im Kontext einer gemeindlichen Situation, die sich wesentlich von der Gastfreundschaft her versteht, ist es, die theologische und geistliche Qualität der Räume der Begegnung zu hüten: Im Gebet und im Gottesdienst besonders, wie es der Beauftragung für das Pfarramt entspricht. Ebenso aber auch in Gesprächen, in der Seelsorge, in diakonischer Aktivität, in politischen Initiativen – was auch immer an den unterschiedlichen ‚Orten' der Kirche entsteht."[103] „Was auch immer…" – das signalisiert eine tendenziell nach oben offene Skala von Pflichten.

Damit ist der Ansatz von Ulrike Wagner-Rau in gewisser Weise typisch: Es bleibt bei einem dominanten Pfarrberuf. Das Allgemeine Priestertum kommt nur am Rand zur Geltung. Die Überlastungen des Pfarrberufs werden so wohl kaum aufgehoben. Ein hypertrophes Pfarrbild korrespondiert mit einem hypotrophen Bild vom Allgemeinen Priestertum, gestützt durch eine idealisierte „Kirche bei Gelegenheit".

Weitere Beispiele für hypertrophe Pfarrbilder findet man leicht.[104] Wie aber steht es umgekehrt um die *Theologie des Allgemeinen Priestertums*? Zuerst kann man beobachten, dass die Diskussion über das Allgemeine Priestertum geradezu gefangen erscheint in Bemühungen um die Verhältnisbestimmung von „Amt" und „Gemeinde" und sich gerade nicht als eigenständiges Thema darstellt. Dann wird man weiter feststellen, dass es überhaupt nur wenige praktisch-theologische Arbeiten zu Themen wie dem „Allgemeinen Priestertum" oder „Ehrenamt" gibt.[105] Auch hier können nur einige ekklesiologische Eckdaten und kybernetische Folgerungen für nachkirchliche Zeiten beschrieben werden:

---

[103] Wagner-Rau, Perspektiven, 460f.

[104] Vgl. z. B. Josuttis, Manfred, Die Einführung in das Leben. Pastoraltheologie zwischen Phänomenologie und Spiritualität, Gütersloh ²2004 oder auch Karle, Isolde, Der Pfarrberuf als Profession. Eine Berufstheorie im Kontext der modernen Gesellschaft, Gütersloh 2001.

[105] Positive Ausnahmen bilden z. B. Grethlein, Christian, Praktische Theologie, Berlin und Boston 2012, 451-461; Hauschildt, Eberhard, Auf dem Weg zu einer Praktischen Theologie der Ehrenamtlichen-Seelsorge. Eine Skizze, PTh 99 (2010), 116-136; Brummer, Andreas/Freund, Annegret, Freiwilliges Engagement: Motive – Bereiche – klassische und neue Typen, in: Hermelink, Jan/Latzel, Thorsten (Hgg.), Kirche empirisch. Ein Werkbuch zur vierten EKD-Erhebung über Kirchenmitgliedschaft und zu anderen empirischen Studien, Gütersloh 2008, 351-373. Vgl. auch Breit-Kessler, Susanne/Vorländer, Martin, Ehrenamtliche Mitarbeitende, in: Adam, Gottfried/Lachmann, Rainer (Hgg.), Neues Gemeindepädagogisches Kompendium, Arbeiten zur Religionspädagogik Bd. 40, Göttingen 2008, 111-128.

Die theologische Begründung des Allgemeinen Priestertums wurzelt in der *Taufe* und im *Glauben*.[106] „Durch die Taufe und den Glauben bekommt jeder Christ Anteil an dem ganzen Heilswerk Jesu Christi, also auch an Christi priesterlichem Amt. Damit ist innerhalb der christlichen Kirche im Blick auf die Beziehung zu Gott der Unterschied zwischen Priestern und Laien aufgehoben und das Priesteramt als ein besonderes Mittleramt an sein Ende gekommen."[107] Alle Getauften sind demnach Priester. Einen höheren Stand als den eines Getauften kann man gar nicht erwerben. Darum sind auch Pfarrerinnen und Pfarrer allgemeine Priesterinnen und Priester, nicht mehr, nicht weniger, aber genau das – nur mit einem Spezialauftrag. Das Allgemeine Priestertum ist nun aber nicht dasselbe wie ehrenamtliches Engagement in der Kirche. Es ist erheblich weiter gefasst. Es umfasst zuerst die Priester*würde*: Jeder Getaufte hat ohne Vermittlung anderer einen direkten Zugang zu Gott. Er lebt in einer unmittelbaren Gemeinschaft mit Gott. Das bedeutet, dass er selbst im Gebet mit Gott umgeht und von Gott angeredet wird. Er ist wahrhaft geistlichen Standes. Das Allgemeine Priestertum umfasst aber auch den Priester*dienst* am Nächsten. Das schließt ein, dass jeder Getaufte in seinem privaten und beruflichen Umfeld Christus bezeugen und anderen helfen kann, ihrerseits Priester zu werden. Es gibt also kein „notwendiges" Amt in der Kirche, das mit dem Allgemeinen Priestertum konkurrieren würde.[108] Theologisch bildet das Allgemeine Priestertum eine Art „Klammer". In dieser Klammer gibt es diverse „Charismen":

‣ die verschiedenen (nach CA XIV) ordnungsgemäß Berufenen, also etwa Pfarrerinnen und Prädikanten, und unter den Pfarrern solche im Haupt-, Neben- und Ehrenamt,
‣ die verschiedenen kirchlichen Berufe, also Kirchenmusikerin, Religionslehrer, Diakon, Gemeindepädagogin u.v.m.,
‣ die verschiedenen Formen des kirchlichen Ehrenamts
‣ und die gerade nicht Aktiven, die aus verschiedenen Gründen nicht an der Beteiligungskirche Anteil haben, aber gleichwohl die Würde des Allgemeinen Priestertums haben.

Die folgende Grafik bildet diese theologische Grundentscheidung ab: Von der Taufe her gilt es, die prinzipielle Gleichheit und Zusammengehörigkeit festzuhalten, auch wenn es sehr unterschiedliche Kontingente an Ausbildung, Beauftragung oder Verantwortung gibt.

---

[106] Vgl. zum Folgenden Obenauer, Silke, Vielfältig begabt. Grundzüge einer Theorie gabenorientierter Mitarbeit in der evangelischen Kirche, Heidelberger Studien zur Praktischen Theologie 14, Berlin 2008, 150-163. Der folgende Abschnitt schließt sich eng an den Gedankengang von Silke Obenauer an.
[107] Härle, Dogmatik, 601.
[108] Vgl. A.a.O., 602.

Das Problem besteht nicht in der „Papierform" der Theologie, aber unsere *Mentalität* wird seit Jahrhunderten massiv durch das Gegenüber von Amt und Gemeinde bzw. Allgemeinem Priestertum bestimmt. Das hat viel stärker die kirchliche Kultur und die Mentalität der Christenmenschen mit und ohne Pfarramt geprägt als die durchaus bereitliegende gute Theologie. Das Problem setzt sich höchst schmerzhaft in Konflikten zwischen den verschiedenen Formen des Allgemeinen Priestertums fort: Wie steht der Kirchenmusiker zur Pfarrerin, was dürfen Ehrenamtliche, warum sollte es überhaupt (ohne zwölf Semester Studium!) Prädikanten geben? Aus diesen Konflikten erwachsen „Machtprobleme" in der Kirche, und es wäre naiv, diese mit Verweis auf gute Theologie zu unterschätzen.

Dabei haben die Reformatoren die *„checks and balances"* zwischen den verschiedenen Charismen im Allgemeinen Priestertum sorgfältig austariert. Zwei Akzente sind besonders wichtig:

  ' Zum einen gilt grundsätzlich: „Es gibt in der Evangelischen Kirche von ihrem tauftheologischen Ansatz her keine Tätigkeit, von der grundsätzlich ein Getaufter auszuschließen ist."[109] Das von Gott gestiftete „ministerium" von Wortverkündigung und Sakramentsverwaltung (CA V) gehört der ganzen Gemeinde. Für die öffentliche Wahrnehmung dieses „ministeriums" beauftragt aber die Gemeinde diejenigen geeigneten Personen, die diese Aufgabe lebenslang und regelmäßig wahrnehmen sollen (CA XIV). Die Gemeinde aber beurteilt die Lehre und bleibt

---

[109]   Grethlein, Theologie, 460.

somit im Gegenüber zu den ordnungsgemäß Berufenen mündig.[110]

> Zum anderen wird den ordnungsgemäß Berufenen in der Gemeinde eine spezifische Aufgabe gegeben. Prominent wird das an Eph 4,10f deutlich: Die (sehr diversen) „Amtsträger" sind nicht dazu da, selbst alles Nötige zum Aufbau der Gemeinde zu tun. Sie sind vielmehr dazu da, die Heiligen zum Dienst zuzurüsten, damit durch den charismatischen Dienst der Heiligen der Leib Christi erbaut wird.

Diese theologischen Eckdaten ziehen *kybernetische Folgerungen* nach sich. Gemeinde ist ein Ensemble der Begabten (vgl. z. B. Röm 12,3-8). Der Leib Christi mit vielen Gliedern steht für die hochbegabte Gemeinde, in der alles Nötige vorhanden ist. Wesentlich ist die Aussage, dass alle *verschiedene* Gaben haben und einander so ergänzen. Dass wir daraus eine fatale und illusionäre Charismenkumulation[111] im Pfarramt gemacht haben, ist sattsam bekannt, wenn auch nicht immer mit der nötigen Einsicht in die Schäden, die diese Kumulation sowohl der Gemeinde als auch ihrem allgemeinen Priester im Talar antut. Die Logik von Röm 12 wird dann unter der Hand umgeschrieben: Der Pfarrer hat nun alle verschiedenen Gaben. Er redet prophetisch. Er hat das Amt. Er lehrt und übt Seelsorge. Er ist für die Armen zuständig und natürlich leitet er. Und oftmals argwöhnt er, dass eine bescheidenere Rolle nicht etwa Befreiung von quälender Allzuständigkeit, sondern einen schmerzhaften Machtverlust bedeuten würde.[112]

Und selbst da, wo wir heute unter dem Druck der Verhältnisse die gleichwertige Beteiligung der Ehrenamtlichen fordern und fördern, verrät uns gelegentlich unsere *Sprache*. Da reden Pfarrerinnen gerne von „ihren" Mitarbeitern. Dabei sind wir doch alle zusammen Mitarbeiter Gottes (1 Kor 3,9). Oder Pfarrer berichten stolz, dass sie inzwischen vieles in der Gemeindearbeit an Ehrenamtliche delegieren. Dahinter steckt nicht selten eine „Arbeitgebermentalität": Der Chef verteilt die Arbeit.

---

[110]   Vgl. Bischofskonferenz der VELKD (Hg.), Ordnungsgemäß berufen. Eine Empfehlung der Bischofskonferenz der VELKD zur Berufung zu Wortverkündigung und Sakramentsverwaltung nach evangelischem Verständnis, Ahrensburg 2006. Vgl. auch Heymel, Michael, Der Dienst der ehrenamtlichen Verkündigung in der praktisch-theologischen Forschung, PTh 98 (2009), 72-86.

[111]   So eine Formulierung von Schneider/Lehnert, Berufen, 63.

[112]   Silke Obenauer nennt das im Anschluss an Isolde Karle treffend „das Problem der Machtsummenkonstanz": Ein Zuwachs an Mitsprache und Mitgestaltung auf der Ehrenamtsseite zieht einen Bedeutungsverlust auf der Pfarramtsseite nach sich. Dieses Problem entsteht, wenn das Verhältnis zwischen Pfarramt und Ehrenamtlichen als Konkurrenz verstanden wird. Vgl. Obenauer, Plädoyer, 77f und: Obenauer, Grundzüge, 197.

Zudem gibt es neben der „korrekten" *theologischen* Begründung des Ehrenamts auch noch die *faktische Begründung des Ehrenamts* aus der Not der Verhältnisse, etwa im EKD-Impulspapier „Kirche der Freiheit": Ausgangspunkt ist dort die Dehnung des parochialen Netzwerks. Viele kleine Orte, besonders periphere ländliche Räume können nicht mehr regelmäßig hauptamtlich versorgt werden. Man könnte schon hier darauf hinweisen, dass das „Versorgungsparadigma" auch aus dem Wörterbuch der Pastorenkirche entlehnt ist. Weil das so ist, wird Kirche (nur noch?) exemplarisch und situativ an diesen Orten präsent sein können. An zwei Formen der Präsenz ist im „fünften Leuchtfeuer" besonders gedacht: an örtliche Initiativgruppen, die gemeindliches Leben aufrechterhalten, und an den Einsatz ehrenamtlicher Prädikantinnen und Prädikanten. Und dann heißt es, dass die Hauptamtlichen die Ehrenamtlichen ausbilden sollen und Pfarrer sich eher als reisende Prediger für die Highlights des Kirchen- und Dorfjahres verstehen sollen. Als „leitende Geistliche" sammeln Pfarrerinnen dann Ehrenamtliche „um sich".[113]
Die Autoren von „Kirche der Freiheit" haben natürlich als gute Theologen gesehen, welche Gefahr da droht: *Die Lückenbüßer-Semantik*, die Ehrenamtliche als „Plan B" kirchlicher Arbeit sieht, wenn dummerweise das Bessere, nämlich die hauptamtliche Versorgung, nicht mehr funktioniert. Sie lehnen ausdrücklich die Rede von „Aushilfen" ab. Aber manchmal lugt die Notnagel-Semantik doch hinter den Worten her: „Aber die evangelische Kirche kann nicht an jedem Ort von Hauptamtlichen verantwortetes geistliches Leben in verlässlicher und kontinuierlicher Weise gewährleisten. *In solchen Fällen* (sic!) hilft die Konzeption des Priestertums aller Glaubenden … dabei, die ehrenamtliche Beauftragung darin zu würdigen, dass sie gottesdienstliches Leben am jeweiligen Ort ermöglicht."[114]
Die Wirkung kann man auf Synoden und in Kreisen ehrenamtlich Mitarbeitender spüren: Sie ahnen die Absicht und sind verstimmt. Eine Lösung kann wohl nur darin bestehen, genau das *einzugestehen*: „Jawohl, wir haben nicht ganz freiwillig Abschied von der Pastorenkirche genommen und wir haben uns zum unersetzlichen Allgemeinen Priestertum doch auch ‚aus ökonomischen Gründen' bekehrt."[115] Und: „Jawohl, in der Tat: Anders wird es nicht gehen, wir werden die kirchlichen Schokoladenzeiten der 1970er Jahre nicht zurückholen.[116] Wir leben in nachkirchlichen Zeiten. Wir brauchen jetzt ein neues Kirchenbild mit vielen gleichwertigen Gaben und

---

113 Vgl. Kirchenamt der EKD, Aufbruch, 77.
114 A.a.O., 76. Hervorhebung durch M. Herbst.
115 Vgl. Grethlein, Theologie, 455.
116 Vgl. a.a.O., 454.

geteilter Verantwortung. Wir gestehen ein: Das wäre immer schon das Angemessene und Gute gewesen. Und darum: Nein, wir delegieren jetzt nicht. Wir geben vielmehr der Gemeinde zurück, was ihr zusteht." Aber das muss man wissen: Es wird eine andere Kirche sein, wenn sie vom Allgemeinen Priestertum her lebt und den verspäteten Abschied von der Pastorenkirche endlich wagt. Die Bilder von Gottesdienst, Gemeindeleben, Leitung und Verkündigung werden sich ändern wie auch die Bedeutung von Gebäuden und das Verhältnis von Haupt- und Ehrenamt.

Mentalitäten sind zäh und sie kehren wieder, wo man dachte, sie überwunden zu haben. Die Arbeit an Mentalitäten funktioniert nur *als langfristiges Projekt*:

‣ Wir brauchen neue Rollenmodelle von Pfarrern, kirchlichen Berufstätigen und Ehrenamtlichen, an denen man ein Verhältnis „auf Augenhöhe" bestaunen, betrachten und lernen kann.

‣ Wir brauchen gezielt „inszenierte" Brüche des pastorenzentrierten Systems, die erleben lassen, dass es auch anders geht, weil plötzlich ein Ehrenamtlicher tut, was doch nur der Pfarrer durfte/konnte/sollte.

‣ Wir brauchen eine veränderte theologische Aus-, Fort- und Weiterbildung der Theologen.

‣ Wir brauchen eine intensivere praktisch-theologische Reflexion über die Theologie des Allgemeinen Priestertums (und zwar nicht nur als Anhang an die Theologie des Amtes).

‣ Wir brauchen die Ermutigung durch kirchenleitende Personen und Gremien.

‣ Wir brauchen gezielte Anstrengungen zur geistlichen Ermutigung und theologischen wie praktischen Zurüstung aller Allgemeinen Priesterinnen und Priester.

Bilanz

Mit diesen Impulsen wurde deutlich, wie tief verwurzelte Mentalitäten aus satten volkskirchlichen Zeiten im nachkirchlichen Kontext zu überwinden sind: das Bild der kulturgestützten Kirchlichkeit, die auch in Halbdistanz gelebt werden kann (erster Impuls), das Bild der Parochie als quasi-monopolistischer Form von kirchlicher Selbstorganisation (zweiter Impuls), das Bild der Pastorenkirche, die den ordnungsgemäß berufenen Pfarrer in unevangelischer Weise von der Gemeinde separiert (dritter Impuls). Die Liste ließe sich noch erweitern; so könnte man in diesem Zusammenhang von ergänzungsbedürftigen liturgischen Modellen sprechen oder von der Rückgewinnung der gemeindlichen Diakonie. Die evangelische Kirche steht im Übergang zu nach-volkskirchlichen Zeiten. Auf dem Weg ins Jahr

2017 tut sie gut daran, *drei Perspektiven* sorgsam wahrzunehmen und zu verbinden:

1) Sie muss nüchtern auf die kirchliche Lage schauen und die Phä-nomene des Übergangs illusionslos betrachten – aber in der Zu-versicht, dass die Kirche, die „über den Jordan geht"[117], auf eine neue Phase der *missio Dei* zugeht und nicht auf ihren Untergang.

2) Sie darf „ad fontes" gehen und reformatorische Impulse über die Kirche als dem Volk Gottes, das sich unter Wort und Sakrament sammelt und senden lässt, neu im Blick auf ihre gegenwärtige Lage lesen.

3) Sie kann von da aus den Umbau der kirchlichen Verhältnisse unter immer noch relativ komfortablen Bedingungen in Angriff nehmen und dabei der Förderung persönlicher Glaubensüber-zeugung und der Vernetzung der Überzeugten (Paul Michael Zulehner) Priorität geben.

---

[117] Vgl. Hennecke, Christian, Kirche, die über den Jordan geht. Expeditionen in das Land der Verheißung, Münster 2006.

Allein auf weiter Flur?
Zum Pfarrbild in ländlich-peripheren Räumen

Martin Alex

Fünfzehn Kilometer in der Breite und zwanzig in der Länge umfasst der Verantwortungsbereich von Pfarrerin „Müller". Elf Kirchen und fünf selbstständige Gemeindekirchenräte gehören dazu. Sie wohnt in dem mit 1.000 Einwohnern größten Dorf. Sieben Friedhöfe, drei alte Gemeindehäuser, mehrere Hektar Land und ein Kindergarten sind zu verantworten. Zum nächsten Kino fährt sie eine dreiviertel Stunde. Die Kreisstadt mit 17.000 Einwohnern liegt fünfzehn Autominuten entfernt – ohne Kino.

Pfarrerin „Müller" ist nur ein Beispiel – aber kein untypisches – für manche ländliche und periphere Regionen. Allein auf weiter Flur?

Der Situation in ländlich-peripheren Regionen und ihren Auswirkungen, speziell auf das Pfarrbild, soll hier nachgespürt werden. Dabei nehme ich Bezug auf Michael Klessmann[1] und sein anschauliches Bild zur Frage, was das Pfarrbild beeinflusst. Er beschreibt das „individuell zu entwickelnde persönlichkeitsspezifische und situationsgebundene Pfarrbild"[2] wie folgt: Es setzt sich zusammen aus (1) der Arbeitssituation und ihren Erwartungen, (2) pastoraltheologischen Leitbildern (3) biblisch-christlicher Tradition zum Verständnis des Amtes sowie (4) der eigenen Person in Glaube, Selbstverständnis, Stärken/Schwächen, Vorlieben.[3] Diese Vierfeldermatrix scheint mir deshalb geeignet, weil sie die komplexe „pfarrbildliche Realität" einfängt, ohne zu simplifizieren. Keine der vier Felder hat allein maßgeblichen Einfluss. Jedes Feld trägt seinen Aspekt ein. Die folgenden Abschnitte orientieren sich daran. Der Schwerpunkt liegt auf der Situationsanalyse, die ein differenziertes Bild eines speziellen nachkirchlichen Gepräges als Grundlage aller weiteren Überlegungen bieten soll.[4] Deutlich werden die Auswirkungen der Situation – vor allem in ihrer Dynamik – auf das Pfarrbild. Vor diesem Hintergrund hinterfrage ich, inwiefern das zurzeit sehr breit diskutierte Leitbild

---

[1] Klessmann, Michael, Das Pfarramt. Einführung in Grundfragen der Pastoraltheologie, Neukirchen-Vluyn 2012.

[2] A.a.O., 183.

[3] Vgl. a.a.O., 184.

[4] Mit diesem Zugang über die Situation wähle ich ein Vorgehen, das dem Anliegen dieses Buches entspricht. Auch andere „Einstiegsmöglichkeiten" sind denkbar.

des Pfarrberufs als Profession (Isolde Karle) für ländlich-periphere Räume Impulse bieten kann. Daraufhin soll für diese Regionen das Potenzial biblisch-christlicher Tradition am Beispiel des Allgemeinen Priestertums diskutiert werden. Die Frage nach dem Einfluss der eigenen Persönlichkeit muss hier aus Platzgründen unterbleiben.[5]

1. Situation

Klessmann betont den Einfluss von Situation und (Arbeits-)Erwartungen auf das Pfarrbild.[6] Gemeinden in peripheren ländlichen Räumen haben, wie sich zeigen wird, mit ganz eigenen und besonderen Herausforderungen zu kämpfen. Was periphere ländliche Räume sind und wie sie sich darstellen, soll präzise aufgezeigt werden.

Periphere ländliche Räume und ihre allgemeine Situation

Schon die allgemeine Definition von ländlich vs. städtisch ist umstritten.[7] Als hilfreich für die Bestimmung von ländlich-peripher erweisen sich die Zugänge des Bundesinstituts für Bau-, Stadt- und Raumforschung (BBSR) im Bundesamt für Bauwesen und Raumordnung (BBR).[8] Dessen Raumtypen definieren beides, „ländlich" wie „peripher".[9]
Eine Unterscheidung von „städtisch", „teilweise städtisch" und „ländlich" bieten die *Raumtypen 2010 Besiedlung.*[10] Als Kriterien für die

---

[5] Wie die Persönlichkeit auf die Arbeit als Pfarrer wirkt, zeigen beispielsweise Klessmann (vgl. a.a.O., 133–138) oder Morgenthaler (vgl. Morgenthaler, Christoph, Systemische Seelsorge. Impulse der Familien- und Systemtherapie für die kirchliche Praxis, Stuttgart, [2]2000, 96–115).

[6] Vgl. Klessmann, Das Pfarramt, 61.

[7] „Während sich die *Bezeichnungen* [Stadt und Land, MA] *weitgehend als dauerhaft erwiesen* haben, sind deren *Inhalte inzwischen so sehr vom Wechsel gekennzeichnet,* daß eine allgemeingültige Beschreibung kaum noch möglich erscheint." Henkel, Gerhard, Der ländliche Raum. Gegenwart und Wandlungsprozesse seit dem 19. Jahrhundert in Deutschland, Berlin u. a. [4]2004, 31.

[8] Burgdorf, Markus/Eltges, Markus/Kuhlmann, Petra, u. a., Raumabgrenzungen und Raumtypen des BBSR, Bonn 2012.

[9] Das BBSR definiert seine Raumtypen auf unterschiedlichen administrativen und nicht-administrativen Ebenen wie zum Beispiel Rasterzellen, Gemeindeverbände, Stadt-/Landkreise. Hier wird ausschließlich die Ebene der Einheitsgemeinden und Gemeindeverbände vorgestellt. Sie bieten eine gute Größe zwischen den oft sehr großen und z. T. sehr heterogenen Landkreisen und den z. T. sehr kleinen Gemeinden. 4.627 Einheitsgemeinden und Gemeindeverbände werden als räumliche Ebene herangezogen.

[10] Vgl. Burgdorf, Eltges u. a. 2012 – Raumabgrenzungen und Raumtypen des BBSR, 38–41.

Einteilung werden Bevölkerungsdichte und Siedlungsflächenanteil herangezogen.[11] Siedlungsstrukturell ländlich einzuordnen sind insgesamt gut 60 % der Fläche Deutschlands, 18 % der Bevölkerung und gut 10 % der Beschäftigten.[12]

Der *Raumtyp 2010 Lage* beschreibt die Nähe und Distanz zu Zentren.[13] Ermittelt wird die Lage anhand des BBSR-Erreichbarkeitsindexes[14]. Es werden vier Kategorien gebildet: „sehr zentrale", „zentrale", „periphere" und „sehr periphere" Lage. Auf periphere Gebiete abseits von Ballungsräumen und Verkehrsachsen entfallen 21 % der Bevölkerung bei 43 % Flächenanteil. In sehr peripheren Gebieten leben 5 % Bevölkerung auf 20 % der Gesamtfläche Deutschlands.[15]

Kombiniert man nun siedlungsstrukturelle und lagespezifische Raumtypen (siehe Abbildung 1), lässt sich Folgendes feststellen: Fast die Hälfte der Fläche Deutschlands sind ländlich-periphere und ländlich sehr periphere Räume. Darin leben insgesamt knapp 13 % der Gesamtbevölgerung und arbeiten knapp 8 % aller Beschäftigten.

---

[11] Der Einteilung auf der Ebene der Einheitsgemeinden und Gemeindeverbände liegt die Bestimmung auf der Ebene von Rasterzellen (Kantenlänge 250 m) zugrunde. Dabei sind ländliche Rasterzellen solche Zellen, die einen hohen Freiraumanteil und geringe Bevölkerungsdichte aufweisen. Städtische Rasterzellen haben eine hohe Siedlungs- und Bevölkerungsdichte. (Vgl. a.a.O., 16–17.) Die Einteilung in „städtisch", „teilweise städtisch" und „ländlich" erfolgt folgendermaßen: Überwiegend städtisch sind Einheitsgemeinden und Gemeindeverbände, wenn sich ihrer Fläche mindestens 50 % städtisch geprägte Rasterzellen zuweisen lassen. Teilweise städtisch sind Einheitsgemeinden und Gemeindeverbände, deren Flächenanteil min. 23 % städtisch geprägte Umgebung enthält oder eine absolute Fläche städtischer Rasterzellen von min. 15 km² beinhaltet. Als ländlich werden alle weiteren Einheitsgemeinden und Gemeindeverbände eingeordnet. (Vgl. a.a.O., 38–39.)

[12] Teilweise städtisch sind knapp 19 % der Fläche Deutschland mit 15 % der Gesamtbevölkerung und knapp 14 % der Beschäftigten. Knapp 20 % der Fläche Deutschlands sind „echte" städtische Gemeindeverbände und Einheitsgemeinden, in denen knapp 67 % der Gesamtbevölkerung lebt und knapp 76 % der Beschäftigten Deutschlands arbeiten.

[13] Im Hintergrund der Lage-Typisierung steht die Beobachtung, dass sich Bevölkerung und Arbeitsplätze in Agglomerationsräumen konzentrieren, sowie die Annahme, dass die Lagegunst und die Wettbewerbsfähigkeit von der Zentrennähe und damit vom Zugang zu Beschäftigung und Versorgung abhängt.

[14] Der BBSR-Erreichbarkeitsindex errechnet sich wie folgt: ^{j} (^{b_j} = Tagesbevölkerung des Gemeindeverbandes/Einheitsgemeinde j; ^{e}= Eulersche Zahl 2,7138 ...; $^\beta$= gewählter Modellparameter - 0,0693 entsprechend einer Halbwertsdistanz von 10 Minuten; $^{d_{ij}}$ = Pkw-Fahrzeit zwischen Gemeindeverband i und Gemeindeverband j in Minuten). Vgl. Burgdorf, Eltges u. a. 2012 – Raumabgrenzungen und Raumtypen des BBSR, 40.

[15] Auf sehr zentrale Gebiete entfallen rund 46 % der Bevölkerung bei knapp 12 % der Fläche. Zentrale Gebiete haben einen Flächenanteil von 25 % und einen Bevölkerungsanteil von 30 %.

Periphere und sehr periphere Gemeinden, die als teilweise städtisch oder rein städtisch einzuordnen sind, gibt es kaum.[16] Festzuhalten bleibt, dass periphere und sehr periphere Räume zuallererst ländliche Räume sind.

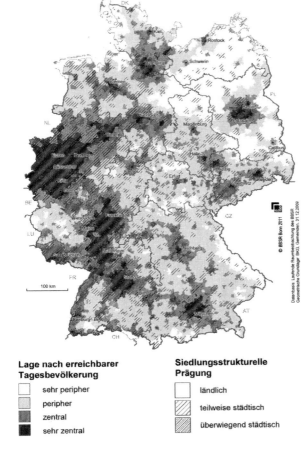

Abbildung 1: Kombination von siedlungsstrukturellen und lagespezifischen Raumtypen[17]

---

[16]   Nur etwa 9 % der Gesamtfläche Deutschlands umfassen periphere und sehr periphere Gemeinden mit ländlichen Anteilen (teilweise städtisch), mit knapp 7 % Bevölkerungs- und etwa 7 % Beschäftigungsanteil. Periphere oder sehr periphere städtische Gemeinden sind noch seltener anzutreffen. Nur rund 3 % der Fläche Deutschlands lassen sich so zuordnen bei ca. 5 % Bevölkerungs- und mehr als 6 % Beschäftigungsanteil.

[17]   Karte Raumtypen 2010: Kombination Lage und Besiedlung, hg. v. Bundesinstitut für Bau-, Stadt- und Raumforschung [BBSR] im Bundesamt für Bauwesen und

Einen Überblick über die allgemeinen Entwicklungstendenzen in ländlich-peripheren und ländlich-sehr peripheren Räumen bieten Tabelle 1 und Tabelle 2 im Anhang. Es fällt auf, dass Kernindikatoren sowohl bei ländlichen wie bei peripheren und sehr peripheren Räumen z. T. erheblich vom Bundesdurchschnitt abweichen. Hervorzuheben ist der große Bevölkerungsverlust. Besonders markant zeigt sich die Abwanderung aus ländlichen und sehr peripheren Gebieten. Die Bevölkerung schrumpft. Zugleich lässt sich v. a. in den sehr peripheren Regionen eine vergleichsweise hohe Arbeitslosigkeit feststellen. Diese wird begleitet von zurückgehender Beschäftigungsentwicklung und niedriger Kaufkraft.

Diese allgemeinen Entwicklungstrends fasst das BBSR unter dem Stichwort „Schrumpfung" zusammen. Dabei zeigt sich „Schrumpfung als kumulatives Problem"[18], gleich einer Spirale, bei der negative (d. h. jeweils über- oder unterdurchschnittliche) Entwicklungen weitere negative Entwicklungen nach sich ziehen.

Häufig wird bei der Beschreibung von Schrumpfung allerdings deren „Rückseite" vergessen. Denn zeitgleich mit Schrumpfung treten Expansionsphänomene auf: Durch Zentralisierungen werden Verwaltungseinheiten größer, die Wege zu Ämtern, Schulen oder Einkaufsmöglichkeiten weiter. Die Strukturen dehnen sich aus.

Karl-Dieter Keim spricht in diesem Zusammenhang von Peripherisierung[19] in ländlichen Räumen. Dieser soziologische Begriff geht über die rein geographische Zuordnung hinaus. Während sich auf der einen Seite Funktionen, Arbeitsplätze, Menschen und Angebote konzentrieren, „peripherisieren" sie sich auf der anderen Seite. Dies führt in den entsprechenden Regionen, wie oben beschrieben, zu den bipolaren Transformationdynamiken Schrumpfung und Ausdehnung. Im Detail zeigen sich komplexe strukturelle wie gesellschaftliche Phänomene in mehreren sich gegenseitig beeinflussenden Ebenen:

‣ *Geographisch* befinden sich diese Räume abseits der Ballungszentren. In der Tendenz steigen die Einwohnerverluste mit der Entfernung zu Großstädten.[20]

Raumordnung [BBR], http://www.bbsr.bund.de/BBSR/DE/Raumbeobachtung/Raum abgrenzungen/Raumtypen2010_vbg/Referenz_Bild_Raumtypen.pdf?__blob=publicat ionFilev=2 [zuletzt besucht am 17.09.2013].

[18] Burgdorf, Eltges u. a. 2012 – Raumabgrenzungen und Raumtypen des BBSR, 42.

[19] Keim, Karl-Dieter, Peripherisierung ländlicher Räume, in: Aus Politik und Zeitgeschichte: APuZ 56, 37/2006, 3–7.

[20] Vgl. zum Zusammenhang von periphere Lage, Erreichbarkeit von Zentren und Entwicklungsmöglichkeiten: Kröhnert, Steffen/Kuhn, Eva/Karsch, Margret, u. a., Die Zukunft der Dörfer. Zwischen Stabilität und demografischem Niedergang, Berlin 2011, 15.

‣ *Funktional* haben ländliche Räume immer weniger traditionelle Verflechtungen mit den Städten (z. B. Nahrungsproduktion) und bieten vor allem als Ausgleichs- und Erholungsräume oder Ressource für erneuerbare Energien Chancen zum Peripherieabbau.[21]

‣ *Demographisch*: Die Bevölkerungsentwicklung ist insgesamt (meist) rückläufig, vor allem junge, gut ausgebildete Menschen – insbesondere Frauen – wandern ab.[22] Der prozentuale Anteil älterer Menschen steigt entsprechend.

‣ *Siedlungsstrukturell* führen die Abwanderungen zu Leerstand, der Bedarf an altersgerechten Wohnungen, Betreuung und Mobilität dagegen wächst.[23]

‣ *Raumplanerisch* zeigt sich Rückgang oder bewusste Reduzierung von technischer und sozialer Infrastruktur, die für weniger Menschen auf größerer Fläche aufrechtzuerhalten ist. Dies führt in der Regel zu Kostensteigerungen.[24]

‣ *Ökonomisch*: Ländliche Räume mit Peripherisierungsdynamiken sind und werden häufig in ihrer ökonomischen Leistungsfähigkeit geschwächt. Je nach Gegebenheit expandieren einige wenige Wirtschaftszweige wie Tourismus, Energiesektor oder Landwirtschaft.[25]

‣ *Gesellschaftlich* zeigen sich in diesen Regionen zurückgehende zivilgesellschaftliche Teilhabechancen[26] und ein Verlust an Öffentlichkeit[27] – meist im Zusammenhang mit der Vergrößerung von administrativen und gesellschaftlichen Bezugsräumen.

---

[21]   Vgl. Keim, Peripherisierung ländlicher Räume, 4.

[22]   Vgl. Weber, Andreas/Klingholz, Reiner (Hgg.), Demographischer Wandel. Ein Politikvorschlag unter besonderer Berücksichtigung der Neuen Länder (http://bit.ly/ZCCmwN), 4, 20 [zuletzt besucht am 02.03.2013].

[23]   Vgl. Kröhnert, Kuhn u. a. 2011 – Die Zukunft der Dörfer, 23f.

[24]   Zu Tragfähigkeitsproblematik der Daseinsvorsorge vgl. Neu, Claudia/Baade, Kristina/Berger, Peter A. u. a., Daseinsvorsorge im peripheren ländlichen Raum – am Beispiel der Gemeinde Galenbeck, Rostock 2007; Bundesinstitut für Bau-, Stadt- und Raumforschung [BBSR] im Bundesamt für Bauwesen und Raumordnung [BBR] (Hg.), Raumordnungsbericht 2011, Bonn 2012, 31–56.

[25]   Vgl. Plieninger, Tobias, Entstehende Herausforderungen, in: Hüttl, Reinhard F./Bens, Oliver/Plieninger, Tobias (Hgg.), Zur Zukunft ländlicher Räume. Entwicklungen und Innovationen in peripheren Regionen Nordostdeutschlands, Berlin 2008, 75–77, 76.

[26]   Vgl. Beetz, Stephan, Peripherisierung als räumliche Organisation sozialer Ungleichheit, in: Barlösius, Eva/Neu, Claudia (Hgg.), Peripherisierung – eine neue Form sozialer Unsicherheit?, Berlin 2008, 7–16, 7.

[27]   Vgl. Neu, Claudia/Schlegel, Thomas, Anders und doch so ähnlich: Kirche und Staat als Akteure im ländlichen Raum, in: kunst und kirche 74 (2011), Heft 1: Regionen – Orientierung im ländlichen Raum, 9-14.

- *Mental* fühlen sich Menschen vielfach abgehängt, frustriert und wenig eingebunden[28]; Forschungen zeigen in diesem Zusammenhang einen Anstieg des Rechtsextremismuspotenzials[29].
- *Soziologisch* lassen sich Spezialentwicklungen beobachten: „Häufig kommt es zu Kontraktionen (Schrumpfungen) in Verbindung mit der Konzentration auf wenige Nutzungen bzw. Aktivitäten. Die Folge ist die Reduzierung eines zuvor vielfältigeren Profils in funktionaler, wirtschaftlicher, sozialer und kultureller Hinsicht. Peripherisierungen münden in Entdifferenzierung und Fragmentierung."[30]
- *Politisch* liegt die Herausforderung bei der „Herstellung gleichwertiger Lebensverhältnisse" nach Art. 72 Abs. 2 Grundgesetz (GG), die in Form einer Angleichung an städtische Lebensverhältnisse bereits infrage gestellt wird.[31]

Dieser Überblick gibt einen ersten Eindruck der besonderen Entwicklungsdynamiken in peripheren ländlichen Räumen. Pfarrer und Pfarrerinnen in diesen Regionen arbeiten in einem insgesamt herausgeforderten und herausfordernden Umfeld. Von einer stabilen Gesamtsituation kann in vielen Regionen nicht (mehr) gesprochen werden. Dass dies nicht ohne Auswirkungen auf den Berufsalltag – in der Begegnung mit den dort lebenden oder wegziehenden Menschen – bleibt, versteht sich von selbst. Hinzu kommt die ohnehin angespannte kirchliche Situation. Diese und ihre Folgen für den Dienst im Hauptamt sollen nun beleuchtet werden.

---

[28] Vgl. Schlegel, Thomas, Regionale Ausstrahlung oder Dienst vor Ort? Wie wir Menschen auf dem Lande besser erreichen, in: Schlegel, Thomas/Alex, Martin (Hgg.), Leuchtfeuer oder Lichternetz. Missionarische Perspektiven für ländliche Räume, Neukirchen-Vluyn 2012, 19–39.
[29] Vgl. Heitmeyer, Wilhelm (Hg.), Deutsche Zustände. Folge 10, Frankfurt a. M. 2011.
[30] Keim, Peripherisierung ländlicher Räume, 5.
[31] Vgl. Barlösius, Eva, Gleichwertig ist nicht gleich, in: Aus Politik und Zeitgeschichte 37/2006, 16–22; Barlösius, Eva/Neu, Claudia, „Gleichwertigkeit – Ade?". Die Demographisierung und Peripherisierung entlegener ländlicher Räume, in Prokla, Zeitschrift für kritische Sozialwissenschaft: „Bevölkerung" – Kritik der Demographie (146/2007), 77–92 und Weber, Klingholz, Demographischer Wandel.

Kirchliche Situation[32]

Kirchengemeinden in ländlich-peripheren Regionen sind nicht von den oben beschriebenen allgemeinen Entwicklungen ausgenommen. Es lassen sich parallele, in manchen Fällen sogar verschärfte Dynamiken beobachten.

Bei der näheren Betrachtung muss zuvor klargestellt werden, dass es keine (verbindliche) Einordnung von Kirchengemeinden/Kirchenkreisen/Landeskirchen in *„ländlich"*, *„ländlich-peripher"* oder gar *„ländlich-sehr peripher"* gibt. Eine Zuordnung, wie sie das BBSR bietet, fehlt. Aufgrund dieser mangelnden Differenzierung im kirchlichen Rahmen soll im Folgenden zusammenfassend nur noch von „ländlich-peripheren Regionen" gesprochen werden (außer es wird explizit unterschieden).

Um dennoch Aussagen treffen zu können, wird ein grober Vergleich von Abbildung 1 mit den Grenzen der Landeskirchen vorgenommen. Dies muss für den Kontext dieses Artikels genügen. Es zeigt sich, dass vor allem die Landeskirchen Evangelische Kirche in Mitteldeutschland (EKM), Evangelische Kirche Berlin-Brandenburg-schlesische Oberlausitz (EKBO), Evangelische Kirche Anhalts (Anhalt) und die Nordkirche – insbesondere der Sprengel Mecklenburg und Pommern[33] – überdurchschnittlich viele ländlich-sehr periphere Regionen aufweisen. Große Anteile ländlich-peripherer Regionen haben des Weiteren die Hannoversche Kirche (Hannover), die Bayrische Kirche (Bayern) und die Evangelische Kirche von Kurhessen-Waldeck (EKKW).

Die Entwicklungen dieser Kirchen werden nun exemplarisch an den Fragen nach Gemeindegliedern und Strukturveränderungen dargestellt und mit der städtisch geprägten Westfälischen Kirche verglichen.[34]

---

[32] Zur Beschreibung der aktuellen kirchlichen Situation wurde hier vorrangig ein statistischer Zugang gewählt. Dies liegt in der mangelnden qualitativen Erforschung dieser Regionen begründet. Um dennoch qualitative Einblicke zu erhalten, sind – jeweils gekennzeichnet – zwei Diskussionspapiere ländlich geprägter Kirchen eingeflossen.

[33] Im Folgenden wird der Sprengel Mecklenburg und Pommern getrennt dargestellt. Dies liegt in der besseren Zugänglichkeit der Zahlen für die bis 2012 eigenständigen Kirchen.

[34] Mit der gewählten Größe „Landeskirche" werden Verzerrungseffekte „eingekauft", da die Zahlen für ein recht großes Gebiet zu Grunde liegen. Die Entwicklung vor Ort in den Gemeinden, Regionen oder Kirchenkreisen mag je nach Lage davon z. T. erheblich differieren.

Gemeindeglieder[35]

Kirchenleitend wird vehement der Rückgang der Kirchenmitglieder beklagt.[36] In den Kirchen mit hohem Anteil ländlich-peripherer Regionen im Osten ist dieser vielfach überdurchschnittlich: Während insgesamt in Deutschland die Kirchenmitgliedschaft zwischen 2001 bis 2011 um knapp 11 % sank, verloren die Landeskirchen Anhalt 30 % ihrer Mitglieder, Pommern 27 %, EKM 21 %, EKBO 19 %, Mecklenburg „nur" 16 %. Die Flächenlandeskirchen Bayern, Hannover, EKKW verzeichnen Rückgänge um 8-10 % – ganz ähnlich der Landeskirche Westfalens.

Um kein verzerrtes Bild zu erhalten, ist die allgemeine Bevölkerungsentwicklung in den betreffenden Kirchen zu berücksichtigen. Der Rückgang der Gesamtbevölkerung schwankt im Zeitraum 2003[37] bis 2011 zwischen 9 % in Anhalt, 7 % in Pommern und der EKM sowie 5 % im Gebiet der Mecklenburgischen Kirche. Weitestgehend stabil war die Bevölkerung in der EKBO (0 %)[38], in Bayern (Anstieg um 1 %) und in Hannover (-1 %). Die Gesamtbevölkerung im Gebiet der EKKW nahm um 3 % ab, in Westfalen um 2 %.

Beide Zahlenreihen geben einen ersten Einblick. Es zeigt sich zweierlei: Zum Ersten verlieren die meisten Landeskirchen mit großem Anteil an ländlich-peripheren, vor allem aber ländlich-sehr peripheren Regionen bis zu drei Mal schneller Gemeindeglieder als der gesamtdeutsche Kirchendurchschnitt. Zum Zweiten verlieren diese Kirchen wesentlich schneller Gemeindeglieder, als allgemein Bewohner wegziehen oder sterben. Der allgemeine Bevölkerungsrückgang kann also den großen Rückgang der Gemeindegliederzahlen allein nicht erklären. Zu fragen ist darum, aus welchen „Komponenten" sich der Rückgang zusammensetzt. Dies soll am Beispiel der EKM geschehen (vgl. dazu Tabelle 3 im Anhang).

Die EKM hat im Zeitraum von 2002 bis 2010 im Schnitt 22.605 Mitgliedern pro Jahr verloren.[39] In dieser Zeit gab es pro Jahr durch-

---

[35]   Alle Zahlen eigene Berechnungen nach: Kirchenamt der EKD (Hg.), Kirchen-mitgliederzahlen 2001-2011, Hannover – http://www.ekd.de/statistik/downloads.html [zuletzt besucht am 15.03.2013].

[36]   Vgl. besonders prominent Kirche der Freiheit. Kirchenamt der EKD (Hg.), Perspektiven für die evangelische Kirche im 21. Jahrhundert, Ein Impulspapier des Rates der EKD, Hannover 2006, 21–22.

[37]   Frühere Zahlen sind in der EKD-Statistik nicht aufgeführt.

[38]   Hier zeigt sich besonders der Nachteil der Bezugsgröße Landeskirche: Die stabile allgemeine Bevölkerungsentwicklung ist zurückzuführen auf die Entwicklungen in Berlin sowie im Berliner Umland.

[39]   Alle Zahlen eigene Berechnungen nach: Kirchenamt der EKD (Hg.), Statistik über Äußerungen des kirchlichen Lebens in den Gliedkirchen der EKD im Jahr 2002-2010, Hannover – http://www.ekd.de/statistik/downloads.html [zuletzt besucht am 15.03.2013].

schnittlich 4.443 Austritte, 15.411 ev. Verstorbene, 6.636 Kinder-
taufen und 2.118 Aufnahmen inkl. Erwachsenentaufen. Aus diesen
Zahlen lassen sich der „Demografieanteil", der „Wahlanteil" und der
„Wanderungs-/Sonstiger Anteil" am Rückgang ermitteln. Der *Demo-
grafieanteil* berechnet sich aus der Differenz von Verstorbenen und
Kindertaufen: Im Schnitt sind pro Jahr 9.837 Personen mehr gestor-
ben als Kinder getauft wurden. Der *Wahlanteil* berechnet sich aus der
Differenz von Austritten und Aufnahmen (inkl. Erwachsenentaufen):
Im Schnitt sind pro Jahr 2.325 Personen mehr ausgetreten als die, die
(wieder)aufgenommen oder als Erwachsene getauft wurden. Für den
Wanderungs-/Sonstiger Anteil liegen keine eigenen Zahlen vor. Er
kann aber aus der Differenz von Verlust insgesamt, Demografieanteil
und Wahlanteil berechnet werden: Im Schnitt sind pro Jahr 10.444
Personen aus dem Gebiet der EKM entweder weggezogen oder haben
die Kirche auf sonstigem, nicht weiter nachvollziehbarem Weg verlassen. Das bedeutet: Der Mitgliederverlust zwischen 2002 und 2010
in der EKM setzt sich folgendermaßen zusammen: rund 10 % Wahl,
45 % Demografie und 45 % Wegzug/Sonstiges.[40]
Stimmt die Ausgangsthese von Michael Klessmann, dass die Situation einen wichtigen Einfluss auf das Pfarrbild hat, ist zu fragen, inwiefern das mit Blick auf die Entwicklung der Gemeindeglieder gilt.
Pfarrerinnen und Pfarrer sowie die Gemeinden, in denen sie arbeiten,
haben auf den Wahlanteil Einfluss. Sie können dafür werben und
dazu einladen, dass Erwachsene Christen werden und sich in der Kirche beheimaten bzw. diese nicht verlassen. Dies tun die Gemeinden
im Osten – wie das Beispiel EKM zeigt – bereits. Der Wahlanteil am
Mitgliederverlust ist mit 10 % verhältnismäßig gering.[41] Diese Arbeit
gilt es nicht zu vernachlässigen und könnte – bei rund 20 % Kirchenmitgliedschaft – noch ausgebaut werden. Jedoch ist fraglich, ob
dies angesichts der sonstigen Herausforderungen (s. u.), von den Ge-
meindepfarrern allein geleistet werden kann.
Wesentlich weniger Einfluss haben Pfarrpersonen und Gemeinden
auf den Demografieanteil. Dieser ist aber – zusammen mit Weg-
zug/Sonstiges – wesentlich für den Rückgang der Gemeindeglieder-

---

[40]   Thomas Schlegel unterscheidet bei der Betrachtung ostdeutscher Landeskirchen
(außer der EKBO) zw. 2005 und 2007 drei Schrumpfungsgründe: 1. „Abwanderung"
(ca. 10 %), 2. „Austritte" (ca. 10 %), 3. „demographischer Schwund" (ca. 80 % –
zusammengesetzt aus: a) Geburtenrückgang – ca. 27 %, b) Traditionsabbrüche der
1950-1970er Jahre, c) geringe intergenerative Weitergabe des Glaubens in christlichen Familien – b und c ca. 53 %). Vgl. „Weniger ist Zukunft". Kirchliches Wachstum in Zeiten des Schrumpfens?, in: Pompe, Hans-Hermann/Schlegel, Thomas
(Hgg.), MitMenschen gewinnen. Wegmarken für Mission in der Region, Leipzig
2011, 145–171, 153-158.
[41]   Westliche Landeskirchen haben z. T. einen drei Mal höheren Anteil: Die Hannoversche Landeskirche hat 31 % Wahlanteil, Westfalen 23 %.

zahlen verantwortlich. Für Gemeinden und Pfarrer bedeutet das schlicht, dass mehr Menschen sterben, als geboren bzw. getauft werden. Durch diese schleichende Unterjüngung steigt der Anteil älterer Menschen in den Gemeinden und die damit einhergehenden (eher traditionellen Versorgungs-)Erwartungen. Gelingt es dennoch, zur Kindertaufe einzuladen und die „Taufquote" zu erhöhen, müssen Gemeinden und Pfarrer mit Wegzug dieser neu gewonnenen Gemeindeglieder rechnen – wie der hohe Prozentsatz von Wegzug/Sonstiges am Gemeindegliederrückgang zeigt. Übernimmt man zusätzlich die oben gemachte Beobachtung, dass vor allem junge, gut ausgebildete und weibliche Personen wegziehen, so verlässt die Gemeinden in ländlich-peripheren Regionen ein Großteil der zukünftigen gemeindlichen Verantwortungsträger bzw. die, die sie gebären könnten. Mit dieser Entwicklung befindet sich die traditionelle volkskirchliche Struktur und traditionelle Gemeindearbeit von Pfarrpersonen in einer prekären Lage.

Rückgang der Gemeindegliederzahlen und die damit einhergehenden Strukturvergrößerungen (s. u.) führen häufig zu einer Abnahme der Gottesdienstbesucherzahlen, Abnahme der Gottesdienstfrequenz, Schrumpfung von Angeboten und Besuchsdiensten – was wiederum den Schrumpfungs- und Ausdehnungstrend verstärkt. So konstatieren die Autoren des Diskussionspapieres „Bei dir ist die Quelle des Lebens"[42] zur kirchlichen Situation in ländlichen Räumen Thüringens einen Verlust des „kirchlichen Immundreiecks"[43] aus Tradition, Ortsbindung und persönlicher Beziehung: „Die Traditionen dünnen aus. […] Die Elemente der Ortsbindung werden weniger. […] Persönliche Beziehungen werden schwächer."[44] Für die Pfarrerinnen und Pfarrer bedeutet dies eine Schwerpunktverlagerung ihrer kasualen Arbeit auf Abschiede. Zugespitzt formuliert: Tod und Wegzug werden die bestimmenden Kasus – Taufen, Konfirmationen, Hochzeiten die Ausnahme. Zugleich kommt die Investition in Kinder- und Jugendarbeit in der Regel nicht den eigenen Gemeinden zugute. Es ist Investment auf Abruf und für andere Regionen. Die traditionellen Erwartungen aber der verbleibenden (älter werdenden) Gemeindeglieder wachsen bei gleichzeitig steigendem Wunsch, angesichts der abnehmenden Zahlen das missionarische Engagement weiter auszudehnen: „Die Strukturveränderungen führen zu einer permanenten Mehrbelastung durch Aufgaben und Erwartungen."[45] Mental bewirken diese Ent-

---

[42] Freund, Annegret/Fuchs, Ralf-Peter/Rost, Matthias u. a., Bei dir ist die Quelle des Lebens. Überlegungen und Anregungen für eine Gemeindekirche von morgen, Magdeburg 2009.
[43] A.a.O., 7.
[44] A.a.O., 9.
[45] A.a.O., 21.

wicklungen bei vielen Gemeinden und Pfarrpersonen eine Spirale aus
Frust, Enttäuschung und Unzufriedenheit, da ihnen die traditionell
gewohnten Zukunftsperspektiven entzogen zu sein scheinen. Die
Verfasser des Arbeitspapieres „Evangelische Kirche im ländlichen
Brandenburg auf dem Weg zum Jahr 2010"[46] kommen so zu folgen-
dem Schluss: „In dieser Situation ist eine flächendeckende kirchliche
Arbeit in überkommener Weise immer weniger möglich. [...] Bisher
selbstverständliche Formen der Gemeindearbeit müssen aufgegeben
werden."[47]

Strukturveränderungen
Der Rückgang der Gemeindegliederzahlen wurde und wird in den
meisten Landeskirchen mit Strukturveränderungen auf Gemeinde-
ebene beantwortet. In vielen Fällen gestaltet sich dies zweistufig:
Zuerst werden die Verantwortungsbereiche von Pfarrerinnen ausge-
dehnt, wobei die Gemeinden häufig rechtlich selbstständig bleiben.
Dann folgen bei weiter abnehmenden Gemeindegliederzahlen vielfach Gemeindefusionen. Die statistischen Daten dazu zeigen ein differenziertes Bild.[48] Es kann nicht nachgewiesen werden, dass in allen
ländlich-peripher geprägten Landeskirchen mehr Gemeinden fusio-
niert sind als in städtisch-zentral geprägten Landeskirchen: Zwischen
2002 und 2010 ging die Anzahl der Kirchengemeinden in Pommern
um 26 % zurück, in Mecklenburg um 19 % und in Anhalt um 18 %.
Es folgt die städtisch geprägte Landeskirche Westfalens (-17 %).
Deutlich weniger Rückgang mit rund 10 % zeigen EKBO, EKM,
EKKW und Hannover. In Bayern gab es einen leichten Anstieg der
Gemeindezahlen um 1 %. Wie die unterschiedlichen Entwicklungen
zu erklären sind – ob beispielsweise verschiedene Landeskirchen
unterschiedliche Schwerpunkte (z. B. eher Pfarramtsverbindungen als
Fusionen) gesetzt haben –, kann in diesem Artikel nicht geklärt wer-
den. Dennoch sind im Einzelnen die Zahlen gravierend. Wenn in
Pommern innerhalb von acht Jahren jede vierte Gemeinde aufhörte,
(rechtlich) zu existieren, dann führt das zu einer enormen Verände-
rungsdynamik in kürzester Zeit – mit allen rechtlichen und persön-

---

[46] Evangelische Kirche Berlin-Brandenburg-schlesische Oberlausitz [EKBO]
(Hg.), Evangelische Kirche im ländlichen Brandenburg auf dem Weg zum Jahr 2010.
Beobachtungen und notwendige Schritte, Berlin ²2004, http://bit.ly/Yhqa2A [zuletzt
besucht am 15.03.2013].
[47] A.a.O., 5.
[48] Alle Zahlen eigene Berechnungen nach: Kirchenamt der EKD (Hg.), Evangelische Kirche in Deutschland. Zahlen und Fakten zum kirchlichen Leben 2004-2012,
Hannover – http://www.ekd.de/statistik/downloads.html [zuletzt besucht am
15.03.2013]. Die Datengrundlagen der Broschüren beziehen sich jeweils auf zwei
Jahre zuvor.

lichen Folgen vor Ort. Aber auch der Rückgang von „nur" jeder zehnten Gemeinde innerhalb von acht Jahren bedeutet mit Blick auf die z. T. sehr langen dörflichen Traditionsstränge spürbare Veränderungen in kurzer Zeit.[49]
Gemeindefusionen haben i. d. R. sehr geringe bis keine Auswirkungen auf den Gebäudebestand. Die Kirchen bleiben meist erhalten und im Besitz der (Fusions-)Gemeinde. Der Gebäudebestand ist aber sehr unterschiedlich verteilt.[50] Vor allem Landeskirchen mit hohem Anteil an ländlich-sehr peripheren Gegenden haben häufig besonders viele (i. d. R. denkmalgeschützte) Gebäude bei gleichzeitig wenigen und weniger werdenden Gemeindegliedern: 2010 kommt in Anhalt ein Kirchengebäude auf 202 Gemeindeglieder, in der EKM eines auf 214, in Pommern eines auf 219, in Mecklenburg eines auf 291 und der EKBO eines auf 565. Deutlich mehr Gemeindeglieder kümmern sich um ein Gebäude in der EKKW (900), Bayern (1552) und Hannover (1763). In der städtisch geprägten Landeskirche Westfalen sind 2.817 Gemeindeglieder für ein Kirchengebäude verantwortlich.
Die nackten Zahlen der Strukturveränderungen haben eine lebendig-konkrete Seite vor Ort: Bei Gemeinden entstehen häufig Ängste und Befürchtungen, die eigene gemeindliche Identität durch Fusionen zu verlieren. Mit Blick auf die Pfarrer führen sie zu einem geographisch größeren Verantwortungsbereich, einer steigende Anzahl an Kirchengebäuden, Friedhöfen, Liegenschaften, oft mehr Gremien, Gruppen und Kreise (mit weniger werdenden Teilnehmern), häufig mehr Verwaltung, ein Anstieg der Kommunikationsaufgaben und Logistik. Soll z. B. nach einer Erweiterung des Verantwortungsbereiches einer Pfarrerin von fünf auf neun Predigtstellen (keine Seltenheit) der wöchentliche Gottesdienstrhythmus in allen Predigtorten aufrechterhalten werden, steigt damit die Gottesdienstanzahl für die Pfarrerin (vorausgesetzt, nur sie leitet die Feiern). Meist führt aber eine solche Situation nicht zur Weiterführung des bisherigen Veranstaltungsumfanges, sondern zur Reduzierung von Gemeindeveranstaltungen: „Wir haben schon viel aufgeben müssen, was nach der Tradition zur Kirche auf dem Lande gehört [...] Es werden immer weniger Gottesdienste gefeiert, immer weniger Besuche gemacht, Junge Gemeinden kommen in immer größeren Abständen zusammen,

---

[49] Zur Entwicklung der parochialen Struktur in ländlichen Räumen – auch in ihren Ergänzungen durch Klöster und Personalgemeinden bis zur Reformation – vgl. Hansen, Kai, Geistliches Zentrum oder weite Fläche – wie regelte man das früher?, in: Schlegel, Thomas/Alex, Martin (Hgg.), Leuchtfeuer oder Lichternetz. Missionarische Perspektiven für ländliche Räume, Neukirchen-Vluyn 2012, 40–49.
[50] Alle Zahlen eigene Berechnungen nach: Kirchenamt der EKD (Hg.), Kirchen + Kapellen. Statistik 2012, Hannover – http://www.ekd.de/download/Statistik_Kirchen und_Kapellen_2012.pdf [zuletzt besucht am 15.03.2013].

Christenlehregruppen fallen aus."[51] Meist fällt den Pfarrern – sowohl von Seiten der Kirchenleitung als auch von Seiten der Gemeinde – die Rolle des Koordinators und Umsetzers von Strukturveränderungen zu. Es kommt zudem vor, dass Pfarrerinnen ihre Stelle nicht wechseln, weil sie als nächstes gestrichen werden könnte und das der Gemeinde nicht zugemutet werden soll.

Die Strukturvergrößerung im Zusammenhang mit dem Rückgang der Gemeindeglieder führt häufig dazu, dass Aufgabenbereiche in Gemeinden nicht (wieder) besetzt werden (können). Nicht selten übernehmen diese Aufgaben dann die Pfarrer selbst. Sie werden so z. B. zum Verwalter der Gemeindegrundstücke, ein mit CD-Player ausgerüsteter Kirchenmusiker (weil keine Kantoren vorhanden sind) oder zum Kirchmeister, der vor dem Gottesdienst die Kirche putzt. Dass diese schleichende, manchmal notgedrungene Entwicklung zu einer Veränderung der tatsächlichen Pfarraufgaben und damit sukzessive auch zu einer Änderung des Pfarrbildes führt oder führen kann, ist nachvollziehbar. Die Autoren von „Bei dir ist die Quelle des Lebens" kommen angesichts dieser Dynamiken zu dem Schluss: „Die Auflösung parochialer Strukturen muss so gesehen kirchenpolitisch nicht beschlossen werden, sondern vollzieht sich bereits."[52]

Zusammenfassung – allein auf weiter Flur?

Gemeinden, Pfarrer und damit auch auf das Pfarrbild in ländlich-peripheren Regionen befinden sich in einem spannungsvollen Miteinander von Vergrößerung der Strukturen, Auflösung (volks)kirchlicher Gemeindearbeit und weniger werdende Christen. In diesem Sinne kann die Situation als nachkirchlich beschrieben werden. Zusammenfassend lässt sich kommunal wie kirchlich von Peripherisierung im soziologischen Sinn sprechen. Gemeinden und Pfarrer haben mit einem Kreislauf aus Schrumpfungs- und Ausdehnungsdynamiken zu kämpfen. Ein Ende der Veränderungen ist nicht in Sicht. Kleinerwerden bzw. Ausdehnen *als Prozess* scheinen vor Ort wirkmächtiger zu sein, als Kleinsein oder große Strukturen *an sich*. Mit Blick auf die Pfarrer sind mehrere Ebenen zu unterscheiden:

> ‣ *Siedlungsstrukturell und geographisch* führen die Vergrößerungen der Verantwortungsbereiche bei weniger werdendem bezahlten Personal und Gemeindegliedern zu einem Mehrbedarf an Mobilität. Das Bild eines Pfarrers, der für eine oder zwei Gemeinden im Nahbereich zuverlässig zuständig ist, wandelt

---

[51] EKBO, Evangelische Kirche im ländlichen Brandenburg, 5.
[52] Freund, Fuchs u. a. 2009 – Bei dir ist die Quelle, 13.

sich. Pfarrpersonen sind für eine große Region verantwortlich und legen weite Strecken zurück.

‣ *Personell*: Neben dem Pfarrer können sich viele Gemeinden keine Hauptamtlichen mehr leisten. Die Mitarbeiterdichte sinkt. Die Pfarrpersonen übernehmen deshalb vielfach weitere anfallende Aufgaben, für die sie nicht ausgebildet wurden. Die Aufgabenfülle steigt. Wortverkündigung und Sakramentsverwaltung werden zu Tätigkeiten neben vielen anderen.

‣ Diese Entwicklung kann unter dem Stichwort *Entfunktionalisierung* eingeordnet werden. Dies betrifft nicht nur die Aufgaben der Pfarrer selbst, sondern gilt auch für die (z. T. sorgsam restaurierten) Kirchengebäude. Diese nutzen weniger werdende Gemeindeglieder immer seltener.

‣ *Demographisch*: Der durch Abwanderung und Überhang an Sterbefällen verursachte Anstieg des Anteils älterer Gemeindeglieder führt bei Pfarrern zu einer Schwerpunktverlagerung der Gemeindearbeit – hin zu Kasualien des Abschiedes und zur Begleitung von Älteren. „Investitionen" in nachwachsende Generationen sind Investitionen für andere Gemeinden und schlagen sich vielfach besonders wenig im Wachstum der eigenen Gemeinde nieder. Die durch Abwanderung und Tod frei werdenden Verantwortungsbereiche können vielfach nicht wieder besetzt werden, sodass sie häufig von Pfarrpersonen übernommen werden.

‣ *(Raum)planerisch* zeigen sich große Veränderungen der traditionellen – parochial formatierten – Gemeindestrukturen. Infrastruktur (Gebäude, Personal, Dienstleistungen) ist *für* weniger werdende und *von* weniger werdenden Menschen auf größerer Fläche aufrechtzuerhalten. Häufig wird die Pfarrerschaft zur verantwortlichen Umsetzung der Strukturveränderungen herangezogen.

‣ *Gemeindeleben*: Ländliche Kirchengemeinden mit Peripherisierungsdynamiken zeigen häufig ein zurückgehendes Gemeindeleben (Gottesdienste, weniger und seltener Gruppen und Kreise).[53] Pfarrpersonen verwenden viel Zeit mit der Koordination von Gruppen und Kreise in einer großen Region. Dabei stehen auch hier Fragen von Verabschiedungen und Abschied im Raum: Wie ist ein Gottesdienst mit regelmäßig fünf Feiernden zu gestalten, können zwei Gruppen mit je vier 80-Jährigen nicht zusammengelegt werden usw.

---

[53] Einige Gegenden in ländlich-peripheren Räumen weisen ein saisonal erhöhtes Gemeindeleben auf, z. B. in Touristengebieten.

- *Gesellschaftlich* schwindet vielfach die öffentliche Bedeutung der Gemeinden. Eine schwindende Öffentlichkeit ist auch nach innen zu beobachten – man trifft sich seltener mit wenigen. Das öffentliche Ansehen der Pfarrer sinkt durch die beschriebenen Entwicklungen.
- *Mental:* Das Gefühl, zu den Letzten zu gehören und durch Fusionen der eigenen Identität beraubt zu werden, ist in Kirchengemeinden anzutreffen. Zugleich steigen die Erwartungen, diesen Trend aufzuhalten. Bei Pfarrerinnen und Pfarrern lassen sich häufig ähnliche Frustrations- und Erwartungsspiralen feststellen.
- *Soziologisch* kann man – wie schon oben durch das Stichwort Entfunktionalisierung angedeutet – auch in ländlich-peripheren Kirchengemeinden von Entdifferenzierung sprechen. Pfarrer und die verbleibenden Ehrenamtlichen werden zu Allroundmanagern.
- *Kirchenpolitisch* und *kirchentheoretisch* fragen die Entwicklungen in ländlich-peripheren Räumen die Vorstellung einer flächendeckenden Präsenz von Kirche an.[54] Die parochiale Grundordnung scheint besonders in den „perforierten Regionen im Osten"[55] infrage gestellt zu sein.

2. Pastoraltheologische Impulse am Beispiel von Isolde Karle

Einfluss auf das Pfarrbild haben nach Klessmann neben der Situation, in der Pastoren arbeiten, auch pastoraltheologische Leitbilder. Im Folgenden soll daher am Beispiel des professionstheoretischen Zugangs von Isolde Karle gefragt werden, in welcher Weise Impulse für das Pfarrbild angesichts der oben dargestellten Situation ländlich-peripherer Regionen zu erwarten sind. Isolde Karle: Der Pfarrberuf als Profession[56]
Eines der aktuell sehr intensiv diskutierten pastoraltheologischen Leitbilder ist das von Isolde Karle. Ihren Ausgangspunkt nimmt sie bei der Krise des Pfarramts. Mithilfe der Professionstheorie Rudolf

---

[54] Auch der maßgebliche Text zu ländlichen Räumen der EKD (Kirchenamt der EKD (Hg.), Wandeln und gestalten. Missionarische Chancen und Aufgaben der evangelischen Kirche in ländlichen Räumen, Hannover 2007, 54.) fordert, „das Entstehen von kirchlichen Brachlandschaften, von Regionen ohne kirchliche Präsenz gerade zu verhindern." Zur Analogie dieses Denkens mit der staatlichen Daseinsvorsorge vergleiche Neu, Schlegel 2011 – Anders und doch so.
[55] Schlegel, Weniger ist Zukunft, 147.
[56] Karle, Isolde, Der Pfarrberuf als Profession. Eine Berufstheorie im Kontext der modernen Gesellschaft, Gütersloh [3]2011.

Stichwehs, der Gesellschafts- und Kommunikationstheorie Niklas Luhmanns und der Interaktionstheorie von Erving Goffman[57] entwickelt sie als Antwort auf diese Krise ihre *„theoretische* Reflexion kirchlich-professioneller *Praxis* im Kontext der modernen Gesellschaft"[58]. Die Beschreibung der Ausdifferenzierung der Gesellschaft bildet soziologisch den Hintergrund: In modernen Gesellschaften entwickeln sich grundsätzlich Teil- bzw. Funktionssysteme. In einigen bestimmten (traditionellen) Funktionssystemen wie Recht, Religion und Medizin haben sich Professionen herausgebildet. Sie beziehen sich „auf zentrale menschliche Fragen und Probleme wie Krankheit, Schuld und Seelenheil."[59] und sind gesellschaftlich besonders relevant. Professionelle repräsentieren das entsprechende Funktionssystem nach außen[60] und haben nach innen eine Zentralstellung gegenüber den Professionslaien inne.[61] Professionelle zeichnen sich dadurch aus, dass sie eine bestimmte Sachthematik so vermitteln, dass sie „ankommt", also zu einer Distanzüberbrückung führt.[62] Die Kommunikation unter Anwesenden spielt dementsprechend bei Professionen eine wichtige Rolle. Sie ermöglicht direkten Kontakt und wechselseitige Wahrnehmung.[63] Zusammengefasst: „Eine professionelle Handlung ist mithin durch eine *dreistellige Relation* bestimmt: durch die Relation zwischen dem oder der Professionellen, den Professionslaien als ihrem Gegenüber und der kulturell relevanten Sachthematik, die die jeweilige Profession repräsentiert und zu vermitteln sucht. *Interaktion* als Kommunikation unter Anwesenden und die *Vermittlung einer Sachthematik* bilden mithin die beiden wesentlichen *Bezugsgrößen* einer Profession."[64]
Die Kommunikation der Sachthematik vollzieht sich nach Karle am besten im Nahbereich,[65] weshalb sie sich mit Blick auf die Gemeinden für eine Beibehaltung und große Wertschätzung der parochialen Grundstruktur ausspricht.[66] So sei es von „kaum zu überschätzender

---

57 Vgl. a.a.O., 25.
58 A.a.O., 24. Alle Hervorhebungen – auch im Folgenden – wie im Original.
59 A.a.O., 31.
60 Vgl. a.a.O., 33.
61 Damit gehören Rollenasymmetrien zur Profession dazu. Sie werden in der evangelischen Kirche durch verschiedene „Ausgleichs- und Überbrückungsmechanismen" passend zu der reformatorischen Überzeugung des Allgemeinen Priestertums gestaltet. Vgl. a.a.O., 44-51, 137-168. Zur Problematik der Inklusion bei Religionssystemen vgl. a.a.O., 51–58.
62 Vgl. a.a.O., 41.
63 Vgl. a.a.O., 37-38, 59-65.
64 A.a.O., 41–42.
65 Vgl. a.a.O., 63.
66 „Die professionelle Kernrolle ist deshalb auf das Leben vor Ort und damit auf die *Ortsgemeinde* bezogen." A.a.O., 28. Vgl. auch a.a.O., 243–265.

Bedeutung, daß die Pfarrerin bzw. der Pfarrer in der Gemeinde vor Ort wohnt und lebt, daß man sich beim Einkaufen, aber auch auf Konzerten und bürgerlichen Festen zufällig oder beiläufig treffen kann."[67] Der Nahraum vermittle eine „basale *Vertrautheit*"[68] und ermögliche „konkrete und *individuelle Zuwendung* zu einzelnen Kirchenmitgliedern"[69]. Die Interaktion im Nahraum geschieht, nach Karle, als Pfarrperson ganzheitlich: „Die Person des Pfarrers bzw. der Pfarrerin wirkt aufgrund ihrer körperlichen Konkretheit und Anschaulichkeit […] als *soziales Medium* der Verkündigung."[70] Die Interaktion soll sich an der Schleiermacherschen Theorie des geselligen Betragens[71] orientieren und changiert als Kunstregel zwischen Selbstzurücknahme, Zumutung, Takt, Anstand und Benehmen.[72] Die von professionellen Pfarrern vermittelte Sachthematik beschreibt Karle als „Verkündigung des Wortes Gottes", der „Weckung und Erhaltung des *Glaubens*"[73] inklusive der Aufgabe, Distanzen zu überbrücken und Einverständnis herbeizuführen[74]. Dies geschieht neben der Darstellung des christlichen Glaubens in der Person der Pfarrerin als solcher (s. o.) ganz traditionell vorrangig in Gottesdienst, Seelsorge, Kasualien, Unterricht. Für diese Aufgaben sei wissenschaftlich vermittelte theologische Kompetenz nötig.[75] Isolde Karle plädiert nicht für eine funktionale Differenzierung und Spezialisierung des Pfarramtes, sondern dafür, „die Rolle eines *Generalisten*, eines *Allgemeinpraktikers* als professionelle *Kernrolle* auszubilden."[76] Die Generalistenrolle vollzieht sich in professioneller Autonomie, welche wiederum Teil des Package Deals der Profession ist. Der Package Deal impliziert von Seiten der Pfarrer entsprechende Verhaltenszumutungen. Diese sind als Gegenleistung für Autonomie, (relativ) hohen sozialen Status und gute Bezahlung zu verstehen und umfassen zum Beispiel Erreichbarkeit, generelle Zuständigkeit (Präsenz- und Residenzpflicht), berufsethisches Verhalten (Amtsverschwiegenheit, Beichtgeheimnis, entsprechende Lebensführung)[77], keine klare Trennung von Arbeits- und Freizeit.[78]

---

[67] A.a.O., 244.
[68] Ebd.
[69] A.a.O., 245.
[70] A.a.O., 236.
[71] Vgl. a.a.O., 102–108.
[72] Vgl. die Zusammenfassung a.a.O., 133–136.
[73] A.a.O., 169–170.
[74] Vgl. a.a.O., 215–231.
[75] Vgl. a.a.O., 197.
[76] A.a.O., 236.
[77] „Sorgfalt in der Vorbereitung und bei der Handlungsausführung, die Bereitschaft, Verantwortung zu übernehmen, kooperativ mit anderen zusammenzuarbeiten und erwartungssicher und verläßlich für die Gemeinde da zu sein – mit diesen Stich-

Karle macht vielfach deutlich, dass sie Vertrauen als die „Grundvo-
raussetzung pastoraler Wirklichkeit"[79] ansieht. Orientieren sich nun
– so die indirekte Botschaft ihres Buches – Pfarrerinnen und Pfarrer
an der von ihr beschriebenen professionellen Berufstheorie, führe dies
zu Erwartungssicherheit sowohl auf Seiten der Gemeinde als auch bei
der Pfarrerschaft.[80] Erwartungssicherheit trage dazu bei, Vertrauen
(wieder) herzustellen und damit zu einer (besser) gelingenden Kommunikation des Evangeliums zu führen.[81]

Zur Diskussion

Karle gründet ihre Berufstheorie auf die wenig ausgeführte soziologische Beschreibung einer differenzierten, pluralisierten und individualisierten Gesellschaft. Profession und die funktionale Differenzierung der Moderne sind in ihrem Ansatz sehr eng aufeinander bezogen
und werden gesetzt. Wie dargelegt, zeichnen sich aber nun (bestimmte) ländlich-periphere Regionen in soziologischer Hinsicht
gerade durch Entdifferenzierung und Entfunktionalisierung aus. Zwar
sind auch sie von der allgemeinen gesellschaftlichen Tendenz nicht
abgekoppelt, doch scheinen sich hier Spezialdynamiken abzuzeich-
nen. Ist diese soziologische Situationsbeschreibung richtig, steht
damit die zentrale Grundsetzung Karles infrage. Ländlich-periphere
Regionen und ihre speziellen Anforderungen geraten von Anfang an
aus ihrem Blickfeld. Hier ist ein deutliches Wahrnehmungsdefizit zu
konstatieren. Ob daher die abgeleiteten Darlegungen ihrer Professionstheorie hilfreiche Impulse bieten, ist zumindest fraglich. Dies
soll im Folgenden an einzelnen ausgewählten Beispielen konkretisiert
werden.

Karle hebt mehrfach die Wichtigkeit der professionellen Kommunikation im Nahraum hervor und plädiert für eine (informelle) Begegnung von Gemeinde und Pfarrer vor Ort sowie die Aufrechterhaltung
des Parochialsystems. Diese sicher nachvollziehbare Forderung ver-
kennt, dass sie in manchen perforierten Gebieten bereits zu einer
Utopie geworden ist. Öffentliche Orte und Gelegenheiten sowohl
kommunal wie kirchlich sind gerade nicht mehr vorhanden. Begegnung „auf dem Weg" findet nicht mehr „einfach so" statt und wird

---

worten ist die Maxime professionsethischen Verhaltens im Pfarrberuf benannt."
A.a.O., 77. Vgl. auch a.a.O., 73.
[78] Vgl. a.a.O., 274–281.
[79] A.a.O., 93.
[80] „Dabei wird deutlich, daß die *Berufsrolle* in besonders hohem Maß dazu dient,
Verhaltenserwartungen zu stabilisieren." A.a.O., 26.
[81] Vgl. zu diesem Grundanliegen auch z. B. a.a.O., 54f, 75f, 108, 111-126, 131,
162, 235, 275, 315f, 328f.

weiter abnehmen. Die Wege sind lang. Nahraum bedeutet am Beispiel der Pfarrerin „Müller" ein Verantwortungsgebiet von
15 x 20 km mit elf Kirchen und 16 Einzeldörfern, wobei mit weiteren
Strukturvergrößerungen zu rechnen ist. Dabei liegt die Herausforderung nicht bei einer (zu) großen Gemeindegliederzahl (im Gegensatz
zu manchen städtischen Entwicklungen), sondern in der geogra-
phischen Gegebenheit.

Eine Stärke von Karles Ansatz ist der Versuch, Rollenklarheit, Erwartungssicherheit und Vertrauen nach innen und außen zu vermitteln.
Zur Kernaufgabe der pastoralen Profession gehört die Kommunikation des Evangeliums. Dies soll nach Karle gerade durch die Generalistenrolle ausgefüllt werden. Allerdings konterkarieren bestimmte
Entwicklungen in ländlich-peripheren Gebieten diesen Aufgabenfo-
kus: Neben die Kernaufgabe der Vermittlung der Sachthematik treten
weitere bestimmende Aufgaben und Erwartungen. Diese sind oft
durch äußere und innere Zwänge bedingt. So führen der Rückgang
der Gemeindeglieder und das Ausbleiben des gemeindlichen Nachwuchses viele Pfarrer (gerade in ihrer Autonomie) dazu, weitere Verantwortungsbereiche (auch noch) zu übernehmen oder übernehmen
zu müssen. Geschuldet ist diese Entwicklung auch der gesetzlich
geregelten Letztverantwortung der Pfarrpersonen in Bezug auf Ge-
meindeangelegenheiten. Übernimmt beispielsweise niemand aus der
Gemeinde die Friedhofsverwaltung, muss, wenn es hart auf hart
kommt, i. d. R. die Pfarrerin für die Abrechnung geradestehen. An
dieser Stelle für die Generalistenrolle zu werben, wirkt anachronis-
tisch.

Isolde Karle hebt die Schlüsselstellung des Pfarrers in ihren Ausführungen hervor. Dies ist sicher richtig. Gleichzeitig wird die Gemeinde
(trotz der Verhältnisbestimmung zum Allgemeinen Priestertum und
der Auflistung von Überbrückungsmechanismen) vorrangig als eine
Empfängerin pastoraler Leitungen dargestellt. Dabei rückt die inhä-
rente gemeindliche „Produktivität" in den Hintergrund. Während die
Rolle der Gemeinde unterbestimmt bleibt, wird die Rolle der Pfarrerin überbestimmt. Symbolisiert sie (allein bzw. vorrangig) „das
christliche Programm und Wirklichkeitsverständnis konkret an ihrem
Leib", stellt „*körperlich und wahrnehmbar* Religion und Kirche dar
und inszenier[t] das Evangelium"[82], bekommt sie (allein bzw. vorrangig) die ganze Wucht der Transformationsdynamiken zu spüren.[83]
Dass den Pfarrerinnen und Pfarrern in ihrer Person und sogar an

---

[82] A.a.O., 70.
[83] Die Überbestimmung der Pfarrerrolle und die Unterbestimmung der Gemeinde
können den steigenden Erwartungen an die Pfarrpersonen sogar noch Vorschub
leisten, nicht nur das Klein- bzw. Großsein zu gestalten, sondern auch mit den Dynamiken umzugehen, sie auszugleichen oder gar aufzuhalten.

ihrem Leib die sich weiter steigernden Peripherisierungstendenzen (allein bzw. vorrangig) zugemutet werden sollen, liegt sicher nicht im Interesse Karles.

Als eine wichtige Grundlage für zufriedenes Arbeiten der Pfarrerschaft beschreibt Karle den Package Deal, der bestimmte professionsinhärente Verhaltenszumutungen der hohen sozialen Anerkennung, der Autonomie und der verhältnismäßig guten Bezahlung eines Pfarrers gegenüberstellt. Sie warnt davor, dass der Deal mit prekären Folgen aus den Fugen gerät. Problematisch in vielen ländlich-peripheren Regionen ist, dass sich die charakteristischen bipolaren Transformationsdynamiken von Schrumpfung und Ausdehnung auch in Bezug auf den Package Deal nachweisen lassen: Die Seite der Zumutungen steigt, während die Seite der Anerkennung, Autonomie und z. T. auch der Finanzen sinkt. Der Package Deal befindet sich schon jetzt nicht mehr im Gleichgewicht, er ist bereits vielfach infrage gestellt.

Insgesamt zeigt sich bei Karles Ansatz, dass er die (spezielle) Situation ländlich-peripherer Räume nicht oder nur unzureichend im Blick hat. Viele der Entwicklungen, vor denen Karle warnt, sind dort bereits (modifiziert und/oder verschärft) eingetroffen. Ihr Leitbild vom Pfarrberuf als Profession bleibt zugeschnitten auf eine (noch) halbwegs volkskirchlich-parochial intakte Kirche, die es stützen will. Für diesen Kontext liefert Isolde Karle sicher wertvolle Anregungen. Für die speziellen Herausforderungen von Gemeinden mit ihren Pfarrern in ländlich-peripheren Regionen steuert ihr Ansatz kaum weiterführende Impulse bei.

3. Biblisch-christliche Tradition

Die Einflüsse der konkreten Situation sowie des pastoraltheologischen Leitbildes „Pfarrberuf als Profession" auf das Pfarrbild in ländlich-peripheren Räumen habe ich dargestellt. Michael Klessmann macht mit seiner Vierfeldermatrix deutlich, dass auch biblisch-christliche Traditionen Auswirkungen auf das (eigene) Pfarrbild haben. Angesichts der Spannungen von Volkskirche als Pastorenkirche (Klessmann)[84] und den sich überdehnenden Strukturen liegt in der Rede vom Allgemeinen Priestertum besonders kritisches Potenzial. Daher wird nun abschließend exemplarisch auf das Allgemeine Priestertum[85] und seine Implikationen verwiesen.

In Luthers Vorstellungen vom Allgemeinen Priestertum fließen drei Entwicklungen ein: die (Wieder)Entdeckung der Gottunmittelbarkeit

---

[84]   Vgl. Klessmann, Das Pfarramt, 58.
[85]   Siehe dazu ausführlich Michael Herbst, in diesem Band, IXff.

jedes Menschen, die Auseinandersetzung mit der Ämterlehre der (katholischen) Kirche sowie die Auseinandersetzung mit den Schwärmern. Innerhalb dieser drei Eckpunkte formuliert er seine Erkenntnisse. Die Grundlage bietet für ihn die durch Christus weitergegebene „Königs- und Priesterwürde"[86]: Der ungläubige Mensch wird im Glauben durch Evangelium und Taufe zu einem Christen. Damit steht er vor Gott und Welt als eine neue – geistliche – Persönlichkeit.[87] Das gilt für jeden. Es gibt keine wesensmäßigen Unterschiede zwischen Christen,[88] sie sind alle Priester.[89] Aus dieser Erkenntnis heraus spricht sich Luther gegen die katholische Unterscheidung in einen geistlichen Stand der Priester und Bischöfe und einen weltlichen Stand der Laien aus.[90] Niemand kann für sich eine besondere Nähe zu Gott beanspruchen, jeder ist ihm gleich nah. Gott fordert nun jeden Christen auf, diese gute Botschaft weiterzusagen[91] – zur Erbauung und/oder um Glauben zu wecken. Dieses *eine* Amt der Wortverkündigung gilt jedem Christen immer und kann nicht zurückgegeben werden.[92] Nimmt man das wörtlich, würde das in Zusammenkünften und Veranstaltungen zu Unordnung und Durcheinander führen. Hier grenzt sich Luther gegen die Schwärmer ab. Um Unordnung und Durcheinander zu vermeiden, sollen geeignete Menschen aus der Mitte der Gemeinde herausgerufen und beauftragt werden.[93] Sie sollen dieses eine Amt in öffentlichen Veranstaltungen für alle stellvertretend wahrnehmen.[94] Zwei Präzisierungen sind jedoch nötig: Da keiner aus der Verantwortung der Weitergabe des Evangeliums prinzipiell entlassen ist, hat jeder einzelne Christ die Aufgabe, das Gesagte/Gepredigte zu überprüfen und ggf. zu kritisieren.[95] Jeder

---

[86] Vgl. Luther, Martin, Von der Freiheit eines Christenmenschen (1520), WA 7, 27f.

[87] Vgl. ebd.

[88] Vgl. Luther, Martin, An den Christlichen Adel deutscher Nation (1520), WA 6, 407; Ein Sermon von dem neuen Testament (1520), WA 6, 370.

[89] Vgl. Luther, Von der Freiheit eines Christenmenschen, 28.

[90] Vgl. Luther, An den Christlichen Adel deutscher Nation, 408. Siehe auch: Wie man Kirchendiener wählen und einsetzen soll. An den Rath und Gemeinde der Stadt Prag (1523), Übersetzung von „De instituendis ministris Ecclesiae" (WA 12, 169-196) durch Paul Speratus (1524), in: Dr. Martin Luthers sämtliche Schriften, Johannes Georg Walch (Hg.), Bd. 10, St. Louis, Missouri. 1880-1910, Nachdruck Groß Oesingen 1987, 1573.

[91] Vgl. Luther, Wie man Kirchendiener wählen und einsetzen soll, 1574.

[92] Vgl. Luther, Martin, Predigt in der Pfarrkirche zu Weimar 26. Oktober (1522), WA 10/3, 395.

[93] Vgl. Luther, Martin, Predigt zu Borna am Sonntag Quasimodogeniti nachmittags 27.April 1522, WA 10/3, 96-97.

[94] Vgl. Luther, Martin, Sermon von Gewalt Sanct Peters. 29. Juni 1522, WA 10/3, 215-216

[95] Vgl. Luther, Predigt in der Pfarrkiche zu Weimar, 397.

Christ ist auch weiterhin aufgefordert, in seinem Lebensumfeld das Evangelium weiterzusagen.[96]

Die Einblicke in die reformatorische Überzeugung vom Allgemeinen Priestertum machen deutlich, dass Verkündigung als Aufgabe der gesamten Gemeinde zu verstehen ist. Sie soll der Ordnung halber jedoch bei öffentlichen Zusammenkünften delegiert werden. Traditionell ist damit das Pfarramt gemeint. Diese Zuspitzung allerdings ist nicht zwangsläufig. Schon biblisch sind verschiedene Modi der Verantwortungsübernahme bezeugt. Mit der Rede vom Allgemeinen Priestertum lässt sich somit eine Vielfalt von Diensten und Ämtern auch der öffentlichen Wortverkündigung denken – unter der Bedingung des *rite vocatus*. Diese Vorstellung zu konkretisieren könnte zu einer Entlastung der Pfarrerinnen und Pfarrer in ländlich-peripheren Räumen führen. Zugleich rückt im Zusammenhang des Allgemeinen Priestertums die Würde und kreative „Produktivität" der Gemeinde in geistlichen Fragen in den Vordergrund. (Selbst)verantwortliche Weitergabe des Glaubens muss ihr nicht (vom Pfarrer) übertragen werden, es ist ihre genuine Aufgabe. Kirche – in geistlich-theologischer Hinsicht – wird auch nicht von Pfarrerinnen, Pfarrern oder sonstigen Hauptamtlichen repräsentiert, sondern bezeichnet die Gemeinschaft der Christen. Sie ist damit von allen gemeinsam zu gestalten – jeder an seinem Platz und mit seiner Aufgabe. Wie die praktische Umsetzung der Überzeugung des Allgemeinen Priestertums in ländlich-peripheren Räumen – und damit auch ein sich änderndes Pfarrbild – aussehen kann, zeigen beispielsweise die Gemeindeagende Egeln[97] und die Entwicklungen in der Diözese Portiers[98].

4. Schluss

Ganz verschiedene Faktoren prägen und beeinflussen das (eigene) Pfarrbild. Der von Michael Klessmann vorgegebenen Spur, Situation, pastoraltheologische Leitbilder und biblisch-christliche Tradition gezielt zu bedenken, sind wir gefolgt. Ländlich-periphere Gemeinden beheimaten zahlenmäßig nicht die Mehrzahl der Christen in Deutschland, kommen jedoch großflächig vor. Die Situationsanalyse hat die vielfach herausfordernden Aspekte dieser Gemeinden benannt.

---

[96]   Vgl. Luther, Predigt zu Borna, 97.
[97]   Vgl. http://www.geistreich.de/experience_reports/62 und www.kirche-im-aufbru ch.ekd.de/downloads/Gemeindeagende.pdf [zuletzt besucht am 02.04.2013].
[98]   Vgl. Feiter, Reinhard/Müller, Hadwig (Hgg.), Was wird jetzt aus uns, Herr Bischof? Ermutigende Erfahrungen der Gemeindebildung in Poitiers, Ostfildern [5]2012.

Abschließend lassen sich mit Blick auf das Pfarrbild einige Thesen und weiterführende Gedanken formulieren.

Zur Situation: Die allgemeinen und kirchlichen Entwicklungen in ländlich-peripheren Regionen haben große Auswirkungen auf die Gemeinden. Dies wird sich aller Voraussicht nach erst mal nicht ändern. Besonders die Transformationsdynamiken von Schrumpfung und Ausdehnung werden das Pfarrbild in diesen Räumen (weiterhin) prägen. Die Veränderungen *als Dynamiken* sollten daher bewusst angenommen und mitgestaltet werden. Besonders bedeutsam wird sicher die Verschiebung des traditionellen Arbeitsschwerpunktes für die vorfindliche Gemeinde in Richtung Abschied sein. Eine solche Verschiebung bietet auch neue Chancen der Kommunikation des Evangeliums in entsprechende Kontexte. Zur Mitgestaltung gehört zudem die Akzeptanz, dass klassische Gemeindearbeit besonders mit Kindern und Jugendlichen in diesen Regionen nur (noch) selten der eigenen Gemeinde zugutekommt. Dies kann zu einer übergemeindlichen Solidarität anregen, gemeinsam den Auftrag der Kirche mit je eigenem Schwerpunkt zu erfüllen. Vielfach wird es Abschiede von Gewohntem und gewohnten Vorstellungen geben (müssen). Dies betrifft sowohl die Pfarrer als auch die Gemeinden. Besonders greifbar ist dies an der bisherigen traditionellen Allzuständigkeit der Pfarrer im Nahraum, die vielfach schon heute nicht mehr oder nur unter überproportional großem persönlichen Einsatz gelebt werden kann. In diesen Zusammenhängen eine *ars bene moriendi* einzuüben, wird zu einer Aufgabe für Kirchenleitung, Pfarrerschaft und Gemeinden. Bei allen Ab- und Umbrüchen kommen viele Menschen – besonders im Osten – mit dem Evangelium nie oder nicht mehr in Berührung. Die Aufgabe, die frohe Botschaft nach innen und außen weiterzugeben, bleibt weiterhin für die gesamte Gemeinde bestehen. Sie gewinnt angesichts der oft deprimierenden Situation besonders an Bedeutung: Kann das Evangelium Mut machende, lebensbejahende und kreative Kraft entfalten, gerade da, wo Abschied und schmerzliche Veränderungen bewältigt werden müssen? Wird die Gestaltung von Veränderungsprozessen auch als geistliche Aufgabe an- und wahrgenommen?

Zu pastoraltheologischen Leitbildern: Die Beachtung des speziellen Kontextes „Land" in der pastoraltheologischen Forschung steht erst am Anfang. Die Reflexion der pfarramtlichen Praxis in diesen spezifischen Situationen und die Entwicklung von entsprechenden Leitbildern bleibt ein ernst zu nehmendes Forschungsfeld. Die Bedeutung von Leitbildern für das Pfarrerbild ist nicht zu unterschätzen. Ein solches, dem Kontext angemessenes Leitbild wird angesichts der vielfach bedrängenden Fragen vor Ort dringend benötigt.

Zur biblisch-christlichen Tradition: Die Tradition bietet vielfältige Freiheiten und Anregungen, die in die Veränderungsdynamiken des

Pfarrbildes eingebracht werden können. Sie hält ein reichhaltiges Deutungsreservoir vor. Als besonders inspirierend für ländlich-periphere Regionen erscheint die Applikation des Allgemeinen Priestertums auf die Situation. Diese könnte helfen, wechselseitige Zuständigkeitsvermutungen und -zuschreibungen von Gemeinden und Pfarrern zu unterlaufen, indem sie pointiert auf die gemeinsame Verantwortung hinweist. Zudem bietet sie Freiheit, gemeindliche Dienste und Anstellungsmöglichkeiten in neuer Vielfalt zu denken.

Es ist sicher nicht zu leugnen: Mit elf Kirchen, fünf Gemeindekirchenräten, sechs Friedhöfen – weit entfernt von kulturellen Angeboten – befindet sich Pfarrerin „Müller" in mancher Hinsicht allein auf weiter Flur. Sie hat spezielle Herausforderungen zu bewältigen, die so in anderen Regionen nicht oder weniger bedrängend vorkommen. Viele Fragen bleiben offen. Manche Überlegungen stehen erst am Anfang. Nur einzelne wenige Antworten bekommen Kontur.

Beachtlich ist allerdings, dass gerade die Bibel als Grundtext der Kirche besonders viele ländliche Hoffnungsgeschichten aus peripheren Regionen bereithält.

Anhang

Tabelle 1: Raumtyp 2010 – Bezug Siedlungsstruktur[1]

	Bevölke-rungsent-wicklung 2000–2009 in %	Wanderungs-saldo 2000–2009 je 1.000 E. 2009	Arbeitslosen-quote (näherungs-weise) 2009 in %	Beschäftig-tenentwick-lung 2000–2009 in %	Kaufkraft 2008 in € je E.
	Mittelwert	Mittelwert	Mittelwert	Mittelwert	Mittelwert
Überwiegend städtisch	0,60	21,52	8,70	-0,95	19 529
Teilweise städtisch	-1,83	1,43	7,33	-2,54	18 404
Ländlich	-3,58	-15,38	6,79	-4,78	17 546
Dtl. Gesamt	-0,56	11,79	8,13	-1,60	18 996

Tabelle 2: Raumtyp 2010 – Bezug Lage[2]

	Bevölkrungs-entwicklung 2000–2009 in %	Wanderungs-saldo 2000–2009 je 1 000 E. 2009	Arbeitslo-senquote (näherungs-weise) 2009 in %	Beschäftigten-entwicklung 2000–2009 in %	Kaufkraft 2008 in € je E.
	Mittelwert	Mittelwert	Mittelwert	Mittelwert	Mittelwert
sehr zentral	1,52	27,13	8,65	-0,54	19 998
Zentral	0,17	19,13	6,91	0,26	18 930
peripher	-4,12	-17,59	8,02	-5,01	17 503
sehr peripher	-8,39	-57,87	11,16	-12,54	16 015
Dtl. gesamt	-0,56	11,79	8,13	-1,60	18 996

---

[1] Burgdorf, Eltges u. a. 2012 – Raumabgrenzungen und Raumtypen des BBSR, 39.
[2] A.a.O., 41.

Tabelle 3: Aufschlüsselung des Rückgangs der Gemeindegliederzahlen in der EKM 2002-2011[3]

2002	2003	2004	2005	2006	2007	2008	2009	2010	Durchschnitt
Gesamtmitgliederverlust im Vergleich zum Vorjahr									
24.7 84	18.8 63	22.3 01	19.5 91	23.3 44	23.9 49	28.7 22	23.3 52	18.5 37	22.605
									Austritte
4.712	5.445	4.259	3.764	3.548	4.119	5.187	4.594	4.356	4.443
								Wiederaufnahmen & Erwachsenentaufen	
2.000	2.021	2.155	2.442	2.293	2.140	1.983	2.089	1.942	2.118
Wahlanteil (= Austritte minus Wiederaufnahmen & Erwachsenentaufen)									
2.71 2	3.42 4	2.10 4	1.32 2	1.25 5	1.97 9	3.20 4	2.50 5	2.41 4	2.324
Prozent des Wahlanteils am Gesamtmitgliederverlust									
11 %	18 %	9 %	7 %	5 %	8 %	11 %	11 %	13 %	10 %
									Verstorbene
14.33 4	16.72 5	15.75 3	15.79 5	15.38 8	15.37 7	15.04 2	14.95 2	15.33 0	15.411
									Kindertaufen
5.335	5.586	5.667	5.661	5.597	5.080	5.803	5.825	5.612	5.574
Demografieanteil (= Verstorbene minus Kindertaufen)									
8.99 9	11.1 39	10.0 86	10.1 34	9.79 1	10.2 97	9.23 9	9.12 7	9.71 8	9.837
Prozent des Demografieanteils am Gesamtmitgliederverlust									
36 %	59 %	45 %	52 %	42 %	43 %	32 %	39 %	52 %	45 %
Wegzug/Sonstiges (= Gesamtmitgliederverlust minus Wahlanteil minus Demografieanteil)									
13.0 73	4.30 0	10.1 11	8.13 5	12.2 98	11.6 73	16.2 79	11.7 20	6.40 5	10.444
Prozent von Wegzug/Sonstiges am Gesamtmitgliederverlust									
53 %	23 %	45 %	42 %	53 %	49 %	57 %	50 %	35 %	45 %

---

[3] Alle Zahlen eigene Berechnungen nach: Kirchenamt der EKD (Hg.), Statistik über Äußerungen des kirchlichen Lebens in den Gliedkirchen der EKD im Jahr 2002-2010, Hannover – http://www.ekd.de/statistik/downloads.html [zuletzt besucht am 15.03.2013]. Abweichungen zu 100 % entstehen durch Rundungseffekte.

Evangelistisch predigen vor Post-Atheisten

Matthias Clausen

Naheliegend ist der Verdacht, das Präfix im Titel solle vor allem interessant wirken: Man nenne etwas „Post-", und schon klingt es neu. Der Begriff „Post-Atheisten" leistet für die Belange dieses Aufsatzes aber etwas ganz Bestimmtes: Er soll helfen, eine bislang zu wenig wahrgenommene Haltung gegenüber dem christlichen Glauben genauer zu beschreiben. Er soll helfen, Menschen besser zu verstehen, die so denken. Und er soll helfen, neue Modelle evangelistischer Predigt für solche Menschen zu entwickeln.

1. Post-Atheisten?

Wer oder was ist also im Folgenden damit gemeint? Schauen wir uns zunächst zwei zeitgenössische außertheologische Gebräuche des Begriffs an. Einer stammt aus der Kulturwissenschaft, der andere aus der Philosophie. Beide sind aufschlussreich; beide beschreiben aber noch nicht genau das, was mir selbst vorschwebt und in einem dritten Schritt entfaltet wird.

Mikhail Epstein: Post-atheistische Spiritualität in der ehemaligen Sowjetunion

Mikhail Epstein stammt aus Russland und ist Professor für Kulturtheorie und Russische Literatur an der Emory University in Atlanta/ USA. Er verwendet das Adjektiv „post-atheistisch" u. a. in einem längeren Beitrag über spirituelle Trends in der ehemaligen Sowjetunion. Seine anthropologische Voraussetzung ist das Verständnis von Religion als einem menschlichen Ur-Impuls, der sich nicht abstellen lässt, sondern sich allenfalls verlagert und sich etwa unter staatlichem Druck an unerwarteten Stellen zeigt.[1]

---

[1] Epstein, Mikhail, Post-Atheism: from Apopathic Theology to „Minimal Religion", in: Epstein, Mikail/Genis, Alexander/Vladic-Glover, Slobodan: Russian Postmodernism: New Perspectives on Post-Soviet Culture, New York/Oxford 1999, 345-393, sowie http://www.emory.edu/INTELNET/fi.postatheism.html [zuletzt besucht am 03.06.2011].

Epstein vertritt damit ausdrücklich eine Art umgekehrten Freudianis-
mus: Nicht die Libido, sondern die Religiosität ist für ihn das zentrale
menschliche Movens.[2] Ein Symptom für die missglückte Unter-
drückung dieses Impulses unter den Bedingungen staatlicher Repres-
sion ist für ihn etwa die Vergottung politischer Führer in der Sowjetunion.[3]
Als Kulturwissenschaftler denkt Epstein in langen ideengeschicht-
lichen Zusammenhängen und wagt nun einen großen Wurf: Er versteht den sowjetischen Atheismus nicht nur als Ergebnis politischen
Drucks, sondern auch vor dem Hintergrund der Geschichte ostkirch-
licher Frömmigkeit und Theologie. So macht er als Wesensmerkmal
russisch-orthodoxen Denkens die apophatische Tradition aus, in der
die Unsagbarkeit und Unergründlichkeit Gottes im Vordergrund
steht.[4]
Von hier aus kann Epstein Traditionslinien bis zum russischen Nihi-
lismus des 19. Jahrhunderts und eben zur sowjetischen Religionspolitik im 20. Jahrhundert ziehen.[5] Der verordnete Atheismus der
Sowjetzeit ließe sich demnach als die letzte, pervertierte Konsequenz
einer auf die Spitze getriebenen negativen Theologie verstehen.
Ziel dieses Abschnitts ist nun nicht die Bewertung von Epsteins (vorsichtig gesagt) gewagter Analyse insgesamt. Mich interessiert vielmehr die Frage, was genau Epstein vor diesem Hintergrund mit „post-
atheistischer Spiritualität" meint – und ob und was wir davon für
unser eigenes, zunehmend entkirchlichtes Umfeld lernen können.
Epstein sieht nämlich Nachwirkungen der apophatischen Tradition im
Hintergrund des neuzeitlichen Atheismus bis heute:

‣ Symptome der Abwesenheit Gottes macht er im Existenzialis-
  mus des 20. Jahrhunderts und in postmoderner Kunst aus. Zentrales existenzialistisches Motiv sei die Erfahrung des Fremden,
  der bzw. das letztlich unergründlich und verschlossen bleibe.[6]
  Zentrales postmodernes Motiv sei die Erfahrung der Entfremdung zwischen Künstler und Kunstwerk bzw. das Unvermögen,
  sich verständlich und verlässlich auszudrücken: „Everything that
  is said by postmodern writers and thinkers is placed between

---

[2] „What is commonly understood by the term ‚unconscious' is the sphere of primal
drives and vital instincts, which the religious consciousness seeks to repress and
eliminate. However, what was repressed and excluded during the Soviet epoch was
precisely the religious consciousness ...", Epstein, Mikhail, Post-Atheism, 2. Absatz.
[3] Epstein, Post-Atheism, die letzten 3 Absätze von Abschnitt 1. („From Apophatic
Theology To Atheism").
[4] Epstein, Post-Atheism, Abschnitt 1. („From Apophatic Theology To Atheism").
[5] Ebd.
[6] Vgl. Epstein, Mikhail, Post-Atheism, Abschnitt 3. („Theomorphism: the „Other"
in Culture").

quotation marks. (...) The author erases his signature since it speaks for him: Language or the Unconscious."[7]

> Phänomene wie den verbreiteten Engel-Glauben versteht Epstein als Ersatz gleichermaßen für christlichen Theozentrismus wie für atheistischen Anthropozentrismus. Engel seien nach populärem, postmodernem Verständnis gleichsam Zwischenwesen, nicht Menschen, aber auch nicht mehr notwendigerweise auf einen Gott hingeordnet – „messengers without a Message".[8]

> Nach dem Ende der Sowjetzeit hätte man laut Epstein mit einer Revitalisierung der traditionellen Konfessionen rechnen können. Die habe es auch gegeben, zusätzlich begegneten ihm aber verstärkt Formen von „minimaler" oder „armer Religion", d. h. eine allgemeine Religiosität, in der konfessionelle Bindungen und lehrmäßige Eindeutigkeit zurückträten. Epstein begrüßt das: Gesucht werde eben nach erlebbarer Spiritualität, fest gefügten Institutionen begegne man dagegen zunehmend mit Argwohn.[9]

Soweit zu Epsteins Entdeckungen. Was lässt sich als Ertrag für unseren eigenen, mitteleuropäischen Kontext festhalten? Zunächst eine Erinnerung: Epsteins Ansatz fußt wesentlich auf seiner anthropologischen Voraussetzung von Religiosität als einem unzerstörbaren menschlichen Impuls, der sich unter allen Umständen äußert. Diese Voraussetzung teile ich nicht: Sie lässt sich zumindest kaum (etwa religionssoziologisch) belegen, bzw. nur um den Preis einer solchen Ausweitung des Begriffs Religiosität, dass dessen Trennschärfe schwindet.

Das schließt aber nicht aus, dass kulturelle Erinnerungen über lange Zeiträume nachwirken und die Stimmungslage einer ganzen Gesellschaft beeinflussen. Auch ohne Epsteins Anthropologie insgesamt zu unterschreiben, lassen sich also viele seiner Deutungen nachvollziehen. Wo Atheismus gesellschaftlich als der ‚Normalfall' erscheint, wie in der Sowjetzeit oder in Teilen Ostdeutschlands heute, ist auch dies Ergebnis längerer Entwicklungen. Auch der gegenwärtige Atheismus kann dabei den Abdruck der Religiosität früherer Epochen aufweisen. Es ist also vielleicht kein Zufall, dass Epsteins o. g. Beispiele aus der ehemaligen Sowjetunion auch auf uns vertraut wirken: So kennen wir Engelglauben als typische postmoderne Form von Spiritualität auch aus unserem deutschen Kontext – als den Versuch, „den Kuchen zu haben *und* ihn zu essen", d. h. aus alten spirituellen

---

[7]   Epstein, Post-Atheism, erster Absatz von Abschnitt 3. („Theomorphism: the „Other" in Culture").

[8]   Epstein, Post-Atheism, achter Absatz vom Abschnitt 4. („Angelism as a Postmodern Religion"), im Original kursiv.

[9]   Epstein, Post-Atheism, Abschnitt 5. („Post-Atheist Spirituality in Russia: Minimal Religion").

Traditionen den Erlebniswert herauszudestillieren, ohne sich lehrmäßig oder auf eine Gruppenzugehörigkeit festzulegen.

Post-Atheismus ist laut Epstein also neu aufkeimende Religiosität, die nie wirklich verschwunden ist, sondern sich unter wechselnden historischen Bedingungen nur in wechselnden Formen zeigt und jeweils von den Nachwirkungen früherer religiöser oder auch anti-religiöser Bewegungen geprägt ist. Auch damit ist nun noch nicht beschrieben, was im vorliegenden Aufsatz mit post-atheistisch gemeint ist. Denn dass Menschen religiös tatsächlich vollständig unmusikalisch sein könnten, ist auch bei Epstein nicht vorgesehen. Gehen wir also einen Schritt weiter:

Colin McGinn: „Post-Atheist" als Selbstportrait einer Selbstverständlichkeit

McGinn ist Brite und Professor für Philosophie in Miami in den USA. Will man ihn einer philosophischen Richtung zuordnen, so bieten sich die sog. *New Mysterians* an: Wie sie ist McGinn skeptisch im Blick auf die kognitive Leistungsfähigkeit von Menschen, metaphysische Grundfragen zu lösen.[10] Da wundert es wenig (oder vielleicht umso mehr?), dass McGinn sich wie selbstverständlich als Atheist versteht. Genauer als Post-Atheist: Die Frage nach Gott ist für ihn – eigentlich – ad acta gelegt und müsste – eigentlich – nicht weiter erörtert werden:

> „...the label (Atheist) is misleading in that it characterizes me from the perspective of a theist (...) I am a rejecter of theism (...). But really I am atheist in the same way typical monotheists are a-polytheist: it's not something you think about, aside from the constant buzz of people asserting the opposite. Since there are no noisy polytheists left, monotheists don't need to occupy themselves with combating polytheism; nor is this something they fret about and ponder on a daily basis. They are *beyond polytheism.*(...) So I am really as much post-atheist as post-theist, when it comes to my natural state of mind (...)".[11]

Die Frage nach Gott ist also laut McGinn nur deswegen Thema, weil sie von Theisten zum Thema *gemacht* und ausdrücklich auch von ihm selbst eine Stellungnahme eingefordert wird. Inhaltlich und philosophisch hält er die Frage nicht mehr für relevant, ebenso wenig wie für Monotheisten üblicherweise die Alternative zwischen Mono- und

---

[10]   Siehe u. a. McGinn, Colin, The Mysterious Flame: Conscious Minds In A Material World, New York 1999, sowie ders., Problems in Philosophy: The Limits of Inquiry, New York 1993.

[11]   McGinn, Colin, Why I am an Atheist, Posted 11.01.10, in: http://mcginn.philo spot.com/index.php?story=story100111-211826 [zuletzt besucht am 03.06.2011].

Polytheismus relevant ist: Wenn sie darüber überhaupt nachdenken, dann am ehesten aus akademischen und kaum aus existenziellen Gründen.

McGinn hält die Rede von Gott dennoch nach wie vor für ‚erlaubt' – allerdings nur als „useful fiction"[12], als nützliche Fiktion zur Beschreibung bestimmter Sachverhalte oder Stimmungen, vergleichbar dem Satz „Only Sherlock Holmes could have solved that crime".[13]

McGinns Selbstverständnis liegt damit deutlich näher beim Ansatz dieses Aufsatzes: Es ist das Selbstportrait eines Menschen, dem sich die Frage nach Gott eigentlich gar nicht mehr stellt und der selbst die Absage an Gott als lästige Pflicht empfindet, die allenfalls aus gesellschaftlichen und kaum aus inhaltlichen Gründen erforderlich ist. Dennoch ist auch dieses Selbstbild ja informiert und reflektiert: Immerhin *kennt* McGinn, was er ablehnt bzw. einer ausdrücklichen Ablehnung kaum noch für wert hält; er kennt es zumindest aus der Distanz, als Teil der Ideen- und Philosophiegeschichte.

Was aber ist mit Menschen, für die auch das nicht gilt? Mit Menschen, denen sich die Frage nach Gott überhaupt nicht mehr stellt, auch nicht aus gesellschaftlichen Gründen? Die auf die Frage nach einer Selbsteinordnung zunächst gar nicht zu antworten wüssten – wie die zum Klassiker gewordenen ostdeutschen Jugendlichen, die auf die Frage: „Bist du Christ oder nicht?" erwiderten: „Weder noch, normal halt."[14] Damit sind wir beim Ansatz dieses Aufsatzes:

Post-Atheismus als vollständige Abwesenheit der Fragestellung

Gemeint sind Menschen, die an der Frage nach Gott und christlichem Glauben schon deswegen kein Interesse haben, weil sie (unverschuldet) fast völlig uninformiert sind. Weil sie mit den Grundbegriffen des Glaubens schon sprachlich nichts anzufangen wissen. Denken wir dabei an weitgehend entkirchlichte Regionen Ostdeutschlands, hat zwar auch dort natürlich schon jeder die Worte „Gott" und „Kirche" gehört, mindestens aus den Medien. Aber schon beim Namen „Jesus" kann es schwierig werden: Aus Quellen nicht belegbar, aber zumindest glaubhaft ist die Episode von Jugendlichen, die einen Kirchenraum betreten und mit Blick auf ein Kruzifix sagen: „Wie heißt denn der da am Kreuz?"[15]

---

[12] McGinn, Why I am an Atheist.
[13] McGinn, Why I am an Atheist.
[14] Wohlrab-Sahr, Monika, Religionslosigkeit als Thema der Religionssoziologie, in: PTh 90 (2001), 152-167, 152.
[15] Mündlich überliefert nach Bischof Jochen Bohl.

Nimmt man solche Menschen in den Blick, als die möglichen Adressaten einladender Rede vom Glauben, ist nicht nur der Versuch verfehlt, an vorhandenes Wissen oder Erinnerungen an religiöse Kindheitserfahrungen anzuknüpfen, sondern auch das apologetische Bemühen, Kritik am Glauben zu entkräften, geht in die Irre. Wo keinerlei Interesse ist, lässt sich auch keine Kritik widerlegen. Das entsprechende Gespräch findet in der Regel gar nicht erst statt.[16]

Stimmt dieses Bild? Gibt es die so beschriebenen Post-Atheisten wirklich, oder sind sie ihrerseits nur eine ‚nützliche Fiktion', ein für die Belange dieses Aufsatzes etwas überzeichnetes Bild? Kirchliche Erhebungen sind zu dieser Frage naturgemäß wenig ergiebig, weil hier meist nach der Entwicklung der Kirchenmitgliedschaft gefragt wird, also nach dem Verhalten von Menschen, die selbst als aus der Kirche Ausgetretene noch ein (und wenn negatives) Verhältnis zu Kirche und Glauben haben.

Mit Detlef Pollack aber lässt sich jedenfalls die sog. Individualisierungsthese entkräften[17]: Gemeint ist die Vorstellung, mit dem Rückgang von Kirchenmitgliederzahlen und gesellschaftlichem Einfluss der Großkirchen sei christliche Religiosität nicht etwa verschwunden, sondern habe sich nur aus den Großinstitutionen heraus verlagert und werde nun individuell gestaltet. Diese These lässt sich nur vertreten, wenn man christliche Religiosität auch da postuliert, wo kaum noch benennbar christliche Glaubensüberzeugungen vertreten werden. Rechnet man umgekehrt damit, dass christliche Religiosität auch in ihrer individualisierten Form vom Einzelnen noch selbst ‚bemerkt' wird und benannt werden kann, lässt sich die These nicht belegen.

Wie hat man sich also einen Post-Atheisten vorzustellen? Z. B. so[18]: Steffen S. stammt aus einer kleinen Ortschaft in Brandenburg, aus einer Familie, die bereits seit drei Generationen konfessionslos ist. Glaube und Kirche sind niemals Gesprächsthema in der Familie, nicht einmal als Gegenstand von Ablehnung oder Skepsis. Steffens einzige bewusste Begegnung mit Kirche als Jugendlicher fand während einer Kirchenführung im Rahmen eines Schulprojekts statt: Für das zugehörige Kurzreferat musste er sich Grundwissen über die im Kirchenraum dargestellten biblischen Figuren aneignen.

Den entscheidenden Impuls, sich mit dem christlichen Glauben zu befassen, bekommt Steffen mit Ende 20. Er ist inzwischen Vater von

---

[16] Vgl. dazu auch die entsprechende Charakterisierung in Thomas Schlegels Beitrag im gleichen Band: Mission im Osten Deutschlands und das Problem des Anknüpfungspunktes, besonders Abschnitt 4. Konfessionslosigkeit als Vakuum, 128ff.

[17] Vgl. Pollack, Detlef, Rückkehr des Religiösen? Studien zum religiösen Wandel in Deutschland und Europa II, Tübingen 2009, besonders 125ff.

[18] Die folgende biographische Skizze hat einen realen Hintergrund, wurde für den vorliegenden Text aber anonymisiert.

zwei Kindern, seine Frau arbeitet in einer Arztpraxis, er selbst pendelt mehrmals pro Woche in die nächstgelegene Kleinstadt zum Studium an der dortigen Fachhochschule. Während dieser Zeit ‚befällt' ihn plötzlich der Gedanke an Gott – ohne erkennbaren äußeren oder inneren Anlass, zunächst auch ohne Gesprächspartner, der diesen Gedanken eingebracht haben könnte. „Aus heiterem Himmel", so formuliert es Steffen rückblickend, beginnt er auf einmal, sich für Gott zu interessieren. Ohne genauere Vorstellungen, wer oder was Gott sein könnte, aber mit der starken Motivation, sich genauer zu informieren.

Also fragt Steffen einen befreundeten Mitstudenten, der aus Süddeutschland kommt und bei dem er mehr Wissen über Glaubensfragen vermutet. Der Mitstudent versteht sich – zufälligerweise! – als engagierter Christ und lädt Steffen in seine Kirchengemeinde ein. Die Gemeinde bietet neben traditionellen Sonntagsgottesdiensten einmal monatlich an einem Samstagabend alternative Gottesdienste für Junge Erwachsene an. Hier lernt Steffen weitere Gemeindeglieder kennen und lässt sich schließlich in einen Grundkurs über den christlichen Glauben einladen. Seine Frau und Verwandten beobachten Steffens Interesse mit Verblüffung, aber zunächst grundsätzlichem Respekt. Erst als Steffen erklärt, er wolle sich nun taufen lassen, machen sich Eltern und Schwiegereltern Sorgen, er habe sich vereinnahmen lassen. Nur seine Frau und Kinder sind bei der Taufe anwesend, der Rest der Familie distanziert sich ausdrücklich. Nach der Taufe versteht sich Steffen weiter als aktives Gemeindeglied, wegen familiärer Spannungen kann er gemeindliche Angebote jedoch nur unregelmäßig wahrnehmen.

Soweit eine mögliche – wenn auch wenig alltäglich verlaufende – biographische Skizze. Aus Sicht christlicher Mission geht diese Geschichte trotz aller Hindernisse gut aus. Die Frage ist nun, ob man dafür allein auf derart analogielos anmutende plötzliche geistliche Impulse in Menschen angewiesen ist oder ob es zusätzlich auch etwas gibt, das man als Gemeinde und einzelner *tun* kann, damit solche Geschichten so verlaufen. Darum wird es in zweiten Teil dieses Aufsatzes gehen. Zunächst jedoch soll noch einmal festgehalten werden, worin genau die kommunikativen Herausforderungen bestehen, wenn Post-Atheisten zum christlichen Glauben eingeladen werden.

Herausforderungen für die Evangelisation

Setzt man voraus, dass bei Post-Atheisten nichts vorausgesetzt werden darf – genauer gesagt, fast nichts, an Grundwissen, Vorstellungen, Vor-Urteilen welcher Art auch immer über den christlichen Glauben, dann darf die evangelistische Bemühung um solche Menschen nicht binnenkodiert sein: Im Innenraum der Kirche verständliches und vertrautes Vokabular muss ersetzt und übersetzt, zumindest beständig erläutert werden. Andernfalls stellt sich beim Gesprächspartner nicht einfach Befremden ein; sondern er wird schlicht nicht erreicht, als spräche man ihn in einer unbekannten Fremdsprache an. Da nützt es wenig, wenn man Worte gebraucht, die einem allgemein verständlich *vorkommen*. Solange dem anderen die Einbettung dieser Worte in den zugehörigen christlichen Sinnzusammenhang fremd ist, werden auch die Worte für ihn leer bleiben.

Ein literarisches Beispiel für die mögliche wechselseitige Fremdheit christlichen und säkularen Sprechens findet sich in Jonathan Franzens Roman „Schweres Beben": Die Romanhandlung kreist um die Aufdeckung eines Umweltskandals durch eine junge Wissenschaftlerin. Ein Nebenstrang der Handlung ist die Begegnung zwischen dieser Frau und dem Prediger einer kleinen, sehr konservativen christlichen Gemeinschaft. Im Laufe des Romans entschließt sich diese Frau zu einer Abtreibung. Auf dem Weg zur Klinik begegnet sie unerwartet einer Gruppe christlicher Abtreibungsgegner unter der Leitung des Predigers, dem sie in anderem Zusammenhang schon einmal begegnet ist. Er beschwört sie, von ihrem Vorhaben abzulassen.

Ohne Zweifel sind die angesprochenen ethischen Fragen brisant und zentral; und doch soll die zitierte Passage im Zusammenhang *dieses* Artikels vor allem illustrieren, wie auch vermeintlich allgemein verständliches Sprechen unverstanden bleiben kann:

„‚Nehmen Sie sich eine Sekunde Zeit und denken Sie nach',
sagte er. ‚Auch Sie waren einst nur ein winziges Zellklümpchen. Alles, was Sie sind, was Sie je empfunden haben, hat sich aus diesem Klümpchen entwickelt. Und Sie sind nichts anderes als Sie selbst, Sie sind kein dummer Zufall, keine Panne. Sie sind einmalig. Und der kleine Klumpen in Ihrem Schoß ist auch nichts anderes als er selbst, oder sie selbst, ein Individuum, das nur darauf wartet, geboren zu werden und das Leben zu leben, das Gott ihm zugedacht hat.'
Sie sah auf den Boden. Sie hätte sich nicht vorstellen können, dass sie sich jemals so versteinert fühlen würde.
‚Wir lieben Sie, Renée', sagte Stites. ‚Wir lieben den Menschen, der Sie sind, und wir lieben den Menschen, zu dem Sie werden können. Überlegen Sie noch mal, was Sie da tun wollen.'
Er beugte sich beschwörend über das gelbe Absperrband, aber die Ebene, die er bewohnte, schnitt sich an keiner Stelle mit der ihren. Er gehörte einer anderen Spezies an, mit der sie nichts gemein hatte, und das Wort, das er ständig im Mund führte, ‚Liebe', war einfach bloß ein Merkmal, das für seine Spezies typisch war. ‚Wir lieben Sie' war für sie in diesem Moment so

wenig verständlich, als hätte ein Wal zu ihr gesagt: ,Du fischst mit deinen Barten Plankton aus dem Wasser, genau wie ich', oder als hätte eine Schildkröte zu ihr gesagt: ,Du und ich, wir haben beide unsere Eier in einer Sandkuhle abgelegt.' Es stieß sie ab.‟[19]

Natürlich ließe sich anführen, dass bei dem Unverständnis der Angesprochenen hier vor allem persönliche Haltungen eine Rolle spielen: Was man keinesfalls denken *will*, weil es eigenen Grundentscheidungen zuwiderläuft, das – so könnte man argumentieren – wird man schließlich auch verlernen zu verstehen. Außerdem könnte man darauf hinweisen, dass die Angesprochene in diesem Fall nicht Post-Atheistin im o. g. Sinne ist, sondern eher reflektierte Agnostikerin oder Atheistin; darauf deutet jedenfalls der Rest des Romans hin.

Und doch bleibt festzuhalten: Wenn der kommunikative Graben schon in diesem (literarischen) Beispiel so tief ist – bei Menschen, die trotz aller Unterschiede ein vergleichbares Umfeld haben – um wie viel größer wird die Aufgabe von Evangelisation dann bei Menschen sein, bei denen tatsächlich fast kein Vorwissen und fast kein Kontakt zu christlicher Gemeinschaft vorausgesetzt werden kann.

Fast kein Vorwissen wird hier nämlich auch bedeuten: kein Interesse; weder in Form von erkennbar spiritueller Sehnsucht noch in Form engagierter Ablehnung. Auch Zurückweisung ist ja eine Form von Interesse; das, was man ablehnt, ist einem zumindest nicht gleichgültig. Damit ist zum einen – zunächst – die Grenze einer traditionellen Apologetik markiert, die bei möglicher Kritik am Glauben ansetzt, um so das Interesse am Glauben neu zu wecken. Zum anderen sind gängige Modelle der Anknüpfung an vorhandene Religiosität enorm erschwert. So beschreibt es jedenfalls Alexander Garth, Pastor und Gemeindegründer aus Berlin:

„Nach der Wende machten sich viele missionarische Gruppen vor allem aus Westdeutschland und den USA auf, um die Menschen in der Ex-DDR mit dem Evangelium zu erreichen. Sie glaubten, dass nach dem Scheitern der kommunistischen Ideologie eine spirituelle Leere und ein geistlicher Hunger in den Herzen der Menschen vorhanden sei. Sie wurden enttäuscht. (...) Christliche Verkündigung hat eine Herausforderung vor sich, der sie meist nicht gewachsen ist: In den Herzen der Menschen einen Hunger nach Glauben überhaupt erst zu wecken.‟[20]

---

[19] Franzen, Jonathan, Schweres Beben, Reinbek bei Hamburg ³2006, 468f.

[20] Garth, Alexander, Eine Missionsgemeinde für Konfessionslose – Einige biblisch-theologische Voraussetzungen für Gemeinde, die Konfessionslose mit dem Evangelium erreicht – Ein Referat von Pfarrer Alexander Garth auf der 2. wissenschaftlichen Tagung des "Netzwerk Kirchenreform" in Erfurt 2004, Überarbeitete Fassung (Feb.2004), in: http://www.netzwerkkirchenreform.de/missionsgemeinde

In dieser Lage ist auch appellativer Druck verfehlt. Und das nicht nur aus theologischen Gründen; geht es in der Evangelisation doch um das *eu* am *euangelion*. Sondern auch aus pragmatischen Erwägungen: Wer mahnt, wer gar droht, indem er die Konsequenzen eines Lebens im Unglauben möglichst düster zeichnet, wird Post-Atheisten erst recht nicht erreichen. Denn wo Inhalte und Sprachformen des Glaubens zunächst völlig fehlen, wird auch das religiöse Appellohr taub sein. Entsprechende Versuche werden also bestenfalls Befremden auslösen; schlimmstenfalls werden sie das Gespräch über den Glauben von vornherein verhindern.

Kurz gesagt: Im Blick auf Post-Atheisten befinden wir uns in einer missionarischen Nullpunktsituation.[21] Diese Situation birgt allerdings auch Chancen, nämlich mögliche Fehler und Fallen früherer missionarischer Bemühungen zu vermeiden. Wo Evangelisation ansonsten vielfach im Ausräumen von Vorurteilen und behutsamen Korrigieren von Zerrbildern des Glaubens besteht, ist all dies hier möglicherweise gar nicht nötig. Es kann ganz neu, ganz frisch vom Evangelium erzählt werden: Unsere Gesprächspartner hören es zum ersten Mal. Wie kann solches Erzählen aussehen?

2. Evangelistisch predigen vor Post-Atheisten

Dass ausgerechnet die evangelistische *Predigt* ein probates Mittel sein soll, um Post-Atheisten an den Glauben heranzuführen, versteht sich nicht von selbst. Das gilt auch für Wohlmeinende, also für erklärtermaßen engagierte Vertreter missionarischer Gemeindeentwicklung. Setzen wir uns also zunächst mit gängigen Einwänden auseinander, um dann einen Vorschlag für einen neuen homiletischen Ansatz zu entwickeln.

„Evangelistisch predigen?"

Ist die evangelistische Predigt ein Auslaufmodell? Manche Autoren legen dies zumindest nahe:

> Von Robert E. Webber etwa stammt die Unterscheidung zwischen „traditional", „pragmatic" und „younger evangelicals", die auch von Michael Herbst aufgegriffen worden ist.[22] Diese

---

konfessionslose.html [zuletzt besucht am 03.06.2011].

[21] Zum Begriff „Nullpunktsituation" vgl. im gleichen Band Monsees, Jens/Warnecke, Georg, Glaubenskurse in Nullpunktsituationen, Abschnitte „Chancen und Grenzen eines Begriffs" und „‚Echte' und ‚unechte'Nullpunktsituationen", 155ff.

[22] Webber, Robert E., The younger evangelicals: facing the challenges of the new world, Grand Rapids 2004; Herbst, Michael (Hg.): Das Emmaus-Projekt. Auf dem

Unterscheidung ist laut Webber auf verschiedene Bereiche kirchlichen Lebens anwendbar, auch auf Verständnis und Praxis von Mission und Evangelisation.[23] Die „traditional evangelicals" setzten demnach typischerweise auf die klassische Veranstaltungsevangelisation mit frontaler Predigt, zugespitzt auf den Ruf zum Glauben. Typisch für die „pragmatic evangelicals" sei dagegen der *seeker service*, der Gottesdienst für Kirchendistanzierte mit möglichst niedrigen kulturellen Barrieren, dem Einsatz moderner Medien und einer lebensnahen, positiven Grundstimmung. Typisch für die „younger evangelicals" sei wiederum der kreativ-postmoderne Mix verschiedener Frömmigkeitstraditionen; mit alten Formen von Spiritualität neben aktueller Musik und Technik; in kleinen, überschaubaren Gruppen mit Raum für die aktive Teilnahme möglichst aller; ohne trennscharfe Unterscheidung zwischen „Mitarbeitenden" und „Gästen". Natürlich will all dies zunächst Beschreibung und nicht Anregung sein, aber der Schluss liegt dennoch nahe: So also, wie bei der letztgenannten Gruppe, sieht wirksame Evangelisation laut Webber heute aus. Oder?

Deutlicher werden die lutherischen Theologen Richard Bliese und Craig van Gelder[24]: Mit dem „death of evangelism" meinen sie den Tod der Veranstaltungsevangelisation, auf den nun die „evangelizing church", die evangelisierende Gemeinde zu folgen habe.[25] Der Ton liegt auf der Beteiligung aller Christen an der missionarischen Kommunikation. Das Modell Predigt ist dabei nicht ausgeschlossen, rückt aber deutlich in den Hintergrund.[26]

Umso wichtiger ist zu klären, was im Folgenden mit evangelistischer Predigt gemeint ist. Das habe ich an anderer Stelle bereits ausführlicher getan und erlaube mir daher, hier nur kurz darauf Bezug zu

---

Weg des GLAUBENS. Handbuch. Konzeption – Durchführung – Erfahrungen, Neukirchen-Vluyn [2]2006, 12f.

[23]   Vgl. Webber, Robert E., The younger evangelicals, 216ff, auch für den folgenden Absatz.

[24]   Bliese, Richard H./Van Gelder, Craig (Hgg.), The evangelizing church. A Lutheran contribution, Minneapolis 2005.

[25]   Vgl. Bliese/Gelder, The evangelizing church, 113ff.

[26]   Auf das Programm von Bliese und Gelder nimmt so auch Martin Reppenhagen im gleichen Band Bezug als Beleg für ein stärker gemeindebezogenes und ganzheitliches Bild von Evangelisation. Reppenhagen relativiert den „griffigen Slogan" von Bliese/Gelder allerdings auch, wenn er sich sogleich gegen „falsche Alternativen" wendet: „Das allgemeine Evangelisieren der Gemeinde bedarf auch der konkreten (Veranstaltungs-) Form der Evangelisation.", Reppenhagen, Martin, Mission – vom Streitfall zum Leitbegriff kirchlichen Handelns, Abschnitt „Mission und Evangelisation", 113f.

nehmen[27]: Setzt man für die Begriffsklärung nicht (erst) kirchengeschichtlich, sondern exegetisch an, bietet sich das Verb *euangelizzesthai* an. Das beschreibt im Neuen Testament zum einen – voröster-
lich – die Verkündigung des nahen Reiches Gottes durch Jesus.[28]
Zum anderen bezeichnet es – nachösterlich – die missionarische Verkündigung der Apostel.[29] Inhaltliches Zentrum des verkündigten
euangelion ist nun Jesus selbst, Substantiv und Verb können so auch
direkt hintereinander stehen – *euangelizesthai to euangelion*.[30] Zielgruppe des neutestamentlichen Evangelisierens sind nachösterlich
fast immer Nicht-Christen, nur in Ausnahmefällen meint *euangelizzesthai* die innergemeindliche Unterweisung.[31] Versteht man den
missionarischen Kontext als maßgeblich, ist Evangelisieren also ein
Resonanzbegriff. Es intendiert eine bestimmte Antwort der Hörer,
nämlich die glaubende Zustimmung.[32]
So weit, so einleuchtend: Evangelisation als absichtsvolle Kommunikation des Evangeliums an Nicht-Glaubende. Was wenig überra-
schend klingt, hilft jedoch zur Klärung: Denn dann kann jegliche
Kommunikation evangelistisch werden, durch ihren *Inhalt* und ihre
Intention, und durch nichts anderes. Das eröffnet eine große Bandbreite an Kommunikationsformen und -settings.[33] Auch die evangelistische Predigt im engeren Sinne ist dann in keiner Weise festgelegt,
ob auf einen bestimmten Verkündigungsstil (etwa: frontal, eindring-
lich) oder eine bestimmte Veranstaltungsform (etwa: Zelt, Halle).
Evangelistisch ist jede Predigt, die das Evangelium zur Mitte hat und
sich werbend an Nicht-Glaubende richtet. Das kann – z. B. – auch
ganz leise geschehen; oder selbstironisch; oder erzählend; oder auch
mit bewusst fließenden Grenzen zwischen Monolog und Rundge-
spräch.
Und weiter: Der Fokus auf Predigt als *verbale* Kommunikation geschieht im Interesse der Konkretion: Natürlich braucht missionarische
Verkündigung die Einbettung in überzeugende und erlebbare
Gemeinschaft. Und natürlich erreicht man Menschen, die seit jeher
keinerlei Bezug zu Kirche und Glauben haben, zumindest anfänglich

---

[27] Siehe Clausen, Matthias, Evangelisation, Erkenntnis und Sprache. Über-zeugend predigen unter nachmodernen Bedingungen, Neukirchen-Vluyn 2010, 6ff.
[28] Vgl. Clausen, Evangelisation, Erkenntnis und Sprache, 6.
[29] Vgl. Clausen, Evangelisation, Erkenntnis und Sprache, 7.
[30] Vgl. ebd.
[31] Vgl. ebd.
[32] Vgl. Clausen, Evangelisation, Erkenntnis und Sprache, 9.
[33] „Evangelisation ist durch ihren Inhalt und ihre Intention bestimmt; und gerade deswegen kann sie vielfältige Formen annehmen, unterschiedliche Kommunikations-formen und Settings haben", Clausen, Matthias, Evangelistisch predigen im Horizont der Postmoderne, in: Reppenhagen, Martin/Herbst, Michael (Hgg.), Kirche in der Postmoderne, BEG 6, Neukirchen-Vluyn 2008, 183-200, 184.

am besten non-verbal, z. B. durch tätige Hilfe, Freundlichkeit, geduldige Kontaktpflege. Und doch stellt sich auch unter diesen Voraussetzungen irgendwann die Frage: Und wie sage ich es nun? Wie fasse ich es in Worte? Denn das ist die *eine konkrete* kommunikative Vorgabe, die sich aus dem neutestamentlichen Befund ergibt: *Euangelizzesthai* geht nicht ohne Worte. Glaube versteht sich nicht von selbst, stellt sich beim Gegenüber nicht instinktiv ein, sondern braucht – an irgendeinem Punkt – die ausdrückliche Ansprache.

Alexander Garth: „Das Unmögliche tun"

Der Berliner Pastor wurde bereits erwähnt; bekannt geworden ist er v. a. als Gemeindegründer in nachkirchlichem Umfeld. Garth betont zunächst die evangelistische Wirksamkeit von Gemeinde als geistlicher Gemeinschaft.[34] Dazu brauche Gemeinde ein stabiles Sendungsbewusstsein; sie brauche das Vertrauen auf von Gott geschenkte *exousia*, die auch geistliche Widerstände überwinden hilft; sie brauche ein Bewusstsein für die Dringlichkeit der missionarischen Botschaft sowie Beispiele veränderten Lebens, die das Umfeld immer zuerst und immer am stärksten ansprächen.[35]

Wo er sich zur evangelistischen Kommunikation im engeren, verbalen Sinne äußert, spricht er bewusst zugleich von „Inkulturation" und „Konfrontation": „Die frohe Botschaft von Jesus Christus muss umgesprochen werden in die Lebens- und Verstehenswelt von Menschen." Zugleich gilt für Garth: „Ihr altes Weltbild muss sterben."[36] Gemeint ist ein materialistisch-einstöckiges Weltbild, das Transzendenz oder Gottesglauben nicht zulässt bzw. per se für irrational erklärt – laut Garth ein Erbe des DDR-Sozialismus, das nach wie vor nachwirkt. Vor diesem Hintergrund will er die „alte Kunst der Apologetik" neu beleben, die rationale Verteidigung von Glaubensinhalten, was für ihn einschließt, konkurrierende Weltbilder argumentativ zu widerlegen und ihre Schwächen aufzuzeigen.[37]

Also betont auch Garth zwar die nonverbalen Anteile wirksamer Evangelisation: Sendungsbewusstsein, Vollmacht, verändertes Leben. Doch spricht er genauso auch von Apologetik, argumentativer Auseinandersetzung und klarem, eben auch verbalem Zeugnis von Jesus Christus. Sein Ansatz ist spürbar getragen von großem Zutrauen in die verändernde Kraft der evangelistischen Botschaft und von dem

---

[34] Garth, Eine Missionsgemeinde für Konfessionslose, 2.
[35] Ebd.
[36] Garth, Eine Missionsgemeinde für Konfessionslose, 5.
[37] Vgl. Garth, Warum ich kein Atheist bin, Asslar ³2008.

starken Anliegen, diese Botschaft gerade in dem beschriebenen herausfordernden Umfeld zu vermitteln.

Mit Blick auf die selbst gestellte Aufgabe dieses Artikels bleiben allerdings Fragen offen: Wie genau hat man sich das „Umsprechen" der frohen Botschaft in die Lebenswelt konfessionsloser Gesprächspartner vorzustellen? Und wie weit trägt die „alte Kunst der Apologetik", wo nicht einmal an Kritik am Glauben angeknüpft werden kann, weil einfach keinerlei Interesse da ist? Das offensive Entkräften konkurrierender Weltbilder, das Garth vorschlägt, ist zwar argumentativ denkbar, aber kommunikativ zumindest riskant. Es erfordert größte Behutsamkeit im Gespräch, um dem Gesprächspartner nicht einfach als lästig zu erscheinen. Denkbar ist zwar, dass auch aus einer ‚heilsamen Zumutung' am Ende echte Neugier auf das Evangelium erwächst – ebenso wahrscheinlich ist aber, dass sich ein Gesprächspartner eher stärker verschließt als zuvor. Wie also könnte man noch vorgehen?

3. Eigener Vorschlag: Alles auf Anfang

Die beschriebene missionarische Nullpunkt-Situation ernst nehmen heißt, nach Wegen zu suchen, um den Resonanzraum für die evangelistische Botschaft erst selbst zu schaffen. Die spezifische Leitfrage dieses Aufsatzes ist zusätzlich, wie Evangelisation unter Post-Atheisten *verbal* erfolgen kann. Dazu habe ich zwei Vorschläge:

‣ *Vorauseilende Apologetik*
Wie beschrieben, sind klassisch-apologetische Bemühungen unter Post-Atheisten wenig aussichtsreich. Wo Interesse am bzw. grundlegende Informationen über den christlichen Glauben fehlen, kann auch nicht an Kritik oder Einwänden angeknüpft werden. Das aber macht Argumentation für den Glauben nicht unmöglich, sondern verändert nur ihre Herangehensweise:
Vorbehalte gegen den Glauben können beim Einzelnen fehlen, aber dennoch sozusagen zum kollektiven Gedächtnis seines gesellschaftlichen Milieus gehören. Das heißt, die Vorbehalte ergeben sich folgerichtig aus den unterbewussten Grundannahmen bzw. Plausibilitätsstrukturen dieses Milieus. In stark entkirchlichten Regionen Ostdeutschlands können das die Nachwirkungen von Kirchen- und Religionskritik in Schulen und anderen öffentlichen Institutionen der DDR sein, mit dem Ergebnis: Man weiß vielleicht wenig über das Christentum; man hat aber das unbestimmte Gefühl, dass es veraltet, unwissenschaftlich und möglicherweise gefährlich ist. Christliche Verkündigung löst bei so geprägten Menschen eine instinktive

Abwehr aus – stärker als die grundsätzlich gesunde Skepsis, mit der Menschen neuen Wahrheitsansprüchen ohnehin zunächst begegnen. Aufgabe vorauseilender Apologetik ist nun, solche Einwände, die von der Verkündigung ja erst wachgerufen werden, gleich selbst mit zu benennen, sie damit diskutierbar zu machen und nach Möglichkeit zu entkräften. Vorauseilende Apologetik versteht sich somit als Hilfestellung, das Nachdenken über Grundüberzeugungen zuallererst einzuüben. Denn erst das, was benennbar wird, verliert seine Selbstverständlichkeit, wird für den Einzelnen hinterfragbar und kann sich schließlich auch verändern.[38]

Dazu kann auch gehören, einem Gesprächspartner zunächst beim Formulieren seines *eigenen* (nichtchristlichen) Weltbilds zu helfen: ‚Was hält – aus deiner Sicht – die Welt im Innersten zusammen? Hat das Leben einen Sinn? Gibt es mehr als die sichtbare Welt, die uns umgibt?' usw. Selbstverständlich sollte behutsam und respektvoll gefragt werden, mit Geduld und echter Neugier. Seelsorgliches „Spiegeln" des Gehörten kann hier auch eine apologetische Funktion haben, weil es das gemeinsame Nachdenken über Glaubensfragen erst ermöglicht.

Das schließt aber nicht aus, einen Gesprächspartner schließlich auch auf Lücken und Inkonsistenzen seines Weltbilds hinzuweisen. Das allerdings muss nicht konfrontativ, sondern kann z. B. durch sokratisches Fragen erfolgen: ‚Was, wenn das stimmt, was du sagst: Bedeutet das dann nicht auch, dass...?' Der englische Hochschulevangelist Nick Pollard nennt diesen Ansatz „positive Dekonstruktion": ehrliches Interesse an den Überzeugungen des Anderen, verbunden mit neugierigen und testenden Nachfragen nach deren innerer Logik – in der Hoffnung, auf diese Weise schließlich auch Neugier auf die eigenen Überzeugungen und das Evangelium zu wecken.[39]

› *Grund-legendes Erzählen*

Bereits an anderer Stelle habe ich ausgeführt, inwieweit sich die Konversion zum Glauben mit dem Erlernen einer neuen Sprache vergleichen lässt.[40] Ausgangspunkt war dabei die Beschäftigung mit der Spätphilosophie Ludwig Wittgensteins. Denken ist für Wittgenstein

---

[38] Eine hilfreiche Analogie ist die Beschreibung wissenschaftlicher Paradigmenwechsel durch Thomas Kuhn: Gemeint ist nicht einfach die Ablösung einer alten Theorie durch eine neue. Sondern gemeint ist, dass ein altes Denkmuster durch das neue überhaupt erst erkennbar wird, angesichts einer Alternative seine Selbstverständlichkeit verliert und schließlich hinterfragt wird. Siehe Kuhn, Thomas, Die Struktur wissenschaftlicher Revolutionen, Frankfurt [22]2001, 191f u. ö.

[39] Siehe Pollard, Nick, Von Jesus reden!? Evangelisieren ein bisschen einfacher gemacht, Marburg 2004.

[40] Clausen, Evangelisation, Erkenntnis und Sprache, 148-209.

immer schon sprachlich. Sprache ist also nicht die erst nachträgliche Einkleidung von ursprünglich ‚vorsprachlichen' Gedanken, sondern Sprache und Denken sind von Anfang an untrennbar verbunden. Neues Denken, die Entwicklung neuer Grundüberzeugungen, hat demnach immer damit zu tun, einen neuen Gebrauch von Worten in der Lebenspraxis von Menschen kennenzulernen: „Die Bedeutung eines Wortes ist sein Gebrauch in der Sprache."[41]

Konversion als das Erlernen einer neuen Sprache bedeutet nun nicht etwa das Eintauchen in einen neuen Code, der nach außen hin völlig unverständlich wäre („Kirchensprache" oder „Christianesisch"), sondern die Verwendung von u. U. vertrauten Worten in einem völlig neuen Kontext. „Gott", „Vater", „Liebe" usw. meinen im Zusammenhang des Evangeliums eben meist etwas völlig anderes als im alltäglichen Sprachgebrauch.

Wenn man mit Wittgenstein nun sagt: ‚Das Erlernen neuen Denkens erfolgt über das Miterleben einer neuen Sprach-*Praxis'*, dann klingt das zunächst wieder so, als müsse man folgern: ‚Entscheidend ist das überzeugende Vorleben von Christen und christlicher Gemeinschaft. Predigt und Verkündigung sind nachrangig. Erst wer miterlebt, was die Sprache des Glaubens im Leben von Christen bedeutet, wird beginnen sie wirklich zu verstehen.'[42]

Das aber ist zum einen kurzschlüssig, denn christliche Praxis muss ja gerade nicht bedeuten, dass ausschließlich die eigene Vorbildlichkeit demonstriert wird. Sondern zur Praxis des Glaubens gehört z. B., dass der Gebrauch eines Wortes wie „Vergebung" im Kontext von Gottesdienst und Beichte erlebbar wird, also gerade da, wo auch das Scheitern von Menschen Thema ist.[43]

Zum anderen gibt es eine Redeform, die den Gebrauch von Worten in der Lebenspraxis schon innersprachlich abbilden kann: die *Erzählung*.[44] Erzählung verstanden als Abschreiten eines *plots*, eines Ablaufs, mit Akteuren und Handlungsfortschritt.[45] Erzählung kann *vorführen*, wie sich der Gebrauch eines Wortes ändert, wenn es in einen neuen Zusammenhang gestellt wird. Erzählung kann damit grundsätzlich auch solchen Menschen Zugang zum Weltbild des Glaubens eröffnen, die einen solchen Zugang zuvor noch gar nicht hatten. Alles, was sie brauchen, ist ein erstes Verstehen von Zeit, Handlung und Akteuren der Erzählung.

---

[41] Wittgenstein, Ludwig, Philosophische Untersuchungen, hg. v. Anscombe, G.E.M./Wright, G.H./Rhees, Rush, in: Ders., Werkausgabe, Bd. 1, Frankfurt [5]1992, 227-580, Abs. 43.
[42] Siehe dazu auch Clausen, Evangelisation, Erkenntnis und Sprache, 203ff.
[43] Vgl. a.a.O., 229f.
[44] Vgl. a.a.O., 206ff.
[45] Vgl. a.a.O., 209.

Nicht von ungefähr gebraucht Jesus *Gleichnisse*, erzählerische Miniaturen, um das Reich Gottes zu beschreiben – also eine Wirklichkeit, die seinen Hörern naturgemäß noch fremd ist. Und nicht von ungefähr kreisen die Missionspredigten der urchristlichen Missionare um *Jesus-Erzählungen*, wie sie in den Perikopen v.a. der synoptischen Evangelien zu finden sind. Wenn die klassische Formkritik Recht hat, lassen sich diese Perikopen auch als Predigtskizzen für die Verkündigung in den ersten Gemeinden und auf dem Missionsfeld lesen. Und daraus folgt: Was „Gnade" bedeutet, oder „die Vollmacht des Sohnes", wird zuerst am *Verhalten* und *Ergehen* von Jesus deutlich. Thetische Sätze über Inhalte des Glaubens können als nachträgliche Konzentrate des Erzählzusammenhangs verstanden werden. Solche Sätze sind, wenn sie gelingen, genauso *richtig* wie die Erzählung. Als sprachliches Werkzeug in Theologie und Kirche sind sie sogar unerlässlich. Sie wären aber *ohne* ihre erzählerische Einbettung schlicht *unverständlich*.
Evangelistische Predigt tut also gut daran, so viel wie möglich zu *erzählen*: Wer Jesus ist und was er bedeutet, wird an dem deutlich, was er tut und in Interaktion mit anderen sagt.
Das ist auch der spezifische Grund, warum Erzählung aus meiner Sicht ein probates Mittel für die Kommunikation unter *Post-Atheisten* ist: Weil ihr als Redeform am ehesten zugetraut werden kann, den Resonanzraum für ihre eigene Botschaft erst selbst zu schaffen. „It is necessary to have the means for expressing an experience in order to have it"[46] – so hat es George Lindbeck unter Rückbezug auf den späten Wittgenstein zugespitzt. Vorsichtiger ausgedrückt: Die Sprache des Glaubens und die Erfahrungen des Glaubens sind untrennbar verbunden. Wo Erzählung in die Sprache des Glaubens einführt, kann sie ihren Zuhörern so auch den Zugang zu gänzlich neuen Erfahrungen eröffnen. Diese Möglichkeit sollten wir als Verkündiger nutzen und diese Möglichkeit sollten wir den Adressaten unserer Bemühungen nicht verschließen.

---

[46]   Lindbeck, George, The nature of doctrine: religion and theology in a postliberal age, Philadelphia 1984, 34.

Spirituelles Gemeindemanagement
Gemeinde anders leiten

Margret Laudan

Die Stellung der Kirche in der Gesellschaft hat sich im 20. Jahrhundert grundlegend verändert. Was früher selbstverständlich war, ist heute nicht mehr vorauszusetzen. Das Monopol, das die großen Kirchen Jahrhunderte lang hatten, ist gefallen. Kirchliche Verbundenheit wird nicht mehr selbstverständlich an die nächste Generation vererbt. In der ehemaligen DDR ist der Abbruch religiöser Traditionen sogar bewusst gefördert worden. So stehen Gemeinden heute vor der Herausforderung, Menschen am Rande der Gemeinde und solche ohne christliches Wissen zu erreichen. Dabei ist der religiöse Markt vielfältig geworden und die Menschen wählen aus den Angeboten der Sinnvermittlung, der Werteerziehung und der Krisenbegleitung aus, je nachdem welche Richtung ihnen genehm ist und wo der Service sie überzeugt. Sie verhalten sich wie Kunden. Die Kirche befindet sich in einer Marktsituation und auf diese muss sie sich einstellen. Dabei wird sie unterstützt durch die Wissenschaft, die sich mit dem Markt beschäftigt, dem Management. Zusätzlich zu rückläufigen Mitgliederzahlen hat die Kirche auch noch den Rückgang der Finanzen zu verkraften. Wie kann Gemeindeentwicklung unter diesen Bedingungen gelingen? Wie wächst Gemeinde gegen den Trend? Hier kann das Spirituelle Gemeindemanagement (SGM) helfen. Es verbindet Impulse aus dem Marketing mit geistlichen Anliegen und Fragen des Gemeindeaufbaus.

„In der Wirtschaft wird zum Teil für lausige Produkte ein super Marketing betrieben, während die Kirche eine super Botschaft hat, die sie aber oft lausig vermarktet."[1] Dieses Auseinanderklaffen seiner beruflichen und der gemeindlichen Erfahrungen bewegt Klaus-Martin Strunk seit den 1980er Jahren: Was wäre, wenn man die kirchliche Arbeit mit Erkenntnissen aus dem Marketing planen würde? Manchem mag es vielleicht liegen, große Vorhaben zu organisieren, andere können das Evangelium zeitgemäß verkündigen oder sind begabte Kommunikatoren. Man kann aber diese Fähigkeiten nicht bei allen

---

[1] Klaus-Martin Strunk mündlich in SGM-Kursen; Diplom-Kaufmann und Leitung im Geschäftsbereich Einzelhandel und Marketing, Rosskopf und Partner AG; Dozent für Marketing in der Langzeitfortbildung Spirituelles Gemeindemanagement.

kirchlich Engagierten voraussetzen, und so wird manches kirchliche Vorhaben zwar mit viel Einsatz, aber mäßigem Erfolg durchgeführt. Im Gespräch mit Pfr. Dr. Hans-Jürgen Abromeit und Pfr. Dr. Michael Herbst dachte Klaus-Martin Strunk darüber nach, wie Impulse aus dem Marketing sich hilfreich in der Gemeindearbeit auswirken können. So wurde gemeinsam die Idee eines Fortbildungprogramms geboren, durch das Pfarrerinnen und Pfarrer vom Marketing für ihre kirchliche Arbeit profitieren. Sie gewannen Pfr. Dr. Peter Böhlemann für ihr Vorhaben[2] und so entstand in den 1990er Jahren das Konzept des Spirituellen Gemeindemanagements. Es wurde bewusst als Langzeitfortbildung über zwei Jahre konzipiert, um neue Verhaltensweisen im Gemeindealltag einüben zu können. Das Gelernte wird mit einem Projekt in der jeweiligen Gemeinde der Teilnehmenden umgesetzt, das nach den Schritten des SGM durchgeführt und in einem Kolloquium vorgestellt wird. Seit 1999[3] haben 260 Pastorinnen und Pastoren in 15 Kursen an der zweijährigen Langzeitfortbildung Spirituelles Gemeindemanagement teilgenommen.[4] 35 weitere haben gerade den Kurs begonnen.

1. Management in der Kirche – geht das überhaupt?

Das Spirituelle Gemeindemanagement legt Wert auf die Verknüpfung von spirituellen Überlegungen und Marketingimpulsen und deren Fruchtbarmachung im Gemeindeaufbau. Nutzen oder Schaden einer solchen Verbindung wurde in den 1990er Jahren heftig diskutiert. Die absolute Marktorientierung erwerbswirtschaftlicher Unternehmen lasse sich nicht mit dem Auftrag der Kirche vergleichen und komme dem Ausverkauf des Evangeliums gleich, lauteten Bedenken. Die Kirche habe sich nicht dem Zeitgeist anzupassen, sondern das Evangelium zu verkündigen. Nicht menschliche Bemühungen sicherten den Fortbestand der Kirche, sondern Gottes Geist wirke Erneuerung. Das Evangelium sei kein Produkt, das auf dem Markt feilgeboten

---

[2] Zu Beginn arbeiteten auch noch Hans-Jürgen Dusza, Kristin Butzer-Strothmann und Bernd Wagner mit.
[3] 1997 gab es in Villigst einen einwöchigen Kurs zum Thema „Gemeindewachstum und Gemeindemanagement", von dem manche Teilnehmende später die Langzeitfortbildung durchlaufen haben.
[4] Zunächst wurde die Fortbildung in Villigst (1999-00, 2000-01, 2006-07, 2009-10, 20011-12), dann in Villigst und Vorpommern (2002-03, 2004-05) bzw. Villigst und Österreich (2010-11, 2013-14) angeboten, später auch in Baden und Württemberg (seit 2007), im Kloster Volkenroda (seit 2007) und zuletzt in Loccum (2011).

werde und Christen seien keine Verkaufsstrategen, die ihre Botschaft mit geschickten Methoden an den Mann bringen.[5]

Nach den ersten heftigen Auseinandersetzungen wird das Marketing inzwischen in der Kirche weitgehend als Hilfe akzeptiert. Impulse aus dem Marketing erfahren wachsende Beachtung in Pastoralkollegs. Es gibt eine zunehmende Anzahl von Langzeitfortbildungen im Themenbereich „führen und leiten", die Methoden aus dem Marketing beinhalten. Der Mitgliederschwund in den Kirchen und die daraus resultierenden strukturellen Veränderungen der Pfarrstellen lassen viele nach Hilfen zur besseren Bewältigung des Pfarralltags fragen. Dabei rücken strukturelle Überlegungen in den Vordergrund. Wie kann die Arbeit in Gemeinden gestaltet werden, deren Gebiete sich vergrößern mit steigender Gebäudeanzahl, aber rückläufigen Mitgliederzahlen? Aufgrund rückläufiger Finanzen werden die hauptamtlichen Mitarbeiterinnen und Mitarbeiter in den Gemeinden weniger. In diesem Zusammenhang wird die Frage nach dem Ehrenamt wieder neu belebt. In manchen Regionen ist die bisherige Struktur an ihre Grenzen gekommen und es wird grundlegend über die Aufgabe von Kirche in unserer Gesellschaft nachgedacht und die bestehenden Strukturen werden radikal in Frage gestellt. Es wird z. B. diskutiert, ob herkömmliche Gemeindestrukturen aufzulösen sind, um Kirche miteinander in der Region neu zu gestalten.

Im Management ist eine Entwicklung zu beobachten, die den Nonprofit-Organisationen im Unterschied zu den erwerbswirtschaftlichen Unternehmen Beachtung schenkt.[6] Bei Letzteren geht es um den öko-

---

[5]　Die Debatte um Management in der Kirche wird ausführlicher dargestellt in: Herbst, Michael, Kirche wie eine Behörde verwalten oder wie ein Unternehmen führen? Zur Theologie des Spirituellen Gemeindemanagements, in: Abromeit, Hans-Jürgen (Hg.), Spirituelles Gemeindemanagement. Chancen – Strategien – Beispiele, Göttingen 2001, 82–110, insbesondere 89ff. Und: Butzer-Strothmann, Kristin, Muss das Marketing vor der Kirchentür Halt machen? Spirituelles Gemeindemanagement aus betriebswirtschaftlicher Sicht, in: Abromeit, Hans-Jürgen (Hg.), Spirituelles Gemeindemanagement. 31–41. Außerdem: Herbst, Michael, Spiritualität, Gemeindeaufbau und Marketing. Worum geht es im Spirituellen Gemeindemanagement?, in: Herbst, Michael/Eyselein, Christian (Hgg.), Spirituelle Aufbrüche. Perpektiven evangelischer Glaubenspraxis, Göttingen 2003, 178–198. Sowie: Hillebrecht, Steffen W., Einführung in eine schwierige Thematik, in: Hillebrecht, Steffen W. (Hg.), Kirchliches Marketing, Paderborn 1997, 7–17.

[6]　Ein Lehrbuch für Nonprofit-Management ist z. B. Helmig, Bernd/Boenigk, Silke, Nonprofit-Management. München 2012. Beat Hänni und Felix Marti unterscheiden die Dienstleistungsorganisationen in erstens Dienstleistungsorganisationen, die Arbeit an Dienstleistungen *für* Kunden leisten, und zweitens professionelle Organisationen, die Arbeit an Prozessen *mit* Kunden leisten. Kirchengemeinden zählen zu letzteren. „Der Gottesdienst verändert sich in die Richtung, mehr Veranstaltung ‚**für**' Teilnehmende zu sein. Er sollte wieder mehr dem Wesen der Kirche als ‚professioneller' Organisation entsprechen, welche religiöse Fähigkeiten in Prozessen **mit** ihren

nomischen Gewinn, bei ersteren um ein Sachziel, das es mit den vorhandenen Ressourcen zu erreichen gilt. Bei den Fragestellungen und Überlegungen der Nonprofit-Organisationen ist eine große Nähe zu kirchlichen Themen und Strukturen vorhanden und manche Impulse können gewinnbringend in die kirchliche Arbeit eingebracht werden. Es geht nicht um die Alternative zwischen „geistlich" oder „marktwirtschaftlich", sondern darum, wie Kirche die Botschaft Gottes möglichst menschennah verkündigt und sich selbst dabei effizient organisiert. „Kirchenmarketing kann zwar keine neuen Inhalte bei der Verkündigung des Evangeliums schaffen, sehr wohl aber dabei helfen, die christliche Botschaft den Menschen wirksamer zu vermitteln."[7] In Nonprofit-Organisationen geht es wie in der Kirche darum, wie der Zweck der Organisation (ihr spezieller Auftrag, der Grund, warum sie überhaupt existiert) mit optimalem Einsatz der Ressourcen erreicht wird. Dabei bedeutet „rational" vernünftig. Und „Rationalisierung" heißt entweder, ein gegebenes Ziel mit dem dazu erforderlichen Minimum an finanziellen und personellen Ressourcen zu erreichen oder mit den vorhandenen Mitteln eine größtmögliche Zielerreichung zu erlangen. Im Alltag der Kirchen und Gemeinden finden sich vielfältige Aufgaben und Situationen, die mit solch einem planmäßigen und rationalen Handeln leichter und mit besserem Erfolg zu bewältigen sind. Allerdings setzt rationales Handeln das Vorhandensein eines klar definierten Zieles und eines Konsenses der Akteure im Bezug auf das Ziel und den Weg, es zu erreichen, voraus.

Die erwähnte Kritik weist auf eine Gefahr hin: die einseitige Ökonomisierung der Kirche. Es ist absolut notwendig, dass die Marketingimpulse in die Theologie eingebettet werden, dass sie von der Theologie durchdrungen werden. Kirche verfolgt zu allererst geistliche Ziele. Das eigentliche geistliche Anliegen muss die Leitkategorie sein und bleiben. Dem Marketing kommt im Kirchenmanagement eine unterstützende Funktion zu. Dieses Durchdringen der beiden Sphären von Spiritualität und Management beschreibt Michael Herbst in Anlehnung an Rudolf Bohren als „theonome Reziprozität"[8]:

„Menschliches Planen und Wirken des Geistes, zielstrebiges Arbeiten für den Gemeindeaufbau und vertrauensvolles Schauen auf die Verheißungen Gottes für die Kirche Jesu stehen nicht im

---

Mitgliedern zusammen fördert und das nur unter Einbezug ihrer Lebenswelt tun kann." Hänni, Beat/Marti, Felix, Kirchgemeinde gemeinsam leiten und entwickeln. Impulse aus Theologie und Organisationsberatung, Luzern ²2011, 53 und 142.

[7] Butzer-Strothmann, Kristin, Muss das Marketing vor der Kirchentür Halt machen?, in: Abromeit, Hans-Jürgen (Hg.), Spirituelles Gemeindemanagement. 41.

[8] „Theonome Reziprozität...: das Kennzeichnende des Werkes des Geistes ist, dass er uns ans Werk setzt." Van Ruler zitiert nach Bohren, Rudolf, Predigtlehre, München ⁵1986, 76.

Widerspruch zueinander. Das gilt jedenfalls, wenn und insofern unser Planen und Arbeiten theonom bleibt, und das heißt jetzt zweierlei:

‣ Es heißt erstens, dass unsere *Visionen und Ziele* vom Willen Gottes bestimmt werden. Wie ein guter Unternehmer setzt Gott die Globalziele für sein Unternehmen Kirche fest und gibt uns verantwortliche Freiheit, diese Globalziele nun umzusetzen auf die konkrete Situation einer Gemeinde. Als solche Globalziele können wir etwa die Mandate des Gemeindeaufbaus bezeichnen: zum Glauben rufen, an der Gemeinschaft der Christen im Hören und Beten, Feiern und Arbeiten beteiligen, zum Entdecken der Dienstgaben helfen und zum Gebet und Lob Gottes anleiten.

‣ Das heißt zweitens: Unser *Arbeiten* geschieht so, dass wir *in der Abhängigkeit von Gott* bleiben. Biblisch ausgedrückt: ‚Wenn der Herr nicht das Haus baut, so arbeiten umsonst, die daran bauen' (Ps 127,1a). Praktisch ausgedrückt: Unser Arbeiten wird immer ein Arbeiten aus dem Gebet heraus sein."[9]

Es geht also beim Spirituellen Gemeindemanagement um ein Miteinander des Spirituellen und des Managements, indem wir einerseits um unsere völlige Abhängigkeit von Gott wissen, andererseits aber unsere Fähigkeiten und Erkenntnisse ganz in die Gemeindearbeit einbringen.[10] Wie dies aussehen kann soll beispielhaft an der Vision und den Zielen gezeigt werden.

2. Die Kraft der Vision

Das SGM ist verheißungsorientiert. Es setzt nicht bei den Defiziten an, die es zu beheben gilt, sondern gründet in Gottes Verheißungen für seine Gemeinde. Dadurch wird eine Fixierung auf den Mangel überwunden und Kraft für die Entwicklung der Gemeinde freigesetzt.

---

[9] Herbst, Michael, Kirche wie eine Behörde verwalten oder wie ein Unternehmen führen?, 96. Die Entwicklung dieses Ansatzes, der Gottes Wirken und das menschliche Handeln miteinander verknüpft, entfaltet M. Herbst ausführlich auf den Seiten 93-98.

[10] Peter Böhlemann und Michael Herbst beschreiben in ihrem Buch „Geistlich leiten" sowohl Gott als auch die Gemeinschaft der Menschen als handelnde Subjekte in der Gemeinde, wobei Gott den Vorrang hat. Böhlemann, Peter/Herbst, Michael, Geistlich leiten. Ein Handbuch, Göttingen 2011, 38-40. „Es genügt nicht, einfach nur die Marketingintrumente einzusetzen. Vielmehr müssen sie in einem wohldurchdachten Gesamtzusammenhang stehen und bedürfen daher einer gründlichen Planung und eines verantwortungsbewussten Einsatzes. Marketing im kirchlichen Kontext muss im Stande sein, einen Prozess der Auseinandersetzung mit dem Evangelium und damit der Beteiligung am kirchlichen Leben auszulösen." Hillebrecht, Einführung in eine schwierige Thematik, 12.

Zuerst geht es um eine Vision für die Gemeinde, die Wahrnehmung der zukünftigen Gestalt. „Vom IST zum SOLL", so haben wir im SGM diese Kraft beschrieben, die zu einer veränderten Gestalt von Kirche drängt. Die Vision beinhaltet etwas von dem, was heute noch nicht Wirklichkeit ist, aber erreichbar erscheint. Sie hat etwas mit der betreffenden Gemeinde zu tun. Ebenso nimmt sie aber auch die Verheißungen Gottes ernst.

> „Ein verheißungsorientierter Ansatz ... bedeutet eine *Absage an die Fixierung auf den Mangel* der Kirche und eine Hinwendung zu ihrem *Reichtum*, der in Gottes Verheißungen liegt. Er bedeutet eine entschiedenen Abkehr von der selbstquälerischen *Sorge* um die Kirche, die ... ein Misstrauensvotum gegenüber dem ‚Vater im Himmel' darstellt, der sehr genau ‚weiß', was wir brauchen' (Mt. 6,24ff). Verheißungsorientiertes Denken bedeutet die *Einübung in eine erwartungsvolle Gelassenheit*, die aus dem Vertrauen auf Gottes Zusagen geboren wird." [11]

Es geht um den Weg, den eine Gemeinde geht, und zwar mit besonderem Blick in die Zukunft. Die Fragen, die sich vor Ort stellen, sind z. B. folgende: Wie wird unsere Gemeinde in einem Jahr, in fünf Jahren oder in zehn Jahren aussehen? Was werden wir dann tun und was nicht mehr? Und wie werden wir unsere Arbeit gestalten? Wie soll in Zukunft über uns geredet werden? Welche Verheißungen Gottes bewegen uns im Blick auf unsere Gemeinde? Ein Ansatz, der von Gottes Verheißungen ausgeht und sehr stark nach vorne schaut, ist zum Beispiel die Perspektiventwicklung. [12]

So hatte z. B. ein Hauskreis die Vision, die Bibel und das Bibellesen wieder zu den Menschen und in ihre Lebenswelt zu bringen. Dies sollte auf ungewöhnliche und überraschende Weise geschehen. So kamen sie auf die Idee, Menschen zu bekannten Orten einzuladen wie der Feuerwehr, der Getränkehalle, dem Friseursalon oder der Eisengießerei. Nach Informationen durch den Gastgeber wurde ein thematisch passender Bibeltext in der Form des Bibel-Teilens [13] gelesen und kurz kommentiert. Diese Idee hatte die Hauskreisteilnehmer gepackt. Bei der Planung zog ein Vorschlag den nächsten nach sich und jeweils zwei übernahmen die Planung und Durchführung eines Abends an einem bestimmten Ort. An einem Abend kamen weniger Bürger als geplant, an anderen wurden die Erwartungen weit übertroffen. Auf alle Fälle hat die Aktion Schwung in die Hauskreisarbeit gebracht. Es

---

[11] Krause, Burghard, Auszug aus dem Schneckenhaus. Praxis-Impulse für eine verheißungsorientierte Gemeindeentwicklung, Neukirchen-Vluyn ²1998, 16f.

[12] Dusza, Hans-Jürgen, Schritte nach vorn. Wie Gemeinden Zukunftsperspektiven entwickeln, Bielefeld 2001.

[13] Hirmer, Oswald/Steins, Georg, Gemeinschaft im Wort. Werkbuch zum Bibel-Teilen, Aachen 1999.

müssen aber nicht unbedingt Visionen von neuen Angeboten oder
neuen Gemeindeformen sein, auch die Vision einer veränderten Ge-
meindekultur kann große Auswirkungen auf die Gemeindearbeit haben.
    Die Vision setzt Menschen in Bewegung. „Sie erzeugt Passion
und weckt Leidenschaft für das Erträumte. Die Vision schafft
Prioritäten: Wir wissen nun, wozu wir ja sagen und wozu wir
nein sagen. Gute Ideen, die uns kommen, werden sortiert. Passen
sie nicht zur Vision, sagen wir: ‚Gute Idee, machen wir auch
nicht!'[14] Sagt man uns von außen: ‚Aber da muss sich doch die
Kirche engagieren', so folgen wir nicht jedem Ruf und beugen
uns nicht jeder Zumutung. Damit werden die Kräfte gebündelt
und nicht zerstreut. Die Vision klärt Erwartungen: Die Menschen wissen, was sie von dieser Gemeinde erwarten dürfen und
was nicht. Die Vision verhindert den Streit über Nebensächlichkeiten: Sind wir uns in der Hauptsache einig, so können wir eine
gesunde Weite in den Nebensächlichkeiten walten lassen. Die
Vision hilft beim Auswerten: Wir haben ein klares Kriterium,
mit dem wir messen können, ob es mit unserer Gemeinde wei-
tergeht oder nicht. Die Vision verhindert, dass wir resignieren
und denken, es wird immer so weiter gehen oder noch schlim-
mer werden. So weckt insgesamt die Vision die Hoffnung, dass
es auch mit unserer Gemeinde anders und besser werden kann.
Die Vision weckt Hoffnung auf Transformation."[15]
Aber auch bezüglich der Vision gibt es berechtigte Warnungen.
Wenn die gemeinsame Vision von einer einzigen Person diktiert
wird, verkommt sie zum Machtinstrument und dient dem Kaschieren
eines autoritären Führungsstils. Dann inspiriert sie nicht mehr das
kreative Potential der Mitarbeitenden, sondern unterdrückt es.[16] Um
dem vorzubeugen, hat sich die Idee des Entrepreneurship[17] schnell

---

[14]   Geflügeltes Wort aus Vorträgen von Klaus-Martin Strunk in der Langzeitfortbildung SGM.
[15]   Michael Herbst, Vortragsaufzeichnungen aus dem SGM. Die erste Hälfte des
Zitates findet sich in leicht abgeänderter Form in: Herbst, Michael, Wachsende Kirche. Wie Gemeinde den Weg zu postmodernen Menschen finden kann, Gießen
²2010, 17. Die zentrale Stellung von Visionen zur Veränderung von Gemeinden wird
beschrieben in Böhlemann, Peter, Wie die Kirche wachsen kann und was sie davon
abhält, Göttingen 2006, 15-22. Einen Überblick über Visionen und Leitbilder, die die
Kirche in der Nachkriegszeit geprägt haben, gibt Lindner, Herbert, Kirche am Ort.
Ein Entwicklungsprogramm für Ortsgemeinden, Stuttgart 2000, 101-110.
[16]   Eine genauere Ausführung der möglichen Gefahren des visionären oder trans-
formationalen Führungsstils beschreibt Neuberger, Oswald, Führen und führen lassen. Ansätze, Ergebnisse und Kritik der Führungsforschung, UTB für Wissenschaft
2234, Stuttgart ⁶2002, 205-212.
[17]   Siehe Neuberger, Oswald, Führen und führen lassen, Stuttgart 2002, 212-215.

verbreitet. Hierbei wird das eigenständige Handeln jedes Mitarbeitenden betont, so als sei er sein eigener Unternehmer *im* Unternehmen. Man erhofft sich auf diese Weise vom Mitarbeiter Einsatz, Kreativität, verantwortliche Nutzung der Ressourcen des Unternehmens sowie einen zuvorkommenden Umgang mit Kollegen. Aber auch dieser Führungsstil kommt nicht ohne Visionen aus. Es wird zwar mehr der gleichberechtigte Umgang auf Augenhöhe betont, dafür besteht die Gefahr, dass durch Mangel an einer gemeinsamen Vision die Energien der Mitarbeitenden in verschiedene Richtungen ziehen und sich so zum Teil neutralisieren. In welchen Führungsstil die Vision auch immer eingebettet wird, sie bleibt die treibende Kraft, die zur Veränderung auf ein bestimmtes Ziel hin drängt. Dabei steht sie nicht allein, sondern ist integriert in die Kultur des Unternehmens (z. B. Umgang auf Augenhöhe, Fehlerfreundlichkeit und ein Blick für aktuelle Entwicklungen) und in die weiteren Strategien und Strukturen desselben (z. B. Förderung der Eigenverantwortlichkeit).

Nun geht es im Spirituellen Gemeindemanagement nicht um irgendeine Vision, mag sie auch noch so glühend vorgetragen oder passend für den Ort entworfen sein. Das Geistliche im SGM zeigt sich darin, dass die Vision von Gott erbeten, im Lesen und Betrachten der Bibel empfangen und auf die Not der persönlichen und kirchlichen Verhältnisse bezogen wird.[18] Die Kategorie der Vision ist zutiefst verankert in der Bibel; ob es die Vision von einem Land ist, „in dem Milch und Honig fließen",[19] oder die Hoffnung auf einen neuen Himmel und eine neue Erde, ein neues Jerusalem,[20] oder aber die Vision Jesu vom Reich Gottes mitten unter uns[21]. Die Bibel ist durchtränkt von der Hoffnung auf Veränderung und dem Vertrauen in Gott, der diese bewirkt.[22] Der Glaube bezieht diese Visionen auf das eigene Leben und das eigene Umfeld. In der Gemeinde vor Ort kommen die Hoff-

---

[18]   Nach Michael Herbst, Vortragsaufzeichnungen aus dem SGM, der sich an dieser Stelle bezieht auf: Bayer, Oswald, Handbuch Systematischer Theologie. Bd. 1, Gütersloh 1994, 35. Vgl. Herbst, Michael, Kirche wie eine Behörde verwalten oder wie ein Unternehmen führen?, 104-106.

[19]   Wiederholt genannt im Deuteronomium: Ex 3,8 und 17; 33,2; Lev 20,24; Num 14,8; Dt 11,9; 26,9 und mehrfach aufgenommen in den Propheten: Jer 11,5; 32,22; Hes 20,6 u. a.

[20]   2Pt 3,13; Offb 21,1.

[21]   Lk 17,21; Lk 4,43; Lk 9,2 und 11; Lk 10,9; Lk 18,16; Mt 6,33; Mk 10,15 u. a.

[22]   Eine Auslegung der Vision von einem Neuanfang aus verschwindend kleinen oder zerbrochenen Verhältnissen heraus (Jes 51,1-4) gibt Michael Herbst in: Herbst, Michael, Kirche wie eine Behörde verwalten oder wie ein Unternehmen führen?, 106-108. Ebenso Apg 18,9f als ein Beispiel für die Vision von Gottes Realität, die zwar im menschlichen Alltag noch nicht sichtbar ist, aber in ihrer Existenz Hoffnung auf Veränderung der Realität weckt, 108-110.

nungen der Menschen und die Verheißungen Gottes zusammen und werden so zu der Kraft, die Veränderung bewirkt.

3. Der SGM-Zyklus

Das Spirituelle Gemeindemanagement denkt in 6 Schritten:[23]

Viele große Entdeckungen fingen mit einem Traum an, z. B. der Traum, als Erster am Südpol zu stehen und dort die Fahne des eigenen Landes aufzustellen, oder der Traum, als erste Nation auf dem Mond zu landen. Das SGM geht von dieser Kraft aus, die in den Träumen der Menschen und in Gottes Verheißungen liegen.
Als zweiter und dritter Schritt werden die Träume dann geerdet. Es geht um das Analysieren des Vorhandenen, z. B. der Traditionen einer Gemeinde, der bisherigen Versuche der Veränderung und deren Erfolge bzw. Misserfolge. Es geht um das Analysieren des Umfeldes, z. B. der Menschen, die im Einzugsgebiet einer Gemeinde leben, oder des weiteren Angebotes von Kommunen, Vereinen oder anderen religiösen Anbietern. Nur wer die Bedürfnisse der Menschen vor Ort

---

[23] Eine genauere Einführung in diese Schritte gibt Strunk, Klaus-Martin, Marketing-Orientierung in der Gemeindearbeit., in: Abromeit, Hans-Jürgen (Hg.), Spirituelles Gemeindemanagement, 42–81. Er gliedert dort die Darstellung noch in 9 Schritte. In den jetzigen SGM-Kursen werden diese unter den hier genannten 6 größeren Überschriften zusammengefasst.

kennt, wird Angebote machen können, die interessieren und begeistern.

Dann muss es im vierten Schritt konkret werden. Es werden Ziele vereinbart und Wege benannt, auf denen die Ziele erreicht werden sollen. Da dieser Schritt manche Schwierigkeiten in sich birgt, soll er im Folgenden noch näher ausgeführt werden.

Der fünfte Schritt, das Marketing-Mix, schaut sich das Angebot von verschiedenen Seiten noch einmal genau an. Was genau beinhaltet das Angebot (Angebotspolitik)? Was müssen die Menschen einsetzen an Zeit, Image oder Geld, wenn sie das Angebot in Anspruch nehmen möchten (Gegenleistungspolitik)? Wie wird das Angebot verteilt, wie kommt es zu den Menschen oder die Menschen zu unserem Angebot (Verteilungspolitik) und wie wird es kommuniziert (Kommunikationspolitik)? Wie werden die Mitarbeitenden gewonnen, fortgebildet und begleitet (Personalpolitik)? Beim Marketing-Mix ist zu beachten, dass der gesamte Mix nur so stark ist wie das schwächste Glied im Mix. Dieser für Theologinnen und Theologen sowie für Gemeindeglieder in der Regel ungewohnte Blickwinkel des Marketing hilft, Gemeindearbeit neu anzuschauen und gegebenenfalls Aspekte zu entdecken, die vorher nicht aufgefallen sind.

Als sechster Schritt wird schließlich die Administration durchdacht. Welche Form der Verwaltung eignet sich für das Vorhaben bzw. für die Gemeinde? Hierher gehört auch der Rückblick auf den zurückgelegten Weg. Wie weit wurden die angestrebten Ziele erreicht? Gibt es Hinderungsgründe? Wer diesen Zyklus für einzelne Aufgaben sowie für die Gemeindeleitung insgesamt immer wieder durchläuft, hat ein gutes Instrument an der Hand, die Arbeit in der Gemeinde effizient zu gestalten.

4. Von der Kunst, mit Zielen zu leiten

Von der Vision geht es über die Analyse des Vorhandenen zu den konkreten Zielformulierungen. Damit kommen wir von der ganzheitlichen, bildhaften Vorstellung der Zukunft zu konkreten Aussagen über den angestrebten Zustand, der erreicht werden soll. Dabei sollen Ziele so beschrieben werden, dass sie durch konkrete Handlungen erreicht werden können (Operationalisierbarkeit). Den ersten Schritt der Entwicklung einer Vision und eines Leitbildes haben etliche Gemeinden in den letzten Jahren gemacht. Aber das Vorhandensein eines Leitbildes garantiert noch nicht dessen Umsetzung im Alltagsgeschehen. Wenn die Vision ihre Kraft entfalten soll, muss nun konkretisiert werden, wie der erträumte Zustand Wirklichkeit werden soll. Während die Vision ein emotionales Bild von der Zukunft ist, beantworten die Ziele die Frage: Damit was?[24] Ziele beschreiben gewollte Ergebnisse.

„Die auf gewollte Ergebnisse abzielenden Führungskräfte müssen die Dinge artikulieren, die sie getan haben möchten."[25] „Leider sind Führungskräfte, die eine klare, unkomplizierte Richtung vermitteln, selten. Und dies nicht nur auf Vorstandsebene. Wann haben Sie zuletzt von Ihrem Geistlichen eine Aussage über den wahren Zweck seiner oder ihrer Glaubensrichtung gehört oder eine Vision vernommen, wie diese Glaubensgemeinschaft zusammenarbeiten könnte um dieses Ziel zu erreichen?"[26] „Es existieren vier Kriterien um festzustellen, ob Führungskräfte sich auf gewollte Ergebnisse konzentrieren. ... Gewollte Ergebnisse sind ausgewogen. Sie schaffen keine Erfolge in einer Dimension, indem sie eine andere ignorieren (oder deren Versagen tolerieren). Gewollte Ergebnisse sind strategisch: Letztlich tragen sie zu charakteristischen Eigenschaften ihrer Organisation und deren Vorteilen der Konkurrenz gegenüber bei. Gewollte Ergebnisse sind dauerhaft: langfristige Erfolge werden nicht kurzfristigen Gewinnen geopfert. Gewollte Ergebnisse sind selbstlos: Sie arbeiten zum Nutzen des Ganzen, nicht nur ihrer eigenen Gruppe oder ihres Bereiches."[27]

1954 entwickelte Peter Drucker das „Management by Objectives" (MBO)[28], „Führen durch Zielvereinbarungen", das sich heute als Führungsinstrument in vielen Betrieben bewährt hat. In regelmäßigen Abständen, z. B. Jahresgesprächen, treffen sich Vorgesetzte und Mitarbeiter, um Ziele für den Betrieb oder für einzelne Abteilungen miteinander festzulegen. Bei diesem Führungsansatz werden einerseits die Unternehmensziele den Mitarbeitenden klar kommuniziert. Andererseits wird die Strategiefindung für die Mitarbeitenden geöffnet. Es wird gemeinsam überlegt, wie die Belegschaft am besten ihre Fähigkeiten und ihre Ideen zur Zielerreichung einsetzen kann. Beim Führen durch Zielvereinbarungen gibt es vier Handlungsrichtlinien: erstens die genaue Beschreibung des Zieles, zweitens die partizipative Entscheidungsfindung, drittens der explizit festgelegte Zeitabschnitt und

---

[24] Ulrich, Dave/Zenger, Jack/Smallwood, Norm, Ergebnisorientierte Unternehmensführung. Von der Zielformulierung zu messbaren Erfolgen, Frankfurt a. M. 2000, 50-53.

[25] Ulrich u. a., Ergebnisorientierte Unternehmensführung, 51.

[26] A.a.O., 60.

[27] A.a.O., 52f.

[28] Eine kurze Darstellung findet sich in Weinert, Ansfried B., Organisations- und Personalpsychologie, Weinheim ⁵2004, 218-220. Eine ausführliche Darstellung bietet: Drucker, Peter Ferdinand, Managing the Nonprofit Organization. Practices and Principles, New York 1990.

viertens das Feed-back über die erbrachte Leistung.[29] Besonders in den 1970er bis 1990er Jahren wurde viel über Zielsetzungen und deren Auswirkungen auf das Arbeitsverhalten und die Arbeitsresultate geforscht. Zunächst wurden die beiden Dimensionen „Schwierigkeit des Zieles" und „Exaktheit der Zielbestimmung" untersucht.[30] Locke stellte fest, dass die Arbeitsleistung höher ist, wenn die Ziele eine Herausforderung darstellen. „Schwierige Ziele sind motivierender als leichte Ziele."[31] Sie müssen allerdings realistisch und erreichbar bleiben. Was eine Herausforderung für einen Einzelnen darstellt, ist wiederum abhängig von den bereitgestellten Ressourcen und von den Kompetenzen, die die betreffende Person mitbringt. In der zweiten Dimension der Exaktheit der Zielbestimmung stellte Locke fest: Je genauer das Ziel bestimmt wird, desto motivierender ist es. Dies lässt sich bei zählbaren Angelegenheiten wie Profitmaximierung oder Kostenreduzierung gut praktizieren. Bei Zielen, die sich mit der Behebung von Problemen oder dem Vertiefen von Glauben befassen, ist es allerdings sehr viel schwieriger, die Ziele genau zu beschreiben.

Die weitere Forschung ergab, dass Lockes „Theorie des Setzens von Zielen" wegen der Komplexität der Materie erweitert werden musste. So kamen die Punkte Zielakzeptanz und Zielcommitment dazu. Zielakzeptanz: Wenn Ziele zur eigenen Herzensangelegenheit gemacht werden, sind sie am motivierendsten. Dies wird in der Regel durch die partizipative Entscheidungsfindung gefördert. Zielcommitment: Je höher das persönliche Interesse an dem Ziel ist, desto hartnäckiger wird sich die Person dafür einsetzen.[32] Doch es wurden noch weitere Aspekte gefunden, die die Leistung und damit die Zielerreichung beeinflussen. Die eigene Einschätzung der persönlichen Leistungsfähigkeit z. B. beeinflusst das Leistungsverhalten einer Person. Hat jemand eine hohe Meinung von sich, wird er sich in schwierigen Situationen mehr einsetzen, um den Herausforderungen zu begegnen.

Die Ergebnisse zeigen die vielen Facetten, die die Zielsetzung und Zielerreichung beeinflussen: die Schwierigkeit des Ziels, die Exaktheit der Zielbestimmung, die Zielakzeptanz, das Zielcommitment, die bereitgestellten Ressourcen, die Kompetenzen der Mitarbeitenden und das Selbstwertgefühl bzw. das Selbstbild der Mitarbeitenden.

Bei einer derart komplexen Materie wundert es nicht, dass an manchen Stellen Kritik geübt wird an der Rolle der Ziele bei der Leitung

---

29 Siehe Weinert, Organisations- und Personalpsychologie, 216.
30 Die „ursprüngliche Zielsetzungstheorie" von Locke beschreibt die Steigerung der Arbeitsleistung in Abhängigkeit von der Schwierigkeit des Zieles und der Leistung der Person (siehe Weinert, Organisations- und Personalpsychologie, 215f.).
31 Weinert, Organisations- und Personalpsychologie, 216.
32 Dies sind die vier Komponenten der „Theorie des Setzens von Zielen" von Locke (vgl. Weinert, Organisations- und Personalpsychologie, 215ff.).

von komplexen Organisationen: Ein einseitiges Fixieren auf einzelne
Ziele verstelle den Blick auf das Ganze. Eine Fixierung auf einmal
festgelegte Ziele könne einen Tunnelblick auslösen, der alles, was die
Zielerreichung gefährden könnte, ausblendet. In großen Unternehmen
zögen sich die Zielvereinbarungsgespräche von der leitenden bis zu
den ausführenden Ebenen zu lange hin. So würde das Ganze schwer-
fällig und das System überhole sich selbst. Oft würden Ziele nicht
vereinbart, sondern vorgegeben. Erreichte Ziele an sich sagten nichts
über die Leistung aus, wenn nicht die Umstände mit berücksichtigt
werden. Ziele orientierten sich an der Zukunft, die man erreichen
möchte. Das aber verstelle den Blick für die Gegenwart mit ihren
Möglichkeiten, das sogenannte Situationspotential. Wer die in der
Gegenwart vorhandenen Kräfte wahrnehme und in seinem Sinne zu
nutzen verstehe, der müsse nicht mit viel Energie eine unerwünschte
Gegenwart in eine ersehnte Zukunft verwandeln. So lautet die Kritik,
die Oliver Schrader an einer Überbetonung von Zielen übt.[33]

Diese Art der Kritik greift einen der Aspekte der Zielsetzung heraus
und zeigt auf, was passiert, wenn dieser Aspekt überbetont wird oder
sich verselbständigt. Bei einem komplexen System lauern auf verschiedenen Seiten Gefahren: mangelnde Motivation durch allgemeine
Wünsche anstelle von konkreten Zielformulierungen; Über- oder
Unterforderung durch zu hoch angelegte oder zu klein gehaltene
Ziele; mangelndes Bemühen durch geringes Selbstwertgefühl; mangelnde Ressourcen, die die besten Absichten ermüden; ein geringer
Einsatz wegen mangelndem Interesse an den Zielen – an allen diesen
Stellen kann die Zielformulierung über das Ziel hinausschießen und
vom Pferd fallen. Trotzdem relativiert das nicht den Wert von Ziel-
formulierungen für die Entwicklung von Gemeinden. Deshalb möchte
ich im Folgenden einige hilfreiche Aspekte genauer ausführen.

*Ziele richten das Leben aus und helfen, sich in der Vielzahl der Mög-
lichkeiten zu orientieren und auszuwählen.*
Wir können hier einige Analogien zu der Vision beobachten. Ziele
beschreiben genauso wie die Vision einen erstrebenswerten Zustand
in der Zukunft. Sie sind sozusagen die konkrete, detailliertere Fassung der Vision. Beiden wohnt die Kraft inne, die Handlungen bewusst auszuwählen, auszurichten und zu strukturieren. Stephen
Covey nennt es die proaktive Haltung, die am Anfang schon das Ende
im Sinn hat, im Gegensatz zur reaktiven Haltung, die immer nur auf

---

[33]   Siehe z. B. Schrader, Oliver, Drowning by Targets. Über den Sinn und Unsinn
von Zielen, http://www.personalmanagement.info/de/infopool/fachartikel/drowning-
by-targets.php [zuletzt besucht am 14.11.12].

Vorhandenes reagiert.[34] Klar definierte Ziele geben einer Gemeinde Profil und helfen, sich nicht in der unbegrenzten Fülle der Möglichkeiten zu verzetteln. Gerade bei der Pluralität der Evangelischen Kirche braucht die Gemeinde vor Ort die Beschränkung, damit ihre Kräfte gebündelt werden und sie in eine Richtung voranbringen. Bei dem Überangebot von Möglichkeiten in unserer Zeit sind wir gezwungen auszuwählen, denn wir können nicht alles realisieren. Ziele helfen bei den Entscheidungen, was wir tun und was wir lassen.

Beim Formulieren von Zielen hat sich die SMART-Regel bewährt.
Ziele sollen spezifisch (genaue Formulierung), messbar (klare Vorgaben), akzeptiert (von denen, die mit uns an der Erreichung des Zieles arbeiten), realistisch (umsetzbar) und terminiert (klares Zeitlimit) sein.[35] Dies entspricht der Zieldefinition nach Inhalt, Ausmaß, Zeitbezug und Segmentbezug. „Was (‚Inhalt') wollen wir in welcher Ausprägung (‚Ausmaß') bis wann (‚Zeitbezug') mit wem (‚Segmentbezug') erreichen?"[36] Ein Ziel ist kein vager Wunsch, sondern ein möglichst genau beschriebener Zustand, der erreicht werden soll. „Wir möchten für alle Gäste des Gemeindefestes ausreichend Kuchen haben" ist ein vager Wunsch. Konkret formuliert könnte das Ziel lauten: „Für die erfahrungsgemäß 120 Gäste des Gemeindefestes werden wir 240 Stück Kuchen bereithalten, d. h., wir bitten 8-10 Gemeindeglieder 2 Wochen vor dem Gemeindefest, an dem betreffenden Tag ein Blech Kuchen möglichst schon aufgeschnitten am Vormittag im Gemeindezentrum vorbeizubringen."
Da nun Ziele im Bereich zählbarer Angelegenheiten so viel leichter zu definieren sind, besteht die Gefahr, dass sich Nebensächlichkeiten in den Vordergrund schieben. Es wird schnell über der Anzahl von Kuchen oder Grillwürstchen das Thema und das Ziel des Gemeindefestes vergessen. Es wird auch auf leitender Ebene leicht über den konkreten Summen des Haushaltsplanes das Ziel der Arbeitsbereiche aus den Augen verloren. Das Ziel muss Priorität haben und alles andere muss sich darauf hinordnen und zum Ziel hinführen. Wer von dem Ziel gepackt ist, der wird sich Wege überlegen, um es zu erreichen. Wer begeistert ist von einem konkreten Ziel, wird andere mitreißen können. Je genauer eine Gemeinde weiß, wo sie hin will, desto eher ziehen die Gruppen und Mitarbeitenden an einem Strang und bewegen sich in eine Richtung.

---

[34] Covey, Stephen R./Roethe, Angela, Die 7 Wege zur Effektivität. Prinzipien für persönlichen und beruflichen Erfolg, Offenbach [25]2012, 83-88.
[35] Eine kurze Erläuterung bietet folgende Internetadresse: http://www.unternehmer -in-not.at/art_2_11_91_0_ziele-smart-definieren.php [zuletzt besucht am 10.10.12].
[36] Strunk, Marketing-Orientierung in der Gemeindearbeit, 51.

Ziele beschreiben den angestrebten Zustand, als ob er schon erreicht wäre.
Einschränkende Worte wie möglichst, hoffentlich, teilweise, eigentlich, ungefähr, wir versuchen, wir möchten, wir werden, wir geben uns Mühe, man, voraussichtlich usw. mindern die Motivation. Sie signalisieren Unsicherheit und mögliche Einschränkungen. Daraus ergibt sich keine Dringlichkeit, das Ziel zu erreichen. Ebenso sollten negative Formulierungen vermieden werden, denn niemand kann erkennen, wann der Zustand erreicht ist, an dem etwas nicht mehr eintritt. Ziele dürfen allerdings Spaß und Freude beinhalten, denn das erhöht die Motivation. Diese Art, Ziele zu formulieren, ist zwar zu Anfang gewöhnungsbedürftig, erzeugt aber die größte Motivation. Das Ziel sollte so klar vor Augen stehen, als ob es schon Wirklichkeit wäre. Die schriftliche Form erhöht die Kraft der Ziele, da sie vom Wunschdenken zur Absichtserklärung führt. Durch klare Aussagen wird die größte Identifikation mit den Zielen erreicht.

Wenige große Ziele sind besser zu erreichen als viele kleine.
Bei der Zielformulierung sollten keine Alltagsroutinen vermerkt werden, denn deren Wert liegt ja gerade darin, dass sie ohne viel Aufmerksamkeit in guten, eingeschliffenen Bahnen ablaufen. Alltagsroutine ist der bekannte und schon erreichte Zustand, der wohlgeordnet die Arbeit absichert. Nur wenn eingeschliffene Bahnen auf den Prüfstand kommen sollen, weil Veränderungsbedarf vermutet wird, dann wird die Überprüfung des Status quo zum Ziel. Es ist aber wahrscheinlich, dass Routinen in diesem Prozess neu geordnet werden.
Ziele fordern unsere Aufmerksamkeit. Wenige Ziele helfen, dass wir uns auf das wirklich Wichtige fokussieren. Sich auf wenige wichtige Ziele zu beschränken bewahrt davor, zu viele Details vorzugeben. Dann würden die Mitarbeitenden eingeengt und entmündigt. Wenn wenige große Ziele hingegen lebhaft vor Augen stehen, dann können sie auch andere begeistern und in ihnen die besten Fähigkeiten, Ideen und Ausdauer auf den Plan rufen.

Zwischenziele festlegen und den ersten Schritt planen.
Auf dem Weg zu langfristigen Zielen geht vielen der Schwung verloren. Da helfen Etappenziele. Ziele, die in erreichbarer Nähe liegen, spornen am meisten an, sich schon heute ganz für sie einzusetzen. Die Freude über das erreichte Zwischenziel motiviert für die nächste Etappe des Weges. Außerdem bieten Zwischenziele die Möglichkeit, das bisher Ereichte zu würdigen und das Gesamtziel wieder ins Gedächtnis zu rufen.
Es ist hilfreich, den ersten Schritt aufzuschreiben. Mit diesem Schritt wird das Gewohnte verlassen und der Fuß auf neue Wege gesetzt.

Deshalb bekommen manche an dieser Stelle Angst vor der eigenen Courage. Wer den ersten Schritt möglichst umgehend in Angriff nimmt, erhält sich so den Schwung der Vision und der frisch gefassten Ziele.

Lob auszusprechen und Erfolge zu feiern sichert die anhaltende Motivation.
Es ist wichtig, erreichte Ziele auch zu feiern. Das gehört zum Rhythmus von arbeiten und ausruhen. Es ist die Möglichkeit zur Anerkennung des gemeinsam Geleisteten. Durch Lob und Anerkennung wird die Motivation erhalten, auch weitere Ziele erreichen zu wollen.
Bei den eher äußeren Gegebenheiten in der Gemeindearbeit mag man ja noch mit diesen formalen Zielen zurechtkommen. Schwierig wird es, wenn es zu den ureigenen Aufgaben kommt: Darf man eine Steigerung des Gottesdienstbesuches wollen oder gar „machen"? Darf man Menschen mit dem Evangelium erreichen wollen? Hier herrscht in unseren Kirchen eine große Zurückhaltung. Es besteht die Scheu, über den Glauben der anderen zu urteilen. Glaube sei doch nicht messbar. Über dieser Vorsicht, dem anderen in spiritueller Hinsicht womöglich zu nahe zu treten, gerät die biblische Sicht, dass der Glaube Früchte trägt, in den Hintergrund.
„Nicht ihr habt mich erwählt, sondern ich habe euch erwählt und bestimmt, dass ihr hingeht und Frucht bringt", sagt Jesus zu seinen Jüngern (Johannes 15,16). Und wie diese Frucht aussieht, weiß Galater 5,22f zu beschreiben: „Die Frucht aber des Geistes ist Liebe, Freude, Friede, Geduld, Freundlichkeit, Güte, Treue, Sanftmut, Keuschheit;" oder Epheser 5,9 „Die Frucht des Lichts ist lauter Güte und Gerechtigkeit und Wahrheit." Der Missionsbefehl (Matthäus 28,18-20) macht deutlich, dass es sich nicht nur um Frucht im eigenen Leben handelt, sondern Jesus seine Jünger zu den Menschen schickt, damit sie „Jünger machen, taufen und lehren". Wer sich auf die Begegnung mit Gott einlässt, wird verändert – theologisch ausgedrückt, erlöst.
Rick Warren spricht von der auftragsbestimmten Gemeinde, die eine neue Sichtweise einübt, nämlich alles, was die Gemeinde tut, durch die Brille der fünf neutestamentlichen Aufträge zu betrachten: 1. Liebe den Herrn von ganzem Herzen, 2. Liebe deinen Nächsten wie dich selbst, 3. Geht und macht Jünger, 4. Tauft sie, 5. Lehrt sie, zu gehorchen.[37] Vier dieser Aufträge beziehen sich ausdrücklich auf andere Menschen. Damit ist aber nicht eine besserwisserische Gemeindearbeit oder manipulative Verkündigung gemeint. Gottes Auftrag kön-

---

[37] Warren, Rick, Kirche mit Vision. Gemeinde, die den Auftrag Gottes lebt, Asslar 1998, 101-105.

nen wir immer nur in der Form der Bitte ausrichten.[38] Unser Auftrag ist es, diese Bitte auszurichten, so gut und so einladend, wie wir das können. Ob dieser Bitte entsprochen wird, liegt in der Verantwortung der Menschen, an die sie gerichtet ist.

Mit diesen Überlegungen möchte ich noch einmal zu den s.m.a.r.t.en Zielbeschreibungen zurückkehren. Den Auftrag Gottes auszurichten kann also durchaus Ziel einer Gemeinde sein. Im oben beschriebenen Beispiel hieß das: „An einzelne Orte, die für Menschen relevant sind, wird das Wort Gottes gebracht, um seine Relevanz zu verdeutlichen: Gott spricht in unsere Welt." Messbar an dieser Aktion waren die Einladungskarten, die in jedes Haus verteilt wurden, die Anzahl der Gäste, die der Einladung gefolgt waren, und Art und Anzahl der Gespräche, die sich nach dem Abendprogramm ergaben.

Die Ziele im SGM sind eingebettet in die Frage nach den Strategien, der Struktur und der Kultur. Die Unterscheidung von Gottes Auftrag an seine Gemeinde und die Art, wie sie ihn ausführt, hat etwas mit der Kultur zu tun. So kann ein klarer Auftrag mit Wertschätzung und Achtung der Menschen verbunden werden. Allerdings muss auch beachtet werden: „Wenn die Menschen nicht hinter den Zielen, Strategien und Strukturen stehen können, ... wird das Ziel nie erreicht."[39] Wer klare Ziele hat, zeigt Profil. Dazu gehört Mut und die Überzeugung, von Gott einen klaren Auftrag bekommen zu haben. Aber solange es Ziele sind, die von Gottes Verheißungen her entwickelt wurden, steht die Gemeinde bei der Umsetzung nicht alleine da. Sie kann auf Gottes Segen hoffen und die Ziele als Gebetsanliegen Gott befehlen.[40] Das ist spirituelles, d. h. mit Gottes Eingreifen rechnendes und auf Gottes Kraft und Kreativität in uns bauendes Gemeindemanagement.

---

[38]   Vgl. 2Kor 5,20 „So bitten wir nun an Christi statt: Lasst euch versöhnen mit Gott!".

[39]   Strunk, Marketing-Orientierung in der Gemeindearbeit, 57.

[40]   „Im Spirituellen Gemeindemanagement kommt die spirituelle Dimension ins Spiel, indem Ziele immer auch als Gebetsanliegen verstanden werden." Strunk, Marketing-Orientierung in der Gemeindearbeit, 51.

Mission
Vom Streitfall zum Leitbegriff kirchlichen Handelns

Martin Reppenhagen

Über viele Jahre hinweg fristete das Thema Mission in der Kirche bestenfalls ein Nischendasein. Wenn überhaupt, war Mission ein Thema für die Außenämter der Kirche, deren Schwerpunkte sich aber zunehmend auf ökumenische Kontakte bezogen. Wer von Mission sprach oder gar zu einem missionarischen Handeln der Kirche aufrief, hatte den Ruch des Antiquierten oder gar Reaktionären. Man diskutierte, ob der Begriff Mission aufgrund seiner ambivalenten Wirkungsgeschichte nicht gänzlich fallen gelassen werden müsse.
Im Laufe der 1990er Jahre änderte sich die innerkirchliche Diskussion um Mission grundlegend. War der Begriff zuvor beinahe tabuisiert, begann man wie selbstverständlich von Mission zu reden. „Kirche ist Mission", lautete die klare und knappe Formulierung in den 1998 vom Kirchenamt der EKD herausgegebenen „Leitlinien künftiger kirchlicher Arbeit in Ostdeutschland". „Kirche ist ohne Mission nicht zu denken. Sie würde sonst ihren Auftrag verfehlen, der ihren Dienst begründet", war dazu ergänzend zu lesen.[1] Seither ist eine Fülle von Veröffentlichungen entstanden, die sich der missionarischen Verantwortung von Kirche widmen und besonders das missionarische Wesen der Kirche herausstellen. „Über Theorie und Praxis von Mission und Evangelisation wird zur Zeit viel nachgedacht", heißt es dazu in einer weiteren Veröffentlichung der EKD „Das Evangelium unter die Leute bringen. Zum missionarischen Dienst der Kirche in unserem Land" aus dem Jahr 2000.[2]
Eine Art Wende in der innerkirchlichen Diskussion markierte dabei die Synode der EKD in Leipzig 1999, auf der das „Reden von Gott in der Welt – Der missionarische Auftrag der Kirche an der Schwelle zum 3. Jahrtausend" breit erörtert wurde und sich die Gliedkirchen der EKD zu ihrem missionarischen Mandat bekannten. Das von Eberhard Jüngel gehaltene Grundsatzreferat war dabei für die Rezeption der Synode von entscheidender Bedeutung: „Wenn die Kirche

---

[1] Zeddies, Helmut (Hg.), Kirche mit Hoffnung. Leitlinien künftiger kirchlicher Arbeit in Ostdeutschland, Hannover 1998, 19.
[2] Das Evangelium unter die Leute bringen. Zum missionarischen Dienst der Kirche in unserem Land, Hannover 2000, 5. Vgl. Herbst, Michael, Missionarischer Gemeindeaufbau in der Volkskirche, BEG 8, Neukirchen-Vluyn [5]2010, 485.

ein Herz hätte, ein Herz, das noch schlägt, dann würde Evangelisation und Mission den Rhythmus des Herzens der Kirche in hohem Maße bestimmen. (…) Wenn Mission und Evangelisation nicht Sache der ganzen Kirche ist oder wieder wird, dann ist etwas mit dem Herzschlag der Kirche nicht in Ordnung."[3] Seither bestimmt die Rede von Mission oder von einer missionarischen Kirche nachhaltig die kirchliche Diskussion und ihre Arbeit. Daher muss es auch nicht verwundern, wenn Mission als Leitbegriff für kirchliches Handeln gebraucht wird, da „dies im Einklang mit der positiven Neuaufnahme, die ein missionarisches Leitbild von Kirche in vielen Landessynoden und in der EKD-Synode gefunden hat," geschieht.[4]

In ökumenischer Verbundenheit wird bekannt: „Deutschland – Missionsland".[5] Dabei ist die Erkenntnis nicht neu, wenn bereits 1916 der Gründer der volksmissionarischen Bewegung in Deutschland, der Rostocker Praktische Theologe Gerhard Hilbert, davon sprach, dass in Deutschland die Zustände herrschen, „wie wir sie auf den Missionsfeldern antreffen – nur dass man dafür blind war. (…) Die Volkskirche ist ihrem Wesen nach Missionskirche, d.i. Kirche der inneren Mission."[6] Doch obwohl weitere Beispiele für die Rede vom „Missionsland Deutschland" genannt werden können – es sei hier nur auf die Diskussion um den „missionarischen Gemeindeaufbau"[7] oder auf die „missionarische Doppelstrategie der VELKD"[8] verwiesen –, ist diese Erkenntnis erst in den letzten Jahren in der Mitte der Kirche angekommen. So wird man Karl Kardinal Lehmann nur zustimmen können: „Ein Grundwort kirchlichen Lebens kehrt zurück: Mission.

---

[3] Jüngel, Eberhard, Referat zur Einführung in das Schwerpunktthema, in: Kirchenamt der EKD (Hg.), Reden von Gott in der Welt. Der missionarische Auftrag der Kirche an der Schwelle zum 3. Jahrtausend, Hannover ²2001, 14-35, 15.

[4] Wandeln und gestalten. Missionarische Chancen und Aufgaben der evangelischen Kirche in ländlichen Räumen, Hannover 2007.

[5] Vgl. Sellmann, Matthias (Hg.), Deutschland – Missionsland. Zur Überwindung eines pastoralen Tabus, Freiburg u. a., 2004.

[6] Hilbert, Gerhard, Volksmission und Innere Mission, Leipzig 1917, 4f.

[7] Vgl. u. a. Seitz, Manfred, Erneuerung der Gemeinde. Gemeindeaufbau und Spiritualität, Göttingen ²1991; Herbst, Michael, Missionarischer Gemeindeaufbau; Zimmermann, Johannes, Was wurde aus dem „missionarischen Gemeindeaufbau"? Zwischenbilanz 25 Jahre nach „Überschaubare Gemeinde", in: Herbst, Michael u. a. (Hgg.), Missionarische Perspektiven für eine Kirche der Zukunft, BEG 1, Neukirchen-Vluyn 2005, 85-104.

[8] Lutherisches Kirchenamt der VELKD (Hg.), Zur Entwicklung von Kirchenmitgliedschaft. Aspekte einer missionarischen Doppelstrategie, vorgelegt vom Ausschuss für Fragen des gemeindlichen Lebens in der VELKD, Texte aus der VELKD 21/1983, Hannover 1983

Lange Zeit verdrängt, vielleicht sogar verdächtigt, oftmals ver-
schwiegen, gewinnt es neu an Bedeutung."[9]
Allerdings darf nicht unerwähnt bleiben, dass der Begriff Mission in
seinem religiösen Sinne auch weiterhin in der Öffentlichkeit mit
negativen Konnotationen besetzt ist. Waren es in der Vergangenheit
eher die Verbindungen mit Kolonialismus und westlichem Fort-
schrittsglauben, sind es heute eher die Assoziationen mit Fundamentalismus und religiösem Fanatismus, sodass Mission umstritten bleibt
und gar zu den sieben Geburtsfehlern und damit zum „Fluch des
Christentums" gezählt wird.[10] „Mission ist für die einen ein Reizwort
und für die anderen ein *Hoffnungswort!*"[11], sodass durchaus noch der
Eindruck herrschen kann: „Mission, rette sich wer kann."[12]
Jedoch geht es mittlerweile nicht mehr darum, ob nun Kirche und
Mission zusammengehören, sondern wie nun Mission aussehen kann.
Hier gibt es weiterhin Diskussions- und Klärungsbedarf. „Es muss
eine Verständigung darüber herbeigeführt werden, was als ‚Mission',
‚missionarische Gemeinde' und ‚missionarische Kompetenz' unter
den gegenwärtigen gesellschaftlichen, religiösen und kulturellen Bedingungen zu verstehen ist. Erst dann werden sich vernünftigerweise
Schlussfolgerungen ziehen lassen."[13] Falls also „die Chiffre ‚missionarisch' nicht zur Leerformel für ein diffuses Sendungsbewusstsein
der Kirche werden" soll „und deshalb keinerlei Bedeutung hat", so
Ralph Kunz, wird man die Begriffe Mission und Evangelisation
genauer fassen müssen.[14]

---

[9] „Zeit zur Aussaat" Missionarisch Kirche sein, Die deutschen Bischöfe, Nr. 68,
Bonn 2000, 5.
[10] Schnädelbach, Herbert, Der Fluch des Christentums. Die sieben Geburtsfehler
einer alt gewordenen Weltreligion. Eine kulturelle Bilanz nach zweitausend Jahren,
Die Zeit 11.05.2000.
[11] Kunz, Ralph/Harms, Silke, Zur Frage nach dem missionarischen Gottesdienst im
deutschschweizerischen Protestantismus, in: Block, Johannes/Mildenberger, Irene
(Hgg.), Herausforderung: missionarischer Gottesdienst. Liturgie kommt zur Welt,
Leipzig 2007, 295-324, 295.
[12] Welker, Michael, Missionarische Existenz heute, EvTh 58.4/1998, 413-424,
413.
[13] Ziemer, Jürgen, Die Nähe der Menschen suchen. Zur Dimension des Missionarischen in Gemeindepraxis und theologischer Ausbildung, in: Böhme, Michael (Hg.),
Mission als Dialog. Zur Kommunikation des Evangeliums heute, Leipzig 2003, 189-
206, 194.
[14] Kunz/Harms, Frage nach dem missionarischen Gottesdienst, 321.

1. Kirche und Mission

Das neue Nachdenken über eine missionarische Kirche geschieht auf dem Hintergrund eines deutlichen Mitgliederschwunds. Hier wird man fragen müssen, ob nun Mission als die Antwort auf die Krise der Kirche angesehen wird. Ein Blick in die Geschichte der Volksmission legt diese Schlussfolgerung durchaus nahe, da Mission „jeweils in Krisenzeiten von der Kirche besonders forciert worden" ist.[15] Auch jüngere kirchliche Verlautbarungen vermitteln hier und da den Eindruck, dass Mission einer Kirche in der Krise helfen könne, gegen den Trend zu wachsen. Dabei mahnt Klaus Teschner: „Die Volksmission muß die ihr anhaftende Untergangsstimmung und Kirchenkritik abschütteln. Sie geschieht in Erwartung des Reiches Gottes."[16]

Mission ist nicht einfach ein Programm der Kirche zur Steigerung ihrer Größe oder Mitgliederzahlen. Wenn daher wieder neu von Deutschland als Missionsland die Rede ist, dann nicht mit dem Ziel einer Rechristianisierung. Grundsätzlich gilt es, Abschied zu nehmen von Rechristianisierungskonzepten, die auf Mehrheiten blicken und Länder für den christlichen Glauben zurückgewinnen wollen.[17] Das wäre der Versuch, wieder zurück in eine christentümliche Gesellschaft zu kehren und dem „modernen okzidentalen Doppelprojekt(s) von Weltzivilisation und Weltchristianisierung" auch weiterhin zu folgen.[18] Dies gilt es gerade mit Blick auf das missionarische Sein von Kirche zu betonen. Denn „Territorialkirchen sind aber entweder keine missionarische Kirchen oder ihr Zeugnis weist ‚konstantinische' Elemente auf". Vielmehr geht es darum, im Sinne einer missionarischen Kirche „in der Mentalität zu Minderheitenkirchen" zu werden.[19] Gerade die Diskussion um eine *missional church* in Nordamerika und Großbritannien zeigt, wie traditionelle Mehrheitskirchen in einer nach-christentümlichen Gesellschaft wieder neu über Mission und Gesellschaftsrelevanz nachdenken.[20]

Die Kirche als solche ist dabei nicht das Ziel des Evangeliums, sondern Instrument und Zeugin des Evangeliums. Sie weist als missiona-

---

[15] Teschner, Klaus, Art. Volksmission, TRE, Bd. 35, Berlin 2003, 265-272, 271.

[16] Ebd.

[17] Vgl. Walldorf, Friedemann, Die Neuevangelisierung Europas. Missionstheologien im europäischen Kontext, Gießen 2002.

[18] Ustorf, Werner, Art. Missionswissenschaft I. Geschichte der Disziplin, RGG[4], Bd. 5, Tübingen 2002, 1327-1328, 1327.

[19] Matthey, Jacques, Mission als anstößiges Wesensmerkmal der Kirche, ZMiss 3/2002, 221-239, 234.

[20] Vgl. Guder, Darrell L., „Missional Church". Forschungsbericht über eine missiologische Debatte in den USA, ThZ 66.2 (2010), 185-198; Reppenhagen, Martin, Auf dem Weg zu einer missionalen Kirche. Die Diskussion um eine „missional church" in den USA (BEG), Neukirchen-Vluyn 2011.

rische Kirche stets über sich selbst hinaus auf den, in dessen Sendung sie steht und auf dessen Kommen sie für die Welt hofft.[21] „Es geht nicht darum, dass die Kirche die Mission als eine Tätigkeit unter anderen neu entdeckt und sich zu Eigen machen, soll. (...) Es geht um das Sein der Kirche, nicht um zusätzliche, besondere Aufgaben. Nur aus der Gewissheit des Seins kann sich eine überzeugende Vision für die Aufgaben der Kirche heute entwickeln."[22]
Die Kirche ist daher nicht die sendende, sondern die durch den dreieinigen Gott gesandte Kirche, da sie in seiner Mission steht. „Nicht die Kirche hat eine Mission, sondern die Mission Christi schafft sich ihre Kirche."[23] Die *„ekklesiologische Lücke"* mit Blick auf das Verhältnis von Kirche und Mission wird geschlossen. Denn Mission ist so verstanden kein Additivum, „sondern ein Konstitutivum von Kirche".[24] Dass diese Erkenntnisse nicht grundlegend neu sind, sondern im Rahmen der Rede von einer *missio Dei* die missionstheologische Diskussion des 20. Jahrhunderts geprägt haben, soll hier nur angedeutet und mit Werner Krusche darauf verwiesen werden: „Die Erkenntnis, daß Mission nicht eine beliebige, ins Ermessen der Kirche gestellte Aktion ist, die die Kirche unternehmen oder auch unterlassen könnte, gewinnt unter uns zweifellos an Boden. Mission – so beginnt man wieder zu wissen – ist nicht sekundär zur Kirche, sondern gehört zu ihrem Wesen."[25]
Daraus folgt schließlich, dass Mission „die Sendung der ganzen Gemeinde, nicht nur ihrer berufenen Mitarbeiter" bestimmt.[26] Denn gerade als sich sammelnde Gemeinde ist sie ihrem Wesen nach missionarisch. So kann Martin Luther schreiben: „Darumb wer Christum finden soll, der muß die kirchen am ersten finden. Wie wollt man wissen, wo Christus were und seyn glawbe, wenn man nit wiste, wo seyn glawbigen sind?" Denn die Kirche ist „der hauff Christglewbiger leutt, tzu der muß man sich hallten und sehen, wie die glewben,

---

[21] Guder, Missional Church, 5f.
[22] Sundermeier, Theo, Religionen – Mission – Ökumene, VuF 50.1-2 (2005), 137-146, 139f.
[23] Balz, Heinrich, Der Anfang des Glaubens. Theologie der Mission und der jungen Kirchen, Neuendettelsau 2010, 134.
[24] Teschner, Art. Volksmission, 270.
[25] Krusche, Werner, Das Missionarische als Strukturprinzip, in: Krusche, Werner (Hg.), Schritte und Markierungen. Aufsätze und Vorträge zum Weg der Kirche, Göttingen 1971, 109-124, 109. Vgl. zur Studie „Mission als Strukturprinzip" Werner, Dietrich, Wiederentdeckung einer missionarischen Kirche, Schenefeld 2005, 25ff. Vgl. zu Missio Dei Richebächer, Wilhelm, „Missio Dei" – Kopernikanische Wende oder Irrweg der Missionstheologie?, ZMiss 3/2003, 143-162.
[26] Bittner, Wolfgang J., Betreuungskirche – oder Beteiligungskirche? Zum notwendigen Gestaltwandel unserer Kirchen in einer veränderten Zeit, ThBeitr 26 (1995), 326-349, 327.

leben und lehren".[27] Ihrer Sozialgestalt als Gemeinschaft von Christinnen und Christen kommt daher zentrale Bedeutung zu, sodass nach stets neuen Formen des Zusammenkommens als Kirche Jesu Christi gesucht werden muss. Es ist ein stetes Ringen nach evangeliumsgemäßen und kontextbezogenen Ausdrucksformen einer Kirche, die sich von der Mission Gottes in der Welt her versteht. Mit Blick auf neue kontextuelle Gemeindeformen kann daher gesagt werden, dass diese den Menschen außerhalb der Kirche dienen. Sie sind in ihrem jeweiligen Kontext verortet und christliche Nachfolge ist in ihnen von entscheidender Bedeutung. Sie fragen danach, welche Formen ihre Gemeinde angesichts der Kontexte und Menschen nehmen muss. Zusammenfassend kann somit von den Attributen einer missionarischen Kirche als „missional, contextual, formational and ecclesial" gesprochen werden.[28] Kirche versteht sich damit als offenes System im steten Austausch mit ihrem Kontext und bewusst Grenzen überschreitend. Für diese Grenzüberschreitungen bedarf es Menschen, die sich vom Evangelium prägen lassen und dieses in ihren Bezügen bezeugen. Denn das Evangelium wird gerade durch Menschen vermittelt, „die das Evangelium glaub-würdig leben. Die Kraft des Geistes geht auf Menschen über und macht sie zu Zeugen."[29] Denn „weder Organisationen noch Institutionen missionieren. Die Organisation macht attraktive Angebote und die Institution schafft Räume der Beheimatung. Mission hingegen ist Bewegung und Leidenschaft für die Sache Jesu. Um für sie zu werben, braucht es Anhänger, bewegte und begeisterte Menschen, die sich einsetzen."[30] So sieht der kanadische Philosoph Charles Taylor die Zukunft von Religion in den Beziehungen, „die zwischen Formen der Suche und Zentren der traditionellen religiösen Autorität entstehen, (...) zwischen Verweilenden und Suchenden". Gerade in einer pluralisierten Welt, wo es viele Formen des Glaubens und des Unglaubens gibt und sich diese aneinander reiben sowie fragilisieren, hängt das Schicksal von Religion sehr viel stärker als je zuvor von starken Intuitionen einzelner ab, die eine besondere Ausstrahlungskraft auf andere haben.[31] Damit verbunden ist hier die Herausforderung für eine missionarische Kirche, auch

---

[27] Luther im Kleinen Katechismus zum dritten Artikel (BSLK 512, 5f).

[28] Vgl. Moynagh, Michael und Harrold, Philip, Church for Every Context. An Introduction to Theology and Practice, London 2012, Xff (Zitat XV).

[29] Sundermeier, Theo, Mission – Geschenk der Freiheit. Bausteine für eine Theologie der Mission, Frankfurt a. M. 2005, 112.

[30] Kunz, Ralph, Keine Kirchenreform ohne Taufreform? Chancen und Fallstricke des tauforientierten Gemeindeaufbaus in der Postmoderne, in: Reppenhagen, Martin/Herbst, Michael (Hgg.), Kirche in der Postmoderne, BEG 6, Neukirchen-Vluyn 2008, 161-182, 168.

[31] Taylor, Charles, Ein säkulares Zeitalter, Frankfurt a. M. 2009, 891.

nach innen missionarisch zu wirken, Christenmenschen in ihrem Glauben zu stärken und ihr Zeugnis in dieser Welt unterstützend zu begleiten. „Folglich ist die Kirche selbst ein Missionsgebiet und die Evangelisation der eigenen Mitglieder eine zentrale Perspektive der Kirchenpraxis."[32] Aber auch hier gilt, dass gerade in einer fragilisierten Welt „Mission (...) Patchwork (ist), immer und überall, Patchwork im Blick auf das Reich Gottes."[33] Es geschieht als ein „fehlerhaftes Zeugnis. Aber es ist deswegen nicht ineffektiv – gerade im Gegenteil".[34] Nun wird man allerdings die Rede von der Intuition des einzelnen Glaubenden von christlicher Seite durch den Hinweis auf die vielfältigen Sozialformen von Kirche erweitern müssen. Gerade der Sozialform von Kirche in ihrer Pluriformität kommt ein Zeugnischarakter zu, der über die Summe der Individuen hinausgeht. Über die Vorstellung des Sammelns und Sendens Einzelner hinausgehend ist es daher entscheidend, Kirche als „communion-in-mission" zu verstehen. Als eine am trinitarischen Beziehungsgeschehen Teilhabende ist sie als Gottesvolk auf dem Weg, lebt aus dem Glauben und dem Bund Gottes heraus und lädt andere zur Teilhabe an diesem ein.[35] Auch wird man den mahnenden Hinweis nicht überhören dürfen, dass ohne die enge Verknüpfung zwischen Gemeinde und christlichem Zeugnis das Evangelium in Gefahr steht, auf das persönliche Heil und einen privatisierten Glauben reduziert zu werden.[36] Hier geht es darum, „Gemeinde als Plausibilitätsstruktur" wieder neu zu entdecken.[37] Mission und Kirche sind daher wechselseitig aufeinander bezogen, sodass der These „Die Kirche ist wesentlich missionarisch" eben auch die Umkehrung „Die Mission ist wesentlich kirchlich" entspricht.[38] An dieser Stelle soll dann auch die Frage nach den in einer missionarischen Kirche haupt- oder nebenamtlich Tätigen gestellt werden. So nimmt der katholische Theologe Otto Hermann Pesch in einem kleinen Plädoyer für christliche Mission einen Vorschlag Karl Rahners auf: „Wie wäre es, wenn die Kirche die Regel aufstellte und

---

[32] Kunz/Harms, Frage nach dem missionarischen Gottesdienst, 305.

[33] Sundermeier, Mission – Geschenk der Freiheit, 111.

[34] Newbigin, Lesslie, The Light has Come: An Exposition of the Fourth Gospel, Grand Rapids u. a. 1982, 20.

[35] Vgl. Moynagh, Michael/Harrold, Philip, Church for Every Context, 135ff; Bevans, Stephen B./Schroeder, Roger P., Constants in Context: A Theology of Mission for Today, Maryknoll 2004, 298f.

[36] Vgl. Guder, Darrell L., The Continuing Conversion of the Church, Grand Rapids u. a., 2000, 191.

[37] Vgl. Zimmermann, Johannes, Gemeinde zwischen Sozialität und Individualität. Herausforderungen für den Gemeindeaufbau im gesellschaftlichen Wandel, BEG 3, Neukirchen-Vluyn [2]2009: 424ff.

[38] Bosch, David J., Mission im Wandel. Paradigmenwechsel in der Missionstheologie, hg. v. Martin Reppenhagen, Gießen u. a., 2012, 459.

befolgte, dass niemand zu einem kirchlichen Amt zugelassen (oder
befördert) wird, der nicht wenigstens *einen* Menschen für den christlichen Glauben gewonnen hat? (...) Wenn es uns jedenfalls einen
Schmerz bedeutet, dass es uns noch nie gegeben war, einen anderen,
vorher ungläubigen oder abständigen Mitmenschen zum Glauben
anzustecken – in Wort und Tat, ohne Druck und Überredung, einfach
überzeugend –, dann wüssten wir jedenfalls zweierlei: welche Freude
uns der Glaube ist; und: was Mission, was missionarische Kirche
ist."[39] So geht es in der Mission der Kirche darum, zu einem Glauben
zu „reizen, wecken und verlocken, der sich im Idealfall als integrale
Lebenspraxis in der Gemeinde entfalten kann".[40]

2. Mission in der Praktischen Theologie

Ohne auf die Diskussion um Mission als Herausforderung für die
gesamte Theologie oder um die missionarische Ursprünglichkeit jeg-
licher Theologie genauer einzugehen,[41] wird man angesichts der
innerkirchlichen Diskussion fragen dürfen, welchen Stellenwert Mission in der Praktischen Theologie hat, und nüchtern feststellen
müssen, dass diese „an der neuerlichen Karriere dieses Begriffs nur
einen geringen Anteil" hat. „Aus ihren Reihen kam und kommt im
Gegenteil mancherlei Kritik an ihm und an einer sich missionarisch
profilierenden Kirche."[42] Entweder wird das Thema historisierend
geklärt oder mit Hinweis auf die Gefährdungen eines missionarischen
Aktivismus unter Generalverdacht gestellt.[43] Mission im Sinne einer
Kommunikation des Glaubens an andere, so entsteht der Eindruck, ist
kein Thema praktisch-theologischer Forschung und Lehre. Allerdings
wird man diese Wahrnehmung dahingehend korrigieren müssen, dass
im Rahmen des missionarischen Gemeindeaufbaus Mission stets

---

[39]   Pesch, Otto Hermann, Kleines Plädoyer für die christliche Mission. Versuch
einer Ehrenrettung – mit Blick auf die Zukunft, ZMiss 1/2001, 46-64, 64.
Vgl. Rahner, Karl, Strukturwandel der Kirche als Aufgabe und Chance, Freiburg
[4]1989.
[40]   Kunz, Keine Kirchenreform, 166.
[41]   Vgl. Andersen, Wilhelm, Auf dem Wege zu einer Theologie der Mission. Ein
Bericht über die Begegnung der Mission mit der Kirche und ihrer Theologie,
Gütersloh 1957, 45; Gensichen, Hans-Werner, Glaube für die Welt. Theologische
Aspekte der Mission, Gütersloh 1971: 250; Bosch, Mission im Wandel, 583.
[42]   Ratzmann, Wolfgang, Das Spannungsfeld Mission in der Praktischen Theologie,
ZMiss 3/2012, 302-317, insbesondere 302.
[43]   Vgl. Grethlein, Christian, Praktische Theologie und Mission, EvTh 61.5 (2001),
387-399, 398.

thematisiert wurde und wird.[44] Auch hat unlängst Eberhard Hauschildt in der Diskussion um Mission als Wahrnehmung, Dialog oder doch im Sinne von Evangelisation dafür plädiert, den Missionsbegriff zu spezifizieren: „Ich schlage vor, ein bestimmtes kommunikatives Verhalten als Mission zu bezeichnen – nämlich das der Werbung. Mission ist Werbung für den Glauben/die Kirche; (...) Mission zielt insofern auf Umkehrbewegung." Als mögliche Ziele einer werbenden Kommunikation des Glaubens werden dabei „Bekehrung, Commitment, Wachstum, Kirchenmitgliedschaft" genannt.[45] Für das neue Interesse an der Mission in Kirche und Praktischer Theologie wird man daher auch nach den Erkenntnissen und Diskussionen im Bereich der Missionswissenschaft fragen dürfen. Dieses interdisziplinäre Gespräch verhindert dann auch eine Engführung des Missionsbegriffs auf innerkirchliche Fragestellungen und nimmt die ganze „Breite der weltmissionarischen Tagesordnung und ökumenischen Thematik" auf.[46]

3. Mission – umfassend verstanden

Mit dem oben skizzierten Missionsverständnis im Sinne einer Werbung für Glauben und Kirche erfolgt eine Engführung, die zwar durchaus in der Geschichte der Missionstheologie aufzuzeigen ist, die jedoch eher dem entspricht, was man im Rahmen der Missionswissenschaft und der ökumenischen Diskussion mit Evangelisation aber nicht mit Mission bezeichnet. Damit verbunden ist die Wahrnehmung, dass im Rahmen der aktuellen Diskussion in Deutschland vornehmlich von Mission und fast gar nicht von Evangelisation die Rede ist. Von daher geht es an dieser Stelle darum, in einem ersten Schritt Mission umfassend zu beschreiben, um dann in einem weiteren Schritt Evangelisation enger zu fassen. Dabei wird man nicht außer acht lassen können, dass es „nicht mehr ‚die' großen Missionserzählungen (gibt), auf die sich alle beziehen könnten – vermutlich nicht einmal im Plural."[47] Statt zu versuchen, eine eng gefasste Auffassung über Mission zu formulieren, wird es eher darum gehen, Konturen „eines Pluri-

---

[44] Vgl. dazu u. a. die Veröffentlichungen der beiden Reihen „Beiträge zu Evangelisation und Gemeindeentwicklung" (BEG) und BEG-Praxis und dann vor allem die verschiedenen Veröffentlichungen von Michael Herbst. Vgl. Herbst, Michael, Missionarischer Gemeindeaufbau.

[45] Vgl. Hauschildt, Eberhard, Praktische Theologie und Mission, in: Grethlein, Christian/Schwier, Helmut (Hgg.), Praktische Theologie: eine Theorie- und Problemgeschichte, Leipzig 2007, 457-509, 503ff.

[46] Werner, Dietrich, Mission in Deutschland, in: Dahling-Sander, Christoph u. a., (Hgg.), Leitfaden Ökumenische Missionstheologie, Gütersloh 2003, 545-561, 558.

[47] Hock, Klaus, Einführung in die Interkulturelle Theologie, Darmstadt 2011, 108.

versums der Missionswissenschaft im Universum der Mission" aufzuzeigen.[48] Dass Mission nicht mehr mit einer Art westlichem Aus-
landseinsatz gleichgesetzt werden kann, dürfte dabei mittlerweile
allgemein bekannt sein.

Wenn es nun darum geht, Mission näher zu bestimmen und dies auch
angesichts eines beinahe inflationären Gebrauchs dieses Begriffs zu
tun, um nicht erneut dem „Gespenst des Panmissionismus" zu verfallen,[49] wird man dennoch Mission nicht zu eng fassen dürfen. Es geht
um die umfassende Sendung der Kirche in diese Welt, sodass dieser
nur ein multidimensionales Verständnis von Mission gerecht werden
kann. Denn „Mission ist ein Geschenk der Freiheit ...".[50]

So umfasst das Verständnis von Mission sowohl die Evangelisation
im Sinne der Einladung zum Glauben als auch das vielschichtige
sozial-politische Engagement von Kirche. Diakonie und Heilungs-
dienst der Kirche gehören ebenfalls hinzu wie Fragen der Versöhnung
und die Praxis des Dialogs und der Konvivenz. Folgen wir hier dem
südafrikanischen Missionstheologen David J. Bosch, kommt es auf
eine schöpferische Spannung an, in der die diakonischen und politischen Dimensionen in einer schöpferischen Spannung („creative
tension") zur einladenden Dimension von Mission stehen, und vice
versa.[51] Eine missionarische Kirche wird daher ihre Sendung umfassend verstehen. Denn „Mission ist kein Wettbewerb mit anderen
Religionen, keine Bekehrungsaktivität, kein Ausbreiten des Glaubens,
kein Errichten des Reiches Gottes; sie ist auch keine soziale, ökono-
mische oder politische Aktivität. Und doch haben alle diese Projekte
ihren Verdienst. Denn das Anliegen der Kirche *ist* Bekehrung,
Wachstum der Gemeinden, das Reich Gottes, die Ökonomie, Gesellschaft und Politik – aber auf eine ganz andere Weise!"[52]

4. Mission und Evangelisation

Wird Mission als umfassende multidimensionale Sendung der Kirche
in dieser Welt verstanden, gilt es nun, Evangelisation als eine Dimension von Mission enger zu fassen. So kann Evangelisation definiert
werden „als diejenige Dimension und Aktivität der Mission der Kirche, die versucht, jeder Person, an jedem Ort, eine wirkliche Gele-

---

[48]   Bosch, Mission im Wandel, 9.
[49]   Freytag, Walter, Reden und Aufsätze, Bd. 2, München 1961, 94.
[50]   Sundermeier, Mission – Geschenk der Freiheit, 25.
[51]   Vgl. Bosch, David J., In Search of a New Evangelical Understanding, in:
Nicholls, Bruce J. (Hg.), In Word and Deed: Evangelism and Social Responsibility,
Exeter 1985, 63-83, 80ff.
[52]   Bosch, Mission im Wandel, 613.

genheit anzubieten, um unmittelbar durch das Evangelium zum expliziten Glauben an Jesus Christus herausgefordert zu werden. Das schließt die Perspektive ein, ihn als Retter anzunehmen, ein lebendiges Glied seiner Gemeinde zu werden und in den Dienst der Versöhnung, des Friedens und der Gerechtigkeit auf Erden aufgenommen zu werden."[53] Evangelisation kann daher sowohl als ein dimensionaler Aspekt unterschiedlichen kirchlichen Handelns angesehen werden als auch als eine konkrete Form des Handelns. Evangelisation als Veranstaltungsform im Sinne eines intentionalen Handelns von Kirche oder als Dimension einer missionarischen Kirche sind damit keine Alternativen. Der griffige Slogan vom Tod der Evangelisation und Auferstehung der evangelisierenden Kirche „After the Death of Evangelism – The Resurrection of an Evangelizing Church" versucht dabei einen Paradigmenwechsel deutlich zu machen,[54] um das auf Veranstaltungen ausgelegte Nischenverständnis von Evangelisation zu überwinden und Evangelisieren wieder neu in die Mitte der Gemeinde zu stellen. Hier sollten jedoch keine falschen Alternativen aufgebaut werden. Das allgemeine Evangelisieren der Gemeinde bedarf auch der konkreten (Veranstaltungs-)Form der Evangelisation. Ob dies Veranstaltungen im traditionellen Stil sind oder Glaubenskurse, wie es John Finney für den britischen Kontext herausstellte, kann hier offenbleiben.[55] Die permanente Evangelisation wird nicht auf die kontingente Evangelisation verzichten können.[56] Dies gilt aber umso mehr in seiner Umkehrung, da es immer mehr zu einer Art „informelle(n) ‚Konversion' auf Zeit" kommt. Denn „das fließende Dazugehören ist ein Merkmal der spätmodernen europäischen Gesellschaft."[57]

Der einladende Aspekt von Evangelisation umfasst dabei eine Umkehrbewegung zu Gott im Glauben an Christus, eine Eingliederung in seine Gemeinde und den Ruf in die christliche Nachfolge, zu dessen Inhalten eben auch das Engagement in dieser Welt zählen. „Neuer Glaube bei Menschen ist das Ziel der von Menschen ausgeübten Evangeliumskommunikation; wo er entsteht, verdankt er sich aber nicht dieser, sondern wesentlich der freien Selbstvergegenwärtigung

---

[53]   Bosch, David J., Art. Evangelisation, Evangelisierung, in: Müller, Karl/Sundermeier, Theo (Hgg.), Lexikon Missionstheologischer Grundbegriffe, Berlin 1987, 102-105, 103.

[54]   Vgl. Bliese, Richard H./van Gelder, Craig (Hgg.), The Evangelizing Church: A Lutheran Contribution, Minneapolis 2005, 113–132.

[55]   Vgl. Finney, John, Wie Gemeinde über sich hinauswächst. Zukunftsfähig evangelisieren im 21. Jahrhundert, BEG-Praxis, Neukirchen-Vluyn 2007.

[56]   Vgl. Werth, Martin, Theologie der Evangelisation, BEG 11, Neukirchen-Vluyn ³2010, 301ff.

[57]   Lienemann-Perrin, Christine, Konversion im interreligiösen Kontext, ZMiss 3/2004, 216-231, 224. 223.

Gottes durch sie."[58] Evangelisation ist daher „abzugrenzen von einer Rekrutierungsveranstaltung für unser Marketing-Produkt von Religion".[59] Vielmehr verlangt gerade der Wahrheitsanspruch des Evangeliums nach einer dialogischen Interdependenz, „um die eigene Position im Medium der Sprache des Anderen zu kommunizieren", sowie nach einer „Einladung zu seiner Überprüfung in dialogischer Verständigung.[60] Damit verbunden ist die Erfahrung eines jeden Missionars: „The fundamental missionary experience is to live on terms set by others."[61] Hier allerdings auf die Möglichkeit einer Konversion zu verzichten, käme einer „Ethnisierung der Religion einschließlich des Christentums" gleich.[62] Denn die Kommunikation des Evangeliums verbindet sich mit der Bitte, sich mit Gott versöhnen zu lassen. „Bekehrung als erhoffte Resonanz"[63] gehört daher zu jeder Evangeliumsverkündigung. Pointiert formuliert bedeutet dies dann: „Wer Mission sagt, muss auch Konversion wollen."[64]

5. Mission und Ökumene

In zunehmender Weise ist die Erkenntnis über eine weltweite Pluriformität des christlichen Glaubens und christlicher Kirchen gewachsen. Selbst für den eigenen Kontext gilt: „Vor der Haustür tritt man heute in die Fremde".[65] Dabei begünstigen Globalisierung und weltweite Migrationsbewegungen die Ausbreitung neuer Formen christlichen Glaubens. Hierzu sind insbesondere pfingstkirchliche und charismatische Gruppierungen und Kirchen zu zählen, die vor allem in nichtwestlichen Regionen der Welt wachsen, aber mittlerweile auch in Europa und Nordamerika gemeindlich und missionarisch aktiv sind. Die bessere Wahrnehmung von Migrantengemeinden und der Ausbau ökumenischer Beziehungen gewinnen in zunehmender Weise an Bedeutung. Was heißt es daher, dass die weltweiten Migrations-

---

[58]   Balz, Der Anfang des Glaubens, 212.
[59]   Bosch, David J., Believing in the Future: Toward a Missiology of Western Culture, 1st U.S., Valley Forge/Leominster Herefordshire 1995, 33.
[60]   Schwöbel, Christoph, Gott im Gespräch. Theologische Studien zur Gegenwartsdeutung, Tübingen 2011, 88. 166.
[61]   Walls, Andrew F., The Cross-Cultural Process in Christian History, Maryknoll 2002, 41.
[62]   Lienemann-Perrin, Konversion, 217.
[63]   Clausen, Matthias, Evangelisation, Erkenntnis und Sprache. Über-zeugend predigen unter nachmodernen Bedingungen, BEG 13, Neukirchen-Vluyn 2010, 34.
[64]   Herbst, Michael, Konversion und Gemeindeaufbau. Eine praktisch-theologische Skizze, in: Reppenhagen, Martin (Hg.), Konversion zwischen empirischer Forschung und theologischer Reflexion, BEG 18, Neukirchen-Vluyn 2012, 205-229, 229.
[65]   Sundermeier, Mission – Geschenk der Freiheit, 114.

bewegungen auch zu einem Zufluss an Christen aus anderen Teilen der Welt nach Deutschland beitragen?

Auch liegt das Zentrum des Christentums nicht mehr im Westen, allerdings auch nicht einfach im Süden, wie es etwa der „shift in gravity" zum Ausdruck bringt.[66] So wichtig der Hinweis auf die Veränderungsprozesse in der weltweiten Christenheit ist, geht es um ein polyzentrisches Verständnis des Christentums, wobei selbst die Rede von vielen Zentren zu hinterfragen ist. Es gibt keine absoluten Zentren und damit auch keine peripheren Bereiche mehr.[67] Das Christentum ist in einer großen Vielfalt an vielen verschiedenen Orten präsent. Denn „God enabled a people, any people, to reach salvation through their culture and tribal, racial customs and traditions".[68]

Aus dieser Sicht einer Weltchristenheit mit verschiedenen Traditionen und Ausdruckformen, die nicht mehr einfach rein geografisch, sondern sich aufgrund der weltweiten Globalisierung und weltweiter Migrationsströme auch mischen, bildet die Weltchristenheit eine internationale und ökumenische Glaubens- und Lerngemeinschaft. Da dies nicht selbstverständlich ist, bedarf es eines kommunikativen Netzwerkes von Christen und Kirchen unterschiedlicher Formate und Traditionen. Mit Blick auf Mission kann es auch heißen: „Together in mission – local and global".[69] Ob nun die Zukunft der Christenheit mehrheitlich im globalen Süden liegt, wird sich zeigen. So gab es in der Geschichte der Christenheit stets ein Oszillieren zwischen Wachstums- und Schrumpfungsphasen. Dabei kam es in der Regel gerade in christlichen Zentren zu Schrumpfungsprozessen, während es in den Grenzbereichen des Christentums zu Wachstumsprozessen kam.[70] Wenn daher in Deutschland von einer schrumpfenden Kirche die Rede ist, liegt darin auch eine missionarische Potenz und Zukunft. Und selbst eine vermeintlich abnehmende religiöse Kompetenz muss nicht notwendigerweise in die Konfessionslosigkeit führen, „sondern führt auch zu mehr Konversionen aufgrund der Suche nach einem vertieften Verständnis des Glaubens und nach mehr Verbindlichkeit in der Religion."[71]

---

[66] Vgl. Jenkins, Philip, The Next Christendom: The Coming of Global Christianity, Oxford ²2007; Wijsen, Frans Jozef Servaas/Schreiter, Robert J. (Hgg.), Global Christianity: Contested Claims, Amsterdam u.a. 2007.

[67] Vgl. Bediako, Kwame, Jesus and the Gospel in Africa: History and Experience, Maryknoll 2004, 118; Kim, Sebastian/Kim, Kirsteen, Christianity as a World Religion, London/New York 2008, 208ff.

[68] Sanneh, Lamin, Disciples of All Nations: Pillars of World Christianity, Oxford 2008, 237.

[69] Kim, Kirsteen, Joining in with the Spirit: Connecting World Church and Local Mission, London 2009, 282.

[70] Vgl. Walls, Cross-Cultural Process, 29f.

[71] Lienemann-Perrin, Konversion, 219.

Mission im Osten Deutschlands und das Problem des Anknüpfungspunktes

Thomas Schlegel

1. Die Frage nach dem *Wie* als Thema missionarischer Verkündigung

„Die Kirche muß in einer *verständlichen* Weise verkündigen, sonst nützt die inhaltlich beste Verkündigung nichts."[1] Wer einmal versucht hat, einem Atheisten ohne religiöse Sozialisation das Evangelium nahezubringen, weiß, dass Emil Brunner recht hat. 1934 tritt er in „Natur und Gnade" vehement dafür ein, das *Wie* der Verkündigung zu beachten. „*Was* ich einem Menschen auf dem Totenbett sagen soll, ist eine heilige Sache; aber *wie* ich es ihm sagen soll, damit es ihm eingeht, ist eine nicht minder heilige Sache."[2] Hier ist es geboten, aus Gründen der Liebe verständlich zu reden, also an Worte und Gesten *anzuknüpfen*, die dem anderen vertraut oder doch mindestens zugänglich sind.

„Die Frage nach dem Anknüpfungspunkt ist nur für den ganz verständlich und dringlich, der als Verkündiger, als Missionar, als Seelsorger oder Religionslehrer am kirchlichen Handeln teilhat."[3] Ein Blick in die neutestamentlichen Zeugen bestätigt diese Verortung. In der ersten missionarischen Predigt zu Pfingsten beruft sich Petrus auf die Verheißungen des Alten Testament und zeigt, dass sie in Jesus von Nazareth zur Erfüllung gekommen sind (Apg 2,14-36). Paulus knüpft an den ganzen Götterhimmel der Griechen an, um auf dem Areopag die Besonderheit der christlichen Botschaft zu verdeutlichen (Apg 17,16-34). Beiden ging es darum, den gemeinsamen Boden, auf dem Hörer und Prediger standen, zu markieren – um dann das Beson-

---

[1] Brunner, Emil, Natur und Gnade, Zum Gespräch mit Karl Barth, in: Ders., Ein offenes Wort, Vorträge und Aufsätze 1917-1962, eingeführt und ausgewählt von Rudolf Wehrli, (Emil Brunner Werke 1), Zürich 1981, 333-375, hier 372.

[2] A.a.O., 373.

[3] Brunner, Emil, Die Frage nach dem „Anknüpfungspunkt" als Problem der Theologie, in: Ders., Ein offenes Wort, 239-267, hier 264. Brunner meint damit auch sich selbst. An Karl Barth schreibt er: „Auch die theologische Arbeit ist mir – so könnte ich alles, was ich mit Eristik meine, auch umschreiben – im Grunde nichts anderes als eine bestimmte Art der Evangelisation, nämlich der Kampf gegen unser heidnisches Denken." (Brief vom 13.12.1932 [Nr. 82], in: Barth, Karl – Brunner, Emil, Briefwechsel 1916-1966, hg.v. Karl-Barth-Forschungsstelle an der Universität Göttingen, Zürich 2000, 210-212, hier 212).

dere davon abzuheben. Offenbar war dieser gemeinsame Grund notwendig, weil sonst das Spezifische nicht verstanden worden wäre.[4] So bemühten sich im zweiten Jahrhundert die Apologeten, an die antike Kultur anzuknüpfen: Das Christentum sollte vom heidnischen Denken aus überhaupt erst einmal verständlich werden und damit vernünftig scheinen. Es war eine missionarische Übersetzungsleistung, die dann bis hin zu den Kirchenvätern mit ihren zum Teil beträchtlichen Anleihen am Neuplatonismus reicht. Auch hier galt es, den gemeinsamen Boden abzustecken, auf dem sich fremde Kultur und eigener Glaube bewegen – um dann das Besondere zu plausibilisieren. Freilich gab und gibt es in der Geschichte verschiedenes Terrain, das aus diesem Grunde betreten wurde. Im Folgenden möchte ich mit einer gewissen Vereinfachung drei solcher Bereiche kurz skizzieren. Dann werde ich prüfen, wie sich diese vor dem Hintergrund ostdeutscher Religionslosigkeit bewähren. Es wird sich zeigen, dass der Relativierung des Anknüpfungspunktes als anthropologischer Konstante – wie Barth sie vorschlägt – hier besondere Plausibilität zukommt. Allerdings bleibt die Frage nach dem *Wie* kirchlicher Verkündigung. Doch sollte diese Frage von der Offenbarung, nicht von der Anthropologie her beantwortet werden. Theologisch geht es deshalb weniger um einen Anknüpfungs- als vielmehr um einen Einlasspunkt.

2. Der Anknüpfungspunkt als Thema der Theologie

Anknüpfung an ein allgemeines Wissen von Gott

Als der tragfähigste und stabilste Boden für die Anknüpfung erwies sich der der Vernunft. Unter Berufung auf Röm 1,19f. konnte die Predigt darauf bauen, auch beim heidnischen Gegenüber ein Wissen um Gott vorauszusetzen. Die Apologeten, insbesondere Justin, schufen dann unter Bezugnahme auf stoische Lehre vom *Logos spermatikos* die hinreichende theologische Fundierung dieses Sachverhaltes.[5] Sie wurde indes zum Allgemeingut mittelalterlicher Theologie. Am prominentesten bei Thomas von Aquin: Das allgemeine Wissen um Gott gehört zu dem, was dem Glauben vorausgeht (*praeambula fidei*).[6] Die Gottesbeweise sollten streng genommen nicht erst Gott

---

[4] Man fühlt sich an die auf Aristoteles zurückgehende Nomenklatur von *genus proximum* und *differentia specifica* erinnert. Beides ist für eine Definition erforderlich.

[5] Vgl. Apologie II, 6,3 und 13,2-6.

[6] Vgl. Summa Theologiae I, II, 2 ad 1: ,, *Quod Deum esse, et alia huiusmodi quae per rationem naturalem nota possunt esse de deo, ut dicitur Rom. 1, non sunt articula fidei, sed praeambula ad articulos: sic enim fides praesupponit cognitionem natura-*

beweisen, sondern der Vernunft nur klar machen, dass Glaube vernünftig ist und deshalb vorausgesetzt werden kann. Auch Luther
– und mit ihm die anderen Reformatoren – ging von einer solchen
natürlichen Gotteserkenntnis aus: Die Vernunft „weys, das Gott ist."[7]
Allerdings wisse sie nicht, wer Gott ist, weshalb der Vernunft aufgrund der Sünde das entscheidende Wissen verborgen bleibe.[8] In der
lutherischen Orthodoxie wird die durch den „Fall des Menschen"
eingetretene „Verdunkelung" der natürlichen Erkenntnis zwar noch
betont[9], doch an anderer Stelle wird freimütig von einer „doppelten
Quelle" ausgegangen, „aus der Gott erkannt werden kann, eine *ex
libro naturae* und eine *ex libro scipturae* und demnach ist die cognitio
Dei eine *naturalis* und eine *revelata seu supranaturalis*"[10]. Damit
näherte man sich protestantischerseits (wieder) an die katholische
Position an, die prägnant im ersten Vaticanum 1871 formuliert wurde: *„Deum, rerum omnium principium et finem, naturali humanae
rationis lumine e rebus creatis certo cognosci posse."*[11]

Anknüpfung an eine allgemeine Moral

Ein anderer Traditionsstrang ist mit dem ersten eng verwandt. Schon
im Römerbrief hat das allgemeine Wissen um Gott eine ethische Dimension: Weil die Heiden hätten wissen können, dass Gott existiert,

---

lem, sicut gratia naturam, et ut perfectio perfectibile. [= Das Dasein Gottes und alle
anderen Wahrheiten, die wir – nach Röm 1,19 – von Gott erkennen können, sind
nicht Gegenstand der Glaubensartikel, sondern Voraussetzungen derselben ... Der
Glaube setzt nämlich die natürliche Erkenntnis in der gleichen Weise voraus, die die
Gnade die Natur und die Vollkommenheit ein Wesen voraussetzt, das vollkommen
werden kann.]".

[7]   Der Prophet Jona, WA 19, 206f.

[8]   *„Duplex est cognitio Dei, generalis et propria. Generalem habend omnes homines, scilicet, quod deus sit, quod creaverit coelom et terram ... Sed quid Deus de
nobis cogitet ... homines non noverunt."* (WA 40, 607).

[9]   Vgl. Schmid, Heinrich, Die Dogmatik der evangelisch-lutherischen Kirche. Dargestellt und aus den Quellen belegt, neu hg. und durchges. von Horst Georg Pöhlmann, Gütersloh [11]1990, § 5: Vom Gebrauch der Vernunft in der Theologie, 34-40,
hier 35.

[10]   Vgl. a.a.O., § 15: Vorbemerkung: „Cognitio Dei naturalis et supranaturalis", 80-
84, hier 80. Die natürliche Erkenntnis wird weiter unterteilt: Zum einen handelt es
sich um ein angeborenes Wissen (*notitia insitam*) und zum anderen eine durch die
„Betrachtungen der Werke und Wirkungen Gottes in der Natur und Geschichte"
(ebd.) erworbene (*notitia acquisitam*).

[11]   „Dieselbe heilige Mutter Kirche ... lehrt, daß Gott, der Ursprung und das Ziel
aller Dinge, mit dem natürlichen Licht der menschlichen Vernunft aus den geschaf-
fenen Dingen gewiß erkannt werden kann" (DH 3004 = Denzinger, Heinrich, Kompendium der Glaubensbekenntnisse und kirchlichen Lehrentscheidungen, verb., erw.,
ins Deutsche übertragen und unter Mitarbeit von Helmut Hoping, hg. v. Peter Hü-
nermann Freiburg u. a. [39]2001, 813).

sich aber nicht entsprechend verhalten haben, „hat Gott sie in den Begierden ihrer Herzen dahingegeben in die Unreinheit" (Röm 1,26). Nicht nur, dass Gott existiert, könnten Menschen erkennen, sondern eben auch, was dies für das Handeln bedeutet. Das göttliche Gesetz ist den Menschen ins Herz geschrieben: So setzte es Luther und nach ihm die Orthodoxie selbstverständlich voraus.[12] Denn nicht nur sein allgemeiner Gebrauch im weltlichen Regiment (*usus politicus* bzw. *secundus usus legis*), sondern vor allem des Gesetzes Funktion als „Zuchtmeister auf Christus hin" (Gal 3,24) setzt voraus, dass jenes bekannt sei: Die eigentliche und wichtigste Aufgabe (*proprius et absolutus*)[13] des Nomos ist es nämlich, den Sünder zu überführen und so dem Erlöser in die Arme zu treiben (*usus elenchticus legis*).[14] Mit dem Zweifel an der allgemeinen Gotteserkenntnis in der Aufklärung erlebte diese Form des Anknüpfungspunktes eine Konjunktur. Nicht mehr die metaphysische Basis, sondern das moralische Gesetz, das Kant als in jedem existent voraussetzte, verbinde Christen und Heiden und stellt einen neuen Plausibilisierungshorizont für Religion dar.[15] Fichte beispielsweise versteht das Christentum als Religion der Freiheit, in dem sich der Begriff einer sittlichen Religion geschichtlich realisiert habe, wobei er das Sittengesetz als Richtschnur für wirkliche Offenbarung denkt.[16] Die Wertschätzung der ethischen Dimension findet sich bei etlichen Theologen des 19. Jahrhunderts, so zum Beispiel bei Albrecht Ritschl, der den „allgemeinen Zweck" der Gemeinde nicht nur in Erlösung, sondern in der Aufrichtung eines universellen sittlichen „Reiches Gottes" versteht.[17]

Anknüpfung an eine existenzielle Leerstelle

Der Name Schleiermacher steht für einen dritten Bereich – neben Denken und Handeln: dem des Gefühls. Im 33. Paragraph seiner Glaubenslehre fallen Sätze wie diese: „[D]ieses schlechthinnige

---

12   „Igitur una est lex … omnibus nota hominibus, scripta in omnium cordibus." (WA 2, 580,18f.) und Schmid, Dogmatik, 324: „Sein [= lex moralis] Inhalt ist dem Menschen bei der Schöpfung ins Herz geschrieben worden (daher wird es auch lex naturae genannt)".
13   „Das ist lex, legis usus proprius et absolutus, quod contudit illam bestiam, quae vocatur opinio iustitiae." (WA 40 I, 482,2-4).
14   Vgl. dazu auch Peters, Albrecht, Gesetz und Evangelium, (HST 2), Gütersloh 1981, 30-57.
15   Vgl. z. B. KpV II, 162.
16   Vgl. die 1791 erschienene Schrift von Johann Gottlieb Fichte, Versuch einer Kritik aller Offenbarung, besonders §§ 10-15 (Sämtliche Werke, Bd. 5, Berlin 1845/1846, 112-163).
17   Unterricht in der christlichen Religion, Erster Teil: Die Lehre vom Reiche Gottes, A: Das Reich Gottes als religiöse Idee, § 5, Bonn 1875, 3.

Abhängigkeitsgefühl, [ist] ein allgemeines Lebenselement", das die Gottesbeweise ersetzt. „Die Dogmatik also muß überall die unmittelbare Gewißheit, den Glauben, voraussetzen und hat also auch was das Gottesbewußtsein im allgemeinen betrifft, nicht erst die Anerkennung desselben zu bewirken, sondern nur den Inhalt desselben zu entwickeln."[18] Diese prägnanten Aussagen unterstreichen oben markierten Zweck des Anknüpfungspunktes: Er wird als anthropologische Konstante deklariert, um daran das spezifisch Christliche anzulagern bzw. daraus zu entfalten. Verkürzt wäre es, das Schleiermacherische Apriori als bloße Emotion beschreiben zu wollen. Denn Sich-abhängig-Fühlen bedeutet mehr ein Sich-abhängig-Erfahren bzw. sich als etwas zu erleben, was in einem größeren Kontext steht. Es hat stets diese existenzielle Note, die sich bei vielen Theologen des 20. Jahrhunderts – jüngst wieder bei Saskia Wendel – findet. Sie geht davon aus, dass mit dem Selbstbewusstsein auch das „Sich-zugleich-immer-gegeben-wie-entzogen-Sein", also das vorsprachliche Kontingenzerleben verbunden ist.[19]

Kontinuität und Diskontinuität

Nachdem nun diese drei Anknüpfungsbereiche dargestellt sind, ist es notwendig, gedanklich einen Schritt weiter zu gehen. Denn die obige Feststellung, dass man im Anknüpfungspunkt den gemeinsamen Boden absteckt, ist nur ein Teil seiner Funktion. Der andere ist der, dass man durch das Evangelium sich gerade von jenem abgrenzen will. Neben die Kontinuität in der Botschaft tritt die Diskontinuität. Hierher gehört der zweite Teil der Aussage Luthers. Der Mensch wisse zwar, dass ein Gott ist. „Aber wer oder wilcher es sey, der da recht Gott heyst, das weys sie nicht. ... Also spielt auch die vernunfft der blinden kue mit Gott und thut eytel feyl griffe"[20]. Ohne das Kennen der Person Gottes erfahre der Mensch nichts von dessen Gnade; er bleibt bei seinen handgestrickten und unbarmherzigen Götzen. M. a. W., an das Wissen um Gott wird angeknüpft, aber gerade so, dass es letztlich zerstört wird. Man begibt sich auf gemeinsamen Boden, um zu zeigen, dass er nicht trägt. Ähnlich verfahren verschiedene Theologen in den anderen Bereichen: Auf das Gewissen und menschliche Handeln wird so Bezug genommen, dass es als unzureichend gebrandmarkt wird: Es reiche eben nicht aus, das Heil zu

---

[18] Der christliche Glaube 1830/31, 178.
[19] Wendel, Saskia, Sich Unbedingtem verdankt fühlen? Religionsphilosophische Anmerkungen zur Religiosität von Jugendlichen, in: Jugend, Religion, Religiosität. Resultate, Probleme und Perspektiven der aktuellen Religiositätsforschung, hg. v. Kropač, U. u. a., Regensburg 2012, 123-138.
[20] WA 19, 206f.

erlangen. Der Mensch scheitere ja gerade am Anspruch, den das Gebot Gottes an ihn richtet. Dieses wird in der *Solida Declaratio* der Bekenntnisschriften denn auch als *opus alienum*, als „fremdes" Werk Gottes bezeichnet, während die Erlösungsgnade das eigentliche Werk Gottes (*opus proprium*) sei.[21] Und schließlich hinterlässt auch das religiöse Gefühl offene Stellen: Das Kontingenzerleben muss eben beantwortet und damit überboten werden. Paul Tillich geht davon aus, dass die Existenz von Entfremdung geprägt sei, auf die das Neue Sein des Christus antworte.[22] Die irdische Existenz wird in ihrer offenen Frage-Dimension wahrgenommen, auf die die christliche Botschaft antworte.[23] Anknüpfung und Zerstörung, Kontinuität und Diskontinuität: Beide Elemente kommen immer zusammen, wo die Verkündigung auf ein *Humanum* Bezug nimmt, um daraufhin von Jesus Christus zu zeugen: „Paulus wird den Griechen ein Grieche, um ihnen unmißverständlich zu zeigen, daß sie aufhören müssen, ,Griechen' zu sein, wenn sie Gott und sich selbst in der Wahrheit verstehen wollen. *Jene Kontinuität steht also im Dienst dieser Diskontinuität.*"[24] In dieser dialektischen Figur liegt begründet, warum die Rede vom Anknüpfungspunkt in der Geschichte so kontrovers diskutiert wurde. Denn wie bei allen dialektischen Modellen stellt sich die Frage, wie sich beide Seiten zueinander verhalten. Überwiegt die Kontinuität, leidet die Diskontinuität darunter. Damit verliert das Besondere der Botschaft seine Plausibilität: Man weiß dann zwar schon von Natur aus, was es mit Gott auf sich hat, versteht aber weniger, was das Spezifische am christlichen Gott sein soll. Hier wäre – der Sache nach – das katholische Modell „*gratia non tollit naturam, sed perficit*"[25] einzuordnen.

Auf der anderen Seite stehen zweifelsohne Theologen wie Karl Barth. In seiner Replik auf Brunner lehnt er selbst den negativen Anknüpfungspunkt, also den der menschlichen „Verzweiflung" ab. So nahe dieser an der biblischen Botschaft von Sünde und Gnade sei, könne

---

[21] FC, SD V, 10-26 [= BSLK, 954-961, hier 955]. Vgl. auch obige Bemerkungen zur Unterscheidung von Gesetz und Evangelium bei den Reformatoren, 119ff..

[22] Vgl. den zweiten Band der Systematischen Theologie bzw. deren dritten Teil, der überschrieben ist mit: Die Existenz und der Christus, Stuttgart ³1958.

[23] „Gott antwortet auf die Fragen des Menschen, und unter dem Eindruck von Gottes Antworten stellt der Mensch seine Fragen." STh 1,75, vom Verf. überarb. Aufl. Stuttgart ³1956.

[24] Brunner, Frage, 245. Vgl. auch a.a.O., 244: „Die Verkündigung des Evangeliums geschieht nicht, kann und soll nicht geschehen, es sei denn *in einer bestimmten Kontinuität* mit dem allgemein-menschlichen und insbesondere einem vorausgesetzten allgemein-religiösen Vorverständnis. Dieser erste Satz ist aber nun sofort durch einen zweiten zu präzisieren: Das Evangelium kann nicht verkündet werden, es sei denn *in der völligen Durchbrechung dieser Kontinuität.*"

[25] So der Kirchenlehrer Thomas von Aquin in Summa Theologiae I, I, 8 ad 2.

doch auch er keine menschliche Möglichkeit sein. Denn „der *Zorn*
Gottes ist der Zorn *Gottes* und also keineswegs, auch nicht indirekt,
identisch mit irgendeiner Grundbefindlichkeit oder negativen Spitze
unserer Existenz. Damit es zu jenem ‚Weh mir, ich vergehe!' (Jes
6,5) komme, bedarf es der Gegenwart *Jahves.*"[26] In diesem Teil seiner Antwort macht Barth auch entschieden deutlich, warum er sein
„Nein!" so energisch formuliert: Weil eine Vorbereitung oder gar
Beteiligung des Menschen am Erlösungswerk Gottes seine Gnade
und sein Handeln schmälern würden. Weil sie so kategorial anders
sei, kann es keinen Weg von hier nach dort geben. Freilich bleibt es
so auf der Seite des Natürlichen düster: Je heller von der Gnade
erzählt wird, umso dunkler wird das Natürliche erscheinen. So droht
nicht nur das Irdische und Alltägliche, das ja erlöst werden soll, aus
dem Blick zu geraten, sondern auch die Prägnanz und Relevanz der
Erlösungsbotschaft undeutlich zu werden.
Kontinuität oder Diskontinuität? „Wie ist es möglich anzuknüpfen,
um das Gegensätzliche zu sagen?"[27] Emil Brunner trieb diese Frage
um, und er versuchte bei seiner Antwort, zwischen Barth und natürlicher Theologie zu vermitteln. Schon in dem Aufsatz „Die Frage nach
dem ‚Anknüpfungspunkt' als Problem der Theologie" wird in der
„formalen Personalität"[28] der Brunnersche Weg sichtbar. In „Natur
und Gnade" bringt er dann präziser auf den Punkt, was darunter zu
verstehen ist: „Daß es einen Anknüpfungspunkt für die Erlösungsgnade gibt, kann im Grunde niemand leugnen, der anerkennt, daß
nicht Steine und Klötze, sondern nur menschliche Subjekte das Wort
Gottes und den Heiligen Geist empfangen können. Der Anknüpfungspunkt ist eben: die auch dem Sünder nicht abhandengekommene
formale imago Dei, das Menschsein des Menschen, die humanitas,
nach ihren zwei … Momenten: Wortmächtigkeit und Verantwortlichkeit."[29] Mit diesem Modell versucht er, der dialektischen Spannung
von Kontinuität und Diskontinuität zu entsprechen: „Ebenso wie wir
oben sagten, daß es material keine imago Dei mehr gibt, während sie
formal unversehrt ist, ebenso müssen wir sagen, daß es material keinen Anknüpfungspunkt gibt, während er formal unbedingte Voraussetzung ist. Das Wort Gottes schafft nicht erst die Wortmächtigkeit
des Menschen. Die hat er nie verloren, sie ist die Voraussetzung für
das Hören-Können des Gotteswortes. Das Wort Gottes schafft aber
selbst die Fähigkeit des Menschen, Gottes Wort zu glauben, also die

---

[26]   Barth, Nein!, Antwort an Emil Brunner, (Theologische Existenz heute 14),
München 1934, 53.
[27]   Brunner, Frage, 245.
[28]   A.a.O., 249.
[29]   Brunner, Natur und Gnade, 348.

Fähigkeit, es *so* zu hören, wie man es nur glaubend hören kann. Daß durch eine solche Lehre vom Anknüpfungspunkt die Lehre von der sola gratia nicht im mindesten gefährdet ist, ist evident."[30]

So lobenswert der Versuch einer Vermittlung, so einleuchtend Brunners Konzept der formalen *Imago Dei* auf den ersten Blick wirken mag – Brunner hält es nicht konsequent durch, oder besser: Er bleibt nicht dabei! Schon in dem Aufsatz von 1932 („Die Frage nach dem ‚Anknüpfungspunkt' als Problem der Theologie") bringt er das „Bewusstsein" als weiteren Anknüpfungspunkt ins Spiel, das er aufteilt in Weltbewusstsein („Insbesondere ist es die *Erfahrung der Begrenztheit* durch die Welt") und dem „Selbstverständnis *als* Person": Sie ist „Voraussetzung dafür, daß ich sagen kann: Christus hat *mich* erlöst."[31] Schließlich nennt er das Gewissen als Ort, „wo einerseits die entscheidende Anknüpfung andererseits der entscheidende Gegensatz stattfindet". Deshalb verfehle eine „Verkündigung, die nicht beim Gewissen anknüpft, … den Menschen"[32]. Das Negative gehe dem Glauben voraus. „Jene negative Spitze, die Erkenntnis der Sünde, liegt als Möglichkeit allerdings innerhalb der Immanenz; aber daß diese Möglichkeit aktuell wird, das sehen wir immer nur im Zusammenhang mit dem Glauben. […] Die Buße ist die Voraussetzung des Glaubens; aber sie selbst ist erst im Glauben völlig."[33] Karl Barth, der nach eigener Aussage schon hier stutzig geworden war[34], sieht in dem Emil Brunner der beiden Aufsätze[35] eine Frühform einer Vermittlungstheologie. Sie sei noch dadurch geprägt, dass es sich um eine negative Anknüpfung gehandelt habe, bei der die Diskontinuität überwiege. Diese Variante, die Barth an Heidegger und Kierkegaard erinnere, sei „entschieden interessanter gewesen"[36] – allerdings gelte Barths „Nein!" auch für diesen Fall. Denn selbst die negative Möglichkeit der Verzweiflung sei keine des Menschen: „Wie soll der Mensch das, was hier zu wissen ist, jemals und in irgend einem Sinn ‚von sich aus' wissen? *Selber, ja*! ‚*Von sich aus*', niemals!"[37] Schon dort also müsse Barth den „Wagen … bremsen, damit er nicht von da aus weiterrolle mitten hinein in die *theologia naturalis vulgaris*, wo er uns heute bei Brunner begegnet."[38] 1934 vermisst Barth bei Brunner denn auch jene negative Spitze; Brunner behaupte zwar, von einer

---

[30]   A.a.O., 349.
[31]   Alle Zitate Brunner, Frage, 249.
[32]   Beide Zitate Brunner, Frage, 251.
[33]   A.a.O., 253.
[34]   Vgl. Barth, Nein!, 8 und Barth-Brunner, Briefwechsel, Brief vom 10.1.1933 [Nr. 83], 213-217.
[35]   „Die andere Aufgabe der Theologie" (1929) und „Die Frage nach dem ‚Anknüpfungspunkt' als Problem der Theologie" (1932).
[36]   Barth, Nein!, 50.
[37]   A.a.O., 52.
[38]   A.a.O., 51.

„souveränen, frei wählenden Gnade Gottes"[39] auszugehen, aber er schreibe dem Menschen eine „Offenbarungsmächtigkeit"[40], „Wortmächtigkeit"[41] etc. zu. Und tatsächlich scheint aus dem Liebäugeln mit einem negativen Anknüpfungspunkt, einer rein formalen Disposition schließlich doch eine materiale Füllung zu werden: Brunner benennt 1934 allerhand Komponenten, die die Kontinuität von Natur und Gnade unterstreichen: Erhaltungsgnade in der Natur[42], Ordnungen wie Staat und Ehe[43], Gebote[44], allerlei andere Analogien wie Person- und Naturbegriffe[45].

3. Konfessionslosigkeit in Ostdeutschland – eine Skizze

Konfessionslosigkeit ist zunächst einmal „das Nichtbestehen einer *formellen Zugehörigkeit zu einer religiösen Gemeinschaft*."[46] Auch wenn es damit um ein sehr äußerliches Kriterium geht, ist mit „ostdeutscher Konfessionslosigkeit" eine inhaltliche Qualifizierung intendiert: Es geht um den Typus der „religiösen Indifferenz". In Ostdeutschland waren mit jahrzehntelanger rigider SED-Kirchenpolitik, obrigkeitlich geprägtem Protestantismus und einer breiten Arbeiterschaft die Koordinaten für dessen Ausprägung offenbar besonders günstig.[47] Überraschenderweise offenbarte sich der breite Atheismus als nachhaltig wenderesistent, die Säkularisierung vielleicht als „erfolgreichstes Projekt"[48] der DDR-Regierung. Jedenfalls ist Deutsch-

---

[39]   Brunner, Natur und Gnade, 335 und Barth, Nein!, 16.

[40]   Barth, Nein!, 16 und Brunner, Natur und Gnade, 345: Der Konflikt zwischen Barth und Brunner scheint sich an diesem Terminus zuzuspitzen: Während er bei Brunner nur an besagter Stelle auftaucht (345), rekurriert Karl Barth zwölf Mal darauf, wobei er immer Offenbarungsmächtigkeit *des Menschen* hört, während Brunner dies auf die „Werke Gottes, gemäß Röm 1,20" bezogen haben wollte. Emil Brunner fühlt sich (nicht nur daraufhin) unverstanden und bemüht sich vehement, die Auseinandersetzung als ein „Mißverständnis" zu interpretieren (vgl. dazu Barth-Brunner, Briefwechsel, Brief ohne Datum; vor dem 12.11.1934 [Nr. 103] und Brief vom 12.11.1934 [Nr. 104], 268-272).

[41]   Barth, Nein!, 16 und Brunner, Natur und Gnade, 348.

[42]   Brunner, Natur und Gnade, 345f.

[43]   Brunner, Natur und Gnade, 347f.

[44]   Brunner, Natur und Gnade, 367ff.

[45]   Brunner, Natur und Gnade, 370f.

[46]   Pickel, Gert, Konfessionslose in Ost- und Westdeutschland – ähnlich oder anders?, in: Pollack, Detlef/Pickel, Gert (Hg.), Religiöser und kirchlicher Wandel in Ostdeutschland 1989-1999, Opladen 2000, 206–235, 210.

[47]   Die möglichen Gründe diskutiert Pickel, Ostdeutschland im europäischen Vergleich – Immer noch ein Sonderfall oder ein Sonderweg?, in: Pickel, Gert/Sammet, Cornelia (Hg.), Religion und Religiosität im vereinigten Deutschland. Zwanzig Jahre nach dem Umbruch, Wiesbaden 2011, 165–190.

[48]   „Die Religionspolitik der SED scheint daher – was die langfristigen Folgen angeht – eines der ‚erfolgreichsten' Projekte der ehemaligen DDR gewesen zu sein."

land an dieser Stelle noch immer zweigeteilt: Es existiert – trotz zurückgehender Mitgliedschaftszahlen – „in Westdeutschland immer noch ein auch im europäischen Rahmen relativ *hoher Anteil* an Konfessionsmitgliedern. […] Umgekehrt ist die Zahl der Konfessionslosen in Ostdeutschland die höchste in ganz Europa. Somit besteht eine erhebliche *Diskrepanz der Mitgliedschaft in einer christlichen Konfession zwischen Ost- und Westdeutschland.*"[49] „Diese unterschiedlichen quantitativen Verhältnisse wirken zurück auf das Lebensgefühl von Kirchenmitgliedern bzw. Konfessionslosen in den jeweiligen Sphären. Es macht einen Unterschied, ob man sich in Übereinstimmung mit oder im Gegensatz zu der stillschweigenden ‚Normalität‘ im Umfeld weiß."[50] Die „Schwerkraft der Normalität"[51] hat einen nicht zu unterschätzenden Einfluss auf das Handeln und Denken der Einzelnen. Mehrheiten determinieren allzu schnell die Korrektheit von Ansicht oder Tat. So ist der Kirchenaustritt im Westen noch immer Abweichung von der Norm, im Osten dagegen ist es die Taufe, für die man sich bewusst entscheiden muss. Man gehört hier normalerweise nicht dazu.[52]
Denkwürdig scheint mir in diesem Zusammenhang eine Episode, die sich in dieser Form in meiner Münchner Vikariatsgemeinde öfter zugetragen hat: Frisch zugezogene ostdeutsche Familien erschienen

---

(Wohlrab-Sahr, Monika/Karstein, Uta/Schmidt-Lux, Thomas, Forcierte Säkularität. Religiöser Wandel und Generationendynamik im Osten Deutschlands, Frankfurt a. M. 2009, 14.
[49] Pickel, Konfessionslose, 210. In den alten Bundesländern gehören ca. 70 % der Bevölkerung den beiden großen Kirchen an, in den neuen Bundesländern sind die Christen mit etwa 25 % in der Minderheit. Zu den aktuellen Angaben siehe http://www.ekd.de/statistik/mitglieder.html [zuletzt besucht am 21.01.13].
[50] Pittkowski, Wolfgang, Konfessionslose in Deutschland, in: Huber, Wolfgang/Steinacker, Peter/Friedrich, Johannes (Hg.), Kirche in der Vielfalt der Lebensbezüge. Die vierte EKD-Erhebung über Kirchenmitgliedschaft, Gütersloh 2006, 89 - 110, hier 89.
[51] So nennen das Phänomen Helmut Geller bzw. Karl Gabriel und Hanns-Werner Eichelberger in ihrem Beitrag: Die Kirchen in der DDR vor und nach der Wende, in: Gabriel, Karl u.a. (Hg.), Religion und Kirchen in Ost(Mittel)Europa. Deutschland-Ost, Ostfildern 2003, 193-341, 320.
[52] „Heute nimmt die Zahl der Menschen zu, die ‚ganz normal‘ nicht in der Kirche sind, die sich nie entscheiden mussten auszutreten, weil sie nie drin waren. Ihre Eltern haben sie ganz selbstverständlich nie mit den Themen des Glaubens in irgendeiner Weise konfrontiert. Sie selbst brauchten überhaupt nichts dazu zu tun, ‚ganz normal‘ nicht in der Kirche zu sein. Nur wenn sie sich entschließen sollten, zur Kirche gehören zu wollen, müssten sie aktiv werden." (Noack, Axel, Wo ist aus Sicht der Kirche „außen"?. in: Bärend, Hartmut/Laepple, Ulrich/Roschke, Volker (Hgg.), Die so genannten Konfessionslosen und die Mission der Kirche. Festgabe für Hartmut Bärend, Neukirchen-Vluyn 2007, 127-139, 133). Vgl. auch Pickel, Konfessionslose, 220.

im Gemeindebüro mit dem Wunsch, ihre Kinder taufen zu lassen. Nach dem Umzug „in den Westen" hielten sie dies für geboten.

Im Gespräch stellte sich dann heraus, dass nicht der letzte packende Gottesdienst oder eine geistliche Erfahrung im Hintergrund stand, sondern die schlichte Tatsache, dass „man das hier so mache".[53]

Die statistische Verteilung schlägt auf die grundsätzliche Bewertung von Religion durch: „In den alten Bundesländern ist man kirchenkritisch, signalisiert aber Offenheit für religiöse Themen und versteht sich durchaus als ‚Christ ohne Kirche'. Ostdeutsche Konfessionslose andererseits formulieren religionskritische Distanz zu Glauben und Religion überhaupt und leiten daraus Vorbehalte gegenüber der Kirche ab."[54] Hier findet sich Kirchenkritik, dort Religionskritik. Auch daraus kann man schließen, dass die ostdeutsche Gesellschaft als Ganze sich so weit von den Kirchen entfernt hat, dass konfessionelle Unterschiede oder gar religiöse Differenzen in den Hintergrund treten. Da passiert es nicht selten, dass Menschen ihre Ablehnung der Kirche mit dem islamistischen Terrorismus begründen: Nicht die Kirche, sondern die Religion an sich ist verdächtig und fremd.[55] Es hat sich eine „atheisierende Kultur"[56] herausgebildet. Wer hier nicht zur Kirche gehört, glaubt in der Regel auch nicht an Gott oder ist anderweitig religiös.[57]

Die Distanz zu Kirche und Religion hat auf lange Sicht nicht nur den Atheismus gefestigt[58], sondern vor allem zu einer mangelnden Rele-

---

[53] Wie sich die gesellschaftliche Norm auf (a)religiöse Sozialisation auswirkt, hat die AUFBRUCH-Studie für den Osten Deutschlands analysiert: „Die Schwerkraft der Normalität kommt insbesondere in den unterschiedlichen Quoten der Weitergabe der Nichtmitgliedschaft und Mitgliedschaft in der Kirche von einer Generation auf die nächste zum Ausdruck. Während katholische Eltern zu 53 % und evangelische Eltern zu 40 % ihre Mitgliedschaft an die Kinder weitergegeben haben, sind es bei den konfessionslosen Eltern 98 %." (Geller, Kirchen, 320).

[54] Pittkowski, Konfessionslose, 90.

[55] 81,6 % der Konfessionslosen in Ostdeutschland stimmen der Aussage (stark) zu, dass Religionen zu Konflikten führen. 11 % sind sich diesbezüglich unsicher und nur 7,5 % lehnen diese Verbindung (z. T. stark) ab. (Zugrunde lag eine 5er Skala). Daten nach ALLBUS 2008 (n=376).

[56] Paul M. Zulehner verwendet diese Charakterisierung öfter, z. B. auch in: Aufbrechen oder untergehen. Wie können unsere Gemeinden zukunftsfähig werden?, in: Herbst, Michael/Ohlemacher, Jörg/Zimmermann, Johannes (Hgg.), Missionarische Perspektiven für eine Kirche der Zukunft, BEG 1, Neukirchen-Vluyn 2005, 17-29, hier 18.

[57] „Konfessionsmitgliedschaft scheint in Ostdeutschland ein besserer Gradmesser für die subjektive Religiosität und kirchliche Integration zu sein als in Westdeutschland." (Pickel, Konfessionslose, 224).

[58] Auch wenn sich die sog. Säkularisierungsthese weltweit nicht ungebrochen zu bestätigen scheint: In Ostdeutschland kommt ihr eine gewisse Evidenz zu, zumal hier außerkirchliche religiöse Aktivitäten kaum beobachtet werden können, es sich also nicht um ein Unsichtbar-Werden von Religion handelt. Allerdings stellt sich auch

vanz des ganzen Themas (religiöse Indifferenz) geführt. „Vielen Zeitgenossen ist … ihr Nichtglauben nur ein Achselzucken wert, und noch zahlreicher sind die, die gar nicht wissen, dass sie Ungläubige sind, denn wenn die Gottesfrage aus dem Blickfeld verschwindet, ist auch der Atheismus kein Thema mehr."[59] Das ganze weltanschauliche Koordinatensystem wird ignoriert oder abgelehnt, denn „Areligiöse sind für sich selbst ebenso wenig ‚Areligiöse' wie andere für sich ‚Nicht-Reiter', solange diese Negation nicht durch irgendetwas provoziert wird."[60]

4. Ostdeutsche Konfessionslosigkeit als Vakuum: Woran anknüpfen?

Anknüpfung an ein allgemeines Wissen von Gott?

Vor etwa einem Jahr erregte eine Studie aus Chicago mediales Aufsehen, obwohl sie keine neuen oder überraschenden Ergebnisse lieferte.[61] Tom W. Smith hatte die Daten des ISSP-Frageblock zur Religion aus den Jahren 1991, 1998 und 2008 ausgewertet.[62] Dabei ist der ostdeutsche Atheismus besonders deutlich hervorgetreten, vor allem im internationalen Vergleich: So rangiert Ostdeutschand von den 30 untersuchten Nationen fast überall am Anfang bzw. Ende der Tabelle: Hier stimmen am meisten der Aussage zu: „I don't believe in God and I never have" (59,4 %)[63] und am wenigsten dem Satz: „I believe in God now and I always have" (13,2 %)[64]. Am seltensten geht hier

---

hier die Frage nach der Unumkehrbarkeit und Zwangsläufigkeit einer fortschreitenden Säkularisierung, wie Zahlen aus den letzten Jahren belegen. Der an dieser Stelle nötigen Diskussion ziehe ich aus Platzgründen einige Literaturhinweise vor: Casanova, José, The Secular and Secularisms, in: social research 76 (2009) 4, 1049-1066; Davie, Grace, Is Europe an Exceptional Case?, in: The Hedgehog Review 8 (2006) 1-2, 23-34; Pollack, Detlef, Rückkehr des Religiösen? Studien zum religiösen Wandel in Deutschland und Europa II, Tübingen 2009.

[59] Schnädelbach, Herbert, Religion in der modernen Welt. Vorträge Abhandlungen Streitschriften, Frankfurt a. M. ²2009, 55. Dieses Phänomen lässt sich durchaus auch als Postatheismus bezeichnen, auf das Matthias Clausen in seinem Beitrag rekurriert (vgl. dazu 69ff.).

[60] Tiefensee, Eberhard, Religiöse Indifferenz als interdisziplinäre Herausforderung, in: Pickel, Gert/Sammet, Kornelia (Hg.), Religion und Religiosität im vereinigten Deutschland. Zwanzig Jahre nach dem Umbruch, Wiesbaden 2011, 79–101, 85.

[61] Z. B. Lucas Wiegelmann in „Die Welt" vom 20.04.13: „Der Unglaube im Osten ist ein Erbe Preußens" oder Oliver Markert und Peter Seiffert, in: „Focus Online" vom 27.03.12: „DDR-Erbe: Das schwere Kreuz mit der Gottlosigkeit."

[62] Beliefs about God across Time and Countries, Report for ISSP and GESIS, Chicago 2012.

[63] Tschechien und Schweden folgen mit 51,2 % und 32,0 % (Table 2, page 8).

[64] Tschechien und Japan folgen mit 19,7 % und 25,0 % (Table 2, page 8).

jemand von einem „Personal God" aus (8,2 %)[65] und in der Kombination verschiedener Indikatoren zu „Strong Believers in God" sind die neuen Bundesländer ebenfalls Schlusslicht mit 2,5 %.[66] Smith spricht von „East Germany of course anchoring the secular pole"[67].
Ähnliches hatte 2003 auch schon Miklós Tomka betont. Ihm fiel in der Auswertung von Umfragen besonders auf, das der Atheismus in der ehemaligen DDR „verbreiteter, kompakter und intensiver" sei als in „vergleichbaren, ganz oder teilweise protestantischen Ländern West-, Nord und Osteuropas": 82 % der ostdeutschen Atheisten glauben auch nicht an „höhere Mächte" oder „Schicksal", ein Wert, der international ca. 50 % beträgt. Wenn man die religiöse Praxis der Atheisten dazunehme, zeige sich auch hier, dass die meisten „mit Gott, Gebet und Kirche tatsächlich nichts im Sinn haben". In Ostdeutschland gäbe es nur 7,5 % „nonkonforme Atheisten". „Wenn die Ostdeutschen sich Atheisten nennen, meinen sie damit eine Religionslosigkeit in jeder Hinsicht."[68] Man könnte diesen Studien problemlos noch weitere hinzufügen. Die Aussagerichtung bleibt – unabhängig von den konkreten Zahlen – gleich: In Ostdeutschland scheint das Wissen und Glauben an die Transzendenz so gering ausgeprägt, dass man es für eine Mehrheit der Bevölkerung schlicht nicht voraussetzen kann. Hier soll auch gar nicht in die leidige Diskussion darum eingestiegen werden, ob die Ostdeutschen nicht doch einer Form von nicht explizierter Ersatzreligion frönen und bei Leibesertüchtigung, FKK-Baden oder Fußball-Schauen doch ‚irgendwie' religiös sind. Es geht in unserem Zusammenhang um die Frage nach dem Glauben an Gott als Anknüpfungspunkt für missionarische Predigt. Und hier kann man recht klar konstatieren, dass sich ein allgemeines Wissen um Gott in den neuen Bundesländern empirisch nicht nachweisen lässt und insofern in der Verkündigung nicht vorausgesetzt werden kann.

Anknüpfung an eine allgemeine Moral?

Um diesen spezifischen Anknüpfungspunkt zu prüfen, lohnt sich ein historischer Rekurs auf die DDR-Kirchenpolitik. Denn anders als bei dem Glauben an Gott baute man die Konkurrenz nicht durch Überbietungsterminologie auf, sondern zielte ganz auf Ersetzung christlicher

---

[65] Tschechien und Frankreich folgen mit 16,2 % und 18,7 % (Table 3, page 9).
[66] Japan und Tschechien haben 3,3 % und 5,8 % (Table 4, page 10).
[67] A.a.O., 6.
[68] Vgl. dazu Tomka, Miklós, Religion in den neuen Bundesländern. Im internationalen Vergleich, in: Gabriel u. a. (Hg.), Religion, 2003, 343–370. Alle Zitate sind den Seiten 350f. entnommen.

Werte. Damit agierte der DDR-Staat ganz im Sinne der marxistischen Doktrin: Den metaphysischen Überbau sah man als überwunden an – die christliche Moral wies man als humanistische aus, die man auch als „guter Mensch" befolgen und erfüllen konnte. Ganz auf Linie dieser Strategie liegen die „Zehn Gebote der sozialistischen Moral", die Walter Ulbricht 1958 proklamierte: Die Parallelität von christlichen und humanistischen Grundwerten vermochte, „den Austritt aus der Kirche [zu] legitimieren und dauerhaft ab[zu]sichern"[69]. Im Rahmen des Leipziger Forschungsprojektes „Religiöser und weltanschaulicher Wandel als Generationenwandel. Das Beispiel Ostdeutschland" werden Menschen mit dieser Haltung sichtbar. So gerät der christlich geprägte Harry Ludwig durch reifliches Überlegen zu der Überzeugung, dass im Namen der Institution Kirche „viel Unrecht geschehen ist". Die dennoch positiv bewerteten Zehn Gebote finde er aber auch in den „Grundprinzipien der sozialistischen Ethik". Die Forscher konstatieren: „Diese Konstruktion ermöglicht es ihm, mit der Institution Kirche zu brechen und dennoch nicht in Widerspruch zu den ethischen Geboten des Christentums ... zu geraten."[70] Nach diesen Schilderungen mag man geneigt sein, hier einen idealen Anknüpfungspunkt für die kirchliche Predigt in Ostdeutschland zu sehen: Der sozialistisch sozialisierte Ostdeutsche scheint den ethischen Maximen des Christentums gegenüber aufgeschlossen zu sein; ja, er scheint sie mehrheitlich sogar zu teilen. Aber er würde sie mit großer Wahrscheinlichkeit nicht als „Gebote Gottes" identifizieren. Sie sind ihm als humanistische bekannt, weshalb es keinen Grund geben dürfte, sich für ihren religiösen Ursprung zu öffnen. Wahrscheinlich würde der nur als störender Zusatz deklariert werden, dessen man als moderne, emanzipierte Person gerade nicht mehr bedürfe. Mit anderen Worten: Die Funktion der Kontinuität, die der Anknüpfungspunkt in der Predigt leisten soll, könnte der Rekurs auf die christliche Ethik möglicherweise leisten. Aber die ebenso erforderliche Diskontinuität würde nicht zu plausibilisieren sein: Was bietet die christliche Ethik Besonderes? Wieso sollte sich der Hörer für eine Religion interessieren, deren Ethik er auch ohne sie – vielleicht sogar besser – praktizieren kann? Als Plausibilisierungshorizont für die christliche Botschaft eignet sich die allgemeine Moral

---

[69]   Wohrab-Sahr u. a., Forcierte Säkularität, 154. Vgl. a.a.O., 156: „Auffällig ist, dass diese Gleichstellung von Christen und Kommunisten auf der Ebene von Ethik, Moral und ‚Pflichterfüllung' gegenüber der Organisation unvermittelt neben der selbstverständlichen Unvereinbarkeit auf der Ebene der Mitgliedschaft steht."
[70]   A.a.O., 156f. Vgl. auch die Geschichte von Sabine Junge, in: Sammet, Kornelia, Religion und Religionskritik in Weltsichten von Arbeitslosengeld-II-Empfängern in Ostdeutschland, in: Pickel/Sammet (Hg.), Religion, 245–261, 254.

offenbar im Osten genauso wenig wie das Postulat eines allgemeinen Wissens von Gott.[71]

Anknüpfung an eine existenzielle Leerstelle?

Dieser Bereich des Kontingenzerlebens ist empirisch wohl am wenigsten einzufangen und damit zu bewerten. Denn im Prinzip kann jede existenzielle Infragestellung als eine solche Leerstelle bewertet werden, an die dann der Evangelist nur noch „anzuknüpfen" habe. Und da auch Menschen in Ostdeutschland Tod, Krankheit und Vergänglichkeit zu bewältigen haben, sollte sich auf diese Krisen hin der Glaube als Halt und Hilfe besonders plausibel vermitteln lassen. Und zweifellos leisten auch in den neuen Bundesländern Diakonie und Kirche einen unschätzbaren Dienst an der Gesellschaft, wenn sie den Menschen in Notlagen beistehen und so mit Wort und Tat daran „anknüpfen".

Dennoch scheinen mir Fragezeichen angebracht. Diese beziehen sich nicht auf den Umstand, dass Kontingenz erlebt wird und daran angeknüpft werden kann. Sie beziehen sich darauf, das Kontingenzerleben als eine anthropologische Konstante im Schleiermacherischen Sinne zu postulieren: *Jeder* Mensch würde seine Endlichkeit spüren und müsse sie in irgendeiner Weise (unter Rekurs auf die Transzendenz) bewältigen. In seiner Totalität ist dieses Defizitmodell im Umfeld einer religiösen Indifferenz nicht zu halten. Denn wenn das ganze Thema *Religion* aus dem Blickfeld verschwindet, bleibt das Fehlen der Transzendenz unbemerkt. Es wird vergessen. Damit fehlt es auch nicht. Für den religiös Indifferenten ist die rein immanente Ausrichtung seines Daseins suffizient. „Der ‚Konfessionslose' … verspürt den Mangel nicht, den wir ihm mit unserer Redeweise unterstellen. Dem Konfessionslosen fehlt nichts, und das ist wiederum seine starke Herausforderung für unser missionarisches Bemühen."[72] Das grundsätzliche Operieren mit dem Defizitmodell fragt auch die Greifswalder Studie „Wie finden Erwachsene zum Glauben?" an. Sie zeigte, dass Konversion auch deshalb erfolgt, weil damit einer Krise ab-

---

[71]　Im Rahmen des Leipziger Forschungsprojektes wurden auch junge Menschen in Ostdeutschland befragt, die sich in den letzten Jahren dem christlichen Glauben zugewandt haben. Unter ihnen war auch Björn Markowski, dem die christlichen Ideale als Gesellschaftsutopien attraktiv schienen, auch wenn er sicher ist, dass Religion um solche Ideale herum entsteht, weshalb der idealistische Kern auch im Buddhismus und in anderen antimaterialistischen Bewegungen zu finden sei (vgl. Wohlrab-Sahr u. a., Säkularität, 238-242). Diese Geschichte scheint obige These zu bestätigen: Das Spezifische des Christlichen wird nicht sichtbar; die Anbindung an die Kirche bleibt so letztlich „prekär", wie die Leipziger Forscher betonen (231).

[72]　Noack, Außen, 130.

geholfen wird: Aber dies gilt nur für etwa 40 % der Befragten. Die Mehrheit der Konvertiten finden einen Zugang zum Glauben „aus innerer und äußerer Stärke heraus"[73].
Wie verhält es sich bei denen, die sich in Ostdeutschland in „prekären Lebenslagen" befinden? Kornelia Sammet untersucht seit 2008, wie Langzeitarbeitslose ihre krisenhaften Lebensläufe bewältigen.[74] Es zeigt sich insgesamt, dass die sozialistische „Diskreditierung ... der christlichen Religion"[75] so nachhaltig wirke, dass auch unter schwierigen Lebensumständen eine Transzendenz als „Hilfe" nicht infrage kommt: Obwohl beispielsweise eine Probandin nach „Selbstsicherheit und Selbstgewissheit" suche, sieht sie die Verantwortung ausschließlich bei sich selbst, „d. h., sie rechnet Problem und Lösung der eigenen Person zu"[76]. Der christliche Glaube sei durch fehlende religiöse Sozialisation einerseits, durch Aufklärung und wissenschaftlichen Fortschritt andererseits eine „persönlich nicht verfügbare Option"[77]. „Wenn religiöse Formeln zur Kontingenzherstellung ... nicht mehr verfügbar sind, verliert die Welt ihre Kontingenz: Sie kann nur so sein, wie sie ist, und nicht anders."[78] Das heißt, wenn man Arbeit verliert, fängt man nicht an, nach Sinn und Ziel zu fragen, sondern sucht neue Arbeit oder arrangiert sich damit.

5. Die Dekonstruktion der Anknüpfung: Karl Barth's Nein! als Orientierung missionarischer Bemühungen in Ostdeutschland

Die Dekonstruktion

Karl Barth reagierte schroff auf Emil Brunner: Weil die Wahrheit ernsthaft sei und die Geister scheide, könne er dem einstigen Weggefährten nur ein „Nein!" entgegenhalten.[79] Ein wenig war diese Dramatik wohl seiner Persönlichkeit[80], ein wenig den politischen Ver-

---

[73] Zimmermann, Johannes/Schröder, Anna-Konstanze, Wie finden Erwachsene zum Glauben? Einführung und Ergebnisse der Greifswalder Studie, Neukirchen-Vluyn 2010, 92-101, hier 99f.
[74] Das Forschungsprojekt, das seit 2008 am Kulturwissenschaftlichen Institut der Uni Leipzig angesiedelt ist, heißt „Biographische Einbettung und soziale Bezüge von Weltsichten in prekären Lebenslagen. Fallrekonstruktive Analysen" (vgl. Sammet, Religion, 246, Anm. 5).
[75] A.a.O., 260.
[76] A.a.O., 248.
[77] A.a.O., 249.
[78] A.a.O., 251.
[79] Vgl. Barth, Nein!, 4.
[80] Der Briefwechsel zwischen beiden Theologen gibt beredtes Zeugnis davon, wie es auch Emil Brunner an Deutlichkeit nicht hat fehlen lassen. So schreibt er am

hältnissen, aber vor allem theologischen Argumenten geschuldet. Für ihn bedeutete die Suche nach einem Anknüpfungspunkt ein Liebäugeln mit Natürlicher Theologie. Deshalb lehnt er das Projekt Brunners – und eine systematische Erwiderung – kategorisch ab.[81] Dennoch hat er sich mit den einzelnen Argumenten auseinandergesetzt und dekonstruiert alles, was nach einem Anknüpfungspunkt aussieht. Bezüglich der Ansprechbarkeit des Menschen, der formalen *imago Dei*, äußert er: „Wenn man das den ‚Anknüpfungspunkt‘, wenn man das ‚die objektive Möglichkeit für die göttliche Offenbarung‘ nennen will, daß der Mensch der Mensch und keine Katze ist, dann ist jeder Widerspruch gegen diese Begriffe sinnlos; denn diese Wahrheit ist nicht zu bestreiten.“[82] Den Schöpfungsordnungen, wie z. B. der „monogamischen Ehe“, die „auch dem ‚natürlichen Menschen‘ als notwendige und irgendwie heilige Ordnungen bekannt und von ihm respektiert“[83] werde, gesteht er zu, dass es so etwas wie „moralisch-soziologische Axiome“ in allen Völkern gebe, aber er fragt kritisch an: „Aber wie lauten diese Axiome denn nun eigentlich? Oder wer … entscheidet darüber, wie sie nun eigentlich lauten? Was hieß und heißt z. B. nicht alles ‚Ehe‘ wenn wir den Trieb und die Vernunft zu Rate ziehen?“[84]

Es gibt drei Argumente, die in Barths Dekonstruktion immer wieder auftauchen: Erstens fragt er kritisch an, was mit einem Anknüpfungspunkt wirklich gewonnen sei. Dass es „der Heilige Geist allein [ist], der das Herz für Gottes Wort auftut, so daß man es versteht und aufnimmt“[85], hatte auch schon Emil Brunner zugestanden. Was ist dann die Anknüpfung anderes als eine Vorbereitung des Wesentlichen? Das Entscheidende geschieht weder durch Eristik noch Apologetik, sondern durch Gottes Geist. Damit werden beide nicht überflüssig, sie bekommen aber einen klaren Ort zugewiesen. Zweitens problematisiert er die Belastbarkeit solcher Anknüpfungspunkte: Sind sie nicht kulturell variabel? Können nicht manche Kontexte vermeintlich sichere Grundannahmen ad absurdum führen? Damit wird der Anknüpfungspunkt als anthropologische Konstante relativiert.

2.10.1934 (Nr. 101): „Sieh, das ist nun, was ich gegen Dich habe: dein Sektierergeist. Daß Du eine unerhörte Sonderlehre, die weit über alles hinausgeht, was die Kirche je gelehrt hat, für die allein christliche und kirchliche berechtigte hälst und überdies … behauptest, du lehrest reformatorisch. Das ist die Psychologie des Sektenhauptes und ganz und gar unkirchlich." (Barth-Brunner, Briefwechsel, 262).

[81]   Er lehnte es sogar ab, die Ablehnung der Natürlichen Theologie zum Thema zu machen, vgl. Barth, Nein!, 12f.

[82]   Barth, Nein!, 25.

[83]   Brunner, Natur und Gnade, 348.

[84]   Barth, Nein!, 23.

[85]   Brunner, Natur und Gnade, 372.

Wieder – so scheint es – will Barth ihr einen anderen Platz geben: Sie ist Teil der Homiletik, die sich ihrerseits ganz an der Offenbarung orientieren sollte, aber keine gesetzte, unumstößliche menschliche Eigenschaft. Schließlich dekonstruiert er die Anknüpfung noch aus einem anderen Grund: Macht man damit nicht das Geschehen der Erlösung berechenbar, als wäre der Rekurs auf bestimmte Anknüpfungspunkte eine Art Garantie für das Gelingen missionarischer Predigt? Wo bleibt da die Souveränität Gottes? Barth hebt hier – im gewohnten Stil – darauf ab, dass Gnade immer etwas Ungesichertes bedeute, was keiner „in der Tasche"[86] habe. So verweist er auch mit diesem Argument den Anknüpfungspunkt auf einen anderen, „hinteren" Platz.

Das Wie als Teil des Was

Dennoch wehrt Barth die Frage nach dem *Wie* nicht völlig ab. Auch er stehe „beständig vor der doppelten Frage ...: *Was* soll geschehen? und: *Wie* soll es geschehen?"[87] Darin mit Brunner einig, beginne die Differenz mit der Zuordnung der beiden Themen: Denn er könne sie nicht „als auf einer Ebene liegende und also vergleichbare" und vor allem „selbständige"[88] Fragen behandeln. „[K]önnten wir denn das Wie auch nur auf einen Augenblick außerhalb jenes Was suchen?"[89] Barth behandelt die praktische Suche nach dem Anknüpfungspunkt nachrangig. Das *Wie* muss sich am *Was* orientieren.
Was das bedeutet, führt er leider nur ansatzweise aus: Die Suche nach dem Ort der Ansprechbarkeit dürfe nicht dazu führen, das Ansprechen zu vernachlässigen. „Ist er [= der Mensch] und ist also das Wie nicht wirklich wohl aufgehoben in dem allein entscheidenden Was: daß Christus für ihn gestorben und auferstanden ist? Täten Theologie und Kirche ihm nicht damit Unehre an, daß sie ihn statt darauf, daß er *angesprochen* ist, auf seine *Ansprechbarkeit* ansprechen würden?"[90] Barth mahnt an, zuerst darauf zu achten, Jesus Christus zu verkündigen, von seiner „Hoffnung" für die Welt ist zu zeugen, seiner „Liebe" und „Beharrlichkeit"[91]. „Wir sind überhaupt nicht dazu da, Erfolge zu pflücken, sondern befohlene, begründete und *insofern* hoffnungsvolle Arbeit zu tun."[92]

---

[86] Barth, Nein!, 14.
[87] Barth, Nein!, 57.
[88] Barth, Nein!, 59.
[89] Barth, Nein!, 61.
[90] Barth, Nein!, 61.
[91] Barth, Nein!, 60.
[92] Barth, Nein!, 63.

Dass sich das *Wie* am *Was* orientiert, kann auch noch anders verstanden werden: Die Art und Weise der Verkündigung nimmt auch Maß an der Offenbarung. Nicht, dass nur der Inhalt deckungsgleich würde, nein, auch die Form. Auch wenn diese Gedanken nicht mehr explizit von Barth stammen, liegen sie doch im Gefälle seiner Lehre vom dreifachen Wort Gottes: Wenn kirchliche Verkündigung das Wort Gottes in dritter Gestalt genannt wird, dann muss sie auch in formaler Analogie zur Offenbarung gedacht werden. Das heißt, so wie Gott Mensch geworden ist und in irdische Kultur eingegangen ist, so muss auch die Verkündigung Mensch werden und in irdische Kultur eingehen. Sie sollte sich auf die Verhältnisse einlassen, sich daran anpassen – wie es in der Lehre von der Akkommodation gedacht wird. Dazu muss sich Kirche ganz im Sinne von Philipper 2 entäußern und sich radikal einlassen auf diese Welt. Wo das gelingt, wird dieser Ort zum „Einlasspunkt" – in einem doppelten Sinn: Sie lässt sich ein und wird eingelassen. Es geht eben weniger um den „Anknüpfungspunkt". Denn nicht substanzielle Anthropologie ist der Ort für die Anknüpfung, sondern die Lehre von der relationalen Offenbarung: Es ist die Bewegung des Gottes, der sich zu uns herunterbeugt, sich auf menschliche Verhältnisse einlässt und sich ihnen sogar opfert. In dieser Logik des beziehungssuchenden Gottes soll und muss missionarische Verkündigung liegen. Wenn sie an seinem Handeln Maß nimmt – was freilich auch nur Geschenk des Heiligen Geistes sein kann –, dann konvergieren tatsächlich Form und Inhalt; *Wie* und *Was* fallen zusammen.

Konversion, Kirche, Kontext
Bekehrung in der evangelischen Kirche heute

Anna-Konstanze Schröder

1. Unverfügbarkeit der Wirklichkeit für den Wissenschaftler

Die Dinge sind, wie sie sind, und wir entscheiden, wie wir sie sehen wollen. Das betrifft materiale Tatsachen genauso wie soziale und psychologische. Hier ist der Wissenschaftler genauso blind und einsichtig wie jeder oder jede in seinem oder ihrem Alltag. Was die Wissenschaft von der Alltagskultur unterscheidet, ist die Streitkultur, die den wissenschaftlichen Common Sense über die Welt explizit macht und miteinander hinterfragt. Dabei hat die Wissenschaft mit dem alltäglichen Leben gemein, dass eine Sichtweise über die Dinge dann näher an der Wahrheit erscheint, wenn sie der eigenen Sichtweise oder der einer Mehrheit entspricht. Jede (wissenschaftliche) Weltanschauung ist meist nur die halbe Wahrheit. Es braucht Mut, seine eigene begrenzte Weltsicht mit den scheinbar falschen Weltsichten anderer ins Gespräch zu bringen.

Wenn im kirchlichen Kontext die Gegenwart als nachkirchlich beschrieben wird, wirkt das widersprüchlich und macht sich einer Dramatisierung der Zustände verdächtig. Zumindest betont es stark einen Wandel ins Ungewisse, bei dem alte Selbstverständlichkeiten nicht mehr gelten. Geht es hier also tatsächlich darum zu beschreiben, wie die kirchliche Wirklichkeit aussieht, oder soll einfach nur eine andere Meinung zum bisherigen Common Sense über Kirche etabliert werden? Und doch ist es gerade die Aufgabe von kreativer Theoriebildung, die Dinge noch mal von einer ganz anderen Seite her zu denken.

Der Zugang zur kirchlichen Wirklichkeit, der in diesem Beitrag gewählt wird, nimmt seinen Zugang über das Konzept der Konversion: Gibt es tatsächlich Unterschiede zwischen einem klassischen und einem heutigen, eventuell „nachkirchlichen" Verständnis von Konversion? Was können wir aus Unterschieden im Konversionserleben in den evangelischen Kirchen in Ost- und Westdeutschland lernen? Beide haben nach 1945 in unterschiedlichen Kontexten unterschiedliche Entwicklungen genommen, die sich nach 1990 bis heute nicht vereinheitlichen ließen. Wie konvertieren Menschen heute in der und in die evangelischen Landeskirchen?

Wird die These von der Nachkirchlichkeit zu stark gemacht, wird die Bedeutung von Kirche und damit die Verortung von kirchlichen und anders organisierten Religionen in der Gesellschaft zu einseitig über die Säkularisierungsthese erklärt. Säkularisierung beschreibt als solche vor allem einen Rückgang von Kirche aus ihren traditionellen gesellschaftlichen Pfründen. Dem stimme ich insofern zu, dass sich gesellschaftliche und private Institutionen zunehmend von kirchlichen und religiösen Einflüssen emanzipieren. Aber dies beschreibt die Gegenwart immer als etwas Negatives gegenüber den früheren, besseren Zeiten – zumindest, wenn man auf Seiten der Kirchen steht. Kirche in der Gesellschaft heute lässt sich meines Erachtens am besten anhand von dem umfassenderen Konzept der Pluralisierung beschreiben. Damit ist eine moderne Gesellschaft „[...] eben nicht eine säkularisierte, sondern nur eine funktional-differenzierte Gesellschaft [...], die also sehr wohl Raum für Religiosität lässt – aber als Funktionssystem neben anderen."[1] In einer Weltsicht im Sinne einer Pluralisierung ist in der „nachkirchlichen" Gesellschaft weiterhin Platz für Kirche und Kirchlichkeit neben anderen Ausdrucksformen des christlichen Glaubens, die durchaus im Kontext von Kirche organisiert werden können.[2] Die Gegenwart und Zukunft von Kirche ist meines Erachtens gekennzeichnet durch eine zunehmende Vielfalt der Ausdrucksformen kirchlichen Lebens, die die soziokulturellen Kontexte für die evangelisch-christliche Religion bedenkt. Es wird sich zeigen, ob die Organisatoren in den großen evangelisch-kirchlichen Verwaltungen diese Dynamik tatsächlich aufnehmen und verstärken. Dementsprechend ereignen sich Konversionen in den evangelischen Kirchen dann häufiger, wenn für religiös Interessierte in einer möglichst großen Vielfalt Zugänge zu christlichen Inhalten und Erlebensweisen und auch kirchlichen Anbindungen ermöglicht werden.

---

[1] Gaetano, Romano, Religion und soziale Ordnung. Wie viel Multikulturalität braucht die Gesellschaft?, in: Baumann, Martin/Behloul, Samuel M. (Hgg.), Religiöser Pluralismus. Empirische Studien und analytische Perspektiven, Bielefeld, 237.
[2] Vgl. Daiber, Karl-Fritz, The unfinished transformation of the Christian parish system into membership-based organisations. Aspects of modernisation in German churches, in: Daiber, Karl-Fritz/Jonker, Gerdien (Hgg.), Local forms of religious organisation as structural modernisation. Effects on religious community building and globalisation. Dokumentation eines Workshops am Fachbereich Evangelische Theologie. Philipps Universität Marburg. 2.–6.Oktober 2002, Marburg 2008, 19-30. Vgl. auch neue Ausdrucksformen gemeindlichen Lebens: The Mission-shaped Church working group, Mission-shaped church. Church planting and fresh expressions of church in a changing context, London 2004 oder Moldenhauer, Christiane/ Warnecke, Georg, Gemeinde im Kontext. Neue Ausdrucksformen gemeindlichen Lebens, Neukirchen-Vluyn 2012.

2. Konversion im Wandel

Konversion als ein religiöses Phänomen wird als Gegenstand der empirischen Religionsforschung als eine biopsychosoziokulturelle Tatsache betrachtet. Sie ist damit als ein solcher Forschungsgegenstand dem Wandel sozialer Aushandlungsprozesse ausgesetzt. Das gilt sowohl auf der Ebene des empirischen Gegenstands selbst als auch auf der Ebene wissenschaftlicher Theoriebildung. Zudem ist ein Einfluss auf die Konversionspraxis vonseiten der akademischen Reflexion möglich. Unabhängig davon, ob diese Reflexion nun theologischer oder sozialwissenschaftlicher Natur ist, gibt es somit eine Wechselwirkung zwischen wissenschaftlich explizierendem Nachdenken und dem Alltagshandeln, weil Wissenschaft Teil der Gesellschaft ist.[3] Betrachtet man den Wandel des akademischen Konversionskonzeptes in der empirisch-religionswissenschaftlichen Forschung im 20. Jahrhundert, so wird die sich wandelnde, übliche Praxis beschrieben. Und zugleich wird durch diese Beschreibung ein Wandel in der Praxis vorweggenommen, indem bestimmte Aspekte des Konversionsbegriffes durch die wissenschaftliche Reflexion gewichtet werden.

In der empirisch-sozialwissenschaftlichen Forschung hat sich der Forschungsgegenstand Konversion von einer punktuellen religiösen Erfahrung über die sozial normierte Konversionserzählung hin zu einem lebenslangen Prozess mit konversiven und dekonversiven Phasen und multiplen Konversionen gewandelt. Das ist eine große Herausforderung für theologische Konversionsverständnisse, die hinter den sozialen Aushandlungsprozessen eine essentielle Wahrheit verorten, die zum Teil als göttlich offenbart beschrieben wird.[4] Dem liegt ein anderer Wahrheitsbegriff zugrunde, als in der empirisch-sozialwissenschaftlichen Forschung denkbar ist.[5]

---

[3] Vgl. von Stuckrad, Kocku, Reflections on the limits of reflection. An invitation to the discursive study of religion, Method & Theory in the Study of Religion 22 (2-3), 2010, 156-169.und Schröder, Anna-Konstanze, Kritische angewandte Religionsforschung, in: Klöcker, Michael/Tworuschka, Udo (Hgg.), Praktische Religionswissenschaft. Ein Handbuch für Studium und Beruf, Köln 2008, 25-33.

[4] Vgl. Zimmermann, Johannes, Sind Glaubensveränderungen schon Konversion? Eine kritische Reflexion zum Konversionsbegriff, in: Reppenhagen, Martin (Hg.), Konversion zwischen empirischer Forschung und theologischer Reflexion, Neukirchen-Vluyn 2012, 89-107.

[5] Vgl. dazu das Mehrebenenmodell empirisch-sozialwissenschaftlicher Erkenntnis im Zusammenhang mit der Studie „Wie finden Erwachsene zum Glauben?" bei Hempelmann, Heinzpeter, Glaube als Beziehungswirklichkeit. Zur biblisch-theologischen Legitimität des Glaubensbegriffes der Konversionsstudie „Wie finden Erwachsene zum Glauben?", in: Zimmermann, Johannes/Schröder, Anna-Konstanze (Hgg.), Wie finden Erwachsene zum Glauben? Einführung und Ergebnisse der

Dennoch kann für die letzten einhundert Jahre ein Wandel in der christlich-theologischen Reflexion von Konversion festgestellt werden, der parallel zum empirisch-sozialwissenschaftlichen Begriffswandel verlief: von einer innerreligiösen Auseinandersetzung mit „Bekehrung" über eine interreligiöse Sicht – nämlich der Ablehnung von Konversionen zu devianten religiösen Bewegungen durch christliche Theologen – und schließlich hin zu einem zeitgenössischen Common Sense, der im Rahmen von evangelischen Landeskirchen so etwas wie Konversion oder „Bekehrung" annimmt und gestattet, wobei diese Termini allerdings inhaltlich unterschiedlich bestimmt werden.

Innerchristliche Debatte: Konversion als punktuelle religiöse Erfahrung

Konversion wurde zu Beginn der religionspsychologischen Auseinandersetzung idealtypisch als ein plötzliches Erleben verstanden, das sich an biblischen oder christlich traditionellen Vorbildern wie denen von Paulus von Tarsus oder Augustinus orientierte. Die empirischen Studien am Beginn des 20. Jahrhunderts bezogen sich auf die ausklingenden evangelikalen Revivalbewegungen in den USA.[6] Dabei fanden die ersten Konversionsforscher anhand empirischer Daten heraus, dass Konvertiten aktiv nach Sinn und Zielen im Leben suchen und sie in der christlichen Religion finden. Im Konversionsakt selbst empfinden Konvertiten entweder ein Gefühl der Überwältigung bei der Gottesbegegnung, oder sie erleben intensive Gefühle von Sündhaftigkeit und Wertlosigkeit, die im Konversionsprozess überwunden werden.

Greifswalder Studie, Neukirchen-Vluyn 2010, 31-43. Vgl. auch Gerd Gigerenzers Unterscheidung zwischen empirischem System und nichtempirischem Zugang durch Gegenstandsbestimmung und davon zu unterscheidender Operationalisierung (referiert bei: Huber, Stefan, Die Semantik des empirischen Systems. Archimedischer Punkt und Achillesverse der quantitativen sozialwissenschaftlichen Religionsforschung, in: Petzold, Matthias [Hg.], Theologie im Gespräch mit empirischen Wissenschaften, Leipzig 2012, 13-34.). Hier geht es zwar nicht explizit um die Verortung von „Wahrheit", aber doch wird deutlich, dass Empirie und wissenschaftliche Theoriebildung unterschiedlichen Wahrheits- oder Wirklichkeitsräumen angehören. In der empirischen Sozialforschung ist ein Konzept wie „absolute Wahrheit" unvereinbar mit ihren wissenschaftstheoretischen Grundlagen. Hier geht es vor allem darum, „richtige" Aussagen über einen Forschungsgegenstand zu formulieren und diese empirisch zu belegen. Vgl. Horyna, Bretislav, Kritik der religionswissenschaftlichen Vernunft. Plädoyer für eine empirisch fundierte Theorie und Methodologie, Stuttgart 2011.
[6] Noll, Mark A., Evangelikalismus und Fundamentalismus in Nordamerika, in: Gäbler, Ulrich (Hg.), Der Pietismus im neunzehnten und zwanzigsten Jahrhundert, Göttingen 2000, 463-531 (insbesondere die Seiten 495-497).

Die Debatten darum waren von einer evangelischen, innertheologischen Auseinandersetzung zwischen den evangelikalen und den „Mainline"-Kirchen in den USA geprägt. Die zunehmend erstarkende liberaltheologische Fraktion schlug vor, mittels besserer religiöser Bildung einem plötzlichen Bekehrungserleben vorzubeugen.[7] Hier wird deutlich, wie sehr die empirische Erforschung und die akademische Reflexion miteinander verknüpft sind: Während in den erwecklichen Bewegungen das Konversionserleben als heilsnotwendig galt, erachteten die Vertreter der „Mainline"-Kirchen dieses als schädlich oder zumindest unnötig. Das erweckliche Konversionsverständnis galt dabei zugleich als idealtypisch wie auch als falsch. Die liberale Theologie gewann zunehmend auch in der kirchlichen Praxis an Einfluss, sodass in empirischen Studien immer weniger Menschen gefunden wurden, die eine Konversion im Sinne einer plötzlichen hochemotionalen Bekehrungserfahrung erlebten. Damit erledigte sich die zentrale Frage der frühen Religionsforscher nach der plötzlichen Konversion.

Interreligiöse Debatte: Konversion als Mitgliedschaftswechsel und Devianz

Dieses Argument eines idealtypischen hochemotionalen Konversionserlebnisses wurde in der Auseinandersetzung etablierter christlicher Religionsgemeinschaften mit devianten Religionen und neuen religiösen Bewegungen wiederbelebt. In der Anti-Kult-Bewegung wurden den kleinen Religionsgemeinschaften manipulative Praktiken unterstellt und die Konvertiten zu deren passiven, willenlosen Opfern stilisiert, die in hochemotionalen Ritualen zu Entscheidungen gezwungen werden. Dagegen argumentierten vor allem Religionssoziologen[8] mit Prozessmodellen von Konversion, die den Konvertiten als kreativen Gestalter seiner eigenen religiösen Biographie wahrnehmen.[9]

---

[7] Spilka, Bernard/Hood, Ralph W./Gorsuch, Richard L., Conversion, in: Spilka, Bernhard/Hood, Ralph W./Gorsuch, Richard L. (Hgg.), The psychology of religion. An empirical approach, Englewood Cliffs 1985, 200-218.

[8] Vgl. für die deutsche Debatte in den 1990ern: Seiwert, Hubert, Einleitung. Das „Sektenproblem". Öffentliche Meinung, Wissenschaftler und der Staat, in: Introvigne, Massimo (Hg.), Schluß mit den Sekten! Die Kontroverse über „Sekten" und neue religiöse Bewegungen in Europa, Marburg 1998, 9-38. In den USA begann die Auseinandersetzung bereits in den 1960er und 70er Jahren: Vgl. Melton, John Gordon, Einleitung. Gehirnwäsche und Sekten. Aufstieg und Fall einer Theorie, in: Melton, John Gordon/Introvigne, Massimo (Hgg.), Gehirnwäsche und Sekten. Interdisziplinäre Annäherung, Marburg 2000, 9-36.

[9] Vgl. Lofland, John/Stark, Rodney, Becoming a world-saver. A theory of conversion to a deviant perspective, American Sociological Review 30, 1965, 862-875.

Da die soziologische Erforschung von Konversionen vor allem anhand von Konversionserzählungen geschieht, wurde aus wissenssoziologischer Perspektive hinterfragt, welchen Wirklichkeitsbezug eine solche Erzählung haben kann.[10] Hier hat sich vor allem die Meinung etabliert, dass Konversionserzählungen durch ein spezifisches rhetorisches Muster gekennzeichnet sind, das den Kontrast zwischen vor- und nachkonversionellem Erleben überbetont.[11] Darüber hinaus werde während des Erzählens die Konversion nacherlebt.[12] Dabei spiegeln die Konversionserzählungen die normativen Erwartungen an die Konvertiten wider, sich als vollwertige Mitglieder in der Religionsgemeinschaft darzustellen, wobei sich einerseits die Normen zur Konversion im Laufe der Zeit ändern können[13] und andererseits die Konvertiten im Laufe ihrer Mitgliedschaft ihre berichteten Konversionsmotive an ihre aktuellen Motive anpassen.[14]

Für die kirchliche Debatte kann daraus geschlussfolgert werden, dass es ein berichtetes Konversionserleben gar nicht geben muss, solange es vonseiten kirchlicher Institutionen nicht verlangt wird.[15] Dieselben Ergebnisse können aber auch bedeuten, dass Menschen ihr religiöses Erleben nicht kommunizieren können, solange ihnen vonseiten der religiösen Spezialisten in der Kirche dafür keine Interpretationsspielräume gegeben werden.[16]

Diese Forschungen wurden insbesondere zur Beschreibung und Erklärung von Konversion als einem Religionswechsel zu einer meist devianten Religionsgemeinschaft verwendet. Dabei fasst Religions-

---

[10] Vgl. Knoblauch, Hubert/Krech, Volkhard/Wohlrab-Sahr, Monika, Religiöse Konversion. Systematische und fallorientierte Studien in soziologischer Perspektive, Konstanz 1998.

[11] Vgl. Ulmer, Bernd, Konversionserzählungen als rekonstruktive Gattung. Erzählerische Mittel und Strategien bei der Rekonstruktion eines Bekehrungserlebnisses, Zeitschrift für Soziologie 17 (1), 1988, 19-33.

[12] Vgl. Stromberg, Peter G., Konversion und das Zentrum der moralischen Verantwortlichkeit, in: Knoblauch, Hubert/Krech, Volkhard/ Wohlrab-Sahr, Monika (Hgg.), Religiöse Konversion. Systematische und fallorientierte Studien in soziologischer Perspektive, Konstanz 1998, 47-63.

[13] Vgl. Beckford, James A., Accounting for conversion. The British Journal of Sociology 29 (2), 1978, 249-262.

[14] Vgl. Wohlrab-Sahr, Monika, Konversion zum Islam in Deutschland und den USA, Frankfurt/Main 1998.

[15] Vgl. Pollack, Detlef, Überlegungen zum Begriff und Phänomen der Konversion aus religionssoziologischer Perspektive, in: Lotz-Heumann, Ute/Missfelder, Jan-Friedrich/Pohlig, Matthias (Hgg.), Konversion und Konfession in der Frühen Neuzeit, Gütersloh 2008, 33-55.

[16] Vgl. hierzu die Diskussion von Konversion als religiöse Bewältigung von z. B. nicht erklärbaren Lebenserfahrungen bei Pargament, K. I., The psychology of religion and coping. Theory, research, practice, New York 1997, 253-259.

wechsel den Konversionsbegriff zu eng.[17] Denn einerseits sind die mit einem Religionswechsel verbundenen Erlebensweisen einer Veränderung auch innerreligiös vorzufinden.[18] Andererseits sind die Organisationsweisen von Religionen längst nicht mehr auf klar definierte Mitgliedschaften in abgegrenzten Gemeinschaften beschränkt,[19] wie man es im evangelisch-christlichen Kontext für das Phänomen der „emerging churches"[20] oder den Anglikanischen Ansatz der „fresh expression of church"[21] diskutieren kann. Integrativere Konversionskonzepte in der empirischen Religionsforschung konstruieren Konversion als lebenslangen Prozess von konversiven und dekonversiven Phasen, die auch ein psychisches Konversionserleben jenseits der Konversionserzählung nicht ausschließen.[22]

Breiter Konversionsbegriff – Common Term, aber kein Common Sense

Innerhalb des theologischen Diskurses zu Konversion und Bekehrung gibt es inzwischen umfassende Typologien, die einen möglichst breiten Phänomenbereich einschließen. Darin nähern sich die von ihrer theologischen Position her als Opponenten zu Betrachtenden aneinander an und beziehen Erkenntnisse der empirischen Sozialforschung ein, ohne ihre Positionen tatsächlich zu verlassen. So akzeptiert der Missionswissenschaftler Henning Wrogemann in seinem Konversionskonzept durchaus innerchristliche Intensivierungsprozesse als „konversive Prozesse"[23] – allerdings nicht, ohne Konversion als eine die Weltanschauung vereinfachende Bewältigungsstrategie in einer Multioptionsgesellschaft zu erklären, was bei Detlef Pollack als konversionskritisches Argument gebraucht wird.[24] Desgleichen ist in der Greifswalder Konversionstypologie des Insti-

---

[17] Vgl. Ahlin, Lars, Har begreppet „konversion" förlorat sin relevans?, in: Mogensen, Mogen S./Damsager, John H. M. (Hgg.), Dansk konversionsforskning, Aarhus 2007, 225-244.
[18] Stark, Rodney/Finke, Roger, Acts of faith, Explaining the human side of religion, Berkeley 2000, 114.
[19] Vgl. z. B. Hero Hero, Markus, Das Prinzip „Access". Zur institutionellen Infrastruktur zeitgenössischer Spiritualität, Zeitschrift für Religionswissenschaft 17 (2), 2009, 189-211.
[20] Vgl. Packard, Josh, Resisting institutionalization. Religious professionals in the Emerging Church, Sociological Inquiry 81 (1), 2011, 3-33.
[21] Vgl. The Mission-shaped Church working group. Mission-shaped church.
[22] Vgl. Gooren, Henri, Religious conversion and disaffiliation. Tracing patterns of change in faith practices, New York 2010.
[23] Wrogemann, Henning, Wahrnehmung und Begleitung „konversiver Prozesse". Missionarische Herausforderung kirchlicher Praxis im Kontext des Pluralismus, Weltmission heute 53 (Umkehr zum lebendigen Gott), 2003, 68.
[24] Vgl. Pollack, Überlegungen.

tuts zur Erforschung von Evangelisation und Gemeindeentwicklung (IEEG) durchaus ein Typus zu finden, der als Christ eine Veränderung des Glaubens erlebt, ohne dass es hier explizit eines heilsnotwendigen Bekehrungserlebnisses bedarf – allerdings nicht ohne eine unverkennbare Nähe der drei Typen „Lebenswende", „Entdeckung" und „Vergewisserung" zu Billy Grahams dreifachem Konversionsverständnis von „acceptance of salvation", „rededication after prior salvation experience" und „assurance of salvation after prior salvation experience".[25] Beide Konzepte beziehen in einer typologischen Beschreibung eine große Breite von Erlebensweisen der Konversion im Zusammenhang mit kirchlichen Aktivitäten mit ein und verknüpfen damit ihr Verständnis eines individuellen Veränderungserlebens mit einem kirchlich-sozialen Einfluss – das heißt, das Konversionskonzept wird mit einem Missionskonzept in Verbindung gebracht.

Wrogemann beschreibt drei idealtypische Konversionsverläufe: (1) Kirchliche Angebote wie Amtshandlungen fördern im Sinne von Übergangsritualen punktuelle Intensivierungsprozesse, (2) der spirituellen Suche wird mittels der Integration in eine Ortsgemeinde z. B. in Gottesdiensten hinreichend begegnet, (3) die grundsätzliche Bekehrung zum christlichen Glauben ist möglich.

Die Greifswalder Konversionstypologie betont in ihren drei Typen vor allem die primärsozialisatorische Voraussetzung vor dem Konversionsprozess: „Der Lebenswendetyp ist dadurch gekennzeichnet, dass er ohne religiöse Sozialisation aufgewachsen ist, einen echten Neuanfang im Glauben erlebt hat und vielfältige kirchliche Angebote seinen Konversionsprozess begleiteten. Im Entdeckungstyp wird für Kirchendistanzierte der Glaube persönlich, zentral und wesentlich. War seine christliche Glaubenspraxis bisher kriseninduziert durch den Lebens- und Kirchenjahreszyklus geprägt, engagiert er sich nun aktiv im Gemeindeleben. Im Vergewisserungstyp machen Kirchennahe die Erfahrung von Freude und Gewissheit im Glauben und entwickeln ein neues, positiveres Gottesbild, behalten aber ihre aktive Gemeindemitgliedschaft mit einem befreiteren Verständnis bei."[26]

Beide Konversionskonzepte beziehen sich auf eine möglichst große Breite an kirchlichem Leben und evangelisch-christlichen Erlebensweisen religiöser Veränderung. Während sie den Versuch einer Akzeptanz verschiedener Konversionsverständnisse wagen, sind die

---

[25]　Zitiert nach Wimberley, Ronald C./Hood, Thomas C./Lipsey, C. M./Clelland, Donald/Hay, Marguerite, Conversion in a Billy Graham crusade. Spontaneous event or ritual performance? The sociological quarterly 16, 1975, 167.

[26]　Das Zitat entstammt einem internen Arbeitspapier. Eine ausführliche Auseinandersetzung mit der Typologie findet sich in Zimmermann, Johannes/Schröder, Anna-Konstanze, Wie finden Erwachsene zum Glauben? Einführung und Ergebnisse der Greifswalder Studie, Neukirchen-Vluyn 2010.

theologischen Grundlagen doch unverkennbar. Während Henning Wrogemanns Zugang sich eher auf soziokulturelle Erklärungen bezieht und sich mit Aussagen über religiöses Erleben und Verhalten zurückhält, betonen die Mitarbeitenden des IEEG die Heilsrelevanz des Konversionserlebens und beziehen kirchliche Aktivitäten darauf – ganz in der liberaltheologischen bzw. volksmissionarischen Tradition.

3. Kirche im Wandel

Den Wandel des Konversionsbegriffs vor allem in jüngerer Zeit kann man nur verstehen, wenn man den Wandel kirchlicher Organisationsformen beachtet. Hier herrschen von Seiten soziologischer Modernisierungstheorien unterschiedliche Auffassungen vor. Die Bedeutung von Kirche in der Gesellschaft verändert sich, was anhand der These einer nachkirchlichen Gesellschaft als Entkirchlichung oder Säkularisierung wahrgenommen wird. Interpretiert man die Veränderung vorsichtiger als Pluralisierung der Gesellschaft und damit auch der Kirche, werden anstatt einer erlebten Bedrohung durch Abbrucherscheinungen nun Gestaltungsspielräume für kirchliches Handeln sichtbar – hier diskutiert in Bezug auf die Missionspraxis und das Konversionserleben.

Modernisierungsprozesse als Ideologie oder Rahmenmodell

Um die sozialen Dynamiken zu beschreiben, ziehen Soziologen ganz unterschiedliche Theorien heran, die teilweise widersprüchliche Effekte behaupten: Betonen die einen den Rückgang religiöser Institutionen als Säkularisierung, sprechen andere dagegen von einer Rückkehr der Religion.[27] Als Gegenmodell zur Säkularisierungsthese werden vor allem Prozesse der Individualisierung und Privatisierung von Religionen beschrieben,[28] aber auch der Pluralisierung[29].

---

[27]   Vgl. Pollack, Detlef, Religion und Moderne. Religionssoziologische Erklärungsmodelle, in: Mörschel, Tobias (Hg.), Macht Glaube Politik? Religion und Politik in Europa und Amerika, Göttingen 2006, 19-48.

[28]   Vgl. Luckmann, Thomas, Die unsichtbare Religion, Frankfurt/Main 1991. Und: Davie, Grace, Vicarious religion. A methodological challenge, in: Tatom Ammerman, Nancy (Hg.), Everyday religion. Observing modern religious lives, Oxford 2007, 21-36.

[29]   Vgl. Stolz, Jörg, Wie wirkt Pluralität auf individuelle Religiosität? Eine Konfrontation von Wissenssoziologie und Rational Choice, in: Baumann, Martin/Behloul, Samuel M. (Hgg.), Religiöser Pluralismus. Empirische Studien und analytische Perspektiven, Bielefeld 2005, 197-222.

Alle diese makrosoziologischen Zugänge werden in der Religionswissenschaft kritisiert, weil sie nicht nur zur Begründung religions-
politischer Maßnahmen instrumentalisiert werden, sondern weil sie
darüber hinaus selbst zu kaum hinterfragbaren Ideologien werden.[30]
Meines Erachtens ist ihre Verwendung dann legitim, wenn diesen
Ansichten der Welt weniger ein weltanschaulicher Wahrheitswert
zugeschrieben wird, sondern sie vielmehr als wissenschaftliche Rah-
menmodelle dienen, die zu weiteren Fragestellungen führen. Dabei
scheint mir die Säkularisierungsthese vor allem zu historischen Vergleichen anzuregen. Sie ist allerdings mittels empirischsozialwissen-
schaftlicher Methoden nicht zugänglich bzw. kann sich nur auf Daten
seit der zweiten Hälfte des 20. Jahrhunderts beziehen.[31] Die These
von Individualisierung und Privatisierung verunmöglicht eine soziologische Analyse des Phänomens Religion auf der Grundlage soziologischer, verallgemeinernder Argumentation – das ist absurd, denn
damit macht sich der soziologische Zugang irrelevant, ohne eine Alternative anzubieten.

Meines Erachtens ist die These von der Pluralisierung das frucht-
barste Rahmenmodell, um die Dynamik von evangelisch-christlichen
Kirchen zu beschreiben, wie auch die sich verändernde Bedeutung
und Funktion von Religionen in der Gesellschaft. Sie schließt die Idee
von Säkularisierung der großen christlichen Kirchen nicht aus, stellt
sie aber in einen größeren Zusammenhang mit gleichzeitig verlaufen-
den Gegentendenzen. Darüber hinaus ermöglicht Pluralisierung als
Rahmenmodell, die Dynamiken innerhalb der christlichen Kirchen
nicht nur – wie die Säkularisierungsthese – als Rückfall vom bisherigen Standard wahrzunehmen, oder gar ein Ende von Kirche zu
postulieren. Stattdessen öffnet das Pluralisierungsmodell den Blick
für die Pluralität und Vielfalt, die innerhalb und außerhalb von Kirchen im religiösen Feld vorhanden ist und ermöglicht werden kann.
Dem kann man auch den Begriff „Nachkirchlichkeit" zuordnen, wenn
man darunter versteht, dass sich Kirche heute von ihren früheren Organisationsweisen und ihrer Bedeutung in der Gesellschaft unter-

---

[30] So z. B. José Casanovas Kritik am Säkularismus (Casanova, José, The secular
and secularisms, Social Research 76 [4], 2009, 1049-1066.) und die Kritik an Grace
Davies „vicarious religion" als Beispiel für individualisierte und privatisierte Religiosität durch Bruce und Voas (Bruce, Steve/Voas, David, Vicarious religion. An
examination and critique, Journal of Contemporary Religion 25 [2], 2010, 243-259).
[31] Hier gibt es in der Religionswissenschaft durchaus Ansätze einer historischen
Religionssoziologie, deren Ergebnisse, die sich auf längerfristige Prozesse beziehen,
nun gerade die Säkularisierungsthese widerlegen: Bigalke, Bernadett/Kunert,
Jeannine/Neef, Katharina, Europa als religionswissenschaftliches Feld. Europäische
Religionsgeschichte revisited. Religion, Staat, Gesellschaft 12 (2), 2011, 317-342.
Und: Hase, Thomas, Nonkonformismus und europäische Religionsgeschichten.
Vorläufige Überlegungen, Religion, Staat, Gesellschaft 12 (2), 2011, 307-315.

scheidet. Die These von der Pluralisierung beschreibt die religiöse Dynamik als Eröffnung von Möglichkeitsräumen.

Auch eine sich verändernde Kirche ist Kirche

Die Beobachtungen von Karl-Fritz Daiber und Linda Woodhead beschreiben eine pluralisierende Dynamik der kirchlichen Selbstorganisation. Karl-Fritz Daiber beschreibt die unvollständige Transformation des deutschen Parochialsystems hin zu einer mitgliederorientierten Organisation. Er sieht einen Widerspruch zwischen einer gängigen volksreligiösen Theologie und den modernistischen sozialen Anforderungen, in denen der Lebensvollzug – auch die christliche Religiosität – weniger durch die Geburt in eine soziale Gruppe als durch persönliche Wahl bestimmt ist.[32] Linda Woodhead beschreibt den kirchlichen Typus nicht mehr wie Ernst Troeltsch als Alternative zum Sekten- und mystischen Typus der religiösen Organisation. Vielmehr identifiziert sie ein Nebeneinander und Ineinander bestehender Organisationsformen von Religionen. So findet man in den evangelischen Landeskirchen alle drei Typen:[33] den Kirchentypus, der durch unfreiwillige Mitgliedschaft und einen universellen Anspruch und eine priesterlich-hierarchische Organisation geprägt ist; den Sektentypus, der durch die Ortsgemeinden repräsentiert ist und auf freiwilliger Mitgliedschaft, Separatismus zwischen Gruppen und Egalität innerhalb einer Gruppe geprägt ist; und schließlich innerhalb und neben der Ortsgemeinde den mystischen Typus, der auf freiwilliger Mitgliedschaft, interpersonalen Beziehungen und individuellen Erfahrungen beruht. In der Praxis wird der Kirchentypus vor allem durch die Kindertaufe und eine Kirchenorganisation, die überwiegend die Organisation ihres angestellten Personals im Blick hat, repräsentiert. Der Sektentypus ist wohl am ehesten durch die Ortsgemeinde repräsentiert, was sich beispielsweise dadurch zeigt, dass es große Konflikte gibt, wenn Gemeinden zusammengelegt werden sollen. Den mystischen Typus findet man in organisierten Gruppen innerhalb der Ortsgemeinde, aber auch in gemeinde- und konfessionsübergreifenden Gruppen wie einem ökumenischen Frauengebetskreis, einem Hauskreis oder einem Chor.
Das zeigt, dass „nachkirchliche" Elemente der Kirche immanent sind. Desgleichen bekommen die verschiedenen organisatorischen Aspekte im Rahmen soziokultureller Dynamiken unterschiedliche Gewichte.

---

[32] Vgl. Daiber, The unfinished transformation.
[33] Woodhead, Linda, From christendom to christianity. Beyond secularization theory, in: Reppenhagen, Martin/Herbst, Michael (Hgg.), Kirche in der Postmoderne, Neukirchen-Vluyn 2008, 98-102.

So beschreibt Karl-Fritz Daiber eine zunehmende Bedeutung des Sektentypus, der durchaus im innerkirchlichen Rahmen zu diskutieren ist.

Konversion in verschiedenen organisationalen Kontexten

Auf diesem Hintergrund wird deutlich, dass verschiedene organisationale Kontexte einen entsprechend unterschiedlichen Konversionsbegriff verlangen. In einer kirchlichen Organisationsform, in der die Mitgliedschaft in der Kindheit durch die Taufe von den Eltern veranlasst wird, ist ein Veränderungserleben im Erwachsenenalter im Sinne eines Intensivierungserlebens oder dem freiwilligen Engagement im Rahmen von Kirche („Affiliation") gleichermaßen als Konversion beschreibbar wie die psychosozialen Prozesse, die mit dem erstmaligen Eintritt oder einem Religionswechsel verbunden sind.

Aus der Unterscheidung zwischen verschiedenen Organisationsformen von evangelisch-christlicher Religion ergeben sich auch Konsequenzen für Konversionsverläufe:[34] Graduelles Konversionserleben herrscht im Vergleich zu einem plötzlichen Erleben vor allem im Kontext des Sektentypus vor, also einer selbst gewählten Mitgliedschaft oder auch einer bewussten „Affiliation", in der die religiösen Normen und Rollen vom Konvertiten erst erlernt werden müssen. Dagegen wird ein plötzliches Konversionserleben vor einem volkskirchlichen Hintergrund gefördert, wenn die christliche Weltanschauung bereits bekannt ist und ein emotionales Erleben leicht daran anknüpfen kann. Im Zusammenhang einer mystischen Organisationsform gibt es keinen bedeutsamen Unterschied im Konversionserleben; hier sind plötzliche und graduelle Konversion in gleicher Weise möglich.

Daher wird in einer pluralen Kirche eine möglichst große Breite an Konversionsnormen kommuniziert, die es Menschen in der Vielfalt religiöser Organisationsformen ermöglicht, ihre persönlichen religiösen Erfahrungen einzuordnen. So betonte der anglikanische Bischof John Finney aufgrund der Ergebnisse einer empirischen Konversionsstudie die evangelistische Konversionsnorm eines Konversionsprozesses mit dem Bild der Emmausjünger, während das paulinische Vorbild eines punktuellen Konversionserlebnisses eher in den Hintergrund geriet.[35] Darüber hinaus werden inzwischen weitere, biblisch

---

[34] Vgl. Schröder, Anna-Konstanze, Die persönliche Konversionserfahrung und das kirchliche Angebot. Empirische Daten zur Greifswalder Konversionstypologie, in: Reppenhagen, Martin (Hg.), Konversion, 67-87, insbes. Abbildungen 2b, 3b und 4b.
[35] Vgl. Finney, John, Finding faith today. How does it happen? Stonehill Green 1999.

orientierte Konversionsmodelle in den theologischen Diskurs aufgenommen.[36]
Wenn Konversion vor allem als Mitgliedschaftswechsel bzw. Kircheneintritt[37] wahrgenommen wird, so lassen sich auch Debatten darüber finden, ob Kirchenmitgliedschaft unabhängig vom christlichen Initiationsritual der Taufe möglich sein kann. So wird im Zusammenhang mit dem Engagement in Kirchbauvereinen eine gestufte Mitgliedschaft diskutiert.[38] Im theologischen Diskurs werden damit indirekt auch Wahrheitsfragen über christliche Heilsvorstellungen tangiert, die durch die Taufe auch mit Mitgliedschaftsfragen in der kirchlichen Organisation verknüpft sind.

4. Konversion in verschiedenen makrosoziologischen Kontexten

Kirchliche Organisationskulturen, Konversionsnormen und individuelles Konversionserleben sind insgesamt in einen soziokulturellen Makrokontext eingebunden,[39] der sowohl die kirchliche Angebotsseite als auch das Leben und Erleben des Konvertiten beeinflusst.[40] Hier ist vor allem die kulturelle Selbstverständlichkeit, zu konvertieren bzw. einer Kirche anzugehören, relevant. So konnten Robert Barro, Jason Hwang und Rachel McCleary im Vergleich der Konversionsraten in 40 Ländern unter anderem nachweisen, dass eine pluralistische Gesellschaft die Häufigkeit von Religionswechseln fördert und dass eine kommunistische Periode in der Geschichte eines Landes die

---

[36]   Vgl. Reppenhagen, Konversion.
[37]   Vgl. Kirchenamt der Evangelischen Kirche in Deutschland (EKD), Schön, dass Sie (wieder) da sind! Eintritt und Wiedereintritt in die evangelische Kirche, Hannover 2009.
[38]   Vgl. Klie, Thomas/Scheps, Simone, „Das kann doch nicht so bleiben..." Kirchbauvereine in Mecklenburg-Vorpommern, in: Erne, Thomas/Schütz, Peter (Hgg.), Die Religion des Raumes und die Räumlichkeit der Religion, Göttingen 2010, 133-149. Aber auch: Hermelink, Jan, Kirchenmitgliedschaft in praktisch-theologischer Perspektive, in: Zimmermann, Johannes (Hg.), Kirchenmitgliedschaft. Zugehörigkeit(en) zu Kirche im Wandel, Neukirchen-Vluyn 2008, 45-61.
[39]   Vgl. hierfür die Kontextphase im Modell von Rambo, Lewis R., Understanding religious conversion, New Haven 1993.
[40]   In diesem Zusammenhang sind Konversionskonzepte zur Kult-Bedürfnis-Passung interessant (z. B. Namini, Sussan, Selbst gewählte Mitgliedschaft in neuen religiösen Bewegungen – eine Frage der Passung? Empirische Befunde und kritische Überlegungen, Marburg 2009), die auch für einen volkskirchlichen bzw. volksreligiösen Kontext diskutiert werden (Bruxant, Coralie/Saroglu, Vassilis/Scheuer, Jacques, Contemporary conversion. Compensatory needs or self-growth motives? Research for the Social Scientific Study of Religion 40, 2009, o.S.).

Konversionsraten verringert.[41] Dies würde für einen innerdeutschen Vergleich bedeuten, dass es Unterschiede im Konversionserleben und in der kirchlichen Angebotsstruktur zwischen ost- und westdeutschen Landeskirchen geben muss. Das soll im Folgenden anhand einiger Daten der Studie „Wie finden Erwachsene zum Glauben?" illustriert werden. Hierfür wurden 462 Menschen ab 16 Jahren aus deutschen Landeskirchen in Ost und West befragt, die von sich selbst sagten, dass sie eine „Veränderung hin zum Glauben" erlebt haben.[42]

Greifswalder Konversionstypologie und soziodemographischer Vergleich

Wie in Tabelle 1 dargestellt, kommen die Befragten zu etwa einem Drittel aus Ostdeutschland und zwei Dritteln aus Westdeutschland. Die Ostdeutschen waren mit einem Mittelwert von 41 Jahren statistisch bedeutsam jünger als die Westdeutschen mit durchschnittlich 47 Jahren. Die Standardabweichung für beide Werte beträgt 13 Jahre. In der ostdeutschen Stichprobe sind statistisch bedeutsam mehr Männer und weniger Frauen als in der westdeutschen Gruppe. Auf Vergleiche in Bezug auf Schulbildung und Erwerbsstatus wird hier bewusst verzichtet, da die Schulsysteme in Ost- und Westdeutschland sehr unterschiedlich waren, insbesondere in Bezug auf den Zugang zum Abitur. Darüber hinaus ermöglichen die Erwerbsquoten keine verlässliche Aussage über den sozioökonomischen Status, da es allzu große Unterschiede in der Erwerbskultur zwischen Ost- und Westdeutschland gibt. Als Indikator für den Mittelstand wird hier das außerkirchliche, zivilgesellschaftliche Engagement herangezogen: Beide Teilstichproben unterscheiden sich nicht in Bezug auf dieses bürgerschaftliche Engagement, das von etwa der Hälfte der Befragten angegeben wird.

In Bezug auf das Konversionserleben und die präkonversionelle Vorerfahrung unterscheiden sich die befragten ost- und westdeutschen Konvertiten entscheidend: Der Lebenswendetyp, operationalisiert über eine fehlende religiöse Primärsozialisation im Elternhaus, ist mit 62 % weit überdurchschnittlich unter den Ostdeutschen vertreten, die ja eigentlich nur ein Drittel der Stichprobe ausmachen. Dagegen ist der Entdeckungstyp, operationalisiert anhand der religiösen Sozialisation im Elternhaus und einer geringen Kirchenverbundenheit vor der

---

[41]   Vgl. Barro, Robert/Hwang, Jason/McCleary, Rachel, Religious conversion in 40 countries, Journal for the Scientific Study of Religion 49 (1), 2010, 15-36.
[42]   Genaue Details zur Datenerhebung und zur Stichprobe sind zu finden in Schröder, Anna-Konstanze, Die Befragung. Einführung in die Methodik der Studie „Wie finden Erwachsene zum Glauben?", in: Zimmermann, Johannes/Schröder, Anna-Konstanze (Hgg.), Wie finden Erwachsene zum Glauben?, 45-55.

Konversion, mit 77 % unter den westdeutschen Befragten vertreten und damit weit größer, als deren Stichprobenanteil von zwei Dritteln erwarten ließe. Lediglich im Vergewisserungstyp, operationalisiert über die erlebte religiöse Primärsozialisation und eine hohe Kirchenverbundenheit vor der Konversion, unterscheiden sich ost- und westdeutsche Konvertiten in der Stichprobe nicht.[43]

Tabelle 1: Vergleich ost- und westdeutscher Konvertiten anhand soziodemographischer Daten und in Bezug auf ihren jeweiligen Anteil an den einzelnen Typen der Greifswalder Konversionstypologie

Variable	Ost (in %)	West (in %)
Grundverteilung	35	65
Lebenswendetyp**	62	38
Entdeckungstyp**	23	77
Vergewisserungstyp	31	69
Alter in Jahren**	41	47
Männer*	42	58
Frauen*	31	69
Außerkirchliches Engagement	43	53

Anm.: Fehlerwahrscheinlichkeit der statistisch bedeutsamen Unterschiede zwischen ost- und westdeutscher Teilstichprobe: *p < 0,05; ** p < 0,005.

Damit wird deutlich, dass Konvertiten in Ost- und Westdeutschland mit sehr unterschiedlichen kirchlichen und religiösen Vorerfahrungen in Kontakt mit Kirche kommen und ihre Konversion erleben. Interessant ist nun, dass sich ost- und westdeutsche Konvertiten in Bezug auf ihr zivilgesellschaftliches Engagement als Indikator für ein bürgerschaftliches Milieu nicht unterscheiden. Unabhängig von kirchlichen und religiösen Erfahrungen in der Kindheit erreichen die evan-

---

[43] Die Operationalisierung bezieht sich auf die Beschreibung der präkonversiven Erfahrung in der Greifswalder Konversionstypologie (siehe Abschnitt 2.3). Dabei ist die Beschreibung der Konversionstypologie nicht mit ihrer Operationalisierung identisch, wie in einer Studie im Projekt „Erwachsen glauben" fälschlich angenommen (Projektbüro „Erwachsen glauben"/Arbeitsgemeinschaft Missionarische Dienste [AMD]/EKD-Zentrum Mission in der Region, Aufbruch in die Lebenswelten. Milieusensibles Marketing für Kurse zum Glauben in der Modellregion Heidelberg/Ladenburg-Weinheim. Projektabschlussbericht, Berlin/Dortmund 2012, 57). Dass Operationalisierung und Theorie zu unterscheiden sind, wurde oben bereits in Bezug auf Gert Gigerenzers wissenschaftstheoretischen Zugang erwähnt und soll hier nochmals verdeutlicht werden. Vgl. Huber, Stefan, Semantik.

gelischen Kirchen in Ost- wie in Westdeutschland ein bürgerliches Milieu. Dass unter den ostdeutschen Konvertiten mehr Männer sind, kann hier zunächst nur als Beobachtung formuliert, aber nicht begründet werden.[44]

Kirchliche Angebote und Konversionen in Ost und West

Danach befragt, welche kirchlichen Angebote von den befragten Konvertiten in Ost und West als relevant für ihren Konversionsprozess erachtet wurden, zeigen sich sowohl Gemeinsamkeiten als auch Unterschiede. In beiden Landesteilen empfanden die Konvertiten die folgenden ausgewählten kirchlichen Aktivitäten gleichermaßen relevant für ihren Konversionsprozess: Abendmahl, Fürbittangebot in der Kirche, Geburtstags- und Krankenhausbesuch, Gemeindefreizeit bzw. -rüstzeit, kirchliche Musikgruppe (Chor, Posaunenchor, Band), Konzertbesuch und Kirchentag.

Darüber hinaus gibt es allerdings konversionsrelevante kirchliche Aktivitäten, die statistisch bedeutsam zwischen Ost und West unterscheiden (vgl. Tabelle 2): Von Westdeutschen wurden die Anfrage zur ehrenamtlichen Mitarbeit, der Konfirmandenunterricht und der alternative Gottesdienst überdurchschnittlich häufig genannt. Dagegen gaben ostdeutsche Konvertiten überdurchschnittlich häufig traditionelle Gottesdienste, Glaubenskurse und eine Kirchenführung als bedeutsam an.

In Bezug auf Evangelisationsveranstaltungen ist interessant, dass zwar von Konvertiten in beiden Landesteilen gleichermaßen die Evangelisationsveranstaltung als bedeutsam für ihre Konversion angesehen wurde, allerdings waren es überdurchschnittlich mehr Ostdeutsche, die bei einer Evangelisationsveranstaltung dem „altar call" folgten, also dem Aufruf, für eine Glaubensentscheidung nach vorn zum Redner zu gehen.

---

[44]   Da hier Genderaspekte nicht Gegenstand des Aufsatzes sind, soll auch auf weiterführende Spekulationen verzichtet werden.

Tabelle 2: Vergleich zwischen ost- und westdeutschen Konvertiten in Bezug auf deren subjektiv wahrgenommene Bedeutsamkeit von ausgewählten kirchlichen Veranstaltungen für ihren Konversionsprozess

Variable	Ost (in %)	West (in %)
Grundverteilung	35	65
Anfrage, in der Kirche ehrenamtlich mitzuarbeiten**	28	72
Konfirmandenunterricht**	22	78
Alternativer Gottesdienst*	29	71
Traditioneller Gottesdienst*	37	63
Glaubensgrundkurs**	40	60
Kirchenführung**	47	53
Evangelisationsveranstaltung	33	67
Bei einer Evangelisationsveranstaltung nach vorn gehen*	43	57

Anm.: Fehlerwahrscheinlichkeit der statistisch bedeutsamen Unterschiede zwischen ost- und westdeutscher Teilstichprobe: *p < 0,05; ** p < 0,005.

Diese Kennwerte zeigen an, ob es eine Passung zwischen Interessen der Konvertiten und kirchlichen Aktivitäten gibt, die den Konversionsprozess gefördert hat. Hier gibt es offensichtlich kirchliche Aspekte, die unabhängig vom ost- und westdeutschen Kontext als hilfreich empfunden werden. Die oben aufgezählten Angebote von Abendmahl bis Kirchentag bezeichnen dabei vor allem kirchliche Aktivitäten, die gemeinsam als typisch für evangelisch-landeskirchliches Gemeindeleben bezeichnet werden können und meist auch bei knapper werdenden personellen und finanziellen Ressourcen aufrechterhalten werden. Sie bieten für potentielle Konvertiten Anknüpfungsmöglichkeiten an evangelisch-landeskirchliche Religionspraxis, unabhängig vom soziokulturellen Umfeld.

Anders ist es bei traditionellen und alternativen Gottesdiensten. Hier hat sich in Westdeutschland eine Tradition alternativer Gottesdienstangebote herausgebildet, die es so in Ostdeutschland nicht gibt. Dementsprechend greifen ostdeutsche Konvertiten vermehrt auf das Angebot traditioneller Gottesdienste zurück, während westdeutsche Konvertiten zwischen traditionellen und alternativen Gottesdienstformaten wählen können. Dabei sind alternative Gottesdienste eine tatsächliche Wahlalternative für westdeutsche Konvertiten und erhöhen die Angebotsvielfalt für den Kontakt zur Kirche und damit auch

für den Konversionsprozess.[45] Darüber hinaus wird durch die über-
durchschnittliche Nennung von Konfirmandenunterricht und Mitarbeit in der Kirche vonseiten westdeutscher Konvertiten deutlich,
dass in Westdeutschland volkskirchliches Gemeindeleben einen um-
fangreicheren Einfluss auf den Konversionsprozess haben kann als in
Ostdeutschland. Das weist aber auch auf eine stärkere Ehrenamtskul-
tur in westdeutschen Landeskirchen hin, da Konvertiten in beiden
Landesteilen gleichermaßen ehrenamtlich engagiert sind. In ostdeutschen Landeskirchen spielt die Anfrage zum ehrenamtlichen Engagement im Zusammenhang mit Konversionsprozessen allerdings eine
geringere Rolle. Auch die stärkere Bedeutung des Konfirmanden-
unterrichts in Westdeutschland kann mit der größeren kulturellen
Selbstverständlichkeit begründet werden, mit der die erwachsenen
Konvertiten in der Kindheit daran teilgenommen haben. Dafür ermöglichen Glaubenskurse und Kirchenführungen in Ostdeutschland
einen späteren und erstmaligen, sekundär sozialisierenden Zugang zu
Kirche und christlichem Glauben, wie er in Westdeutschland durch
andere kirchliche Aktivitäten bereits in der Kindheit ermöglicht wurde.[46]
Evangelisationsveranstaltungen gehören gleichermaßen zur ost- und
westdeutschen kirchlichen Konversionskultur. Allerdings wird am
„altar call" deutlich, dass ein Entscheidungsaufruf für ostdeutsche
Konvertiten mehr Relevanz bekommt, insbesondere, weil unter ihnen
überdurchschnittlich viele Lebenswendetypen sind.[47]

Soziokultureller Kontext und Konversion

Diese Schlaglichter zeigen die enge Verknüpfung von kirchlicher
Kultur, biographischen und persönlichen Voraussetzungen des Konvertiten, wobei beides vom soziokulturellen Kontext beeinflusst ist.
Um eine genaue Gewichtung dieser drei Aspekte zu bestimmen,
wären Daten einer weiterführenden Studie nötig. Was hier allgemein
als ost- und westdeutscher makrosoziologischer Kontext dargestellt
wird, kann vor Ort und im Einzelfall ganz anders aussehen. Hier soll
lediglich verdeutlicht werden, dass in einem Konversionsprozess

---

[45]   Vgl. darüber hinaus die Ausführungen zu Gottesdiensten in These 6 in Zimmermann, Johannes/Herbst, Michael/Schröder, Anna-Konstanze/Hempelmann, Heinz-
peter/Clausen, Matthias, Zehn Thesen zur Konversion, in: Zimmermann,
Johannes/Schröder, Anna-Konstanze (Hgg.), Wie finden Erwachsene zum Glauben?,
57-167, insbes. 118-126.
[46]   Vgl. auch Schröder, Anna-Konstanze, Die persönliche Konversionserfahrung.
[47]   Vgl. auch Schröder, Anna-Konstanze, Evangelisationsveranstaltungen in der
Wahrnehmung von Konvertiten. Eine empirische religionswissenschaftliche Prüfung
des Stereotyps „Evangelisation", ThBeitr 43 (2012), 369-380.

mehrere „Akteure" bedeutsam sind: die kirchliche Organisation, der Konvertit selbst und das soziokulturelle Umfeld.

5. Konversion in der Gegenwart für eine Kirche in der Zukunft – einige normative Schlussbemerkungen

Damit habe ich, wie eingangs erwähnt, ein Bild von Konversion, Kirche und Kontext entworfen, das nicht den Anspruch von wahrer Wirklichkeit erhebt. Und doch könnte die eine oder andere Aussage hierin eine richtige Aussage über den Forschungsgegenstand sein. Es ist nun nicht mehr die Aufgabe des empirischen Religionsforschers, Handlungsempfehlungen zu formulieren. Und doch kann sich die Autorin einiger handlungsrelevanter Schlussfolgerungen nicht enthalten. Die religionswissenschaftlichen Kollegen mögen es mir nachsehen – schließlich ist dies ein Text für eine theologische Programmschrift.

Die Stärke der Kirche in der Gegenwart liegt in ihrer Pluralität und Größe und organisationalen Vielfalt. Darin ist ein geradezu unüberschaubarer Möglichkeitsraum für die vielfältigen Anknüpfungen von Menschen auf dem Weg zu einem christlichen Glauben oder zu dessen (Wieder-)Entdeckung und Vergewisserung gegeben. Damit ist Kirche den unterschiedlichen soziokulturellen Kontexten gewachsen. Dass es Konversionen innerhalb und in die evangelischen Landeskirchen gibt, ist nicht zu bezweifeln. Diese zu fördern, ist auch Aufgabe kirchlicher Organisation und Leitung. Dass es hier bereits ein breites Nebeneinander an Konversionsverständnissen und konversionsförderlicher Praxis gibt, ist unbestreitbar.

Konversion gehört zu einer Kirche der Gegenwart und Zukunft wie das Amen in der Kirche – und zwar nicht, weil Konversionen notwendig sind, um christlichen Glauben in nachkirchlicher Zeit zu bewahren. Konversionen sind normaler Ausdruck christlichen Glaubens. Aufgabe von Kirche als einer Organisationsform ist es, hierfür möglichst vielfältige Zugänge zu ermöglichen.

Kurse zum Glauben in „Nullpunktsituationen"

Jens Monsees und Georg Warnecke

Kurse zum Glauben[1] haben Konjunktur. Und sie setzen Impulse, besonders in der Evangelischen Kirche in Deutschland, auch und vermehrt seit Beginn der EKD-Initiative ERWACHSEN GLAUBEN[2] im Jahr 2009. Was im Zusammenhang damit und mit der Rede von *Kirche in nachkirchlicher Zeit* nun mit „Nullpunktsituationen" gemeint ist, wird im ersten Abschnitt erläutert. Angesichts der mittlerweile großen Fülle an unterschiedlichen Kursmodellen, die durch die EKD-Initiative noch größer geworden ist, geht es nachfolgend um eine Bestimmung, was hier unter Kursen zum Glauben verstanden wird. Im darauf folgenden vierfachen Blick zurück „auf Anfang" wird versucht, dieses besondere Format kirchlicher Arbeit theologisch zu gründen. Daran anschließend werden einige Impulse für Kirche in nachkirchlicher Zeit beschrieben, die sich primär auf die gemeindekirchliche Ebene beziehen, bevor abschließend exemplarisch ein auf einen speziellen Kontext bezogenes Kursangebot in der Diakonie im Pommerschen Evangelischen Kirchenkreis als Kurs zum Glauben in einer Nullpunktsituation vorgestellt wird.[3]

---

[1] Die Bezeichnung *Kurse zum Glauben* im Gegenüber zur zuvor gebräuchlicheren und aus der Tradition des missionarischen Gemeindeaufbaus stammenden Bezeichnung *Glaubenskurse* folgt dem Sprachgebrauch der EKD-Initiative, die damit z. T. sehr verschiedenartiger Kursmodelle unter einem Begriff zusammenfasst.

[2] http://www.kurse-zum-glauben.de

[3] Im Unterschied zur jüngst erschienenen Monographie von Beate Hofmann, Sich im Glauben bilden. Ein Beitrag von Glaubenskursen zur religiösen Bildung und Sprachfähigkeit Erwachsener, Leipzig 2013, ist hier stärker die Ebene der Gemeinden bzw. der Diakonie im Blick. B. Hofmann hat Teilnehmende an Kursen in Dresden und Nürnberg befragt und untersucht insbesondere deren Perspektive unter den Aspekten *Teilnehmerstrukturen, Motive für die Teilnahme, Kursgestaltung und Kursgeschehen* und *Wirkungen,* bevor sie abschließend nach didaktischen Konsequenzen und dem Verhältnis von subjektorientierter religiöser Bildung und Mission fragt.

1. Nullpunktsituationen?

Chancen und Grenzen eines Begriffs

Wer über missionarische Impulse für Kirche nachdenkt, ihre Lage als eine in „nachkirchlicher Zeit" beschreibt und dazu von „Nullpunktsituationen" spricht, wirft Fragen auf: Soll angesichts kaum zu übersehender Bedeutungsverluste der letzten Jahrzehnte etwa ein Nullpunkt herbeigeredet werden, an dem sich die Kirche teilweise bereits befinde oder auf den sie sich zu bewege? Und beanspruchen die, die die nachkirchliche Zeit ausrufen, demzufolge, den Weg von derlei Nullpunkten wieder bergauf zu wissen? Dem ist zu entgegnen, dass die Lage der Kirche in ihrer derzeitigen sozialen Gestalt, der sichtbaren Kirche (ecclesia visibilis), nicht schlechter geredet werden soll, als sie ist, dass ihre Lage vor dem Hintergrund kultureller und gesellschaftlicher Veränderungen aber sehr wohl ehrlich wahrgenommen werden soll.[4] Denn als zeit- und kulturgebundener Ausdruck der Kirche Jesu Christi *muss* sie sich angesichts sich verändernder Rahmenbedingungen je und je neu konkretisieren, um ihren Auftrag erfüllen zu können. Dabei ist sie, wenn auch nicht zu trennen, so doch zu unterscheiden von der unsichtbaren oder verborgenen Kirche (ecclesia invisibils), verstanden als die *Gemeinschaft der Glaubenden,*[5] die nicht eindeutig bestimmt werden kann, da der je eigene Glaube des Einzelnen *für andere* nicht eindeutig erkennbar ist. Für sie einen Nullpunkt zu konstatieren, ist darum grundsätzlich nicht möglich.

Nimmt man die veränderten Rahmenbedingungen aber realistisch wahr, ist kaum zu leugnen, dass die Relevanz der Wirklichkeits- und Lebensdeutung durch die Kirche und den christlichen Glauben auf gesellschaftlicher Ebene nach wie vor zurückgeht und sich in einigen Regionen Deutschlands einem Nullpunkt nähert. So stehen den Kircheneintrittszahlen immer noch überwiegend höhere Kirchenaustrittszahlen gegenüber.[6] Der viel zitierte demographische Wandel kann also nicht die alleinige Ursache für den Rückgang an Mitgliedern und entsprechend an personellen und auch finanziellen Ressourcen in der Kirche sein. Keine zwei Drittel der deutschen Bevölkerung gehören noch einer christlichen Kirche an, kein Drittel der Evangelischen Kirche. Offensichtlich gibt es sie also – Nullpunktsituationen, in der Kirche und um sie herum.

---

[4] Dabei ist sie grundsätzlich positiv begriffen als „Rahmen oder Raum, in dem Menschen von Wortverkündigung und Sakramentsfeier so erreicht werden können, daß in ihnen Glaube geweckt wird." So Härle, Wilfried, Dogmatik, Berlin/New York ³2007, 574.

[5] A.a.O., 570f.

[6] http://www.ekd.de/statistik/mitglieder.html [zuletzt besucht am 05.03.2013].

Der Begriff „Nullpunktsituation" lässt sich im Blick auf Vergangenheit, Gegenwart und Zukunft der Kirche aber auch *theologisch* bedenken: Kann es einen solchen Nullpunkt an irgendeiner Stelle in der Geschichte der Kirche überhaupt geben? Kommen wir nicht als Kirche Jesu Christi vielmehr immer schon vom Nullpunkt des Kreuzes und der Auferstehung Jesu Christi her – dem absoluten Neueinsatz der Geschichte Gottes mit den Menschen? Im Rückblick dürfte darum keine kirchliche Situation so einzigartig sein, dass sie einen *absoluten* Nullpunkt markieren würde – trotz sicher vorhandener großer Wendepunkte und umfassender Neueinsätze.[7] So gilt nach wie vor: Uns Heutigen ist Kirche immer schon vorausgegangen und auch nach uns wird es, so Gott will, Kirche geben. Damit ist über den Fortbestand *derzeitiger* Gestaltungen und Ausdrucksweisen von Kirche jedoch noch gar nichts gesagt.[8]

So geht es im Folgenden auch nicht um *den* absoluten Nullpunkt, sondern um verschiedenartige „Nullpunkt*situationen*" – um Situationen also, in denen entweder etwas auf null zu stehen scheint oder in denen eine Neubestimmung unter Aufnahme des Bestehenden vorgenommen und damit ein Punkt markiert wird, von dem aus neu gerechnet wird und Neues beginnt. Solche Situationen gab und gibt es in unterschiedlichen Zusammenhängen, sowohl im Leben Einzelner als auch im Leben von Organisationen und Gemeinschaften. Die Kirche und die Menschen in ihr bilden da keine Ausnahme, ebenso wenig wie die, an die sie sich mit ihrer Botschaft von Christus dem Gekreuzigten und Auferstandenen und der darin aufscheinenden Liebe Gottes zu uns Menschen wendet.

„Echte" und „unechte" Nullpunktsituationen

Zum besseren Verständnis wird im Folgenden in „echte" und „unechte" Nullpunktsituationen unterschieden. *Konfessionslosigkeit* etwa ist

---

[7]   Trotz aller unbestrittenen Bedeutung der Reformation ist auch sie kein Neueinsatz im Sinne eines absoluten Nullpunktes. Die Bedeutung der Geschichte der Kirche Jesu Christi *davor* ist auch in ihrer Geschichte *danach* nicht aufgehoben. In diesem Sinne beschreibt Häuser, Götz, Einfach vom Glauben reden. Glaubenskurse als zeitgemäße Form der Glaubenslehre für Erwachsene, BEG 12, Neukirchen-Vluyn ²2010, 215-250, in einem Rückblick auf die Geschichte der Kirche drei Neueinsätze, in denen die Glaubenslehre für Erwachsene und ihre jeweils entsprechenden Formate eine besondere Bedeutung bekommen hatten, indem er an das Erwachsenenkatechumenat in der Alten Kirche, an die Katechismen Luthers und an die „Neubesinnung auf die Glaubenslehre in der Bekennenden Kirche", 240, erinnert.

[8]   Nach evangelischem Verständnis im Gefolge von CA VII und auch CA XV ist die Kirche hinsichtlich ihrer konkreten Ausgestaltung ausgesprochen flexibel, was in manchen Diskussionen um Rechtsformen und Strukturen in der Kirche bisweilen aus dem Blick zu geraten scheint.

demnach eine *echte Nullpunktsituation*, individuell wie strukturell. In Ostdeutschland besonders ausgeprägt, aber beileibe nicht mehr nur dort, gibt es viele Menschen, die keinerlei Verbindung mehr zur Kirche haben und auch keiner anderen Religionsgemeinschaft angehören. Sie sind jedoch nicht einfach als kritisch-atheistisch zu bezeichnen, sondern eher als religiös völlig indifferent.[9] Aus der Perspektive der Kirche sind sie Menschen, die den christlichen Glauben betreffend quasi auf null stehen, weil es keinerlei Kenntnisse (mehr) gibt, außer z. B. der Hochschätzung der Musik J. S. Bachs oder der Wahrnehmung der Kirchengebäude im Stadtbild. Man besucht sie im Urlaub oder bei historischem Interesse, hat aber keinerlei inhaltliche Beziehung zu dem, was Menschen dort tun und mit ihrem Gott und miteinander erleben. Oder aber man hat sich bislang dort hinein nicht eingeladen gefühlt. Der Alt-Bischof der ehemaligen Evangelischen Kirche der Kirchenprovinz Sachsen, Axel Noack, bringt die so skizzierte Situation auf die Formel: „Die Menschen haben vergessen, dass sie Gott vergessen haben"[10].

Auch *strukturell* gibt es Nullpunktsituationen, z. B. in Stadtvierteln in ostdeutschen Städten wie etwa Bergen-Rotensee auf Rügen oder in Dresden-Neustadt.[11] Sie sind auf der Ebene der kirchlichen Verwaltung zwar noch einer Parochie zugeordnet, überwiegend aber leben

---

[9]   Dazu Tiefensee, Eberhard, Chancen und Grenzen von „Mission" – im Hinblick auf die konfessionelle Situation in den neuen Bundesländern, in: Bartels, Matthias/Reppenhagen, Martin (Hgg.), Gemeindepflanzung – Ein Modell für die Kirche der Zukunft?, BEG 4, Neukirchen-Vluyn 2006, 68-85. Er weist darauf hin, dass dem Christentum besonders in Ostdeutschland längst nicht mehr nur Atheisten gegenüberstehen, die sich davon bewusst abgewandt haben. Vielmehr konstatiert er ein hohes Maß an dezidierter Areligiosität, 68, und stellt fest: „Wir treffen hier auf die weltweit relativ einmalige und kirchengeschichtlich erstmalige Situation eines areligiösen Milieus, das uns analytische und dann auch pastorale Aufgaben stellt, die (...) nur schwer abzuschätzen sind." Vgl. dazu auch Schlegel, Thomas, *Mission im Osten Deutschlands und das Problem des Anknüpfungspunktes*, in diesem Band, 117ff., der die hier angedeutete Lage ausführlicher und mithilfe religionssoziologischer Erkenntnisse beschreibt.

[10]   Zitat nach: Vorländer, Karin, Depressionen überwinden. Christen im Osten Deutschlands sind noch auf der Suche nach ihrer Zukunft, in: Rheinischer Merkur Nr. 18/2000, 25. Vgl. auch Haseloff, Reiner, in: http://www.fuehrungskraeftekon gress.de/lesenswertes/interviews/einen-sonntag-ohne-gottesdienst-wuerde-ich-nicht-aushalten.html [zuletzt besucht am 05.03.2013]: „Die meisten Nicht-Christen sind aber keine Atheisten. Den entschiedenen Atheisten gibt es hier im Osten genauso selten, wie es Christen gibt. Die meisten Leute hier sagen eher: ‚Ich bin gar nischt.' Das bedeutet einfach: Man ist nicht organisiert, weder in der Kirche noch in einer Partei oder einem Verband. Man ist nichts – für viele Ostdeutsche heißt das: Ich bin normal."

[11]   Vgl. dazu Moldenhauer, Christiane/Warnecke, Georg (Hgg.), Gemeinde im Kontext. Neue Ausdrucksformen gemeindlichen Lebens, BEG Praxis, Neukirchen-Vluyn 2012, 26-34 und 118-123.

dort Menschen, die zu großen Teilen nicht mehr auf den bisherigen kirchlichen Kommunikationswegen vom Angebot der Liebe Gottes erreicht werden. Dies bedeutet jedoch nicht, dass sie grundsätzlich kein Interesse für den Glauben entwickeln könnten, dass ihre offensichtliche Distanz das Ergebnis einer bewusst getroffenen Entscheidung wäre oder dass ihnen das Evangelium nicht gilt. Zudem sind sie auch nicht einfach nur selbst Schuld daran, dass sie die Botschaft von der Liebe Gottes nicht ergreifen. Sie müssen sie ja erst einmal hören können.

„Unechte" Nullpunktsituationen sind demgegenüber solche, in denen nach einer Bestandsaufnahme eine grundlegende Neubestimmung vorgenommen wird. Dabei ist klar, dass es ein Vorher gibt, von dem man her kommt, dass zugleich aber die bisherige Geschichte nicht mehr bruchlos in die Zukunft fortgeschrieben werden kann, weil die alten Orientierungen immer weniger helfen, sodass ein Neueinsatz nötig ist. Auch solche Situationen gibt es in der Kirche.

Es gibt sie *bei Einzelnen*, die in bestimmten Lebenssituationen herausgefordert werden, sich den Fragen des Glaubens im Leben noch einmal neu zu stellen.[12] Es gibt sie auch *in Gemeinden*, die sich neu auf die Grundlagen des Glaubens besinnen und dabei oft schmerzlich erkennen, dass Wandel nötig ist, weil die bisherigen Erfahrungsräume des Glaubens nicht mehr allen helfen, den Glauben zur Sprache zu bringen, zu entdecken und einzuüben. Wesentliches Wissen des Glaubens tritt im Getriebe des Alltags und des normalen von einer funktionierenden pastoralen Grundversorgung bestimmten Gemeindelebens in den Hintergrund und kann oft nur noch mühsam abgerufen werden. Wenn eine Gemeinde dann erkennt, dass sie sich nicht mehr entwickelt, dem aber zu begegnen versucht, kann dies zu einer „Nullpunktsituation" werden.

Es gibt solche Situationen aber auch *in der Kirche als Ganzer*, deren Lage zunehmend als nachkirchlich bezeichnet werden kann: Die Kirche erscheint zwar überwiegend noch in ihrer traditionellen Gestalt, ist zugleich jedoch auch durch einen deutlichen Rückgang ihrer gesellschaftlichen Prägekraft, durch nachhaltige Traditionsabbrüche und Relevanz-Verluste des Glaubens bestimmt. Hinzu kommen massive inhaltliche Anfragen, in einigen Teilen Deutschlands erhebliche Marginalisierungsvorgänge, ein hohes Ausmaß an die Kirche umgebender Konfessionslosigkeit sowie eine innerkirchliche Verunsicherung über künftig zu beschreitende Wege. So ist die Einsicht gewach-

---

[12]   Dies entspräche dem Typ Vergewisserung in der Greifswalder Konversionstypologie. Vgl. dazu Zimmermann, Johannes/Schröder, Anna-Konstanze (Hgg.), Wie finden Erwachsene zum Glauben? Einführung und Ergebnisse der Greifswalder Studie (= WfEzG), BEG Praxis, Neukirchen-Vluyn 2010, 52-54 und 69-82.

sen, dass es immer wieder um die grundlegenden Fragen des Glaubens geht, dass Kirche ohne Mission nicht zu denken ist und dass viele alte Wege der Weitergabe des Glaubens der Ergänzung bedürfen. Denn auch in dieser Lage haben viele Menschen die grundlegenden Fragen des Lebens und des Glaubens ja nicht ad acta gelegt. Viele sind nach wie vor auf der Suche nach Antworten auf die Fragen nach dem *Woher, Wohin* und *Wozu* des Lebens.

Auch die so beschriebene Lage der Kirche lässt sich somit als Nullpunktsituation verstehen. Denn die Räume, in denen eigene Erfahrungen im Glauben gemacht und Antworten formuliert werden können, müssen anders gestaltet sein, weil die vertrauten Muster der Gestaltung kirchlichen Lebens vielen Menschen nicht mehr einsichtig sind. Ganz neu ist diese Situation nicht. So brachte es der damalige Schriftführer der Bremischen Evangelischen Kirche, Louis-Ferdinand von Zobeltitz, bereits zu Beginn des neuen Jahrtausends auf den Punkt: „In einer Gesellschaft, in der Golgatha für eine Zahncreme gehalten wird, kann die Kirche nicht auf Mission verzichten."[13] Und auch nicht, so ist hinzuzufügen, auf Formate und Angebote wie Kurse zum Glauben, die die Chance bieten, das Evangelium hören und entdecken, sich in einige seiner grundlegenden Vollzüge einüben und schließlich seiner Beziehung zu Gott in Jesus Christus Ausdruck verleihen zu können.[14]

Hinzu kommt, dass Menschen in der Postmoderne nach allgemeiner Wahrnehmung in ihrem Habitus stark individualistisch sind. Sie wollen selbst über Zeit, Art und Ort der Räume bestimmen, in denen sie bereit sind, Erkundungen im Land des Glaubens zu machen und möglicherweise eigene Antworten auf die werbende Liebe Gottes zu geben. Dafür bedarf es Formen, die ihren individuellen Bedürfnissen Rechnung tragen, und geschützte Räume, die ihnen auf einem gemeinsamen Weg den Dialog mit Wegbegleitern über eigene Fragen und Antworten ermöglichen. Denn Prozesse erscheinen in der Postmoderne mindestens so wichtig wie ihre etwaigen Ergebnisse. So ist auch die Begegnung kirchlicher und nichtkirchlicher Lebenswelten eine Nullpunktsituation, wo in Erfahrungsräumen des Glaubens Neues entstehen kann und muss, wenn es zu echten Begegnungen beider Lebenswelten gekommen ist.

---

[13]   Frankfurter Rundschau vom 6. November 2000.

[14]   Darauf, dass bereits Helmut Thielicke vor einigen Jahrzehnten, bis heute aktuell, die „Dringlichkeit der Glaubenslehre für Erwachsene herausgestellt und von eigenen Versuchen berichtet hat, im Hamburger ‚Michel' Kurse zu Grundfragen des Glaubens anzubieten" weist Häuser, Einfach vom Glauben reden, 92, hin und zitiert Thielicke wie folgt: „Wir müssten Glaubensschulen für Erwachsene einrichten! Das ist das Thema Nr. 1 der Kirche... wir müssen das Hausbrot des Katechismus verteilen – Grundlagen, immer wieder Grundlagen!"

2. Kurse zum Glauben

In ihrer Teilhabe an der *missio Dei*[15] hat die Kirche den Auftrag, den Glauben zu verkündigen und Menschen in die Nachfolge Jesu Christi in der Gemeinschaft der Glaubenden einzuladen. Folglich *hat* nicht die Kirche eine Mission, vielmehr ist sie Ausdruck der Mission *Gottes* in diese Welt. Nimmt man nun den *Sendungs*auftrag Jesu in Matthäus 28, 18-20 ernst, verbindet sich damit ein *Bildungs*auftrag, der sich nicht allein auf Schule und Konfirmandenunterricht beschränken darf.[16] Vielmehr gilt es, auch Erwachsene neu in den Blick zu nehmen und ihnen in bestimmten Formaten Erfahrungsräume des Glaubens zu öffnen.

Von den Anfängen bis zur EKD-Initiative Erwachsen glauben

Eine Möglichkeit zur Öffnung neuer Erfahrungsräume in Gemeinden und an anderen kirchlichen Orten, in denen die Kirche ihrem Wesen und Auftrag entsprechend den Glauben neu zur Sprache bringen kann und in denen Menschen aus der Mitte der Kirche, von ihrem Rand oder von außerhalb Entdeckungen mit dem Glauben machen und sich in Grundvollzüge einüben können, sind seit einigen Jahrzehnten *Kurse zum Glauben*. Eine neue Aufmerksamkeit bekamen sie durch die EKD-Initiative ERWACHSEN GLAUBEN, die seit 2011 an die Öffentlichkeit getreten ist und zum Ziel hat, Kurse zum Glauben zu einem Markenzeichen der Evangelischen Kirche in Deutschland und zu einem Regelangebot in Kirchengemeinden und an kirchlichen Orten zu machen.[17]

Die Idee für solche Formen ist nicht neu – schon das Taufkatechumenat der Alten Kirche bot sie. In den letzten 30-40 Jahren aber sind sie gewissermaßen wieder neu entdeckt worden, und zwar in Form von unterschiedlich akzentuierten Kursen zum Glauben. Sie heißen

---

[15] Zur Entwicklung des Missionsbegriffs, seiner veränderten Rezeption in Kirche und Theologie in den letzten Jahrzehnten und seinem mehrdimensionalen Verständnis vgl. den Beitrag von Reppenhagen, Martin, *Mission – Vom Streitfall zum Leitbegriff kirchlichen Handelns* in diesem Band, 103ff.

[16] In diese Richtung weisen auch die Ergebnisse der Greifswalder Konversionsstudie *Wie finden Erwachsene zum Glauben?*, die Menschen befragt hat, die *von sich* sagen, dass sie als Erwachsene eine Glaubensveränderung erlebt haben. Für 65,8 % der Befragten waren im Verlauf dieser sich z. T. über längere Zeiträume erstreckenden Veränderungen des Glaubens auch Kurse zum Glauben (dort als ‚Glaubenskurse' bezeichnet) ein wichtiges Element auf dem Weg ihrer persönlichen Veränderung. Siehe dazu WfEzG, 129-139.

[17] Vgl. Arbeitsgemeinschaft Missionarische Dienste (Hg.), Erwachsen glauben. Missionarische Bildungsangebote. Grundlagen – Kontexte – Praxis, Gütersloh 2011 [= Handbuch Erwachsen glauben], 8.

Cursillo, Grundkurs des christlichen Glaubens, Spur 8, Alpha, Emmaus oder *Stufen des Lebens*, um nur einige zu nennen.[18] Sie verbreiten sich zunehmend in christlichen Gemeinden, weil sie einen geistlichen Weg anbieten, auf dem Glauben eingeübt und ausprobiert werden kann, und zugleich dem Bedürfnis nach selbstbestimmtem Lernen Raum geben.

Eine Auswahl von 9 Kursen unterschiedlicher Akzentuierung und unterschiedlichen Umfangs findet sich im *Handbuch Erwachsen glauben*, das im Rahmen der EKD-Initiative an viele Pfarrämter in den evangelischen Landeskirchen verschickt wurde. Die Kurse haben ein missionarisches Profil, genügen zugleich den Standards der Erwachsenenbildung[19] und sollen Kursanbietern und Mitarbeitenden einen Überblick verschaffen und ihnen Hilfestellungen bei der Auswahl eines Kursmodells an ihrem Ort und für bestimmte Zielgruppen und Milieus bieten.[20] Zugleich stehen die ausgewählten Kursmodelle beispielhaft für solche, für die neben theologischen Intentionen und didaktischen Aspekten auch vier unterschiedliche *Lernfelder* (Lehre –

---

[18] Vgl. dazu Häuser, Einfach vom Glauben reden, der die Geschichte von Kursen zum Glauben mit vielen Beispielen nachzeichnet. Siehe auch Sautter, Jens Martin, Spiritualität lernen. Glaubenskurse als Einführung in die Gestalt christlichen Glaubens, BEG 2, Neukirchen-Vluyn ³2008, der fünf verbreitete Kursmodelle einer eingehenden Untersuchung unterzieht.

[19] Siehe dazu Wilsdorf, Heike/Niedernolte, Wilhelm, „Standards für Religiöse Bildung aus Sicht der Deutschen Evangelischen Arbeitsgemeinschaft für Erwachsenenbildung (DEAE)", in: http://www.erwachsenenbildung-ekhn.de/fileadmin/er wachsenenbildung/001_Religioese_Bildung/Standards_fuer_Religioese_Bildung.pdf [zuletzt besucht am 05.03.2013], nach denen religiöse Bildung neben der Theologie auch Erziehungswissenschaft und Erwachsenenpädagogik einzubeziehen hat. 2. Darüber ist sie an der Lebenswelt der Teilnehmenden orientiert und bietet an, was ‚lebensdienlich' ist. Sie ist subjektorientiert, reflexiv und ergebnisoffen (3), diskurs- und prozessorientiert (4), nicht manipulierend (5), und dazu lebenskompetenzerweiternd (7). Vgl. auch Hofmann, Beate, Erwachsen glauben, in: Zimmermann, Johannes (Hg.), Darf Bildung missionarisch sein? Beiträge zum Verhältnis von Bildung und Mission, BEG 16, Neukirchen-Vluyn 2010, 106, und besonders Krause, Burghard, Glaubenskurse als missionarisches Bildungsangebot – Plädoyer für neue Korridore zwischen Bildung und Mission, in: Darf Bildung missionarisch sein?, 79-93, der beide Perspektiven aufeinander bezieht und Kurse zum Glauben als gutes Beispiel dafür versteht, 93, „dass sich eine bildungsoffene Mission und eine missionsoffene Bildung in kreativer Weise miteinander verbinden lassen."

[20] Zur Milieuperspektive in der Arbeit mit Kursen zum Glauben vgl. Handbuch Erwachsen glauben, 84-122, und die den im Handbuch vorgestellten Kursmodellen, 124-179, jeweils zugeordnete Beschreibung entsprechender milieuspezifischer Aspekte, sowie die Auswertung eines Modellprojekts zum milieusensiblen Marketing für Kurse zum Glauben in den badischen Kirchenkreisen Heidelberg und Ladenburg-Weinheim: Arbeitsgemeinschaft Missionarischer Dienste (AMD)/Projektbüro „Erwachsen glauben"/EKD-Zentrum Mission in der Region (Hg.), Aufbruch in neue Lebenswelten. Milieusensibles Marketing für Kurse zum Glauben in der Modellregion Heidelberg/Ladenburg-Weinheim, Berlin/Dortmund 2012.

Glaube und Verstehen; *Gemeinde* – Glauben und Gemeinschaft; *Alltag* – Glauben und Leben; *Liturgie* – Glauben und Beten) beschrieben werden.[21] Sie machen zum einen deutlich, dass es in missionarischen Bildungsprozessen nicht nur um die Frage geht, *was* geglaubt und damit auch gelernt wird. Vielmehr geht es sowohl darum, *wie* der Glaube im alltäglichen Leben (Alltag) gestaltet werden kann und wie Räume geöffnet werden können, die Erfahrungen ermöglichen, als auch darum, *wie* christliche Lebenspraxis und der Kontakt zu Gott kennengelernt und eingeübt werden können (Liturgie). Zum anderen zeigt sich, dass christlicher Glaube nie nur ein individualisiertes Geschehen ist, sondern „immer auch Zugehörigkeit zur christlichen Gemeinde"[22] bedeutet (Lernfeld Gemeinde). Als weiterer wichtiger Aspekt kommt die *Inszenierung von Antworten* hinzu, verstanden als sichtbarer Ausdruck von möglichen im Kursverlauf wahrnehmbaren Veränderungen bei Teilnehmenden, der auf unterschiedliche Weise liturgisch gestaltet sein kann.[23]

Vielfältig geäußerte Erfahrungen in der praktischen Arbeit mit Kursen zum Glauben zeigen, dass die im Handbuch zur Auswahl gestellten Kurse, mit denen sich z. T. bereits langjährige Erfahrungen verbinden, oftmals dazu führen, dass Teilnehmende die so eröffneten Räume gern nutzen und anschließend manchmal sogar mehr wissen wollen. Diejenigen Teilnehmenden, die aus der Mitte der Gemeinden kommen, erneuern und vertiefen ihr Glaubenswissen und verknüpfen ihre Lebenserfahrungen neu mit dem Glauben. Die anderen, die aus eher kirchenfernen Bereichen kommen, stellen häufig erstmals eine solche Verbindung ihrer Lebenserfahrungen mit dem christlichen Glauben her. Beide aber bilden im Kursgeschehen eine Weggemein-

---

[21] Handbuch Erwachsen glauben, 45-47 und jeweils bezogen auf die einzelnen Kursmodelle, 130-179. Ihren Ursprung hat die Beschreibung der Lernfelder bei Sautter, Spiritualität lernen, 64-78 und 97-109. Vgl. auch Ders., „erwachsen glauben" – Missionarische Bildungsangebote als Kernaufgabe der Gemeinde, epd-Dokumentation 31/2008, 9: „Menschen fragen heute nicht nur: ‚Was glaubt ihr eigentlich?' Die Frage lautet eher: ‚Wie lebt man, wenn man das glaubt, was ihr glaubt?' Die Frage richtet sich auf die im Glauben implizierte Lebensdeutung und Lebensgestaltung."

[22] Ebd. Das Verständnis von Gemeinde beschränkt Sautter hier zu Recht *nicht* auf die parochiale Struktur: „Dabei ist Gemeinde zu verstehen als konkret erfahrbare, soziale Wirklichkeit (‚Wo zwei oder drei...'), die nicht an eine Parochie gebunden ist." Anders Häuser, Einfach vom Glauben reden, 58f und besonders 299f, der unter Gemeinde primär die Parochie versteht.

[23] Sautter, Spiritualität lernen., 107-109 und 315-324. Vgl. auch Sautter, Jens Martin, „erwachsen glauben", 10: Es gehe, so Sautter, um die Antwort des Menschen auf die erfahrene Anrede Gottes an ihn, die sachgemäß liturgisch inszeniert wird: „Denn Christlicher Glaube ist in seinem Kern ein Vertrauen, die Beziehung zu einem anderen, und dies wird in der Liturgie unmittelbar deutlich." Vgl. auch Handbuch Erwachsen glauben, 62-66 und bei den jeweiligen Kursbeschreibungen 130-179.

schaft. Und für beide ist der Kurs zum Glauben eine Sprachschule, weil sie darin unterstützt werden, etwas zu entdecken und auszudrücken, was bislang vielleicht eher unentdeckt und nicht ausdrücklich gewesen ist. So verwundert es auch nicht, wenn Kurs-Teilnehmende, die sich ihres Glaubens vergewissert haben, sich nach dieser positiven Erfahrung z. B. stärker in der Gemeinde engagieren und ihren Glauben bewusster leben als zuvor.

Im Laufe der Jahre ist eine Vielzahl unterschiedlicher Kursangebote und Modelle entwickelt worden. Die EKD-Initiative hat diesen Trend noch weiter verstärkt. Zudem ist sie ein Impuls gewesen, stärker zu bedenken, wie Kursangebote insbesondere für Zielgruppen und Milieus gestaltet sein müssen, die mit den bislang vorhandenen und bewährten Modellen nicht erreicht werden. Durch die mittlerweile große Anzahl von Kursformaten hat sich eine gewisse Unübersichtlichkeit ergeben, sodass sich noch einmal zu fragen lohnt:

Was sind Kurse zum Glauben und was nicht?

Nach wie vor hilfreich in dieser Frage sind die Überlegungen von Götz Häuser, der das Besondere von Kursen zum Glauben im Miteinander ihres zentralen *Inhalts* des christlichen Glaubens, von dem selbstverständlich auch an anderen Stellen in der Kirche die Rede ist, und der *Form*, in der er in einem Kurs zur Sprache kommt, sieht.[24] Er schlägt sechs zentrale Merkmale vor, die die besondere Form solcher Kurse kennzeichnen:[25] Da die verschiedenen Einheiten aufeinander aufbauen, geht es für die Beteiligten *erstens* um eine *Verbindlichkeit auf Zeit*, aus der sie nach Ende des Kurses ohne Verpflichtungen entlassen werden. Kurse zeichnen sich *zweitens* durch eine *klare Konzeption* aus und folgen meist einem mehr oder weniger festen Plan, der jedoch Spielräume und Gestaltungsmöglichkeiten lässt. Es geht *drittens* um eine *gemeinschaftliche Leitung und Durchführung* im Zusammenspiel von theologisch und/oder pädagogisch ausgebildeten und anderen Mitarbeitenden und auch der Teilnehmenden. Zudem eignet den Kursen *viertens* ein Miteinander von *Vortrag und*

---

[24] Häuser, Einfach vom Glauben reden, 93. Vgl. auch 19, wo er Glaubenskurse bestimmt als „befristetes Kursprojekt, bei dem die wesentlichen Inhalte des christlichen Glaubens im Zuge mehrerer Kurseinheiten in einer festen Teilnehmergruppe vorgestellt und im Gespräch erörtert werden, wobei neben referierenden und diskursiven Elementen auch gemeinsame geistliche Erfahrungen eine Rolle spielen können." – Ähnlich definiert Sautter, Spiritualität lernen, 110, Kurse zum Glauben: „Es handelt sich um eine zeitlich begrenzte, aus mehreren aufeinander folgenden Einheiten bestehende Veranstaltung, in der erwachsene Menschen sich mit Grundfragen christlichen Lebens und Glaubens und zu Erfahrungen im Zusammenhang mit dem Glauben eingeladen werden."

[25] Häuser, Einfach vom Glauben reden, 94f.

Gespräch, sodass neben informativen auch diskursive Elemente zum Tragen kommen, die Möglichkeiten zu Austausch und kritischer Rückfrage bieten. Des Weiteren gehört *fünftens Spiritualität* als existenzieller und sichtbarer Ausdruck gelebten Glaubens dazu, zum einen in der jeweiligen Person der Kursverantwortlichen, zum anderen im (probeweisen) Vollzug geistlicher und liturgischer Praktiken und Übungen bzw. im Hinweis auf sie. Schließlich ist *sechstens Gemeinschaft* ein wichtiges Merkmal von Kursen zum Glauben für Erwachsene, und zwar als beispielhaft erfahrene und zunächst befristet gelebte christliche Gemeinschaft.[26]

Demzufolge sind weder Seminare, die vor allem Informationen geben wollen und sowohl das Moment der Spiritualität als auch die exemplarische Erfahrung von christlicher Gemeinschaft als auch die Möglichkeit einer Antwort zum Glauben ausblenden, Kurse zum Glauben im beschriebenen Sinn, noch lockere Gesprächsrunden in Cafés und Kneipen, bei denen sich die Themen im Verlauf des jeweiligen Gesprächs ergeben. Diese Unterscheidung bedeutet jedoch keine Abwertung, sondern lediglich eine Differenzierung.

Zudem sind Kurse zum Glauben keine Methode kirchlicher Arbeit, bei der das Ergebnis als in jedem Fall erreichbares Lernziel schon im Voraus feststehen könnte und am Ende eines Kurses der Glaube bei den Teilnehmenden in womöglich ganz bestimmter Ausprägung geweckt sei. Darauf ist vielfach hingewiesen worden, oftmals unter Bezugnahme auf die reformatorische Grundeinsicht, dass Glaube Geschenk und Gabe Gottes ist.[27] Wenn im Anschluss an Römer 10, 17 der Glaube aus der Predigt und das heißt *aus dem Hören* kommt, dann bieten Kurse zum Glauben besonders für Erwachsene jedoch einen sehr guten Raum, „sich in die Hörweite des Wortes zu begeben, das die Weckung des Glaubens verheißt."[28]

---

[26] Als weiterer wichtiger Faktor für die Gestaltung von Kursen zum Glauben ist das Moment der *Gastfreundschaft* zu nennen, gleichsam als konkret gestaltete und spürbare Gemeinschaft.

[27] So bei Sautter, Spiritualität lernen, 41. Aus diesem Grund unterscheidet er Spiritualität als die lern- und gestaltbare Außenseite des von Gott geschenkten Glaubens von diesem selbst. Doch auch wenn Glaube nicht gelernt werden kann, gehört das Lernen zum Glauben dazu. Vgl. Sautter, Spiritualität lernen, 22. Ähnlich Hofmann, Beate, Erwachsen glauben, 94f; oder Krause, Burghard, Glaubenskurse, 85-87; auch Schweitzer, Friedrich, Wenn Erwachsene sich taufen lassen. Religiöse Bildung als Begleitung individueller Glaubenswege, ThB 44 (2013), 19, hat jüngst noch einmal feststellt, „dass eine kirchliche Unterweisung im Glauben keineswegs auf jeden Fall oder gar mit Sicherheit tatsächlich auch zu dem gewünschten Ergebnis führt."

[28] So die schöne Formulierung bei Härle, Dogmatik, 70. Ob aus dieser Bewegung in die Hörweite des Wortes Gottes, so Härle weiter, ein ‚in-der-Tiefe-angerührt-sein' werde, habe folglich niemand in der Hand. Dies könne nur erhofft werden.

Mit der Tatsache, dass der Glaube Geschenk und Gabe Gottes und darum nicht machbar ist, korrespondiert, dass missionarische Bildungsprozesse in Kursen zum Glauben ein Dialog- und ein Weggeschehen sind, in dem sich Druck und Manipulation verbietet. Vielmehr sind sie bewusst gestaltete Räume, in denen die Beteiligten die Möglichkeit haben, in evangelischer Freiheit (neue) Entdeckungen im Glauben zu machen. Es können aber auch explizite Antworten formuliert und bewusste Entscheidungen für ein Leben in einer lebendig gestalteten Beziehung zu Gott, der sich in Jesus Christus offenbart hat, getroffen werden. Oder zu all dem kommt es gerade nicht. Da diese Freiheit konstitutiv ist, kann man von einer *Ergebnisoffenheit*[29] missionarischer Bildungsprozesse in Kursen zum Glauben sprechen, insofern offenbleiben muss, *ob* Menschen in solchen Prozessen zu einer lebendigen Glaubensbeziehung zu Gott in der Nachfolge Jesu Christi und damit zu einer eigenen Antwort auf die Anrede Gottes kommen oder ob sie es nicht tun. Dass Menschen in die Gottesbeziehung hineinfinden und zu einer eigenen Antwort kommen, ist die Hoffnung und insofern auch das intendierte Ergebnis eines missionarischen Bildungsprozesses, das dann aber nicht als eines von vielen möglichen Ergebnissen gleichrangig neben diesen anderen steht.[30]

3. „Alles auf Anfang!"

Jeder, der schon einmal einen Neueinsatz vollzogen hat, weiß, dass man meist nicht noch einmal exakt bei einem Anfangspunkt einsetzen kann. Dennoch geht der Blick in besonderen Situationen oftmals zurück, man besinnt sich der Anfänge. „Alles auf Anfang" also auch in Nullpunktsituationen und im Zusammenhang der Arbeit mit Kursen zum Glauben? Ja, denn der Blick zurück eröffnet den Blick für mögliche Wege in Gegenwart und Zukunft. So geht es im Folgenden um eine *vierfache theologische Rück-Besinnung.*

---

[29]   So Krause, Glaubenskurse, 87f, der aber deutlich darauf hinweist, dass mit Ergebnisoffenheit in kirchlichen Bildungsprozessen nicht eine „intentionsfreie Bildung" gemeint sei: „Alle ernst zu nehmende Bildung hat Intentionen. Aber sie geschieht zugleich in dem Bewusstsein, dass das von ihr Intendierte nicht erzwingbar ist." Da sowohl der sich bildende Mensch in seiner Freiheit als auch Gott in seinem Wirken ein Geheimnis bleiben, sei „die Ergebnisoffenheit missionarischer Bildungsangebote ... daher nicht nur anthropologisch, sondern zugleich auch pneumatologisch begründet."
[30]   Herbst, Michael, Bildsame Mission – Missionarische Bildung?, in: Zimmermann, BEG 16, Neukirchen-Vluyn 2010, 123, betont ebenfalls: „Dass ein Mensch dann wirklich glaubt, ist uns entzogen; es ist Gottes Gabe und Geschenk." Im Unterschied zu B. Krause spricht er statt von Ergebnisoffenheit im oben beschriebenen Sinn jedoch lieber von *Ergebnisunsicherheit.*

Der Blick zurück auf Jesus – „Bei Jesus in der Lehre sein"

Zunächst geht der *Blick zurück auf Jesus* und auf die Art und Weise, wie seine Jünger in der Gemeinschaft mit ihm gelernt haben. Götz Häuser verwendet dafür das schöne Bild vom „in die Lehre gehen"[31] – ein Sprachgebrauch, der noch heute in der Ausbildung in Handwerksberufen üblich ist. Der Vergleich zeigt, dass es nicht darum geht, die Lehre Jesu zu *haben*, sie sich also anzueignen und dann darüber zu verfügen. „Nicht Jesu Lehre *haben*, sondern in der Lehre Jesu *sein*, darauf kommt es an"[32] im Geschehen eines Kurses zum Glauben.

Dieser Blick zurück macht deutlich, dass es um ein Lernen in der personalen Gemeinschaft mit Jesus und in der Gemeinschaft mit den anderen „Lehrlingen" geht. Glaube in der Nachfolge Jesu Christi ist somit Glaube in dieser doppelten Gemeinschaft und ohne sie letztlich nicht zu denken. Schon die Jünger Jesu bewegten sich damit im *Lernfeld Gemeinde/Gemeinschaft*. Zudem waren die Jünger in ihrer „Lehrzeit" buchstäblich mit Jesus unterwegs, sind gemeinsame Wege gegangen und haben dabei auch alltägliches Leben geteilt. So haben sie auf dem Weg Erfahrungen auch im *Lernfeld Alltag* gemacht. Sie haben dabei erfahren, dass Glaube in der Nachfolge Jesu ein Weggeschehen ist, ein Prozess mit Höhen und Tiefen, eine transformierende Glaubensreise.[33] Sie haben Jesus aber auch im Gebet erlebt und in gottesdienstlichen und liturgischen Vollzügen. Sie haben Hilfen für die Begegnung mit Gott bekommen (Matthäus 6, 5-15) und konnten so im *Lernfeld Liturgie* lernen. Und immer wieder haben sie durch Gespräche und Fragen, durch Begegnungen mit Gegnern und deren Überzeugungen gelernt, haben sich also im *Lernfeld Lehre* bewegt.

All das war jedoch offenbar manches Mal weniger nachhaltig und eher begrenzt, wenn die Jünger trotz der Nähe zu Jesus und der vielfältigen Erfahrungen, die sie haben machen können, doch offenbar auch Grundlegendes *vor* Kreuz und Auferstehung noch nicht verstanden hatten.[34] An dieser Stelle zeigt der Blick auf Jesus und die Jünger,

---

[31]   Häuser, Einfach vom Glauben reden, 46.

[32]   Ebd.

[33]   Häuser, Einfach vom Glauben reden, 44f: „Glauben lernen ist ein höchst dynamischer *Prozess* und keineswegs, wie zuweilen befürchtet, ein dröges Wiederkäuen überkommener Formeln, sondern ,ein Lernen auf dem Wege', nämlich auf dem Weg des Glaubens." Von daher bekommt es sein Gepräge, da der Glaube „ein sich immerfort erneuerndes Geschehen ist, das aus dem personalen Gegenüber zwischen dem einen, festen Grund und Gegenstand des Glaubens – Jesus Christus – und der in stetiger Veränderung begriffenen Person des Glaubenden erwächst."

[34]   So etwa in der dritten Leidensankündigung im Lukasevangelium (Lk 18, 34). Schon hier zeigt sich das in den letzten Jahren im Zusammenhang der Gemeindeentwicklung und auch der Arbeit mit Kursen zum Glauben viel zitierte „belonging

die „bei ihm in der Lehre waren", auch, dass ein Begreifen und Verstehen dessen, was Glaube in der Nachfolge Jesu bedeutet, nicht ohne das Kreuz und die Auferstehung zu haben sind. Alles in allem haben sie auf ihrem Weg in der Gemeinschaft mit Jesus das grundsätzliche Angesprochen-Sein des Menschen durch den sich nach ihm sehnenden und sich ihm in Jesus Christus nahenden Gott erfahren. Und schließlich gab es Momente, in denen sie geantwortet haben, in denen sie auf das Angerufen-Sein durch Gott in Jesus antworten konnten. So fragt Jesus im Johannesevangelium (Joh 6, 67-69), ob denn auch die Jünger die Beziehung zu ihm aufgeben und weggehen wollen, wo es doch so viele andere tun. Und Petrus antwortet stellvertretend für die Jünger: *Herr, wohin sollen wir gehen? Du hast Worte des ewigen Lebens. Und wir haben geglaubt und erkannt: Du bist der Heilige Gottes.*

Folgt man dem Bild des Handwerks (in der Lehre sein), ist damit auch das Moment des Übens angesprochen, das auch für Kurse zum Glauben und ihrem Weggeschehen auf einer persönlichen Glaubensreise wichtig ist und das z. B. in der monastischen und mystischen Tradition des christlichen Glaubens eine reiche Geschichte hat.

So ist es von zentraler Bedeutung, in Kursen Räume zu öffnen, in denen ein Lernen und Üben in der Gemeinschaft der Weggefährten und eine Begegnung bzw. die Gemeinschaft mit Jesus als dem Meister möglich sein kann. Ob sie sich tatsächlich ereignet, liegt nicht in unserer Hand. Dieses Wissen wehrt einerseits Verdächtigungen gegenüber Kursveranstaltern, sie wollten erzwingen, was nicht machbar ist. Andererseits bewahrt es vor falschen Ansprüchen, Erwartungen und Machbarkeitsphantasien von Kursverantwortlichen an sich selbst und kann sie insofern entlasten und damit zugleich bereit machen, sich kritischen Nachfragen und Auseinandersetzungen zu öffnen.

Zurück zur Taufe – Der Zusammenhang von Taufe und Lernen

„*Was kommt nach der Taufe?* ", fragt Friedrich Schweitzer jüngst in einem Aufsatz über „religiöse Bildung als Begleitung individueller Glaubenswege"[35] und stellt fest, dass auf die Taufe nicht mehr wie in

---

before believing", insofern die Jünger sich von Jesus haben rufen lassen und so zu ihm gehörten, ohne jedoch schon alles verstanden zu haben und ohne bereits von Beginn an eine unverbrüchliche Vertrauensbeziehung zu ihm zu haben. Schon sie durften Lernende auf dem Weg sein.

[35] Schweitzer, Wenn Erwachsene sich taufen lassen, 21. Noch zugespitzter formuliert Herbst, Bildsame Mission, 117: „Mission hat ihr Ziel nicht erreicht, wenn Konversion stattgefunden hat als Übergang vom ,einst' zum ,jetzt' im Akt der Taufe." Er

früheren Zeiten nahezu automatisch ein christliches Leben folgt und es darum nötig sei, „sich gemeinsam Gedanken über das Leben *nach* der Taufe zu machen."[36] Zum Auftrag Jesu (Matthäus 28, 18-20), der nach wie vor fester Bestandteil der Taufliturgie ist, gehört ja in der Tat auch das ‚Lehren' hinzu. Dies gilt zum einen trotz ihrer offenbar nur begrenzten Reichweite für die gewissermaßen nachgeholte Lehre in der Konfirmandenzeit und zum anderen für die Taufe Erwachsener, die inzwischen nicht nur im Osten Deutschlands mit seinem höheren Anteil an Konfessionslosen häufiger vorkommt.

Vor allem aber ist der Zusammenhang von *Taufe* und *Lernen* in den immer noch volkskirchlich und durch die überwiegende Praxis der Kindertaufe geprägten Bereichen der Kirche ganz grundsätzlich von Wichtigkeit. Nach reformatorischem Verständnis kommt es darauf an, die eigene Taufe für sich anzunehmen, also vertrauend zu *glauben*, dass mit ihr die Zusage von Vergebung, Erlösung und vom Leben in Gottes Ewigkeit über dem eigenen Leben ausgesprochen ist.[37] Diese Annahme der eigenen Taufe ist ein andauernder Prozess,[38] dessen Stationen je nach Lebensphase und -alter unterschiedlich aussehen. Offenbar sind auch viele Menschen *in* den Gemeinden dankbar, wenn sie in diesem Prozess Hilfen an die Hand bekommen, besonders wenn das Nachdenken über die Bedeutung der Taufe für ihr Leben erstmals wieder seit langem erfolgt. „Alles auf Anfang" in der Arbeit mit Kursen zum Glauben im Zusammenhang der Taufe bedeutet dann, dass dieses Grunddatum christlicher Existenz für Kursteilnehmende wieder in den Blick kommt. Dabei geht es um den Anfang, den Gott mit Menschen macht oder schon gemacht hat und der in der Taufe seinen sicht- und spürbaren Ausdruck bekommt. Dies gilt, wenn Kursteilnehmende die Taufe noch vor sich haben, und ebenso, wenn sie sich ihrer, vielleicht schon vor langer Zeit erfolgten, Taufe erneut vergewissern. In vielen Kursen spielt dieser Aspekt eine wichtige Rolle, sodass irgendwann in seinem Verlauf die Taufe oder

---

fragt dann, ähnlich wie Schweitzer, weiter (118): „ Was müssen wir tun, damit dieser anfängliche Glaube bestehen und wachsen kann?"

[36]   Schweitzer, Wenn Erwachsene sich taufen lassen., 21. Ob in früheren Zeiten nach der Taufe automatisch ein entsprechendes christliches Leben folgte, das, wie immer es bestimmt war, prägende Kraft für das ganze Leben hatte, scheint doch fraglich.

[37]   Vgl. die Frage in Luthers Kleinem Katechismus im vierten Hauptstück, BSLK, 515, 36 - 516, 2: „Was gibt oder nützet die Taufe?" Und die Antwort lautet: „Sie wirkt Vergebung der Sünden, erlöset vom Tod und Teufel und gibt die ewige Seligkeit allen, die es glauben, wie die Worte und Verheißung Gottes lauten."

[38]   So auch Grethlein, Christian, Christsein-lernen heute, in: Zimmermann, BEG 16, 39: „Vielmehr vollzieht sich Christsein als ein lebenslanger Prozess der Aneignung des von Gott geschenkten Lebens. Dass dieses über den biologischen Tod hinausreicht, wird bereits in der Taufe symbolisch kommuniziert."

eben die Tauferinnerung bzw. Taufvergewisserung eine Möglichkeit der Inszenierung einer Antwort des Glaubens ist.[39]

Zurück in die erste Zeit der Kirche – Das Erwachsenenkatechumenat

Als Wolfgang Huber 1998 in seinem Buch *Kirche in der Zeitenwende* u. a. über die Bildungsverantwortung der Kirche und den Zusammenhang von Glauben und Bildung nachdachte, benannte er auch die Gemeinden als Orte der Wahrnehmung kirchlicher Bildungsverantwortung. Er plädierte dafür, die verschiedenen Ansätze gemeindlicher Bildungsbemühungen (Arbeit mit Kindern und Jugendlichen, Familienbildungsarbeit, Erwachsenenbildung, Seniorenarbeit) zusammenwirken zu lassen „in einer Erneuerung des Katechumenats als einer zentralen Dimension gemeindlicher Bildungsverantwortung. Der Weg zum Glauben muß ebenso als Bildungsaufgabe verstanden werden wie das Bleiben und Wachsen im Glauben."[40] Mit diesen viel zitierten Worten Hubers geht der Blick zurück zum Anfang missionarischer Bildungsbemühungen in der Kirche. Der Begriff Katechumenat bezeichnet in altkirchlicher Zeit den Weg des Christwerdens in der Vorbereitung auf die Taufe. Er bestand aus vier unterschiedlichen Phasen und erstreckte sich über einen mehr als dreijährigen Zeitraum.[41] Schon dies zeigt, dass eine Rückbesinnung auf diesen Weg

---

[39]   Vgl. Sautter, Spiritualität lernen, 320, der die Aufgabe betont, angemessene Liturgien eines spirituellen Neuanfangs zu entwickeln und darauf zu achten, „dass dabei immer der Bezug zur Taufe hergestellt wird. Denn sie ist das Grundritual christlicher Initiation, die grundlegende ‚Inszenierung des Anfangs' – wenn auch nicht unbedingt (im Fall der Säuglingstaufe) die Inszenierung der menschlichen *Antwort.*" Demzufolge führe eine Antwort des Glaubens in einem Kurs zum Glauben auf die Taufe hin oder beziehe sich auf die bereits erfolgte Taufe.

[40]   Huber, Wolfgang, Kirche in der Zeitenwende. Gesellschaftlicher Wandel und Erneuerung der Kirche, Gütersloh 1998, 295.

[41]   Diese vier Phasen finden sich in der Ende des 2. Jahrhunderts entstandenen Traditio Apostolica: Die *erste, präkatechumenale Phase* bedeutete eine erste Begegnung sowohl mit dem Evangelium als auch mit dem gelebten Glaubenszeugnis von Christen. Schon hier ging es um die Reue über Sünden, den Glauben an die Kirche als Lehrerin der Wahrheit und um ein gewandeltes Leben. Es folgte die *zweite, dreijährige Phase im Status der Katechumenen* mit der Verpflichtung zur Gottesdienstteilnahme bis zum jeweiligen Beginn der Eucharistiefeier. Kurz vor der Taufe in der Osternacht begann die *dritte Phase der intensiven spirituellen Vorbereitung auf die Taufe* und der Prüfung des Lebenswandels. Nach der Taufe begann die *vierte Phase der Verinnerlichung und Vertiefung des neuen Lebens im Glauben.* So Tebartz van Elst, Franz P./Fischer, Balthasar, Art. Katechumenat I. Historisch, LThK 5, Freiburg im Breisgau ³2009, 1318-1322. Vgl. auch Grethlein, Christian, Art. Katechumenat I. Allgemein, RGG⁴, Tübingen 2001, 868-870, der darauf hinweist, dass der Begriff des Katechumenats nach Jahrhunderte langem Wegfall im 19. Jahrhundert wieder aufgenommen wurde, „jetzt aber für das erzieherische und unterrichtliche Handeln an bereits getauften Heranwachsenden." Zudem konstatiert er, dass seit etwa zwanzig

nicht in bloßer Wiederholung bestehen kann, sondern sich auf das zugrunde liegende Motiv der Begleitung Erwachsener auf ihrem Weg zur Taufe und zum Leben in vertieftem Glauben und in der Gemeinschaft der Glaubenden beziehen muss.[42]
Auf den Anfang missionarischer Bildungsbemühungen im altkirchlichen Katechumenat zu blicken, bedeutet dann zum einen zu realisieren, dass es für erwachsene Menschen – am Anfang oder bereits auf dem Weg ihrer Glaubensreise – hilfreich und gut sein kann, wenn sie auf verlässliche Art und Weise und in besonderen, geschützten Erfahrungsräumen bei den für sie jeweils wichtigen Schritten auf dem Weg begleitet werden. Zum anderen bedeutet eine Orientierung am altkirchlichen Katechumenat, wirklich damit zu rechnen, dass es Erwachsene gibt, in Kursen oder außerhalb davon, die ein echtes Interesse an Fragen des Glaubens haben, bei denen man aber zugleich nur wenig und zunehmend, je nach Region, auch gar nichts mehr an Kenntnissen über den Glauben voraussetzen kann. Kirche in unserer Zeit muss jedoch zugleich ernst nehmen und darf sich nicht damit zufriedengeben, dass auch viele Getaufte nur wenig über die Grundlagen ihres Glaubens wissen und darum Mühe haben, sich ihre eigene Taufe immer wieder neu anzueignen und aus der Zusage ihrer Taufe zu leben. So können Kurse zum Glauben verstanden werden als eine *Erneuerung des Katechumenats* – des verlässlichen, geregelten und nachvollziehbaren Weges der Einübung in das Christsein für Erwachsene. Sie *können*, gerade in der immer größer werdenden Vielfalt ihrer Angebote und Formate, für viele Menschen, die auf der Suche sind, ein guter *möglicher* Weg sein, wenn auch sicher nicht für alle.[43]

Zurück zu evangelischen Wurzeln – Das allgemeine Priestertum

Der vierte Blick zurück richtet sich in evangelischer Perspektive auf die Reformation und ihre Wiederentdeckung des *allgemeinen Priestertums*. Dabei ging es jedoch nicht um die eher vordergründige Beteiligung an Aufgaben und Privilegien, die bislang dem Priester

---

Jahren u. a. durch die gewachsene Zahl von ungetauften Erwachsenen wieder vom Katechumenat als Vorbereitung auf die Taufe gesprochen werde.

[42]　Zur Wiederentdeckung des altkirchlichen Katechumenats im Nachgang zum Zweiten Vatikanischen Konzil besonders in der katholischen und daran anschließend dann auch in der anglikanischen Kirche vgl. Sautter, Spiritualität lernen, 111-113, der darauf hinweist, dass diese Rückbesinnung im Hintergrund der Entwicklung etlicher Kurse zum Glauben gestanden hat.

[43]　Darum ist bei aller Wertschätzung dieses Blickes zurück auf den Anfang des altkirchlichen Katechumenats Herbst, Michael, Bildsame Mission, in: Zimmermann, BEG 16, 129, zuzustimmen, wenn er darauf hinweist, dass Kurse zum Glauben „demnach (nur) *eine, wenn auch eine besonders interessante Variante* des Katechumenats" sind.

vorbehalten waren, sondern um die grundlegende theologische Bestimmung des einzelnen Menschen als gottunmittelbar und von Gott gerechtfertigt, sodass er der priesterlichen Vermittlung des Heils nicht mehr bedarf. Das Bemühen Luthers und seiner Mitstreiter um die Übersetzung der Schrift und ebenso die Abfassung der Katechismen, verbunden mit dem Bestreben, die allgemeine Bildung durch Einrichtung von Schulen zu fördern,[44] hatte demzufolge dann auch maßgeblich zum Ziel, eigenständiges Wissen um die zentralen Inhalte des Glaubens erwerben und bedenken zu können. Vor allem aber sollte die Schrift als die unbestrittene Grundlage des Glaubens in der eigenen Sprache gehört und gelesen werden können und sie damit überhaupt erst zugänglich gemacht werden. Die vielzitierte *Sprachfähigkeit im Glauben*, die es in unserer Zeit zunehmend wieder oder auch überhaupt erst zu erlangen gilt, hat in diesem reformatorischen Bemühen ihre Voraussetzungen. Kurse zum Glauben haben sich als probates Mittel erwiesen, eben diese Sprachfähigkeit zu fördern, indem sie sowohl in den Glauben einführen und entsprechendes Wissen anbieten – z. B. in der in vielen Kursmodellen fest verankerten Beschäftigung mit der Bibel – als auch Möglichkeiten der Einübung in das Leben als Christ zur Verfügung stellen.

Kurse zum Glauben gehen in dieser Hinsicht aus gutem Grund „auf Anfang" und rücken damit zentrale Anliegen des Glaubens, die gerade in der Reformation neu entdeckt wurden, wieder in den in den Mittelpunkt.[45] Dass diese „Anliegen des Anfangs" in konkreten Kursangeboten in Auseinandersetzung mit den Menschen und den Themen der Zeit erfolgen und je aktuell formuliert werden müssen, versteht sich von selbst. Wird mit dem allgemeinen Priestertum ernst gemacht, resultiert daraus nicht nur eine Stärkung des Einzelnen, sondern auch die der Gemeinde als Ganzer. Ihr gilt als Gemeinschaft der zum allgemeinen Priestertum berufenen Glaubenden in der Nach-

---

[44] Siehe dazu den Hinweis bei Häuser, Einfach vom Glauben reden, 234, auf Luthers Schriften An die Ratsherren aller Städte deutschen Landes, dass sie christliche Schulen aufrichten und halten sollen von 1524 oder Eine Predigt, dass man Kinder zur Schule halten solle von 1530. Häuser weist ferner auf die Bedeutung der „Hausväter" für den Katechismus-Unterricht hin und wertet diese als „im Sinne des Allgemeinen Priestertums, eine ihnen vorher so nicht zugestandene Verantwortung und Würde."

[45] Wenn die Kirche in diesem Sinne die zentralen Anliegen des Glaubens wieder verstärkt in den Mittelpunkt rückt, dann zeige sich, so Häuser, Einfach vom Glauben reden, 89f, „ob es der Kirche mit ihrem häufigen Rekurs auf das Allgemeine Priestertum wirklich ernst ist und ob ihr an der viel beschworenen Mündigkeit der Glaubenden tatsächlich etwas liegt, an ihrer Sprachfähigkeit in Glaubensdingen, aber auch an ihrer Mitsprache und gegebenenfalls an ihrem Einspruch."

folge Jesu der Auftrag aus Matthäus 28, hinauszugehen und alle Völker *zu taufen* und sie *zu lehren*, was er ihnen befohlen hat.[46]

4. Impulse durch Kurse zum Glauben für Kirche in nachkirchlicher Zeit

„Es passiert etwas! – Kurse zum Glauben zeigen erkennbare Wirkungen für die Gemeindeentwicklung." So lautet eine These der empirischen Untersuchung zur Bedeutung von Kursen zum Glauben für die Entwicklung von Gemeinde und Kirche, die am IEEG in Greifswald durchgeführt wurde.[47] Sie beschreibt erste Auswirkungen der Arbeit mit Kursen zum Glauben in Gemeinden und an anderen kirchlichen Orten. *Welche Impulse können Kurse zum Glauben also für Kirche in nachkirchlicher Zeit im oben beschriebenen Kontext geben?*[48]
Mögliche Impulse werden auf verschiedenen Ebenen wirksam, die sich jedoch nicht vollständig trennen lassen: bei einzelnen Teilnehmenden, in Gemeinden und bei ihren Mitarbeitenden und darüber hinaus auf der Ebene der Kooperation mehrerer Gemeinden in einer wie auch immer bestimmten Region. Sollen Kurse zum Glauben aber missionarische Impulse für die Kirche geben, gilt es, zuerst auf der *Ebene der Gemeinde* und insbesondere ihrer Leitung anzusetzen. Dort wird in der Regel die Entscheidung für die Durchführung eines Kurses getroffen (der dann auch auf anderen Ebenen zum Impulsgeber werden kann).[49] Darum liegt im Folgenden der Schwerpunkt auf der Ebene der Gemeinde.

---

[46] Auf den Rückbezug auf das Katechumenat der Alten Kirche, auf grundlegende Anliegen der Reformation und auf den Zusammenhang von beiden mit der Taufe als Grunddatum aller christlichen Existenz verweist auch Grethlein, Christian, Christsein-lernen heute, in: Darf Bildung missionarisch sein?, 41: „In einer Situation, in der das Christsein nicht selbstverständlich ist – wie in der Alten Kirche – und in der es um eine inhaltliche Vergewisserung geht – wie in der Reformation –, spielt die Taufe eine hervorragende Rolle für eine missionarisch ausgerichtete Kirche."
[47] Monsees, Jens/Witt, Carla J./Reppenhagen, Martin, Gemeinden auf Kurs. Ergebnisse einer empirischen Untersuchung zur Bedeutung von Kursen zum Glauben für die Entwicklung von Gemeinde und Kirche, Greifswald 2012 (= *Gemeinden auf Kurs*). Die Untersuchung stellt einen ersten Schritt der Erforschung der Bedeutung von Kursen zum Glauben für die Gemeindeentwicklung dar, dem in Zukunft weitere Forschungen folgen müssen.
[48] Härle, Wilfried u. a., Wachsen gegen den Trend. Analysen von Gemeinden, mit denen es aufwärts geht, Leipzig 2008, sieht Kurse zum Glauben geradezu als Wachstumsimpuls sowohl in qualitativer als auch in quantitativer Hinsicht. Zwanzig der von ihm untersuchten wachsenden Gemeinden arbeiten mit Kursen zum Glauben.
[49] Kurse zum Glauben – das ist *ein* Effekt der EKD-Initiative – finden auch an anderen kirchlichen Orten statt und können dort Impulse für die Kirche setzen. Hier geht es jedoch primär um die Gemeinde als Ort der gelebten gemeinschaftlichen

Impulse für den Blick nach außen

Der Blick richtet sich zunächst *nach außen* zu denen, die bislang nicht zur Gemeinde dazugehören, die sich an ihrem Rand aufhalten oder die tatsächlich noch nie etwas vom Evangelium haben hören können. Schon dieser Blick ist ein Impuls, weil er zu einer genaueren Wahrnehmung sowohl der anderen „da draußen" als auch der Gemeinde und ihrer einzelnen Mitglieder führt. Es stellen sich Fragen, zunächst hinsichtlich der Außenperspektive: *Wer sind die anderen, was wissen wir von ihnen, kennen wir sie eigentlich? Was ist ihnen wichtig, wie leben sie und woran leiden sie? Welche Sprachspiele beherrschen ihr Leben und aus welchen Milieus kommen sie?*[50] *Warum kommen sie nicht zu uns und nehmen nicht an unseren Angeboten teil, was hindert sie oder stößt sie gar ab? Warum erreichen wir sie nicht mit der Botschaft des Evangeliums? Haben wir sie auf eine gute Weise angesprochen, um sie geworben und wollten wir sie eigentlich wirklich erreichen?*[51] *Oder aber gibt es hier vielleicht auch Grenzen, die wir, wenn wir ehrlich sind, zumindest momentan gar nicht überschreiten können?*[52] Diese Fragen liegen allesamt eher im Vorfeld eines Kurses zum Glauben, wenn damit Menschen in Distanz zur Kirche eingeladen werden sollen. Darauf ehrlich zu antworten, ist schon ein starker Impuls für eine genauere Wahrnehmung sowohl des die Kirche umgebenden Kontextes als auch der eigenen inneren

---

Nachfolge, die hier aber nicht – und das ist wichtig – mit der Parochie gleichgesetzt ist, sondern viele unterschiedliche Ausdrucksformen haben kann.

[50]   Gerade die Milieuperspektive als Sehhilfe für Konzeption, Werbung und Durchführung von Kursen zum Glauben, vgl. Handbuch Erwachsen glauben, 84-122, und die Beschreibung der jeweiligen Milieuaspekte zu den einzelnen Kursmodellen, ist eine Besonderheit der EKD-Initiative, die in ihrem Potenzial sicher noch nicht ausgeschöpft ist. Wie damit umfassend und in regionaler Kooperation gearbeitet werden kann, zeigt die Auswertung eines Modellprojekts in der Evangelischen Kirche in Baden: Arbeitsgemeinschaft Missionarische Dienste (AMD)/Projektbüro „Erwachsen glauben"/EKD-Zentrum Mission in der Region (Hgg.), Aufbruch in neue Lebenswelten. Milieusensibles Marketing für Kurse zum Glauben in der Modellregion Heidelberg/Ladenburg-Weinheim, Berlin/Dortmund 2012.

[51]   Macht man sich das aufwändig gestaltete Werbekonzept der EKD-Initiative ERWACHSEN GLAUBEN zu eigen, dann werden Kurse zum Glauben zu einem Impuls, sich auf neue professionell gestaltete und ggf. regional verantwortete Art und Weise nach außen zu wenden und, besonders in den Städten, Gruppen von Menschen zu erreichen, die sich auf den herkömmlichen kirchlichen Kommunikationswegen kaum noch ansprechen lassen. Vgl. Handbuch Erwachsen glauben, 12f und 16-20.

[52]   Huber, Wolfgang, Du stellst meine Füße auf weiten Raum, Eröffnungsvortrag der EKD-Zukunftswerkstatt in Kassel 2009, in: Kirchenamt der EKD (Hg.), Kirche im Aufbruch. Schlüsseltexte zum Reformprozess, Leipzig 2012, 249-251, mahnt den nötigen „Ausgang aus den mentalen Gefangenschaften unserer Kirche" und spricht von der sozialen „Gefangenschaft im eigenen Milieu", die es schwer mache, Menschen anderer gesellschaftlicher Gruppen zu erreichen.

Bestimmtheit und Prägung einer Gemeinde oder eines kirchlichen Ortes.

Von veränderter Außenwahrnehmung zur genaueren Binnensicht

Fragt man jedoch weiter, dann schwenkt der Blick von außen mehr und mehr *nach innen: Was würden die Menschen von außerhalb unserer Gemeinde wahrnehmen, wenn sie tatsächlich kämen? Und wenn sie kämen, was würden wir von ihnen erwarten? Müssten sie so werden wie wir oder sind wir bereit, uns gemeinsam mit ihnen auf neue Wege zu machen?*[53] *Was sollen sie bei uns entdecken können und welche Hilfen und Erfahrungsräume bieten wir ihnen dafür? Und welche Motive leiten uns wirklich in der Ansprache von Außenstehenden?*[54] All diese Fragen betreffen im Wesentlichen die Kultur einer Gemeinde (Umgang miteinander, Gastfreundschaft, Übereinstimmung von Anspruch und Wirklichkeit, u. a. m.), also das, was Menschen, die von außen in ein soziales Gefüge hineinkommen, oft viel genauer spüren. Und sie betreffen einen grundlegenden Wechsel der Perspektive, nämlich von einem primär und oft genug ausschließlich nach innen gerichteten Blick zu einem bewusst nach außen gerichteten, der dann wiederum die Binnenwahrnehmung verändert.

Nun lässt sich der unter einer neu gewonnenen Außenperspektive veränderte Blick nach innen noch einmal in zwei unterschiedliche Richtungen beschreiben, in eine eher auf den *Inhalt des Glaubens* bezogene und eine eher *organisatorisch* bestimmte Richtung, auch wenn sich beides nicht völlig voneinander trennen lässt:

Impulse nach innen und der Inhalt des Glaubens
Die Beschäftigung mit dem Thema Kurse zum Glauben in einer Gemeinde kann auf den *Inhalt des Glaubens* bezogene Klärungen fördern. Wenn über die Durchführung eines Kursangebotes entschieden werden soll und man sich darum mit verschiedenen Kursmodellen und ihren unterschiedlich akzentuierten Inhalten beschäftigt, bietet dies für einen Kirchenvorstand (Presbyterium oder Kirchgemeinde-

---

[53]   Vgl. dazu Emeis, Dieter, Art. Erwachsenenkatechese, LThK 3, Freiburg im Breisgau ³2009, 840: „In der Begegnung mit den Getauften sind die Katechumenen nicht nur Empfänger, sondern auch die Gebenden, von denen Impulse zur erneuten Bekehrung derer ausgehen, die schon zur Kirche gehören."
[54]   Die Studie Gemeinden auf Kurs, 19-23, hat gezeigt, dass als Motiv für die Durchführung von Kursen zum Glauben, übereinstimmend in Ost- und in Westdeutschland, das Glaubensthema eine herausgehobene Rolle spielt, etwa im Unterschied zu einer auf Steigerung oder Stabilisierung von Mitgliederzahlen gerichteten Motivation. Mehr als 80 % stimmen stark oder sehr stark der Formulierung zu, es gehe in einem Kurs zum Glauben darum, zum Glauben einzuladen oder im Glauben zu ermutigen.

rat) die Chance, sich selbst mit den Themen eines Kurses zu beschäftigen. In der Vorbereitung eines Kurses öffnet sich dann auch für die beteiligten Mitarbeitenden ein Raum, in dem sie sich neu den zentralen Fragen des Glaubens stellen und sich auf den verschiedenen Lernfeldern eines Kurses bewegen können und der grundsätzlich offen ist für mögliche adäquate Inszenierungen von Antworten des Glaubens bzw. für mögliche Formen seiner Vergewisserung.

Will man nun bewusst Menschen einladen, die sich bislang in Distanz zur Gemeinde und möglicherweise auch zu zentralen Inhalten des Glaubens befinden, wagt man also den bewussten und ehrlichen Blick nach außen, dann kann sehr nachdrücklich die nach innen gerichtete Frage auftauchen, *was* man denn eigentlich *selbst* glaubt, *warum* man es tut und *wie* es sich damit lebt: *Was bedeutet uns eigentlich die Taufe?*[55] *Welche Bedeutung haben für mich Gebet und Bibel? Was erlebe ich im Gottesdienst und welche Rolle spielt mein Glaube im Alltag? Kann ich Auskunft geben über die Hoffnung, von der ich lebe?* Weil es in Kursen zum Glauben um zentrale Inhalte des Glaubens geht, kommen diese in einer Gemeinde sowohl bei Einzelnen als auch in der Gemeinde als Ganzes wieder verstärkt in den Blick. Es öffnen sich Räume, um die Sprachfähigkeit im Glauben neu zu erlernen oder zu erweitern und wieder oder auch neu zu entdecken, was christliche Existenz in der gemeinschaftlichen Nachfolge aktuell (angesichts der Gegenwart und für sie) und kontextuell (angesichts des konkreten Umfelds und für dieses) bedeutet.

Wird in einer Gemeinde auch nach innen kommuniziert, dass es in einem Kurs zum Glauben um zentrale Fragen des Glaubens geht, werden im Kreis der Teilnehmenden zunächst auch etliche sein, die der Gemeinde nicht fernstehen, obwohl man mit einem konkreten Kursangebot vielleicht eher Außenstehende hatte erreichen wollen.[56] In der Studie *Gemeinden auf Kurs* hat sich genau dieses Bild

---

[55] Ein Beispiel: Die Mitglieder eines Kirchenvorstandes beschäftigen sich, angestoßen durch das Jahr der Taufe und Überlegungen, wie man mit Erwachsenen über die Taufe ins Gespräch kommen könnte, mit der Frage, was ihnen die eigene Taufe bedeutet. Sie haben nach den eigenen Taufsprüchen geforscht, tauschen sich angeregt über deren Bedeutung aus und entdecken, welche Auswirkungen die in der eigenen Taufe über ihrem Leben ausgesprochene Zusage Gottes in ihrem Alltag für sie haben kann. Anschließend ist man sich einig, dass die Beschäftigung mit diesem Thema sehr gut getan habe und man froh sei, dass man nicht schon wieder nur über administrative und strukturelle Fragen hatte reden müssen.

[56] Vgl. dazu Finney, John, Wie Gemeinde über sich hinauswächst. Zukunftsfähig evangelisieren im 21. Jahrhundert, BEG Praxis, Neukirchen-Vluyn 2007, 96f, der die Erfahrung beschreibt, dass der Anteil an kirchendistanzierten Teilnehmenden sich um so mehr erhöht, je häufiger und regelmäßiger Kurse zum Glauben angeboten werden. Ähnliche Erfahrungen gibt es auch in Deutschland.

gezeigt:[57] 63,7 % der Gemeinden hatten Kirchendistanzierte und 39 % Konfessionslose im Blick. Dieser deutlichen Tendenz steht jedoch gegenüber, dass die Gemeinden zu 42,4 % die Kirchennahen und zu 39,9 % auch die ehrenamtlich Mitarbeitenden im Blick hatten. Da hier mehrere Antworten möglich waren, zeigt sich ein doppelter Blick, sowohl nach außen als auch nach innen: Gemeinden, die zu Kursen zum Glauben einladen, richten den Blick nach außen und versuchen Menschen zu erreichen, die sich bislang in Distanz zu Kirche und Gemeinde befanden. Sie haben aber offenbar zu einem nicht unerheblichen Teil auch Kirchennahe und auch Mitarbeitende im Blick, wenn sie ein Angebot planen und dazu einladen. Ist dies nicht zufällig, zeigt sich hier, dass Gemeinden Kurse zum Glauben als Impuls nutzen, die zentralen Themen des Glaubens nach außen *und* innen (neu) zu kommunizieren.

Das Bild der Teilnehmenden veränderte sich in dieser Stichprobe jedoch, als die Gemeindeleitungen nach ihrer Einschätzung der Zusammensetzung der Teilnehmer gefragt wurden: Etwa 30 % gehören zur Gruppe der Kirchenfernen und sind entweder konfessionslos (11 %) oder kirchendistanziert (19 %). 43 % sind kirchennah und 27 % kommen aus der Gruppe der Ehrenamtlichen. Daran zeigt sich: Kurse zum Glauben setzen Impulse für die Beschäftigung mit zentralen Glaubensfragen nach innen *und* nach außen. Sie sind offenbar in einem *hohen Maß* für Kirchennahe und Mitarbeitende und in einem *beachtlichen Maß* auch für Kirchendistanzierte interessant.[58] Der hohe Wert an kirchennahen Teilnehmenden zeigt somit, dass es auch *in* den Gemeinden einen großen Bedarf nach einem Veranstaltungsformat gibt, das dem (anfänglichen) Verstehen und Kennenlernen des Glaubens und der Möglichkeit der Einübung in einige seiner Grundvollzüge Raum gibt. Menschen, die der Gemeinde gerade *nicht* fernstehen, haben das Bedürfnis, den Glauben neu und besser kennenzulernen und sprachfähiger im Glauben zu werden, und das mit einem missionarischen Format, das ausdrücklich auch dem Glauben fernstehende Lernfelder öffnen will.[59]

---

[57] Vgl. zum Folgenden: Monsees u. a., Gemeinden auf Kurs, 43–46. Eine gute Zusammenfassung der wichtigsten Ergebnisse findet sich bei Herbst, Michael, Gemeinden auf Kurs. Ergebnisse einer empirischen Untersuchung zur Bedeutung von Kursen zum Glauben für die Entwicklung von Gemeinde und Kirche, in: epd-Dokumentation 8/2013, 8–15.

[58] Das Maß, in dem mit einem Kursmodell bestimmte Teilnehmenden-Gruppen erreicht werden, hängt sicher auch von der Auswahl des Formates und von der Zielrichtung von Werbung und Einladung zu einem Kurs ab.

[59] Aus der Attraktivität von Kursen zum Glauben für Kirchennahe ist keinesfalls zu schließen, dass sie eher *kein* missionarisches Format seien. Dies stimmte ohnehin nur unter der Voraussetzung, dass zum einen die Kirchennahen der Mission Gottes nicht mehr bedürften und dass zum anderen ein Wert von knapp 30 % für das Errei-

Ein letzter Aspekt auf den *Inhalt des Glaubens* bezogener Impulse zeigt sich in der Vorbereitung eines Kurses. In der Beschäftigung mit seinen Inhalten und dem entsprechenden Kursmaterial zeigt sich schnell, dass es zu einer gelungenen Durchführung des Zusammenspiels unterschiedlich begabter Menschen in der Gemeinde bedarf. So sind Kurse zum Glauben ein Impuls, sich in einer *Gemeinde als Gemeinschaft der vielfach und unterschiedlich begabten haupt- und ehrenamtlich Beteiligten* wahrzunehmen, die bei Jesus in der Lehre sind und die gemeinsam aus der Gewissheit der Taufe leben. Kurse zum Glauben sind somit ein Impuls auf dem Weg zum allgemeinen Priestertum in der Gemeinde und weg von dem nach wie vor wirksamen Paradigma der pastoralen Versorgungskirche.[60]

Der Blick nach innen und die Gestaltung der Gemeinschaft der Nachfolgenden
Der aus einer neu gewonnenen Außenperspektive veränderte Blick nach innen lässt sich aber auch eher *organisatorisch* beschreiben: Kurse zum Glauben benötigen – zumindest anfangs – ein hohes Maß an Vorbereitung sowohl in Planung und Durchführung als auch in der Gestaltung nachfolgender Angebote. Sie sind also kein Veranstal-

---

chen von kirchenfernen Personengruppen ein schlechter Wert sei. Welches andere kirchliche Angebot aber erreicht zu fast 30 % Kirchendistanzierte? Zumal es sich hier zwar um ein zeitlich begrenztes Angebot handelt, das aber hinsichtlich Zeitaufwand und Verbindlichkeit einige Anforderungen an Teilnehmende stellt. So sind Kurse zum Glauben nicht in erster Linie ein solches missionarisches Format, mit dem kirchenferne Menschen in einen ersten Kontakt mit dem Glauben und der Gemeinde kommen. Sie können aber sehr wohl auf verschiedenen Ebenen ein wichtiges Element eines missionarischen Prozesses sein, das für Menschen in unterschiedlichen Phasen ihres persönlichen Glaubensweges wesentlich sein kann.
Vgl. dazu auch Zimmermann/Schröder, WfEzG, 129-139, wo zum einen auf die Bedeutung von Kursen zum Glauben für unterschiedliche Phasen von Glaubenswegen hingewiesen wird: „Dabei sind sie für die Befragten weniger eine Kontaktmöglichkeit (hier von 23 % der Befragten als bedeutsam angegeben) als dass sie die Möglichkeit zu vertieftem Bezug (40 %) oder zum Festmachen einer Glaubensveränderung (30 %) bieten." Zum anderen spielen sie für alle drei Typen der „Greifswalder Konversionstypologie" eine Rolle, die für Menschen auf Wegen der Glaubensveränderung die drei Typen *Vergewisserung, Entdeckung* und *Lebenswende* unterscheidet. Der Typ Lebenswende entspricht am ehesten Menschen aus der Gruppe der Konfessionslosen. So wird dort formuliert, „dass Glaubenskurse alle drei Typen der Konversionstypologie in gleicher Weise erreichen. Das heißt, Glaubenskurse können innerhalb der Gemeinde zur Vergewisserung dienen; sie helfen, den Glauben aus der Distanz (wieder) zu entdecken; und sie sind ebenso hilfreich für Menschen, die von weit außen (‚Lebenswende-Typ') kommen." – Zimmermann/Schröder, WfEzG, 133
[60]   Damit korrespondiert das Ergebnis in Herbst, Michael, Gemeinden auf Kurs, 48, dass viele Kurse zum Glauben bei aller Wichtigkeit von Pfarrerinnen und Pfarrern für deren Initiierung und Durchführung im Miteinander von Ehren- und Hauptamtlichen gestaltet wurden.

tungsformat, das, wenn es sein Potenzial entfalten soll, einfach nur zu allem anderen bereits Bestehenden hinzugefügt wird. Sollen sie also stattfinden, ist die *Diskussion um Prioritäten* zu führen und dabei zu überlegen, was künftig zu lassen sein wird, damit für das Neue genügend personelle, finanzielle und zeitliche Ressourcen zur Verfügung stehen. Dann aber sind Kurse zum Glauben ein *Impuls für die Gemeindeentwicklung*, weil sie die Frage aufwerfen, wie sie eingebettet sind in das Gesamtkonzept von Gemeinde und was mit ihnen erreicht werden soll. Ebenso stellt sich die Frage nach der Bereitschaft, sich als Gemeinde von und mit denen verändern zu lassen, denen man Räume öffnen wollte.

In diesem Zusammenhang ist auch zu bedenken, was sich an einen Kurs an *Folgeangeboten* anschließen kann.[61] Denn wenn Kurse zum Glauben eine Brücke in das Land des Glaubens werden, müssen die, die nun über die Brücke gehen, am anderen Ufer auch verschiedene Wege vorfinden, auf denen sie weitergehen können. Dazu aber braucht es Menschen, die den Neuen gangbare Wege zeigen oder sie gemeinsam mit ihnen im Dickicht der vielen Herausforderungen des Lebens und der neuen Fragen und Themen des Glaubens suchen. So sind Kurse zum Glauben ein Impuls, Gesamtbilder von Gemeinde als Gemeinschaft der Nachfolger Jesu zu beschreiben, in denen Kurse und ihre Folgeangebote als verlässliche Möglichkeit für Erfahrungen auf der eigenen Glaubensreise und für Antworten des Glaubens verankert sind.[62]

Wenn Kurse zum Glauben aber in ein Gesamtbild von Gemeinde eingezeichnet werden, lassen sie sich mit traditionellen Arbeitsbereichen verbinden, etwa dann, wenn Kontakte aus Begegnungen im Rahmen von Kasualien genutzt werden, um Menschen zu einem Kurs zum Glauben einzuladen. Vermutlich wird viel zu oft fälschlicherweise davon ausgegangen, dass die Menschen, zu denen man im Umfeld von Kasualien Kontakt bekommen hat und die aus einer Distanz zur Kirche kommen, keine tiefer gehenden Fragen zum Glauben haben und ihre Distanz auf jeden Fall aufrechterhalten wollen.

Führen Kurse zum Glauben in der eher inhaltlich bestimmten Richtung des Blicks nach innen zur Entdeckung des Miteinanders der

---

[61] *Gemeinden auf Kurs* hat nach bereits vorhandenen oder geplanten Folgeangeboten von Kursen zum Glauben gefragt. Ein Ergebnis ist: „Es gibt eher eine Verstetigung der einzelnen Kursangebote als eine Kette von glaubensfördernden und vor allem den Glauben vertiefenden Maßnahmen für den einzelnen Teilnehmenden." – Herbst, Gemeinden auf Kurs, 29.

[62] Dieser Impuls für die Gemeindeentwicklung dürfte um so stärker sein, je mehr das Anliegen der EKD-Initiative Erwachsen glauben ernst genommen wird, Kurse zum Glauben zu verlässlichen Regelangeboten in Gemeinden oder in einer Region zu machen. Vgl. Handbuch Erwachsen glauben, 8 und 70-75.

gemeinschaftlich Begabten in der Gemeinde, können sie im Anschluss daran Impulsgeber für eine gabenorientierte Aufgabenvertei-
lung sein. Gerade hier stellt sich mit Nachdruck die Frage nach der
Gestaltwerdung des allgemeinen Priestertums. In der Ausrichtung
darauf ergibt sich besonders für Pfarrerinnen und Pfarrer der wichtige
Impuls, genauer nach ihren ureigenen Aufgaben zu fragen. Auch hier
ist die Prioritätenfrage zu stellen, und zwar primär hinsichtlich der
geistlichen Unterscheidung dessen, wozu sie eigentlich berufen sind,
von dem, was ihnen an nicht notwendigerweise von ihnen zu erfül-
lenden Aufgaben zugewachsen ist. Wenn Hauptamtliche mit Kursen
zum Glauben arbeiten, und das ist vielfach der Fall, dann scheinen sie
dies als bereichernd zu erleben und als Möglichkeit zu sehen, das
machen zu können, wozu sie ausgebildet worden sind.[63]
Kurse zum Glauben haben in organisatorischer Hinsicht über die
Gemeinde hinaus ein *Potenzial für regionale Kirchenentwicklung*.
Die Studie „Gemeinden auf Kurs" hat gezeigt, dass 30 % der befragten Gemeinden mit einem oder mehreren Partnern in der Region in
der Durchführung von Kursen zum Glauben kooperierten, in der
Regel mit anderen Gemeinden. Von denen, die kooperiert haben,
empfanden 84,4 % die Kooperation als hilfreich, sodass z. T. bereits
eine erneute Zusammenarbeit verabredet wurde.[64] So können Kurse
zum Glauben in *regionaler Verantwortung* zum einen Impulse zur
Entlastung von Gemeinden und ihren Mitarbeitenden geben.
Zum anderen unterstützen sie die Schärfung ihres Profils: Nicht alle
Gemeinden müssen alles machen, zugleich muss keine auf ein Ange-
bot zur Beschäftigung mit zentralen Inhalten des Glaubens in regionaler Nähe verzichten. Zudem erweitert regionale Kooperation das
Spektrum an Kursangeboten für unterschiedliche Zielgruppen und
Milieus in erreichbarer Nähe. Und nicht zuletzt richtet sich der Blick
über die Gemeinde hinaus und eröffnet die Perspektive dafür, dass
Kirche immer einen über den eigenen Kontext und über die eigenen

---

[63]   Vgl. Monsees u. a., Gemeinden auf Kurs, 50f. Ebenfalls in diese Richtung deutet
die Stellungnahme der Heidelberger Dekanin Marlene Schwöbel-Hug zum Modellprojekt mit Kursen zum Glauben in den Dekanaten Heidelberg und Ladenburg-
Weinheim, in: Aufbruch in neue Lebenswelten, 64: „Mit dem Projekt ging ein großes
Aufatmen durch all unsere Gremien. Endlich konnte man sich auf Inhalte konzentrieren. [...] Frustration über Strukturdebatten konnte sich in Engagement für die ‚wirkli-
chen' Aufgaben von Kirche wandeln."
[64]   Vgl. Monsees u. a., Gemeinden auf Kurs, 51f. Auch das badische Modellprojekt
ist ein Beispiel für gelungene regionale Kooperation, die zudem mit der Milieuperspektive und dem Werbekonzeptes der EKD-Initiative verknüpft wurde.

Möglichkeiten und Grenzen hinausreichenden weltweiten Horizont hat.[65]

5. Exkurs in die Praxis

Zur Genese des Kurses aus unterschiedlich bestimmten Nullpunkt-situationen

Die Kirchen treten auch als Arbeitgeber auf – nicht nur im Bereich Gemeinde, sondern auch in Gestalt der Diakonie. Besonders deutlich wird dies in Ostdeutschland, wo es eine Vielzahl an diakonischen Einrichtungen und Werken gibt, die nach der Wende ihre Aufgaben von den Kommunen und Landkreisen übertragen bekommen haben. Einrichtungen wie Sozialstationen und Kindergärten sind entstanden bzw. übernommen worden, in denen eine große Zahl von Menschen für einen Tendenzbetrieb arbeitet, ohne sich mit den inhaltlichen Grundlagen dieses Arbeitgebers auseinandersetzen oder gar dazu bekennen zu müssen.[66] Andererseits erwarten nun gerade die Gewerkschaften aufgrund der tariflichen Selbstbestimmung in der Diakonie, dass zumindest die Mitarbeitenden-Vertretenden mit den Grundlagen ihres Arbeitgebers vertraut sind, da ansonsten das kirchliche Arbeitsrecht in der Form nicht mehr akzeptiert werden könne. So sieht sich die Diakonie nicht selten vor der Aufgabe, die Bildung ihrer Mitarbeitenden zu ihren eigenen Grundlagen selbst zu übernehmen.

In Pommern wurde hierzu in Zusammenarbeit mit dem Institut zur Erforschung von Evangelisation und Gemeindeentwicklung (IEEG), dem Regionalzentrum für kirchliche Dienste im Pommerschen Evangelischen Kirchenkreis und den beiden Kreisdiakonischen Werken Stralsund und Greifswald ein *Grundlagenkurs Diakonie* als 16-stündiges Fortbildungsformat[67] entwickelt, der eben dieser besonderen Nullpunktsituation Rechnung trägt. Es war die erklärte Absicht, dadurch einen Raum zu schaffen, in dem Mitarbeitende kirchlichen und diakonischen Inhalten begegnen können.

Für die *Mitarbeitenden in der Diakonie* trifft ein solcher Kurs auf eine Nullpunktsituation, weil sie oft wenig oder gar kein Vorwissen

---

[65]   Auch die Wahrnehmung, dass mit dem eigenen Kursmodell an vielen Orten Erfahrungen gemacht werden, stellt schon eine Weitung der eigenen Perspektive dar. Als Beispiel mag der Alphakurs dienen, der in über 160 Ländern durchgeführt wird.

[66]   In manchen Fällen hat es sicher auch an Gelegenheiten gemangelt, diese Inhalte näher kennenlernen zu können.

[67]   Der Kurs wird nach einer Erprobungsphase voraussichtlich in Buchform publiziert.

mitbringen. In Vorgesprächen wurde zudem die Befürchtung laut, die Mitarbeitenden sollten jetzt „zwangsmissioniert" werden und sich dann taufen lassen, weil sie sonst ihren Arbeitsplatz verlören. Diese Befürchtung war ernst zu nehmen, korrespondiert sie doch damit, dass das Evangelium nicht aufgezwungen werden kann. Darüber hinaus ist ein solcher Kurs in diesem Kontext auch in dem umgekehrten Sinn eine Nullpunktsituation, dass manche Mitarbeitende schon lange auf ein Angebot warten, in dem sie sich mit ihrem Arbeitgeber und dem, wofür er steht, beschäftigen können – verbunden mit der Chance, sich unverbindlich auch mit Inhalten des christlichen Glaubens zu beschäftigen.

In einer Nullpunktsituation sind die Mitarbeitenden jedoch auch noch in einer anderen Weise. Denn nicht nur Mitarbeitende der Diakoniesozialstationen werden von der Gesellschaft als Kirche oder als eine ihrer Außenseiten wahrgenommen, sondern auch die Diakonie als ganze und in ihren verschiedenen Arbeitsbereichen. Darum ist es wichtig, dass die Mitarbeitenden sprachfähig sind und über die impliziten Inhalte ihrer Arbeit Auskunft geben können. Hinzu kommt, dass Mitarbeitende in der Gemeinde-Diakonie sich sowohl durch Pastorinnen und Pastoren als auch von Gemeindemitgliedern nicht hinreichend wahrgenommen fühlen. Diese Unsicherheit wird durch das Nichtwissen um christliche Inhalte noch verstärkt.

Für die *Diakonischen Einrichtungen* wiederum ist ein solcher Kurs eine Nullpunktsituation, weil sie sich bisher zwar als ein Ausdruck von Kirche verstanden haben mögen, sich aber doch eher auf der „praktischen Seite der Verkündigung" gesehen haben. Und konnte die Diakonie früher oftmals davon ausgehen, dass ein Grundwissen um die Grundlagen christlichen Glaubens ein Bildungsgut bei den Mitarbeitenden war, so kann sie es in der veränderten Situation in Ostdeutschland nicht mehr. Unter Berücksichtigung der Grundsätze der Evangelischen Erwachsenenbildung[68] muss sie nun also selbst dafür sorgen, dass den Mitarbeitenden im Rahmen einer innerbetrieblichen Fortbildung die Möglichkeit offensteht, die Grundlagen der Diakonie – und damit wesentliche Inhalte des christlichen Glaubens – entdecken und für sich dazu Stellung beziehen zu können.

Für die, die nun den Grundlagenkurs als sehr basale Form eines Kurses zum Glauben entwickelten, war es daher wichtig, dies gemeinsam mit den Mitarbeitenden-Vertretungen zu tun und den Kurs entsprechend der ausgesprochenen Bedürfnisse der Zielgruppe zu formatieren. Auf diese Weise wurde erreicht, dass der Kurs innerhalb der Struktur der Organisation nicht als fremdbestimmt wahrgenommen wird. Das (Fort-)Bildungsangebot war also von Beginn an sowohl im

---

[68]   Vgl. Anm. 19.

Prozess seiner Entwicklung als auch in seiner Ausgestaltung dialogisch konzipiert. So kann der Kurs von den Mitarbeitenden angenommen werden, in der Gewissheit, dass einerseits kein Druck auf sie ausgeübt wird und sie ihn andererseits als etwas aus ihrer Mitte Erwachsenes wahrnehmen, welches ihre Bedürfnisse ebenso ernst nimmt wie mögliche Ängste. Dadurch wurde seine Akzeptanz und Glaubwürdigkeit erhöht und die Schwelle zur Teilnahme gesenkt. Die Mitarbeitenden erwerben auf diese Weise ein Zertifikat über die Teilnahme an einer qualifizierten innerbetrieblichen Fortbildung, die zudem für eine möglicherweise beabsichtigte Wahl in die Mitarbeitenden-Vertretung von Bedeutung ist.

Auch für *die Autoren* des Kurses war es in gewisser Weise eine Nullpunktsituation, weil sie es bisher eher gewohnt waren, mit Menschen zu arbeiten, die zumindest eine grundsätzliche Offenheit gegenüber Kirche und christlichen Themen signalisieren. Nun jedoch mussten sie ganz neu auf die Befürchtungen und Bedürfnisse ihrer Zielgruppe hören und dabei bedenken, was die Teilnehmenden in diesem basalen Kurs möglicherweise überfordern würde. Leider konnte im Vorfeld auch nach den Gesprächen mit der Mitarbeitenden-Vertretung nur bedingt etwas darüber herausgefunden werden, welche Milieus[69] sich tatsächlich bei den Teilnehmenden abbilden würden, mit welchem Vorwissen sie den Kurs besuchen und in welcher Distanz sie zu Themen des Glaubens und der Kirche stehen. Doch schon die Teilnahme zeigte eine gewisse Grundoffenheit gegenüber dem als von innen gewachsen wahrgenommenen Kurs.

In diesem Spannungsfeld und in der besonderen Situation Ostdeutschlands war es eine Herausforderung, ein Format zu entwickeln, das einerseits den Bedürfnissen und Anforderungen des Arbeitgebers sowie dem der Autoren des Kurses entspricht, andererseits aber auch auf die skizzierte Situation der Mitarbeitenden eingeht und darin eine Möglichkeit schafft, wesentlichen Inhalten des christlichen Glaubens begegnen und sich dazu verhalten zu können.

Elemente und Zielsetzung des Kurses

In 4 Blöcken erfahren die Teilnehmenden, wie Kirche und Diakonie miteinander wirken und aufeinander bezogen sind. Dabei machen sie exemplarische Erfahrungen in den *4 Lernfeldern Lehre, Gemeinde, Alltag und Liturgie*, wie sie für die Kurse im Handbuch der EKD-Initiative beschrieben sind.[70] Sie erschließen mithilfe der *Kirchenpä-*

---

[69]   Zu Bedeutung der Milieuperspektive für Kurse zum Glauben vgl. Handbuch Erwachsen glauben, 84-122.
[70]   Vgl. dazu Abschnitt 2.1 und besonders Anm. 21 in diesem Beitrag.

dagogik Grundlagen des christlichen Glaubens und bekommen die Möglichkeit, ihre eigenen Erfahrungen zu reflektieren und mit christlichen Inhalten in Beziehung zu setzen. Anhand von *Mk 2,1-12* wird eine Brücke zwischen Diakonie und Kirche geschlagen. An anderer Stelle wird das Thema *Schuld* angesprochen. Dem Diskurs wird dabei zu jeder Zeit im Verlauf eine tragende Rolle zugewiesen.

Anhand von *Gottesbildern, Informationen über die Person Jesu und über das Kirchenjahr* und durch die Entdeckung *christlicher Symbole* und Sprache im Alltag können die Teilnehmenden sich ein Bild vom Leben und der Prägekraft der Kirche machen (Lernfeld Lehre). Sie erfahren eine *Einführung in die Bibel*, erschließen sich Kirchenräume und beschäftigen sich mit Ritualen wie z. B. der *Taufe* (Lernfeld Liturgie), aber auch mit *ethischen Fragen* (Lernfeld Alltag). Am Beispiel von *Johann Hinrich Wichern* wird eine Verbindung zum Selbstverständnis der Diakonie hergestellt und eigene Entdeckungen werden reflektiert und im Plenum besprochen (Lernfeld Lehre). Zwischen den Einheiten werden *moderne kirchliche Lieder* gesungen, die andeuten, was liturgisches Leben sein könnte. Abschließend gestalten die Teilnehmenden gemeinsam eine „Gesegnete Mahlzeit". In diese Gemeinschaftserfahrung hinein wird ein thematischer Impuls gesetzt, der zeigt, wie vor dem Hintergrund des Erarbeiteten jede und jeder etwas für ein gemeinsames Gelingen in Kirche und Diakonie beitragen könnte (Lernfeld Gemeinde).

Ein Ziel des Kurses ist es auch, eine Brücke zwischen Kirchengemeinden und Diakonie zu schlagen und ein Verständnis für die fremd erscheinende Kirche zu wecken. Zudem sollen nach dem Kurs weitere und vertiefende Fortbildungsangebote im Sinne der „großen" Kurse der EKD-Initiative vorgestellt werden. An sie anzuknüpfen wird dadurch erleichtert, dass ein Grundwissen erworben worden ist. Die bisherige Erfahrung zeigt, dass Teilnehmende aufgrund der guten Erfahrungen mit dem Kurs bereit sind, sich auf weitere Erkundungen des Themas Glauben einzulassen, auch wenn der Kurs im Rahmen der Diakonie als innerbetriebliche Fortbildung fungiert und somit die Inszenierung einer expliziten Antwort[71] entfallen muss. Es zeigt sich auch, dass die dialogische Struktur des Kurses von den Teilnehmenden gut angenommen wird – ebenso wie der häufige Methodenwechsel und die variierenden Redner, die sich im Arbeitsfeld der Mitarbeitenden gut auskennen und gewissermaßen ihre Sprache sprechen.

Wenn das Wissen um christliche Glaubensinhalte und die Verbundenheit mit der Kirche nicht mehr vorausgesetzt werden können,

---

[71]   Handbuch Erwachsen glauben, 62-66.

braucht es einen Perspektivwechsel, indem man sich immer mehr an
denen orientiert, denen die Inhalte des Glaubens vermittelt werden
sollen und die bislang dem Raum von Kirche nicht zugerechnet werden möchten. Denn paternalistische Anrede wird in der Postmoderne
schlicht überhört werden. Zudem mag es in einer Mehrheitssituation
noch normal sein, von einer Minderheit zu erwarten, sich mit der
Mehrheitssituation auseinanderzusetzen. Doch wenn in ganz Deutschland ein Drittel der Menschen keiner Kirche mehr angehört und in
Ostdeutschland weit über zwei Drittel es als normal betrachten, nichts
mit der Kirche zu tun haben, wird es für diese immer wichtiger, im
Sinne der Areopagrede des Paulus (Acta 17, 16-34) das Evangelium
in die Sprache derer zu übersetzen, die sie ansprechen möchte und
mit denen sie das Evangelium teilen soll.

Kurse zum Glauben sind eine ausgezeichnete Gelegenheit, in Nullpunktsituationen für unterschiedliche Lebenswelten Räume der
Begegnung mit dem Glauben und, so Gott will, mit ihm selbst zu
eröffnen. Der Diakoniekurs zeigt, dass die Vermittlung des Glaubens
keine Einbahnstraße ist, er vielmehr gerade im Dialog seine missionarische Kraft entfaltet. Durchführende und Teilnehmende eines Kurses
zum Glauben sind gemeinsam auf einem Weg, der den Teilnehmenden die Freiheit lässt, sich im je eigenen Tempo zu den Themen des
Glaubens zu verhalten und in Beziehung zu setzen, und der helfen
kann, die empfundene Fremdheit des Glaubens und der Kirche zu
überwinden. Diese evangelische Freiheit auf dem Weg zu erleben
kann dazu führen, dass Teilnehmende bewusster auf die Anrede Gottes, von der sie im Kurs erfahren haben, antworten und sich frei dafür
entscheiden, den Weg *zu* Gott weiter zu beschreiten – vielleicht sogar
bis zu dem Punkt, an dem es (neu) ein Weg *mit* Gott wird.[72] Das jedoch liegt allein in Gottes Hand. Unsere Aufgabe aber ist es, in Nullpunktsituationen Räume der Erkundung und Entdeckung des Glaubens zu schaffen, die auch Antworten des Glaubens ermöglichen.
Gelingt dies, bilden Kurse zum Glauben exemplarisch ab, was missionarische Verkündigung zu leisten hat.

6. Impulse durch Kurse zum Glauben in Nullpunktsituationen

Bei einzelnen Menschen, in Gemeinden, in der Kirche als Ganzer und
auch im besonderen kirchlichen Handlungsfeld der Diakonie gibt es

---

[72]   Und zwar im Sinne einer Konversion, verstanden als einer Veränderung im
Glauben – erlebt als Vergewisserung, Entdeckung oder auch als Lebenswende –, die
Auswirkungen auf das ganze Leben hat. Vgl. dazu im Einzelnen Zimmermann/
Schröder, WfEzG, Neukirchen-Vlyun 2010.

unterschiedlich bestimmte Nullpunktsituationen im oben beschriebenen Sinn, in denen Kurse zum Glauben in verschiedene Richtungen Impulse geben können. Sie stellen dabei ein Format dar, das maßgeblich durch das Ineinander von zentralem Inhalt des Glaubens und der Form als zeitlich begrenztem Kurs, in der dieser Inhalt zur Sprache kommt, bestimmt ist. Teilnehmende bewegen sich in unterschiedlichen Lernfeldern und haben die Möglichkeit, in freier Entscheidung und in unterschiedlichen Formen Antworten des Glaubens zu geben.

Kurse zum Glauben gehen aber auch zurück „auf Anfang". Sie sind unter anderem gegründet im Beispiel der Jünger, die bei Jesus in der Lehre waren, in der Vergewisserung der Taufe als dem Grunddatum der Zusage Gottes und aller christlichen Existenz, in der Rückbesinnung auf die anfänglichen Wege der Einübung in den Glauben in der Alten Kirche und schließlich in reformatorischen Grundanliegen, die sich im Allgemeinen Priestertum verbinden. Im Miteinander von theologischer Gründung und dem Wechsel der Perspektive nach außen und einem dadurch veränderten Blick nach innen können sie unterschiedliche missionarische Impulse geben: bei Einzelnen, in Gemeinden, in der Kirche als Ganzer und ebenso in besonderen kirchlichen Handlungsfeldern wie etwa der Diakonie, und somit auf unterschiedlichen Ebenen einer Kirche in „nachkirchlicher" Zeit. Eingezeichnet in Gesamtbilder von Gemeinde und Kirche, fest verortet im Programm von Gemeinden und dann fortlaufend weiterentwickelt für bislang mit dem bestehenden Kursangebot nicht erreichte Personengruppen sind sie ein wichtiges Element der Gestaltung der Gemeinschaft derer, die dem gekreuzigten und auferstandenen Christus nachfolgen, und das unter „nachkirchlichen" Bedingungen. Auf das Potenzial von Kursen zum Glauben für die immer neue Entwicklung der Gemeinde Jesu Christi sollte darum nicht ohne Not verzichtet werden.

„Statistik ist der Kode, mit dem wir die Gedanken Gottes lesen können"[1]

Carla J. Witt

1. Einleitung

1.202.110 evangelische Gottesdienste gibt es pro Jahr in Deutschland.[2] In Chemnitz werden die wenigsten (18,5 %) im Eifelkreis Bitburg-Prün die meisten (45,7 %) Kaiserschnitte durchgeführt.[3] Jürgen Klinsmann schoss in seiner letzten Saison für den VfB Stuttgart 1988/89 bei 25 Ligaspielen 13 Tore.[4]
Diese und ähnliche Statistiken werden in Deutschland täglich erstellt und veröffentlicht. In allen Bereichen gewöhnen sich die Menschen an eine Zusammenstellung des Lebens in Daten und Fakten. Oft werden noch Grafiken und Schaubilder hinzugefügt, die dafür sorgen, dass diese Zahlen noch ein wenig wichtiger aussehen.
Doch was – oder besser wer – tatsächlich dahintersteckt, das verraten diese Zahlen nicht. Statistiken sind wichtig – in manchen Bereichen sogar überlebenswichtig.[5] Sie erleichtern an vielen Stellen das tägliche Leben, aber sie machen manchmal auch blind für die konkreten Menschen oder Situationen, die in ihnen oft nur vereinfacht dargestellt werden können. Gleichzeitig werfen sie verschiedenste Fragen auf: Waren die Tore von Klinsmann schön oder eher langweilige Abstauber? Die Statistik verrät es nicht. Warum kommen die genannten Kinder per Kaiserschnitt auf die Welt? Stecken vielleicht medizinische Notfälle dahinter oder passiert das allein auf persönlichen Wunsch der Mutter? Darüber macht die Statistik keine Aussage. Wer verantwortet diese Gottesdienste und wer nimmt daran teil? Einfache Zahlen können nichts über diese Menschen sagen.

---

[1]   Florence Nightingale, zitiert nach Finney, John, To Germany with Love, BEG-Praxis, Neukirchen-Vluyn 2011, 73.
[2]   Quelle: 3E, 4/2012, 8.
[3]   Quelle: ZEITmagazin, 18.10.2012 Nr. 43 (http://www.zeit.de/2012/43/ Deutschlandkarte-Kaiserschnitt).
[4]   http://www.kicker.de/news/fussball/intligen/england/1988-89/377/vereinsspieler juergen-klinsmann.html [zuletzt besucht am 06.02.2013].
[5]   So entscheidet z. B. Eurotransplant u. a. aufgrund der Wartezeit der Patienten, an wen welche Organe gespendet werden, vgl. http://www.eurotransplant.org/cms/index .php?page=organ_match_char [zuletzt besucht am 27.02.2013].

Die einzelnen Individuen besonders hinter *diesen* Zahlen sind es jedoch, die wichtig sind – gerade in einer nachkirchlichen Gesellschaft. Gott kommt es letztendlich auf die Menschen an. Das darf trotz aller Wünsche nach der vermeintlichen Sicherheit von Zahlen, Daten und Fakten nicht vergessen werden. Statistiken sind oft sehr hilfreich, wenn es darum geht, bestimmte Sachverhalte schnell zu erfassen, gleichzeitig erschweren sie jedoch oft den Blick für diejenigen, denen der Umgang mit Statistik fremd ist. Gerade sie müssen sich erst auf diese etwas andere Art der Betrachtung einlassen.

Im Folgenden stelle ich Fakten und Informationen über mögliche Hintergründe von Statistiken bereit, um denen, die nicht sozialwissenschaftlich vorgebildet sind, einen kritischen Umgang damit zu ermöglichen. Außerdem möchte ich sensibel machen für die Handlungsanweisungen, die vielleicht in solchen Statistiken verborgen sind. Denn Statistiken können dabei helfen, Nachkirchlichkeit in unserer heutigen Gesellschaft besser zu identifizieren und daraus Schlüsse zur Veränderung zu ziehen – und auch dazu soll dieser Aufsatz beitragen.

Dabei werde ich mich am Zitat aus der Überschrift entlang bewegen, um die Problematik in eine verständliche Ordnung zu bringen: „Statistik ist der Kode, mit dem wir die Gedanken Gottes lesen können".

Unter der Überschrift „Statistik" werden theoretische Hintergründe von Statistik und empirischer Sozialforschung erläutert. Dabei wird u. a. ein idealer Ablauf eines Forschungsprozesses aufgezeigt.

Unter der Überschrift „Kode" folgen dann verschiedene Institutionen, die Statistiken bereitstellen, die auch besonders für Theologen und Theologinnen von Nutzen sein können. Als „Gedanken Gottes" werden verschiedenen Arten, in denen Zahlen dargestellt und verarbeitet werden können, aufgezeigt (z. B. Tabellen oder Grafiken) und verschiedene Vor- und Nachteile erörtert.

Unter dem Stichwort „Lesen" werden dann zuletzt die unterschiedlichen Bereiche verbunden und noch einmal explizit mit dem Stichwort der Nachkirchlichkeit in Verbindung gebracht.

2. Statistik

Zunächst muss geklärt werden, was Statistik ist bzw. nicht ist und welche Definition von Statistik nachfolgend vorausgesetzt wird. So ist „Statistik [...] eine von einer speziellen Anwendung unabhängige

Wissenschaft [...]; sie ist rein logisch begründet."[6] Statistik ist deshalb keine Datensammlung, keine Messmethode und auch nicht eine Konzeption von Befragungen.[7]

Statistik als solche macht keinerlei Aussagen über die Inhalte dessen, was berechnet wird. Dafür ist zunächst die empirische (Sozial-) Forschung zuständig, von der die Statistik ein wichtiger Teil ist. Denn solche statistischen Kennwerte wie zu Anfang aufgeführt entstehen nur, wenn davor die entsprechende Forschung betrieben wird.

„Für die Sozialwissenschaften ist Statistik eine Hilfswissenschaft, die für die Analyse empirischer Daten benötigt wird. Die Datenanalyse ihrerseits hat die Funktion, eine Verbindung zwischen der Realität und den theoretischen Überlegungen der Sozialwissenschaften herzustellen."[8] Denn die empirischen Daten „sind zwar Fakten. Daten können aber niemals für sich sprechen. Sie müssen stets interpretiert werden."[9] Deswegen kann Statistik nicht für sich alleine stehen, sondern es gehören immer theoretische und praktische Vorüberlegungen und Nachbereitungen dazu.

In der nachfolgenden Skizzierung eines Forschungsablaufs werden darum Statistik und ihre Interpretation bzw. die empirische Sozialforschung als Ganze aufeinander bezogen.[10] Dabei finden besonders die Punkte Beachtung, die nicht nur für den Forscher, sondern auch für den Betrachter von besonderer Bedeutung sind, um eine statistische Auswertung zu lesen und zu interpretieren.

Forschungsfrage

Am Anfang jeden Forschungsprozesses steht immer ein bestimmtes Interesse oder eine Idee, oft auch gewisse Vorgaben eines Auftraggebers.[11] Für die spätere Betrachtung einer statistischen Auswertung ist es darum immer wichtig zu wissen, wer der oder die Auftraggeber bzw. Projektverantwortlichen der Studie sind und worin vielleicht das persönliche, fachliche oder wirtschaftliche Interesse an den Daten besteht.

---

[6]   Müller-Benedict, Volker, Grundkurs Statistik in den Sozialwissenschaften. Eine leicht verständliche, anwendungsorientierte Einführung in das sozialwissenschaftlich notwendige statistische Wissen., Wiesbaden 2010, 17.

[7]   Vgl. Müller-Benedict, Volker, Grundkurs Statistik, 16f.

[8]   Kühnel, Steffen-M/Krebs, Dagmar, Statistik für die Sozialwissenschaften. Grundlagen, Methoden, Anwendungen, Hamburg 2004, 17.

[9]   A.a.O., 18f.

[10]   Für detailliertere Ausführungen vgl. u. a. Raithel, Jürgen, Quantitative Forschung. Ein Praxiskurs, Wiesbaden 2008, 26ff. oder Diekmann, Andreas, Empirische Sozialforschung. Grundlagen, Methoden, Anwendungen, Hamburg 2006, 162ff.

[11]   Vgl. Micheel, Heinz-Günther, Quantitative empirische Sozialforschung, Stuttgart 2010, 15.

Theorien und Hypothesen

Jede Untersuchung, die sich mit sozialen Sachverhalten auseinandersetzt, sollte immer mit entsprechenden Theorien begründet werden. Theorien bestehen aus logisch verbundenen Aussagen, die die Wirklichkeit erklären und häufig auch Schlüsse auf zukünftiges Verhalten zulassen können.[12]

Aus diesen Theorien werden dann Hypothesen gebildet, die in der Untersuchung überprüft werden sollen. Unter Hypothesen wird allgemein „eine Vermutung über einen bestimmten Sachverhalt"[13] verstanden. Noch genauer werden damit in den Sozialwissenschaften die Aussagen über einen Zusammenhang von Merkmalen bezeichnet.[14]

Operationalisierung von Variablen[15]

Genauso wie in Theorien die Zusammenhänge von verschiedenen Hypothesen erklärt werden, so werden in Hypothesen verschiedene Variablen miteinander in Verbindung gebracht. Variablen sind Merkmale mit mindestens zwei Ausprägungen. „Merkmalsträger können Personen, Gruppen oder Organisationen sein."[16] Einfachstes Beispiel hierfür ist die Variable „Geschlecht". Merkmalsträger sind Personen und sie hat zwei Ausprägungen: „männlich" und „weiblich".

Wenn aus den theoretischen – und oft sehr abstrakten – Begriffen, die in den Hypothesen und Theorien verwendet werden, messbare Merkmale entstehen, dann wird dieser Vorgang „Operationalisieren" genannt.[17]

---

[12]   Vgl. Häder, Michael, Empirische Sozialforschung. Eine Einführung, Wiesbaden 2006, 22.

[13]   Raithel, Quantitative Forschung, 14.

[14]   Vgl. Diekmann, Empirische Sozialforschung, 107.

[15]   Vgl. zu diesem Aspekt auch den Text von Anna-Konstanze Schröder in diesem Band, 136ff.

[16]   Raithel, Quantitative Forschung, 37.

[17]   Zur Verdeutlichung ein Beispiel aus Zimmermann, Johannes/Schröder, Anna-Konstanze (Hgg.): Wie finden Erwachsene zum Glauben? Einführung und Ergebnisse der Greifswalder Studie, BEG-Praxis, Neukirchen-Vluyn 2011 [=WfEzG], 30f.: „Nach den Regeln der Sozialwissenschaften werden Theorien gebildet, und aufgrund von subjektiven Selbstaussagen der Probanden werden Konstrukte erstellt und gemessen. So haben wir etwa das Konstrukt ‚Religiosität': Dieses Konstrukt wird gemessen anhand von Selbstaussagen über Gebetspraxis und Gottesdienstbesuch. [...] Wir wissen, dass wir ‚gemessene' Religiosität nicht einfach mit theologisch qualifiziertem Glauben gleichsetzen können. Wir gehen aber wiederum davon aus, dass es einen Zusammenhang gibt."

„Direkt beobachtbare Variablen werden als manifeste, nicht beobachtbare als latente Variablen bezeichnet. Direkt beobachtbare (manifeste) Variablen werden als Indikatoren benannt. [...] Im Zusammenhang mit den Indikatoren besteht das zentrale Problem der Operationalisierung darin, wie die Zuordnung eines Indikators zu einem theoretischen Begriff gerechtfertigt werden kann."[18]

Das heißt, dass z. B. für die Gestaltung der Fragen eines Fragebogens alle Begriffe für alle verständlich sind und gleichzeitig das abgebildet wird, was auch tatsächlich in den Hypothesen formuliert wurde und zur Beantwortung der Hypothesen notwendig ist. Außerdem müssen Merkmalsausprägungen für die Variablen gefunden werden, die erschöpfend und überschneidungsfrei sind, damit sich hinterher jeder Antwortende in einer Kategorie – und bei den meisten Fragen auch wirklich nur in einer Kategorie – wiederfindet.

Dieser Schritt ist später auch bei der Interpretation der Ergebnisse einer Studie besonders wichtig. Denn nicht jeder versteht unter den Begriffen dasselbe. Je eindeutiger die theoretischen Vorüberlegungen operationalisiert werden, desto genauer messen sie auch hinterher tatsächlich das, was der Forscher wissen möchte. Oder anders ausgedrückt: In all dem ist es immer wichtig, im Blick zu behalten, was die Statistik leisten kann und was nicht. Nur so können Fragen beantwortet werden, die auch gestellt wurden.

So sagt die Antwort „regelmäßig" auf die Frage „Wie oft besuchen Sie sonntags den Gottesdienst?" nichts darüber aus, wie sehr dieser Person der Gottesdienst gefällt. Und zunächst auch nichts darüber, was hier eigentlich genau mit regelmäßig gemeint ist bzw. was die antwortende Person darunter versteht: jeden Sonntag, einmal im Monat, jährlich?

Auch wenn auf die Frage „Wie zufrieden sind Sie mit Ihrer Kirchengemeinde?" mit „zufrieden" geantwortet wird, dann kann keinerlei Aussage darüber getroffen werden, was oder wen diese Person vor Augen hatte, wenn sie das Wort „Kirchengemeinde" liest, und welche Aspekte sie bei dieser Angabe beeinflusst haben.

---

[18]   Raithel, Quantitative Forschung, 38, „Kirchenmitgliedschaft" ist beispielsweise eine manifeste Variable, die mit den Ausprägungen „evangelisch", „römisch-katholisch", „evangelisch-freikirchlich", „andere" und „keine" abgefragt werden kann. Wohingegen „Kirchenverbundenheit" eine latente Variable ist, die auch nicht unbedingt so einfach mit der Frage „Wie verbunden fühlen Sie sich mit der Kirche?" geprüft werden kann, sondern möglichst in mehreren Operationalisierungsschritten über verschiedene Konstrukte zur Bildung eines Indikators führt.

Erhebungsmethoden

An dieser Stelle im Forschungsprozess muss entschieden werden, ob eine eigene Erhebung durchgeführt wird oder ob zur Auswertung auf fremdes, also sekundär erhobenes Material (z. B. die Datensammlungen des Statistischen Bundesamtes) zurückgegriffen wird.[19]
Wenn die Daten selber erhoben werden sollen, dann gibt es verschiedene Methoden, aus denen ausgewählt werden muss. Im letzten Abschnitt wurde als Beispiel bereits das Erhebungsinstrument Fragebogen genannt. Dies ist aber nicht selbstverständlich, da es sehr viele verschiedene Verfahren gibt, mit denen in den Sozialwissenschaften empirisch gearbeitet wird (z. B. Interviews, Beobachtungen oder Auswertungen von Behördenstatistiken). Am häufigsten jedoch ist die Befragung, die entweder als Interview zwischen zwei anwesenden Personen geführt wird oder als standardisierter Fragebogen vorliegt, der von der befragten Person selbstständig bearbeitet und ausgefüllt werden muss.[20]
Oft werden sozialwissenschaftliche Untersuchungen danach befragt, ob sie qualitativ oder quantitativ seien. Qualitativ meint dabei Beobachtungen oder Interviews mit wenigen gezielt ausgewählten Fällen, die dann vor allem theoretisch verallgemeinert werden. Quantitativ ist eine Untersuchung dagegen, wenn eine möglichst große Fallzahl, die bestenfalls so zufällig wie möglich ausgewählt wurde, mithilfe einer Methode untersucht wird, die hinterher statistisch auswertbar ist.
Da sich dieser Aufsatz hauptsächlich mit der Statistik beschäftigt und qualitative Untersuchungen normalerweise nicht statistisch ausgewertet werden, soll an dieser Stelle auch nicht weiter auf qualitative Methoden eingegangen werden.[21] Wichtig zu beachten ist, dass offene Fragen in einem Fragebogen noch keine qualitative Studie sind. Auch sie werden zur Auswertung zumeist in ein statistisches Auswertungsprogramm eingepflegt – auch wenn das mit erheblich mehr Aufwand verbunden ist, weil entschieden werden muss, welche – teilweise vielleicht nur in der Schreibweise unterschiedlichen – Antworten in eine Kategorie gefasst werden und welche nicht.[22]

---

[19] Vgl. Micheel, Quantitative empirische Sozialforschung, 17; Für Informationen über mögliche Quellen von fremdem Material siehe Kapitel 3 in diesem Aufsatz.
[20] Vgl. Raithel, Quantitative Forschung, 64f.
[21] Für einen Überblick – auch über die Kritikpunkte an der quantitativen Forschung – vgl. Lamnek, Siegfried, Qualitative Sozialforschung. Lehrbuch, Weinheim Basel ⁴2005.
[22] Wenn in einer offenen Frage nach verschiedenen Kursen zum Glauben gefragt wird, dann werden die Antworten „Alpha" und „Alpha-Kurs" derselben Kategorie zugeordnet. Ob die Antworten „Stufen des Lebens" und „Ein Platz an der Sonne" (ein Kursthema aus der großen Vielfalt von „Stufen des Lebens") allerdings beide unter „Stufen des Lebens" gefasst werden, ist eine inhaltliche Entscheidung.

Eine weitere wichtige Frage, die an dieser Stelle des Forschungsablaufs entschieden werden muss, ist die nach der Dauer der Studie:
Soll nur *eine* Erhebung durchgeführt werden (Querschnittsstudie)
oder soll in zeitlichem Abstand mehrfach befragt werden (Längsschnittstudie)? Querschnittsstudien dominieren in der sozialwissenschaftlichen Forschungspraxis, aber sie können immer nur eine
Momentaufnahme zeigen. Oft wird aber gerade in sozialen Zusammenhängen nach Prozessen gefragt, die besser mit Längsschnittstu-
dien untersucht werden können. Doch auch wenn Querschnittsstudien
nur bedingt Prozesse abbilden können, ist es in der sozialwissenschaftlichen Praxis üblich, Querschnittsdaten für Erklärungen auf der
Zeitachse heranzuziehen.[23] Diese Praxis ist nicht unbedingt falsch,
„Erklärungen auf dieser statischen Basis sollten aber immer mit Vorsicht aufgenommen und hinterfragt werden."[24]

Auswahlverfahren und Datenerhebung

Ist die Erhebungsmethode festgelegt, muss entschieden werden,
welche Personengruppe befragt werden soll. Dies ist zunächst eine
inhaltliche Auswahl. Viele Theorien und Hypothesen setzen schon
eine bestimmte Gruppe von Menschen voraus, da sie im Blick auf
diese formuliert sind. Im Normalfall wird aus der Menge der möglichen zu befragenden Personen – der Population oder Grundgesamtheit – mittels eines rechnerischen Stichprobenverfahrens eine Stichprobe gebildet, deren Einheiten dann befragt werden. Bei ganz
kleinen Gruppen oder besonderen Befragungen wird hingegen eine
Vollerhebung durchgeführt.[25]
Die Auswahl einer Stichprobe führt direkt zur Datenerhebung, d. h.,
die ausgewählten Personen müssen nun befragt werden. Wichtig ist
dabei, dass ein Weg gefunden wird, der für die Befragten so wenig
Aufwand wie möglich bedeutet, damit die Rücklaufquote hoch bzw.
der Ausfall besonders niedrig ist. Beispielsweise ist es eher schwierig,
Rentner mithilfe eines Online-Fragebogens zu befragen, da in der
Personengruppe über 60 Jahre viele keinen Zugang zu Computer und
Internet haben.

---

[23]   Indem beispielsweise Fragen gestellt werden, die sich auf weiter zurückliegende
Ereignisse („Wie war das vor 10 Jahren?") oder Veränderungsprozesse („Was hat
sich in den letzten 5 Jahren verändert?") beziehen.
[24]   Vgl. Micheel, Quantitative empirische Sozialforschung, 57.
[25]   Mit den verschiedenen mathematischen Berechnungen, wie Stichproben gebildet
werden können, werden ganze Bücher gefüllt, deswegen kann hier darauf nicht weiter eingegangen werden. Eine gute Einführung mit nur wenigen Formeln bietet:
Diekmann, Andreas, Empirische Sozialforschung, 325ff.

Um die Rücklaufquote zu erhöhen, können auch verschiedene Verfahren angewandt werden. Eine bewährte, aber auch sehr kostspielige Kombination ist dabei eine Online-Befragung und der Versand per Post mit Beilage eines frankierten Rückumschlags sowie ein späteres Erinnerungsschreiben mit erneuter Bitte um Beteiligung.

Der Begriff der Repräsentativität
Oft wird gefragt, ob eine Umfrage denn repräsentativ sei. Repräsentativität meint dann: „Die Stichprobe ist ein ‚verkleinertes Abbild' einer angebbaren Grundgesamtheit."[26] Diese Frage ist nicht so einfach zu beantworten, da eine wirkliche statistische Repräsentativität so gut wie unmöglich zu erreichen ist. Kromrey bezeichnet die von ihm selbst gegebene Definition sogar als „Leerformel"[27], denn dafür müssten alle Merkmale der Grundgesamtheit bereits bekannt sein, um dann für jedes Merkmal eine entsprechende Quote berechnen zu können. „Eine Stichprobe ‚repräsentiert' [...] niemals sämtliche Merkmalsverteilungen der Population. Das ist bereits aus logischen Gründen für die Kombination weniger Merkmale ausgeschlossen."[28]
Viel häufiger werden Quotenstichproben erstellt, die versuchen, für wenige relevante Merkmale eine Quote zu bilden, die der Wirklichkeit entspricht.[29] „Markt- und Meinungsforschungsinstitute sprechen gerne [...] von ‚repräsentativen Stichproben'. Gemeint sind damit in der Regel Zufallsstichproben oder häufiger Quotenstichproben. [...] In der Statistik ist der Begriff der ‚repräsentativen Stichprobe' kein Fachbegriff. Man spricht von Zufallsstichproben oder einer Wahrscheinlichkeitsauswahl, aber streng genommen nicht von repräsentativen Stichproben."[30] Trotzdem kann die dann befragte Gruppe meist als aussagekräftig – und im umgangssprachlichen Sinne auch als ‚repräsentativ' – bezeichnet werden.

Auswertung

„Erhobene Daten müssen gespeichert, niedergeschrieben oder auf andere Art festgehalten und aufbereitet werden. Eine Datensammlung muss auf bestimmte Art und Weise strukturiert werden, bevor eine Auswertung möglich ist. Am deutlichsten wird dies, wenn die Daten-

---

[26]   Kromrey, Empirische Sozialforschung, Stuttgart 2009, 262.
[27]   Ebd., Fußnote 13.
[28]   Diekmann, Empirische Sozialforschung, 368.
[29]   Beispielsweise haben wir beim Projekt „Gemeinden auf Kurs" versucht, bei der Auswahl der Landeskirchen eine realistische Quote in den Aspekten „Umsetzung der Initiative ERWACHSEN GLAUBEN", „regionale Lage" und „Gemeindegröße" zu erreichen. Vgl. Monsees, Jens u. a., Gemeinden auf Kurs. Ergebnisse einer empirischen Untersuchung zur Bedeutung von Kursen zum Glauben für die Entwicklung von Gemeinde und Kirche, Greifswald 2012.
30   Diekmann, Empirische Sozialforschung, 368.

auswertung quantitativ mit Hilfe eines Computers erfolgt. In diesem Fall müssen z. B. bei einer Befragung die Angaben aus einem Fragebogen in standardisierter Art und Weise nach [...] festgelegten Regeln in eine Datei übertragen („codiert') werden."[31] Mit dieser Eingabe in ein Computerprogramm fängt die eigentliche Statistik erst an. Jetzt können die Daten ausgewertet und Berechnungen durchgeführt werden.

Dabei werden drei Bereiche unterschieden: die deskriptive Statistik, die explorative Statistik und die Inferenzstatistik.[32]

Die deskriptive Statistik ist, wie der Name schon andeutet, beschreibend und fasst die Beobachtungen in verschiedenen Kennzahlen und Tabellen zusammen.[33]

Die explorative Statistik wird manchmal auch mit der deskriptiven Statistik zusammengefasst. Sie geht aber darüber hinaus, indem sie – ausgehend von den deskriptiven Berechnungen – nach Strukturen und Mustern in den Daten sucht. „Die gefundenen Ergebnisse kann man als Hypothesen auffassen."[34] Bei denen dann die inhaltliche Entscheidung getroffen werden muss, ob sie weiter untersucht werden oder nicht.

Wesentliche Grundlage der Inferenzstatistik ist die Wahrscheinlichkeitstheorie. „Wenn man aus einigen Beobachtungen Aussagen über die Allgemeinheit treffen will, kann man angeben, mit welcher Wahrscheinlichkeit diese Verallgemeinerung richtig ist."[35]

Außerdem wird unterschieden, ob univariate, bivariate oder multivariate Verfahren angewendet werden, d. h. ob sich die Statistik mit der Beschreibung einzelner erhobener Merkmale oder dem Beschreiben der Zusammenhänge zwischen zwei (bivariat) oder drei und mehreren (multivariat) Merkmalen beschäftigt.[36]

An diesem Punkt kommen die anfangs aufgestellten Theorien und Hypothesen wieder ins Spiel. Aufgrund der hier aufgeworfenen Fragen werden die Daten untersucht, betrachtet und ausgewertet. Dabei können immer auch Erkenntnisse zutage treten, die nicht eingeplant waren oder auch nur ansatzweise vermutet wurden. Trotzdem ist es wichtig, immer die Grundfragen im Blick zu behalten, weil der Statistiker sonst – besonders bei langen und komplexen Fragebögen mit viel Datenmaterial – schnell den Überblick verlieren kann.

---

[31] Schnell, Rainer/Hill, Paul/Esser, Elke, Methoden der empirischen Sozialforschung. München 2005, 13.

[32] Vgl. Micheel, Quantitative empirische Sozialforschung, 117.

[33] Auf die verschiedenen Darstellungsformen der deskriptiven Statistik wird in Kapitel 4 noch näher eingegangen.

[34] Micheel, Quantitative empirische Sozialforschung, 117.

[35] Müller-Benedict, Grundkurs Statistik, 19.

[36] Vgl. Micheel, Quantitative empirische Sozialforschung, 117.

Veröffentlichung

Als letzter Schritt folgt die Veröffentlichung der Ergebnisse. Die Art und der Umfang dieser Veröffentlichung hängen sehr stark vom Umfang und von den Ergebnissen der Studie ab.
Für den Leser solch einer Veröffentlichung ist wichtig zu beachten, dass immer nur eine Auswahl der Daten und Zahlen veröffentlicht wird, die von den Autoren aufgrund verschiedenster theoretischer und praktischer Überlegungen ausgewählt wurden. Oft werden die Ergebnisse dabei komprimiert oder vereinfacht dargestellt, um das Hauptaugenmerk auf die eigentliche(n) Fragestellung(en) der Forscher zu richten. Dies ist der Grund, warum landläufig oft von ‚gefälschten Statistiken' gesprochen wird, doch diese Statistiken sind im korrekten Sinne nicht gefälscht, sondern lediglich vereinfacht.
Eine weitere Form der Veröffentlichung sind die Rohdaten der Studie. Bei einigen Geldgebern (z. B. bei der DFG) sind die Forscher auch angehalten, ihre Datensätze anderen Forschern zugänglich zu machen.[37] Dies hilft, um die Untersuchung nachzuvollziehen und eventuell an einigen Stellen noch einmal selbst nachzurechnen bzw. sie an anderer Stelle noch einmal unter anderen Gesichtspunkten auswerten zu können. Außerdem ist so der Rezipient nicht an die Zahlen gebunden, die die Forscher anbieten, sondern kann sich, wenn nötig, ein eigenes selbst erarbeitetes Bild machen. Dies erfordert allerdings wieder eigene Fragestellungen und Hypothesen.

3. Kode

Als Interessent an statistischen Daten gibt es verschiedene Möglichkeiten, diese zu bekommen. Viele werden – wie im Einleitungskapitel bereits angedeutet – in diversen Zeitungen, Zeitschriften und auf Internetseiten veröffentlicht. Doch sobald man wissenschaftlich fundiertere und verlässlichere Daten haben möchte, muss man schon genau schauen, woher man diese bezieht.[38]
Es wurde schon angedeutet, dass Daten nicht unbedingt immer selber erhoben werden müssen. Für viele Fragestellungen besteht auch die Möglichkeit, auf Sekundärquellen zurückzugreifen. Unterschieden

---

[37] Vgl. A.a.O., 56.
[38] Auffällig ist bei den drei Beispielen vom Beginn, dass keine der angegebenen Quellen die genaue Herkunft ihrer Daten angibt. Beim Fußballmagazin „Kicker" kann noch am ehesten davon ausgegangen werden, dass dort eine eigene Statistik-Abteilung unterhalten wird. Die anderen Zahlen stammen vermutlich aus fremden Erhebungen, aber woher genau, wird nicht verraten – dies würde jedoch sehr helfen, die Zahlen noch genauer einordnen zu können.

werden muss dabei zwischen drei verschiedenen Formen, in denen die Daten vorliegen können: als Rohdaten, also als Datensatz, der von einem Statistikprogramm (z. B. Excel oder SPSS) eingelesen und dann selbstständig bearbeitet werden kann; als aufbereitete Daten, also beispielsweise als Tabellen mit so vielen Informationen wie möglich, die vom Rezipienten nicht mehr erstellt, aber dennoch interpretiert und verarbeitet werden müssen; oder als interpretierte Daten, d. h. mit viel erklärendem Text in einem Buch oder Aufsatz oder als Grafiken oder reduzierte Tabellen – auf jeden Fall so, dass die Fragestellung des Forschers übernommen werden muss.

Nachfolgend sollen einige Quellen von Statistiken und statistischen Daten vorgestellt werden, die besonders für den theologischen Kontext interessant und hilfreich sein können. Dies ist selbstverständlich nur ein kleiner Überblick und hat keinerlei Anspruch auf Vollständigkeit.[39]

Viele Informationen über das tägliche Leben und Arbeiten in Deutschland werden von unterschiedlichsten Institutionen gesammelt und aufbereitet. Eine oft zurate gezogene Quelle ist beispielsweise die sogenannte „amtliche Statistik", hauptsächlich betrieben vom Statistischen Bundesamt und den zugehörigen Landesämtern – hier werden vor allem für verschiedene wirtschaftliche, aber auch für viele soziale Bereiche statistische Informationen bereitgestellt und verbreitet.[40] Für die Evangelische Kirche in Deutschland hat die offizielle EKD-Statistik[41] eine vergleichbare Abdeckung. Beide Einrichtungen erheben in einigen Bereichen Vollerhebungen,[42] d. h. es werden nicht nur Teile, sondern tatsächlich alle betroffenen Personen, Institutionen oder – im Falle der EKD – Kirchengemeinden um Auskunft gebeten. Beide Institutionen bieten Tabellen mit relativ vielen Informationen und teilweise auch grafisch aufbereiteten Daten an.

Eine weitere hilfreiche Quelle vor allem bei inhaltlichen Fragestellungen ist die Allgemeine Bevölkerungsumfrage der Sozialwissenschaften (kurz: ALLBUS). Die ALLBUS „ist eine langfristig angelegte, multithematische Umfrageserie zu Einstellungen, Verhaltensweisen und Sozialstruktur der Bevölkerung in der Bundesre-

---

[39]   Für einen Überblick über weitere Quellen – besonders im wirtschaftlichen Bereich – vgl. Cleff, Thomas, Deskriptive Statistik und moderne Datenanalyse. Eine computergestützte Einführung mit Excel, PASW (SPSS) und Stata, Wiesbaden 2011, 16f.

[40]   Vgl.   https://www.destatis.de/DE/UeberUns/UnsereAufgaben/Aufgaben.html [zuletzt besucht am 06.02.13.].

[41]   http://www.ekd.de/statistik/index.html [zuletzt besucht am 08.03.13].

[42]   Für das Statistische Bundesamt kann im Statistischen Jahrbuch für jede dargestellte Statistik die Methodik nachgelesen werden: https://www.destatis.de/ DE/ Pub likationen/StatistischesJahrbuch/StatistischesJahrbuch2012.html [zuletzt besucht am 08.03.13].

publik Deutschland. Die Erhebungen werden seit 1980 in zweijährigem Abstand durchgeführt. In persönlichen Interviews wird jeweils ein repräsentativer Querschnitt[43] der bundesdeutschen Bevölkerung befragt. Als Serviceleistung für die sozialwissenschaftliche Forschung und Lehre werden die ALLBUS-Daten unmittelbar nach der Aufbereitung und Dokumentation allen interessierten Personen und Institutionen für Analysen zur Verfügung gestellt."[44] In den Jahren 2008, 2002, 1998, 1992, 1988 und 1982 gab es besondere Schwerpunkte zu Religion und Weltanschauung, die teilweise mit Replikationen der Fragen durchgeführt wurden und deswegen über die Jahre vergleichbar sind.[45]

Im kirchlichen Bereich gibt es mit dem Sozialwissenschaftlichen Institut der EKD (SI) eine weitere Einrichtung, die projektbezogene Forschung durchführt (seit 1.Oktober 2004). „Es stellt sozialwissenschaftliche und theologische Kompetenz für Kirche und Diakonie bereit und ist als wissenschaftlicher Dienst für die EKD und die Landeskirchen tätig."[46] Zu verschiedenen Forschungsschwerpunkten können längere und kürzere Dokumentationen auf der Homepage bestellt bzw. runtergeladen werden. Das SI ist auch verantwortlich für die 5. Auflage der Kirchenmitgliedschaftsuntersuchung (KMU) der EKD, die seit 1972 alle zehn Jahre durchgeführt wird, „um Kirche aus der Sicht ihrer Mitglieder und als institutionelle Größe zu erforschen. [...] Darüber hinaus wurden in den bisherigen KMUs Einstellungen zu Religion und Gesellschaft von Kirchenmitgliedern – und seit 1992 auch von Konfessionslosen – im Kontext ihrer Lebensbezüge erhoben."[47] Bei den Veröffentlichungen zu diesen Untersuchungen handelt es sich zumeist um aufbereitete Daten und viele interpretierende Texte – allerdings ist es zumindest für die KMU von 2002 auch möglich, die Datensätze zu bestellen.[48]

---

[43] Wie schon unter 2.6 angedeutet, wird dieser Ausdruck verwendet, um deutlich zu machen, dass die Befragten anhand von gewissen Quoten ausgewählt wurden. Bei ALLBUS wird aus der Grundgesamtheit „der erwachsenen Wohnbevölkerung (d. h. Deutschen und Ausländern) in West- und Ostdeutschland" anhand des Einwohnermelderegisters eine Stichprobe gebildet. Vgl. http://www.gesis.org/allbus/allgemeine -informationen/#c5427 [zuletzt besucht am 08.03.2013].

[44] Allgemeinde Informationen zum ALLBUS – Grundkonzeptionen und Ziele des ALLBUS-Programms: http://www.gesis.org/allbus/allgemeine-informationen/ [zuletzt besucht am 08.03.13].

[45] http://www.gesis.org/allbus/allbus-inhalte/schwerpunktthemen/ [zuletzt besucht am 08.03.13].

[46] http://www.ekd.de/si/presse/wir_ueber_uns.html [zuletzt besucht am 08.03.13].

[47] http://www.ekd.de/si/projekte/20633.html [zuletzt besucht am 08.03.13].

[48] Vgl. Huber, Wolfgang/Friedrich, Johannes/Steinacker, Peter (Hgg.), Kirche in der Vielfalt der Lebensbezüge. Die vierte EKD-Erhebung über Kirchenmitgliedschaft, Gütersloh 2006, 34, Fußnote 27.

Alle diese Quellen können dazu genutzt werden, in einer sich
wandelnden Gesellschaft die Rolle von Kirche und Religion besser zu
verstehen und mögliche Handlungsfelder, Chancen und Risiken aus-
zuloten. Doch das kann nur gelingen, wenn die Daten gut verglichen
und interpretiert werden.

4. Gedanken Gottes

Bis hierher ging es um einiges Grundlegende über Statistiken und
ihre verschiedenen Quellen. In den nachfolgenden zwei Kapiteln
möchte ich darstellen, zu welchen Ergebnissen es führen kann, wenn
– wie bisher gezeigt – empirische Sozialforschung betrieben wird und
Statistiken erstellt werden. Dabei soll es zwar nicht zu grundlegend
um den Aufbau von Tabellen und Grafiken gehen, es sollen aber doch
einige Stolperfallen aufgezeigt werden, die gelegentlich zu Miss-,
Fehl- oder Überinterpretationen von statistischen Daten führen können.
„Gedanken Gottes" – die Formulierung klingt vielleicht etwas hoch-
trabend, ist aber eher als Anfrage gemeint: Sind diese Statistiken und
das, was sie aussagen, wirklich als Gottes Gedanken zu verstehen?
Über die theologische Dimension dieser Frage lässt sich aus der
sozialwissenschaftlichen Perspektive nichts sagen. Der oft sehr große
Nutzen von Statistiken lässt sich dagegen weder sozialwissenschaftlich noch theologisch leugnen. Zunächst kann sehr allgemein gesagt
werden, dass Statistiken in vielen unterschiedlichen Situationen und
Kontexten sehr hilfreich sind.
Anschließend möchte ich mit John Finney, der Florence Nightingale
in dieser Weise zitiert hat[49], etwas näher den für ihn sehr relevanten
Zusammenhang zwischen statistischer Forschung und theologischem
und kirchlichem Arbeiten beleuchten.[50] Er weist darauf hin, dass Entscheidungen in der Kirche auch immer von den richtigen Fakten
abhängen sollten und dass es deswegen so relevant sei, die Faktenlage
zu kennen, wahrzunehmen und richtig einordnen zu können. Er stellt
fest, dass in den Evangelischen Kirchen in Deutschland viele dieser
Fakten bereits erhoben werden, aber „weitgehend ungenutzt
[bleiben], weil keine Konsequenzen aus ihnen abgeleitet werden."[51]
Letztlich kann aus sozialwissenschaftlicher Perspektive gesagt werden, dass Statistiken einen Teil der Wirklichkeit – in theologischer
Sichtweise: Gottes Wirklichkeit – veranschaulichen. In ihnen können

---

[49]   Siehe Titel und Anm.1, 187.
[50]   Vgl. Finney, To Germany with Love, 71-73.
[51]   A.a.O., 73.

Situationen dargestellt sein, in denen Gott gerade handeln möchte bzw. in die er seine Kirche hineingestellt hat.
Aber durch menschliches Zutun kann diese Wirklichkeit getrübt werden. „Traue keiner Statistik, die du nicht selbst gefälscht hast.", sagt der Volksmund dazu. Aber wie fälscht man eigentlich so eine Statistik?
Antwort: Eine Statistik rechnerisch zu verfälschen, ist schwierig und aufwändig, aber absichtlich Zahlen wegzulassen oder grafisch so darzustellen, dass bestimmte Aspekte betont werden und andere in den Hintergrund treten, ist relativ einfach. Auch spielt es hier wieder eine große Rolle, von welchen primären Fragestellungen und theoretischen Grundvoraussetzungen bei der Auswertung und Darstellung ausgegangen wird.[52]
Deswegen sollten – unabhängig von der Darstellungsform der Statistik – die folgenden Fragen immer auf den ersten Blick zu klären sein:
‣ Welche Fragestellungen und Antwortvorgaben gab es?
‣ Was ist die Grundmenge (abgekürzt meist mit „N") an Personen, Organisationen etc., über die hier eine Aussage gemacht wird?
‣ Sind hier Häufigkeitsangaben oder Prozentwerte dargestellt?
Außerdem ist es wichtig, jede statistische Angabe zu prüfen und zu hinterfragen. So sollte z. B. bei Prozentangaben die Gesamtsumme normalerweise 100 % ergeben. Ausnahmen ergeben sich bei Rundungsdifferenzen und fehlenden Antworten, wo es gelegentlich auch etwas weniger sein kann. Wenn Mehrfachantworten möglich waren, sollten die einzelnen Prozentwerte nicht addiert werden. In diesen Ausnahmefällen sollten entsprechende Hinweise allerdings explizit dabeistehen.

---

[52] Vgl. zu diesem Aspekt auch den Aufsatz von Wegner, Gerhard, 50 Jahre dasselbe gesagt?, Die Kirchenmitgliedschaftsuntersuchungen der EKD im religiös-kirchlichen Feld. SI, 2011. Wegner wirft darin den Forschern der KMUs I – III einen zu starken paradigmatischen Blick auf die Daten vor.

Tabellen

Die ideale Tabelle sollte folgendermaßen aufgebaut sein bzw. die folgenden Elemente enthalten:

‣ Die genaue Frage, wie sie auch den Befragten gestellt wurde, sollte ersichtlich sein.

‣ Alle Antwortvorgaben und die entsprechenden absoluten und prozentualen Zahlen sollten angegeben sein.

‣ Die Gesamtanzahl der Befragten – und eventuell die Angabe, ob es sich nur um eine bestimmte Gruppe von Befragten (Kirchenmitglieder, Pfarrer/innen, Personen aus Ostdeutschland o. ä.) handelt – sollte bekannt sein.

‣ Wenn die Tabelle im Zusammenhang mit weiteren Daten aus derselben Erhebung steht, dann hilft es, wenn die fehlenden Angaben – also die Personen, die genau auf diese Frage nicht geantwortet haben – deutlich werden. Wenn die Frage alleine steht, dann verwirrt diese Angabe meist nur unnötig.

Untenstehend ist eine Tabelle mit ALLBUS-Daten abgebildet, bei der versucht wurde, alle obigen Kriterien einzuhalten. Es wird deutlich, dass dadurch Tabellen oft groß und unübersichtlich werden.

Frage: „Bitte geben Sie nun an, welche der folgenden Aussagen Ihren Glauben an Gott am ehesten zum Ausdruck bringt." (Konfession; Wohngebiet zum Zeitpunkt der Befragung)[1]

		Evangelische ohne Freikirche		Keiner Religionsgemeinschaft		Zum Vergleich: Alle Befragten	
Alte Bundesländer	Ich glaube nicht an Gott.	28	6,9 %	56	29,9 %	122	10,5 %
	Ich weiß nicht, ob es einen Gott gibt, und glaube auch nicht, dass es möglich ist, dieses herauszufinden.	50	12,3 %	47	25,1 %	140	12,1 %
	Ich glaube nicht an einen leibhaftigen Gott, aber ich glaube, dass es irgendeine höhere geistige Macht gibt.	64	15,7 %	45	24,1 %	204	17,6 %
	Manchmal glaube ich an Gott, manchmal nicht.	68	16,7 %	8	4,3 %	136	11,7 %
	Obwohl ich Zweifel habe, meine ich, dass ich doch an Gott glaube.	94	23,0 %	10	5,3 %	243	20,9 %
	Ich weiß, dass es Gott wirklich gibt, und habe daran keinen Zweifel.	104	25,5 %	21	11,2 %	316	27,2 %
	Gesamt	408	100 %	187	100 %	1161	100 %

---

[1] Allbus 2008, eigene Berechnungen. Für eine Möglichkeit, mit diesen Zahlen weiter zu arbeiten, vgl. den Artikel von Thomas Schlegel in diesem Band, 117ff.

Ich glaube nicht an Gott.	8	8,2 %	264	68,0 %	273	53,0 %
Ich weiß nicht, ob es einen Gott gibt, und glaube auch nicht, dass es möglich ist, dieses herauszufinden.	13	13,4 %	53	13,7 %	68	13,2 %
Ich glaube nicht an einen leibhaftigen Gott, aber ich glaube, dass es irgendeine höhere geistige Macht gibt.	15	15,5 %	31	8,0 %	49	9,5 %
Manchmal glaube ich an Gott, manchmal nicht.	20	20,6 %	15	3,9 %	40	7,8 %
Obwohl ich Zweifel habe, meine ich, dass ich doch an Gott glaube.	24	24,7 %	14	3,6 %	44	8,5 %
Ich weiß, dass es Gott wirklich gibt und habe daran keinen Zweifel.	17	17,5 %	11	2,8 %	41	8,0 %
Gesamt	97	100 %	388	100 %	515	100 %

(Zeilenbeschriftung links: Neue Bundesländer)

Grafiken

Bei der Darstellung in einem Diagramm – häufigste Formen: Balken- oder Kreisdiagramm – werden einige dieser Informationen nicht angegeben. Dies führt zwar zu einer Aufmerksamkeitskonzentration, aber immer auch zu Informationsreduktion. Gerade für Vorträge, bei denen die Zuhörer häufig gleichzeitig zuhören und eine Präsentation betrachten müssen, ist dies eine gute Lösung.

Eine sehr starke Form dieser Informationsreduzierung ist in der nebenstehenden Grafik[2] erkennbar, da sie keinerlei Zahlen enthält. Hier ist sie außerhalb ihres ursprünglichen Zusammenhangs dargestellt, dort sind die entsprechenden Zahlen im Text und in einer Tabelle genannt. Trotzdem ist sie zunächst für einen groben Überblick über die Reli-

* Auf Basis der Erhebung 2010.

gionszugehörigkeit in Deutschland sehr hilfreich. Die Information, dass jeweils etwa 1/3 der Deutschen Bevölkerung evangelisch, katholisch und nicht in einer christlichen Kirche ist, bleibt nach Betrachtung dieser Grafik hängen. Dies sollte aber tatsächlich immer nur als erster Überblick genutzt werden. Für die weitere Verarbeitung dieses

---

[2] Kirchenamt der EKD (Hg.), Evangelische Kirche in Deutschland. Zahlen und Fakten zum kirchlichen Leben 2012, 5.

Wissens ist es hilfreicher, die konkreten Zahlen zu verwenden. Von den oben aufgeworfenen Fragen können mit dieser Grafik nur wenige beantwortet werden.

Je mehr Zahlen in einem Diagramm eingetragen werden, desto unübersichtlicher wird es und desto mehr Zeit braucht der Betrachter, um es wirklich vollständig zu verstehen.

Das nächste Beispiel stammt aus der Greifswalder Studie „Wie finden Erwachsene zum Glauben?" und zeigt den Einfluss, den bestimmte Personen – aufgeteilt in drei Personengruppen – im Konversionsprozess hatten. Genau lautet die Bildunterschrift: „Prozentualer Anteil der Befragten, für welche eine bestimmte Personengruppen im Konversionsprozess bedeutsam waren (mehrere Antworten waren möglich)"[3]

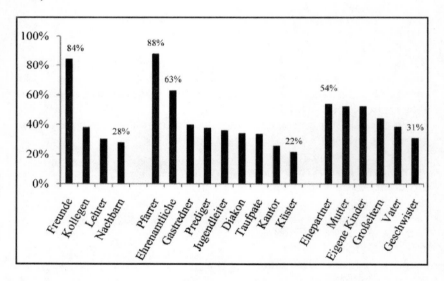

Hier wird deutlich, dass versucht wurde, einige Zahlen als Anhaltspunkte zu geben, dadurch wird das Spektrum der Antworten deutlich. Gleichzeitig werden aber nicht zu viele Informationen gegeben und die Grafik bleibt übersichtlich.

Diese Darstellungen können nur als Beispiele dienen. Es gibt so viele verschiedene Darstellungsformen, wie es Forscher gibt, und keine kann allen Ansprüchen hinsichtlich Übersichtlichkeit und Informationsmaximierung genügen.

---

[3]　Zimmermann, Johannes/Schröder, Anna-Konstanze (Hgg.), Wie finden Erwachsene zum Glauben? Einführung und Ergebnisse der Greifswalder Studie, Neukirchen-Vluyn 2010, 111 (sic!).

Kennwerte

Eine andere Möglichkeit, Ergebnisse von statistischen Berechnungen darzustellen, ist, diese in nur einem oder einigen wenigen Kennwerten abzubilden. Dabei werden zwei verschiedene Arten von Kennwerten unterschieden: die Lagemaße und die Streuungsmaße.[4] Lagemaße sind der Modus, der Median und das arithmetische Mittel einer Verteilung. Der Modus ist der Wert, der am häufigsten vorkommt. Wird beispielsweise nach dem Alter gefragt und die Antworten von 5 Teilnehmenden sind: 20, 21, 21, 25 und 29, dann ist der Modus dieser Verteilung „21". Der Median ist der Wert, der bei der Anordnung der Werte nach ihrer Größe, die Verteilung genau in der Mitte in zwei gleich große Teile teilt. Im obigen Beispiel wäre das auch „21". Das arithmetische Mittel wird häufig auch als Durchschnitt oder Mittelwert bezeichnet, es bildet den Schwerpunkt der Verteilung. Beim Beispiel mit der Altersverteilung beträgt das arithmetische Mittel „23,2".

Lagemaße „beschreiben eine Verteilung nur unvollständig. Während Modus, Median und arithmetisches Mittel Aussagen über die typischen Werte einer Verteilung erlauben, informieren Streuungsmaße über die Heterogenität bzw. das Ausmaß der Unterschiedlichkeit von Werten in einer Verteilung."[5] Das einfachste Streuungsmaß ist „die Spannweite, die den Abstand zwischen dem minimalen und dem maximalen Wert einer Verteilung erfasst."[6] Allerdings ist sie sehr von Extremwerten abhängig. Etwas differenzierter wird die Standardabweichung berechnet, die die durchschnittliche Entfernung aller Werte vom arithmetischen Mittel abbildet.

Mit diesen Werten kann im Bedarfsfall schnell ein grober Überblick über die Daten gegeben werden, aber auch sie sollten immer im Zusammenhang mit weiteren Angaben zur Untersuchung stehen.

5. Lesen

Nachdem nun viele Informationen über die Herkunft von Statistiken, ihre Aufbereitung und Darstellung gegeben wurden, soll jetzt in einem letzten Schritt das Ganze mit dem Aspekt der Nachkirchlichkeit verbunden und die Einordnung von solchen Daten an einem exemplarischen Beispiel deutlich gemacht werden.

---

[4] Vgl. Kühnel, Steffen-M./Krebs, Dagmar, Statistik für die Sozialwissenschaften. Grundlagen Methoden Anwendungen, Hamburg 2004, 67ff.

[5] A.a.O., 83.

[6] A.a.O., 84.

Nachfolgend ist das Konzept der Kirchgangshäufigkeit[7] in zwei verschiedenen Erhebungen operationalisiert:

Frage: „Wie oft gehen Sie in die Kirche bzw. besuchen Sie Gottesdienste?" (KMU 2002 [N=1532 ev.Wes])

Jeden oder fast jeden Sonntag	10 %
Ein-bis zweimal im Monat	13 %
Mehrmals im Jahr	35 %
Einmal im Jahr oder seltener	27 %
Nie	15 %

Frage: „Wie oft gehen Sie im Allgemeinen in die Kirche?"
(Allbus 2008 [N=814 ev.West])

Über 1x die Woche	0,6 %
1x pro Woche	3,6 %
1-3x pro Monat	12,7 %
Mehrmals im Jahr	28,7 %
Seltener	38,7 %
Nie	15,7 %

Dabei fällt zunächst auf, dass die Fragen und die Antwortvorgaben ähnlich sind, aber eben doch nur ähnlich. Genau vergleichen lassen sich diese nämlich nicht, da schon einzelne Worte, die in den Antwortvorgaben unterschiedlich sind, dazu führen, dass die Antworten sich verschieben können.

Sowohl in der Kirchenmitgliedschaftsuntersuchung von 2002 als auch in der Allgemeinen Bevölkerungsumfrage von 2008 wurden Mitglieder der Evangelischen Kirche in Deutschland, die in Westdeutschland wohnen, befragt.

Aus beiden Tabellen ist abzulesen, dass ein Großteil der evangelischen Kirchenmitglieder weniger als ein Mal im Monat in die Kirche geht (KMU: 77 %; ALLBUS: 83,1 %). Die Zahl der Personen, die nie in die Kirche gehen, liegt vergleichbar bei etwa 15 %.

Bis hierher wurde viel Theoretisches über Statistiken vorgestellt, und der eine oder andere Leser mag sich jetzt fragen, warum diese ausführliche Beschreibung von statistischen Methoden in einem theologischen Band über Nachkirchlichkeit notwendig ist. Erstmal, um neugierig zu machen auf die empirische Sozialforschung und ihre

---

[7] Da bei beiden Untersuchungen danach gefragt wird, wie oft die Befragten in die Kirche gehen, kann hier nicht davon ausgegangen werden, dass automatisch der Besuch eines Gottesdienstes assoziiert wurde. Es lässt sich vermuten, dass einige der Befragten auch an den touristischen Besuch von Kirchen gedacht und entsprechend geantwortet haben.

möglichen Ergebnisse, und gleichzeitig der Tatsache Genüge zu tun, dass immer mehr solche Statistiken gerade auch für den kirchlichen Bereich erstellt und oft nur unzureichend ver- und ausgewertet werden. Abschließend vor allem, um darauf aufmerksam zu machen, welche Arbeit und Mühe oft dahinterstecken, Fakten über Kirche und Glauben zusammenzutragen – verbunden mit der an Finney angelehnten Bitte, diese Fakten doch auch zum Vorteil für die Menschen, die mit den Gemeinden und der Kirche zu tun haben, zu nutzen.

Doch was sagen diese Zahlen über die Nachkirchlichkeit in unserer Gesellschaft aus? Sozialwissenschaftler würden hier weitere Untersuchungen, wie beispielsweise eine Längsschnittstudie zur Verdeutlichung der Veränderungen oder einen Vergleich mit ähnlichen Befragungen anderer Religionsgemeinschaften, anstreben. Allerdings kommt dann auch der Punkt, an dem Statistiker und Sozialwissenschaftler an ihre Grenzen kommen und Theologen und Religionswissenschaftler gefragt sind.

Denn statistische Zahlen, Daten und Fakten können, wenn sie richtig eingeordnet und interpretiert werden, sensibel für verschiedene Veränderungen in Einstellungen und Verhalten von Personen machen, aber die Konsequenzen, die sich daraus eventuell ergeben, können nicht angezeigt werden, sondern müssen von den jeweiligen Verantwortlichen selbst entwickelt und durchgeführt werden.[8]

---

[8] Vgl. für mögliche Konsequenzen die theologischen Beiträge in diesem Band.

Missionarische Kirche?[1]

Hans-Jürgen Abromeit

In diesem Sommer fand in Mecklenburg und Pommern das „film-kunstfest on Tour" statt. In verschiedenen Kirchen und Pfarrscheunen wurden hochwertige Filme zu gesellschaftsrelevanten Themen gezeigt. Unter anderem kam der Film „Kriegerin"[2], in dem rechtsextremistisches Verhalten thematisiert wird, zur Aufführung. Im Anschluss an die Filmvorführungen gab es jeweils ein Filmgespräch. Neben den Kirchengemeinden waren auch andere Gruppen und Initiativen zu den entsprechenden Themen Mitveranstalter. Gewiss waren dies kulturell wertvolle Veranstaltungen für den ländlichen Raum. Wichtige Themen wurden aufgegriffen und diskutiert. Das ist nötig, um den Rechtsextremisten das Feld in unseren Dörfern und Städten nicht kampflos zu überlassen.

Doch ist dies eine missionarische Veranstaltung? Die Kirche geht hier in die Öffentlichkeit. Sie beteiligt sich am gesellschaftlichen Diskurs. Sie stellt ihre Räume zur Verfügung und bringt ihre Position ein. Sie kommt mit Menschen zusammen, mit denen sie sonst keinen Kontakt hat. Doch ist dies Mission? Oder ist Mission noch etwas anderes? Man könnte meinen, dass diese Frage nicht so relevant ist, solange es eine gute Veranstaltung ist. Dem kann ich nicht zustimmen. Die Frage wurde wichtig, als das „filmkunstfest on Tour" mit Mitteln gefördert werden sollte, die für missionarische Veranstaltungen vorgesehen sind. Darum bleibt die Frage: Wann ist die Kirche missionarisch? Dies ist einer der Aspekte, um den es geht, wenn wir fragen: „Missionarische Kirche?"

Ein weiterer Aspekt ist: Muss die Kirche überhaupt missionarisch sein? In dieser Hinsicht gibt es ein weites Feld theologischer und

[1] Vortrag, gehalten am 13. September 2012 auf der Jahrestagung der Internationalen Bonhoeffer-Gesellschaft, Sektion Bundesrepublik Deutschland e.V. in Eisenach. Die hier abgedruckte Version ist leicht redigiert. Die Erstveröffentlichung des Vortrags erfolgte im Rundbrief der Internationalen Bonhoeffer-Gesellschaft: ibg Bonhoeffer Rundbrief Nr. 100, März 2013, 13-39. – Ich danke meinem Referenten Michael Giebel für allseits hilf- und geistreiche Unterstützung.
[2] Kriegerin: Alina Levshin, Jella Haase, Sayed Ahmad Wasil Mrowat, Gerdy Zint in einem Film von David Wendt Deutschland 2011. Ascot Elite Filmverleih GmbH. http://www.kriegerin-film.de/.

kirchlicher Antworten. Gesamtkirchlich können wir allerdings einen Wechsel in der Grundeinstellung unserer Kirche feststellen. Exemplarisch wird dies an Bischof i. R. Dr. Wolfgang Huber deutlich.

1. Vorbemerkung: Wolfgang Huber als Beispiel des gewandelten Verhältnisses zur Mission

Wolfgang Huber hat vor einigen Wochen seinen 70. Geburtstag gefeiert. In diesem Jahr ist zudem eine Biographie Hubers erschienen, die der Journalist Philipp Gessler verfasst hat. Seine Gaben und Fähigkeiten haben Huber schon in jungen Jahren schnell in seiner akademischen Karriere vorangebracht. Mit 24 Jahren war er promoviert, mit 30 habilitiert. Mit 38 Jahren wurde er Professor für Sozialethik. Allerdings blieben ihm die Erfahrungen aus seiner Zeit als Vikar und Pfarrweser im Hinblick auf seine Kirchenverbundenheit wichtig.
Viele Jahre stand er an der Spitze des Deutschen Evangelischen Kirchentages. Dennoch wird man wohl sagen können, dass Mission lange kein Thema für Wolfgang Huber war. „Kirche und Öffentlichkeit"[3] war das Thema seiner Habilitation und damit war auch der Schwerpunkt seines zukünftigen Engagements benannt. Wie können Kirche und Theologie ihrer öffentlichen Verantwortung in der und für die Gesellschaft gerecht werden? Für Wolfgang Huber war dabei die Theologie Dietrich Bonhoeffers tonangebend. Besonders der Gedanke einer „Kirche für andere" hat ihn angeregt.[4] Die „Kirche für andere" lässt die Kirche nicht bei sich selbst bleiben, sondern über sich hinausgehen, damit sie ihrem Auftrag gerecht wird. Die Idee der „Kirche für andere" ist dann später auch die Brücke zu einem missionarischen Verständnis von Kirche.
1994 wurde Wolfgang Huber Bischof der Evangelischen Kirche in Berlin-Brandenburg. Damit begann nicht nur geographisch und biographisch ein neuer Abschnitt im Leben Hubers. Bisher war er ein Vertreter kirchlichen Lebens einer Mehrheitskirche im Westen, die noch weitgehend aus dem Vollen schöpfen konnte und noch keine Minorisierungs- und Marginalisierungserfahrungen hatte. Dies änderte sich nun. Als Bischof einer ostdeutschen Landeskirche lernte er eine völlig neue Sicht auf die Kirche kennen. Seine Kirche war zahlenmäßig ausgedünnt und in der DDR an den Rand und in die Nische

---

[3]   Huber, Wolfgang, Kirche und Öffentlichkeit. Forschungen und Berichte der Evangelischen Studiengemeinschaft 28, München ²1991.
[4]   Gessler, Philipp, Wolfgang Huber. Ein Leben für Protestantismus und Politik, Freiburg im Breisgau 2012, 85.

geschoben worden. Missionarische Fragen stellten sich unwillkürlich.
Und so kam es, dass Huber die Bedeutung der Mission entdeckte. In
seinem Buch „Kirche in der Zeitenwende" von 1998 schreibt er:
„Daß der Missionsauftrag, der am Beginn der Ausbreitung des Christentums steht, in Mitteleuropa neue Aktualität gewinnt, steht außer
Zweifel. Dabei gebietet nüchterne Einsicht, gerade im Blick auf die
Lage im Osten Deutschlands hinzuzufügen: ‚Die Menschen haben die
Kirche massenhaft verlassen; sie sind aber nur als einzelne zurückzu-
gewinnen'."[5] Bei Huber zeigt sich exemplarisch, dass die Situation
der Kirchen im Osten Deutschlands den Weg bereitet hat, auf dem
dann in der gesamten Evangelischen Kirche in Deutschland eine andere Einstellung zur Mission errungen worden ist.
Huber wurde 2003 Ratsvorsitzender der EKD. Damit begann für ihn
noch einmal eine neue Periode seines Wirkens. Nun setzte er in Folge
der Leipziger Synode von 1999 ein großes Reformwerk innerhalb der
EKD in Gang. Die Grundlagen für das Papier „Kirche der Freiheit"
hat Huber in dem schon benannten Buch „Kirche in der Zeitenwende" gelegt. Nun wurden die Ideen wirksam und gewannen einen breiten Raum in der Kirche.
Mit diesem kurzen Blick auf den Werdegang des ehemaligen Rats-
vorsitzenden der EKD sind Stationen in der Entwicklung des Verständnisses einer missionarischen Kirche benannt. Als Wendepunkt
erweisen sich dabei die Jahre 1998/99 (Hubers Buch Zeitenwende /
Leipziger Synode). Nun sollen zuerst die Entwicklungen auf diesen
Wendepunkt hin wahrgenommen werden, unterschieden nach Ost
und West. Dann gilt es, einen Blick auf die Synode selbst zu werfen,
sowie die Folgen, die sich aus ihr ergeben haben, zu betrachten. „Kirche der Freiheit" und der EKD-Reformprozess spielen dabei eine
wichtige Rolle. Schließlich müssen wir dann am Ende noch einmal
fragen: Missionarische Kirche? Was hat sich verändert? Wo stehen
wir? Und wie geht es weiter?

2. Die EKD-Synode von Leipzig 1999

Die Synode der EKD in Leipzig 1999 markiert einen Wendepunkt im
Verständnis von Evangelisation und Mission innerhalb der deutschen
evangelischen Kirchen: „Von dieser Tagung der Synode geht das
Signal aus: Die evangelische Kirche setzt das Glaubensthema und den

---

[5]   Huber, Wolfgang, Kirche in der Zeitenwende. Gesellschaftlicher Wandel und
Erneuerung der Kirche, Gütersloh 1999 (Taschenbuchausgabe), 244. Zitat im Zitat:
Wolf Krötke, auf der EKD-Synode auf Borkum, November 1996.

missionarischen Auftrag an die erste Stelle"[6]. Damals, 1999, hat man dies selbst als eine Neuorientierung mit Signalwirkung erlebt. Heute, im Rückblick, können wir dies bestätigen. Vieles hat sich seitdem geändert. Mission ist Sache der ganzen Kirche geworden. Doch wie kam es dazu?

Der Weg nach Leipzig

Missionarische Kirche – Entwicklungen im Westen der EKD
In weiten Teilen der westlichen Landeskirchen gab es große Vorbehalte gegenüber den Begriffen Mission und Evangelisation. Sie galten einigen als Synonyme für Indoktrination und religiöse Gewaltanwendung. Sie waren anrüchig, als ob sie „religiöser Hausfriedensbruch" und „christliche Hausiererei" wären[7]. Andere sahen den Begriff in der Ecke stehen, so wie früher ein Schulkind in die Ecke gestellt wurde, weil es unartig war und gestört hatte.[8] Beide Sichtweisen bringen dabei eher zum Ausdruck, wie sich die Minderheit fühlte, die an Mission und Evangelisation festhielt. Die Kundgebung der Synode greift dies vorsichtig auf, wenn sie formuliert: „Es hat eine Zeit gegeben, in der es den Anschein haben konnte, als sei die missionarische Orientierung das Markenzeichen nur einer einzelnen Strömung in unserer Kirche."[9]
Dabei ist zu beachten: Die Kirche war immer missionarisch. Nicht nur einzelne Gruppen waren missionarisch, sondern die Kirche als ganze, auch als Mission explizit kein Thema in ihr war. Die Weitergabe des Glaubens hat stattgefunden, trotz des massiven Traditions- und Glaubensabbruchs in den Kirchen. Immer sind Menschen durch den Glauben an Jesus Christus befreit und Teil der Kirche geworden. Jedoch geschah dies vielerorts sozusagen nebenbei, durch das Kerngeschäft, ohne dass es als missionarisch wahrgenommen wurde.

---

[6] Kundgebung der 9. Synode der Evangelischen Kirche in Deutschland auf ihrer 4. Tagung zum Schwerpunktthema „Reden von Gott in der Welt – Der missionarische Auftrag der Kirche an der Schwelle zum 3. Jahrtausend" [= Kundgebung Leipzig], in: Kirchenamt der EKD (Hg.), Reden von Gott in der Welt. Der missionarische Auftrag der Kirche, Hannover 2000, 40.
[7] Herbst, Michael, „Ach, sie sind also der Missionar!?" Kontext, Entstehungsgeschichte und Aufgaben des Greifswalder Institutes [= Herbst, Greifswalder Institut], in: Herbst, Michael u. a. (Hgg.), Missionarische Perspektiven für eine Kirche der Zukunft, BEG 1, Neukirchen-Vlyun 2005, 38. Bei Herbst finden sich auch Hinweise auf die Diskussion in der Praktischen Theologie zu diesem Thema.
[8] Vgl. Rudolph, Barbara, Einbringung des Kundgebungsentwurf; in: Kirchenamt der EKD (Hg.), Reden von Gott in der Welt. Der missionarische Auftrag der Kirche, Hannover 2000, 8, zitiert das EMW-Heft: Plädoyer für Mission.
[9] Kundgebung Leipzig, 42.

So waren Mission und Evangelisation für weite Teile der Kirche
lange Zeit kein bedeutendes Thema, wobei die Auseinandersetzung
mit Mission und Evangelisation nie aufgehört hatte.
1986 schrieb beispielsweise der damalige Vorsitzende des Rates der
EKD, Bischof Dr. Martin Kruse, in seinem Vorwort zur Studie
„Christsein gestalten", wie wichtig die Aufgabe der Mission sei.
„Neben die Aufgabe einer ‚inneren Mission' gegenüber getauften und
konfirmierten Kirchenmitgliedern tritt die Aufgabe, Menschen ele-
mentar mit dem Evangelium von Jesus Christus bekanntzumachen,
denen der christliche Glaube buchstäblich ‚von Hause aus' fremd
ist."[10] Leitend war bereits damals die wachsende Zahl von Menschen,
die aus der Kirche ausgetreten waren bzw. nicht einmal mehr getauft
waren. Die Studie selbst sieht Mission als ein „elementares Strukturprinzip christlicher und kirchlicher Existenz in Welt und Geschichte"[11] an. Noch zurückhaltend heißt es weiter: „Aller Voraussicht nach
wird die Entdeckung und Entwicklung neuer missionarischer Formen
zu einer zentralen kirchlichen Zukunftsaufgabe werden."[12] Dennoch
ging von der Studie keine nachhaltige Wirkung in Bezug auf Mission
und Evangelisation aus. Wie kommt das?
Relativ deutlich lässt diese Studie ihre Skepsis gegen die Bewegung
des missionarischen Gemeindeaufbaus erkennen. Ebenso kritisch
sieht sie die eher bruderratlichen, politisch aktiven und diakonischen
Gruppen der Kirche. Beide Modelle seien zu sehr auf die Gemeinde
fixiert.[13] Für die Studie ist dagegen ein Bild leitend, „von der Kirche
als Institution der Freiheit, das sich auf ein Verständnis der reformatorischen Theologie als christlicher Freiheitslehre zurück bezieht und
darin an neuprotestantisch-liberale Motive anknüpft."[14] Dies bedeutete letztlich nichts anderes als das Fortschreiben eines folgenlosen
Christseins und die Rechtfertigung einer Volkskirche, die innerlich
ausgehöhlt ist. Michael Welker zog das Fazit: Diese Studie „ist als
Dokument einer Kirche ohne Kurs, ohne Richtung anzusehen, und
einer Kirchenleitung, die die Verfallstrends fortschreibt, die sie doch
beklagt."[15]
Einen ersten Kurswechsel bringt dann die Synode der EKD zum
Schwerpunktthema: „Glauben heute. Christ werden – Christ blei-

---

[10] Kirchenamt im Auftrag des Rates der Evangelischen Kirche in Deutschland
(Hg.), Christsein gestalten. Eine Studie zum Weg der Kirche, Gütersloh ²1986, 9
[= Christsein gestalten].
[11] A.a.O., 82.
[12] A.a.O., 84.
[13] Vgl. a.a.O., 62.
[14] Ebd.
[15] Welker, Michael, Kirche ohne Kurs. Aus Anlaß der EKD-Studie ‚Christsein
gestalten', Neukirchen-Vluyn 1987, 8.

ben"[16]. Man erkennt, dass die „Weitergabe der Glaubensbotschaft bei uns schwer gestört ist"[17]. Man will sich neu auf die Botschaft des Evangeliums einlassen, die den Glauben weckt, und man will sprachfähig werden, vom Glauben in unserer Zeit zu reden. Bereits der Titel macht deutlich, dass Christsein keine Selbstverständlichkeit mehr ist, sondern davon zu reden ist, was überhaupt ein Christ ist und wie man Christ wird.

Auch in der wissenschaftlichen Theologie gehörten Mission und Evangelisation nicht zu den vorrangigen Themen. Christian Grethlein resümierte 2001, dass Mission als Thema für die Praktische Theologie im 19. Jahrhundert noch fundamental, ja teilweise sogar konstitutiv gewesen sei. Mit Ausbildung einer eigenen Missionswissenschaft jedoch sowie mit der wachsenden Sensibilität für die unheilige Koalition, die die deutsche Mission mit dem nationalen Bewusstsein teilweise eingegangen war, ging Mission als Fragestellung der Praktischen Theologie verloren. Im Zuge des missionarischen Gemeindeaufbaus wurde Mission zwar praktisch-theologisch wieder wissenschaftlich reflektiert. Die grundlegende Bedeutung konnte Mission dadurch jedoch nicht wieder zurückgewinnen. Sie blieb ein Nischenthema in der Praktischen Theologie.[18]

Es lässt sich festhalten, dass die Evangelische Kirche im Westen Deutschlands in der zweiten Hälfte des 20. Jahrhunderts dem Missionsthema insgesamt keine Priorität gegeben hat. Dennoch war das Thema nie ganz von der Tagesordnung verschwunden, wobei einzelne Gruppen das Bewusstsein für Mission wach hielten und immer wieder anmahnten.

Missionarische Kirche – Entwicklungen im Osten

Die Entwicklung in den östlichen Kirchen in Deutschland verlief gänzlich anders. Dies ergab sich natürlich aus der anderen Situation der Kirche in der DDR und der antikirchlichen Politik des sozialistischen Staates. Die Herausforderungen der Kirche waren dadurch andere als im Westen. Erstmals seit vielen Jahrhunderten geriet die Kirche in Kerngebieten der Reformation plötzlich in die Minderheit. Dies führte einerseits dazu, dass man sich in den neuen Verhältnissen

---

[16] Kirchenamt der EKD im Auftrag des Rates der EKD (Hg.), Glauben heute. Christ werden – Christ bleiben, Gütersloh 1988 [= Glauben heute].
[17] Glauben heute, 9.
[18] Grethlein, Christian, Praktische Theologie und Mission; in: Evang. Theol. 61, 2001, [= Grethlein, Mission], 387-399.

einrichtete, ja teilweise sogar aufs „überwintern"[19], wie es im Papier „Minderheit mit Zukunft" heißt. Andererseits gab es missionarische Impulse. Mission und Evangelisation wurden wieder in ihrer grundlegenden Bedeutung für das kirchliche Handeln entdeckt und wissenschaftlich bedacht[20]. Aufschlussreich ist auch ein offener Brief von Gerhard Linn von 1987[21]. Er war von 1966 bis 1978 Leiter des Missionarischen Dienstes der Ev. Kirche in Berlin-Brandenburg. Viele Jahre pflegte er die Kontakte des Kirchenbundes zum Ökumenischen Rat der Kirchen.[22] Lange Zeit war es den Kirchen der DDR versagt, Missionare ins Ausland zu schicken. Dieses „Moratorium"[23], wie er es nennt, zwang dazu, nach der Mission im eigenen Land zu fragen. Anfang der 80er Jahre zeichnete sich dann ab, dass doch wieder kirchliche Mitarbeiter bei Partnerkirchen zum Einsatz kommen könnten. Und so begann eine intensive Auseinandersetzung mit dem eigenen Verständnis von Mission. Die Erfahrungen aus der Zeit des Moratoriums wollte man nicht ungenutzt lassen.

1987 schreibt Linn: „Bei der Konzentration auf die missionarische Aufgabe im eigenen Land wurde uns auch klar, dass Mission als Teilhabe an der liebenden Zuwendung Gottes zu allen Menschen nicht als eine zusätzliche Aktivität im kirchlichen Aktionsprogramm verstanden werden kann, sondern daß sie unveräußerliches Merkmal christlicher Existenz ist." Und er schreibt weiter: „Von daher fragten wir nach der nötigen Neuorientierung der Gemeinden".[24] Entlastend war dabei, dass man im Anschluss an das Konzept der missio Dei Mission nicht mehr nur im numerischen Wachstum der Kirche sehen konnte, sondern in der Teilhabe an der Mission Gottes.[25]

---

[19]   Zeddies, Helmut (Hg.), „Minderheit mit Zukunft". Zwischenbilanz und Anregungen zur Weiterarbeit in den Kirchen, Hannover 1996 [= Minderheit mit Zukunft], 33.

[20]   Vgl. dazu Grethlein, Mission, 391, der das Handbuch Praktische Theologie und die Arbeit von Eberhard Winkler nennt.

[21]   Linn, Gerhard, Teilhabe an der Zuwendung Gottes, in: Evangelische Kommentare 20,1987, [= Linn, Teilhabe], 468-471.

[22]   http://de.wikipedia.org/wiki/Gerhard_Linn [zuletzt besucht am 04.10.2012].

[23]   Linn, Teilhabe, 468.

[24]   A.a.O., 470.

[25]   Ab 1961 beteiligten sich die Kirchen der DDR intensiv an dem Studienprozess „Die missionarische Struktur der Gemeinde" des Ökumenischen Rates der Kirchen. Es gab in der DDR eine eigene Arbeitsgruppe, die viele Impulse in die Ökumene hineingegeben hat und umgekehrt auch in die eigenen Kirchen eingebracht hat. Beteiligt daran waren u.a. Werner Krusche, Johannes Hamel, Günter Jakob, Johannes Althausen und Gerhard Linn. (Diesen Hinweis verdanke ich OKR Matthias Bartels.) Vgl. auch Althausen, Johannes, Was kommt nach der Volkskirche? Oder: wie lassen sich Strukturen überlisten? Die Strukturstudie des ÖRK in der DDR 1962-1973, in: Orth, Gottfried, Ökumenische Aktions- und Reflexionsprozesse der Kirchen in der DDR Bd.1, Rothenburg o. d. Tbr. 1997; Ratzmann, Wolfgang, Missionarische Ge-

Dann kam die Wendezeit. Die Hoffnungen, dass mit dem Ende der Diskriminierung viele Menschen wieder den Weg zur Kirche finden würden, verflüchtigten sich schnell.[26] Die Marginalisierung fand ein Ende, jedoch die Minorisierung nicht.[27] Dies zu erkennen und zu akzeptieren war nicht einfach. 1993 traf sich erstmalig eine Arbeitsgruppe aus Laien und Theologen, denen der Weg der ostdeutschen Kirche nach der Wende Sorgen bereitete.[28] Über einen begleiteten Prozess von zwei Jahren entstand das Papier „Minderheit mit Zukunft. Zu Auftrag und Gestalt der ostdeutschen Kirchen in der pluralistischen Gesellschaft."[29] Die Verfasser erkannten, dass das Leitbild der „Nische" nicht mehr der eigenen Situation entsprach, sondern man sich plötzlich vielmehr in einer Situation des Marktes, mit ihren Vor- und Nachteilen, wiederfand.[30] Neben vielen konkreten Reformvorschlägen betonte man eine missionarische Ausrichtung der Kirche.[31] Die Thesen von „Minderheit mit Zukunft" brachten eine breite Diskussion in den östlichen Gliedkirchen der EKD in Gang.

Dies führte zunächst zu einer Konsultation, auf der weiter beraten wurde. Wieder zeigt sich eine intensive Frage nach der Mission der Kirche.[32] Man strebte zudem die Entwicklung neuer Leitlinien für die Kirche im Osten an. Diese wurden dann 1998 veröffentlicht unter dem Titel „Kirche mit Hoffnung. Leitlinien künftiger kirchlicher Arbeit in Ostdeutschland".[33] Diese Leitlinien sollen „sich an dem missionarischen Auftrag orientieren."[34] Etwas später heißt es: „Kirche ist ohne Mission nicht zu denken."[35] Dann folgen vertiefende Überlegungen, die später in Leipzig wieder auftauchen.

Die Kirchen im Osten unseres Landes haben sich m.E. viel früher, breiter und intensiver mit Mission und Evangelisation auseinandergesetzt, als dies im Westen der Fall war. Ihre Geschichte und Existenz in der Minderheit nötigten sie dazu. So haben die Erfahrungen

---

meinde. Ökumenische Impulse für Strukturreformen, in: Urner, Hans, Theologische Arbeiten Bd. XXXIX, Berlin 1980, 191-204. Schäfer, Klaus, „Mission ist ... die Eine Kirche Gottes in ihrer Bewegung". Reflexionen zur missionarischen Dimension der Kirche; Bericht des Evangelischen Missionswerkes auf der 4. Tagung der 9. Synode der EKD (7.-12. November 1999, Leipzig), http://www.ekd.de/synode99/berichte_emw1.html [zuletzt besucht am 16.10.2012].

[26] Vgl. Kundgebung Leipzig, 40.
[27] Vgl. Minderheit mit Zukunft, 35.
[28] Vgl. a.a.O., 9.
[29] Vgl. epd-dokumentation 3a/1995 und Minderheit mit Zukunft.
[30] Minderheit mit Zukunft, 35-37.
[31] Vgl. a.a.O., 50.
[32] A.a.O., 14-17.
[33] Zeddies, Helmut, Kirche mit Hoffnung. Leitlinien künftiger kirchlicher Arbeit in Ostdeutschland, Hannover 1998 [= Kirche mit Hoffnung].
[34] Kirche mit Hoffnung, 15.
[35] A.a.O., 19.

der Kirchen in der DDR und dann ihre Reflexion nach der Wende auch im Westen neben anderen Faktoren entscheidend dazu beigetragen, dass von der Leipziger Synode deutschlandweit ein Signal ausgehen konnte.[36]

Mission ist Atem und Herzschlag der Kirche - Leipziger Synode 1999

Neben der Kundgebung der Synode setzt vor allem der Vortrag von Prof. Dr. Eberhard Jüngel neue Maßstäbe. Jüngel spricht in einer an Metaphern reichen Rede über Mission und Evangelisation. Mission ist der Herzschlag der Kirche. Defizite in der missionarischen Arbeit sind Herzrhythmusstörungen. Mission ist aber auch wie der Atem. „Einatmend geht die Kirche in sich, ausatmend geht sie aus sich heraus."[37] So sehr, wie die Kirche immer wieder die Besinnung auf die Mitte des Glaubens braucht und daraus lebt, so sehr darf sie den Schatz des Evangeliums nicht für sich behalten, sondern muss ihn unter die Leute bringen.

Jüngel rehabilitiert dann sowohl die Sache der Mission als auch die Begriffe von Mission und Evangelisation. Mission und Evangelisation sind fortan keine Tabuwörter mehr. Jüngel beginnt die ekklesiologische Lücke[38] in Sachen Mission zu schließen, die die evangelische Theologie lange Zeit geprägt hat. Er tut dies auch in Anbetracht der dunklen Seiten der Missionsgeschichte. Umso klarer lässt sich sagen, was Mission heute sein soll und von ihrem Ursprung her immer war.

Drei Aspekte der neu gewonnenen Klarheit will ich aufführen:

a) Mission ist Rettung. Der Mensch muss gerettet werden, aus „seiner selbstverschuldeten Gottesferne und aus den sie begleitenden Lebenslügen – hin zu einem gelingenden Leben mit Gott … Die Befreiung … [zu einem solchen] wahren Leben und also des Menschen Rettung ist aber ein exklusiv göttliches Werk. … Gott allein kann retten."[39] Damit legt Jüngel den Finger in eine Wunde, denn es wird heute gerne übersehen, dass es nicht nur um zeitliche, sondern auch um ewige Rettung oder Verlorenheit geht. Sehr vorsichtig schildert Jüngel dies anhand der biblischen

---

[36] Vgl. Noack, Axel, Folgen der EKD-Synode von Leipzig 1999 [= Noack, Folgen], in: Leseheft Magdeburg 2011, 76 http://www.ekd.de/download/lesebuch_schwer punktthema_mission_internet.pdf [zuletzt besucht am 04.10.2012].

[37] Jüngel, Eberhard: Referat zur Einführung in das Schwerpunktthema [= Jüngel, Einführung], in: Kirchenamt der EKD (Hg.), Reden von Gott in der Welt. Der missionarische Auftrag der Kirche, Hannover 2000, 15.

[38] Jüngel, Einführung, 17.

[39] A.a.O., 18.

Lichtmetaphorik.[40] Christus leuchtet als das Licht der Welt. Mission und Evangelisation helfen der Welt, die Augen zu öffnen und zu sehen: Das ist Evangelisation: „mit Hilfe des Wortes etwas sehen lassen. Nein, nicht nur etwas, sondern das, was gesehen zu haben sich zeitlich und ewig lohnt."[41] Es gibt es jedoch, dass Menschen bleibend oder erneut die Augen verschließen, obwohl sie auf Christus aufmerksam gemacht wurde. Da konstatiert Jüngel: Ein solcher Mensch, „bleibt in der Finsternis, in der selbstverschuldeten Finsternis."[42] Prägnanter noch sagt es der EKD-Text „Das Evangelium unter die Leute bringen": „Leben ohne Gott, ohne Glauben an Jesus Christus, ist Leben in der Verlorenheit."[43] Keine „Drängelei", aber eine gewisse „Dringlichkeit" ist darum geboten.[44]

b) Mission ist daher absichtsvoll und will überzeugen. Sinn und Funktion von Mission sind, „der Welt zu verstehen zu geben, dass Gott mit ihr zusammenkommen, mit ihr zusammen sein und zusammenleben will."[45] Dies kann nicht nebenbei geschehen, sondern ist ein zielgerichtetes absichtsvolles Handeln. Und so sagt die Kundgebung: „Mission behält die Absicht, andere Menschen zu überzeugen, d.h. mitzunehmen auf einen Weg, auf dem die Gewißheit des christlichen Glaubens ihre eigene Gewißheit wird."[46] Eine solche Mission geschieht in der Achtung vor dem Gegenüber und im Dialog mit ihm. Sie zielt auf freie Zustimmung, denn sie weiß, dass die Gewissheit des Glaubens nicht ihr Werk, sondern das Werk des Geistes ist. Deswegen ist sie aber nicht weniger absichtsvoll, denn der Heilige Geist führt in die Wahrheit und Erkenntnis Jesu Christi (Johannes 14,6.26 und 16,13).

c) Mission durchdringt alles kirchliche Handeln. Die Kirche hat Teil an der Mission Gottes. Insofern Gott der Sendende ist, ist alles kirchliche Handeln, was in dieser Sendung geschieht, Mission.

Zwei Fehler gilt es nun zu vermeiden. Beide Fehler sind uns nicht unbekannt und kommen immer wieder vor. Der erste Fehler wäre, inflationär jedes kirchliche Handeln in dem Sinne als missionarisch

---

[40] A.a.O., 19-21.
[41] A.a.O., 25.
[42] A.a.O., 21.
[43] Kirchenamt der EKD (Hg.), Das Evangelium unter die Leute bringen. Zum missionarischen Dienst der Kirche in unserem Land, EKD-Texte Nr. 68, Hannover 2000 [= Das Evangelium unter die Leute bringen], 18.
[44] Ebd, 18.
[45] Jüngel, Einführung, 25.
[46] Kundgebung Leipzig, 39.

zu verstehen, dass es keine Werbung für den Glauben mehr bräuchte. Dann droht die Kirche sich selbst zu verlieren.[47] Dazu würde sie auch aus der Sendung herausfallen. Sie würde übersehen, dass die Sendung nicht primär auf das zeitliche Wohl gerichtet ist, sondern auf die zeitliche und ewige Beziehung Gottes mit den Menschen. Und dafür braucht es das werbende Wort des Glaubens. Der zweite Fehler wäre nun, das werbende Handeln für den Glauben als eine Aufgabe der Kirche neben anderen anzusehen. Dann wären Mission und Evangelisation von Seelsorge, Diakonie, Gottesdienst und Verkündigung und dem Einsatz für eine gerechtere und friedvollere Welt getrennt.

Nun weist Eberhardt Hauschildt zu Recht darauf hin, dass man einen weiten und einen engen Begriff von Mission unterscheiden muss.[48] Mission im engeren Sinne verstanden ist die Kommunikation des Evangeliums, die darauf zielt, Glauben zu wecken, wo noch kein Glaube vorhanden ist, bzw. einen vorhandenen, schlafenden Glauben wieder zu aktivieren. Diakonie dagegen meint: „Ich helfe dir durchs Tun. Seelsorge meint: Ich helfe dir durchs – christliche – Deuten. Gottesdienst meint: Wir geben Gott die Ehre, loben und dienen ihm."[49] In diesem engeren Sinne sind die verschiedenen kirchlichen Arbeitsfelder voneinander zu unterscheiden. In einem weiten Sinn haben alle jedoch an der Sendung Gottes teil und sind darum Mission. Ein Beispiel: Vor einigen Wochen besuchte ich eine Arbeit mit Suchtgefährdeten in unserer Landeskirche. Vor dem Gottesdienst unterhielt ich mich mit dem Leiter der Gruppe. Er erzählte aus der aktuellen Arbeit. Er berichtete von Menschen, die durch ihre berufliche Anspannung so mitgenommen sind, dass sie in Alkoholsucht geraten. Unser kirchlicher Verein hilft diesen Menschen und bietet ihnen Therapiemöglichkeiten und Seelsorge. Der Leiter der Gruppe fügte hinzu: „Ich sage denen dann: Sie können einfach bei mir ein Gespräch haben. Ich höre ihnen zu und helfe ihnen. Doch sie sollen wissen, wir treffen uns hier in einem Pfarrhaus. Ich kann ihnen auch noch mehr anbieten, wenn sie dies wollen." Damit ist benannt, dass die Hilfe, die wir anzubieten haben, nicht daran gebunden ist, dass jemand Christ wird. Ebenso klar ist, dass wir mehr anzubieten haben: die Beziehung zum Schöpfer des Lebens. Das ist diakonisches Handeln, das seine missionarische Dimension nicht leugnet.

Jedem kirchlichen Handeln wohnt eine solche missionarische Dimension inne. Das hat die Leipziger Synode aufgedeckt. Das normale gemeindliche Leben, die Bildungsarbeit, die Diakonie und die Haus-

---

[47]   Vgl. Minderheit mit Zukunft, 18.
[48]   Hauschildt, Eberhard, Ist Mission Dialog? Rückfragen an eine gutgemeinte These [= Hauschildt, Mission], in: PTh 92 (2003), 303.
[49]   Hauschildt, Mission, 303.

besuche haben missionarische Anteile. Zuletzt ist jeder Christ „an seinem Platz ein Botschafter Jesu Christi".[50] Jüngel spricht von einer ansprechenden Indirektheit. Das Gotteslob an sich, die Kirchbauten oder der Schutz des Sonntags sind indirekte Evangelisation.[51] Neben dieser missionarischen Dimension allen kirchlichen Handelns gibt es dann aber auch ein kirchliches Handeln mit einer missionarischen Intention, bei dem die anderen Aspekte kirchlichen Handelns nur dimensional vorkommen. Die Leipziger Synode hat bewirkt, dass intentional missionarisches Handeln gesamtkirchlich auf breitere Beine gestellt werden konnte. Es ist nun eben nicht mehr nur Sache eines bestimmten Frömmigkeitstyps innerhalb der Kirche. Allerdings, und darauf legt die Synode ebenfalls Wert, muss es eine Vielzahl intentionaler missionarischer Aktivitäten geben. Missionarisches Handeln kann und darf eben nicht auf eine bestimmte Methode oder einen bestimmten Veranstaltungstyp festgelegt sein.[52] Dies führt dazu, dass Leipzig ein „‚Aufbruch der Brückenbauer' über den innerkirchlichen Graben"[53] zwischen den Missionsfreunden und den bisher wenig missionarisch Engagierten war.

Folgen und Wechselwirkungen von Leipzig
Neben der Synode von Leipzig befassten sich eine Reihe weiterer Landessynoden oder theologischer Arbeitsgruppen in diesem Zeitraum mit Mission.[54] Auch die wissenschaftliche Theologie ließ sich auf eine Missionsdebatte ein.[55] Erwähnen will ich nur den EKD-Text Nr. 68 von 2001: „Das Evangelium unter die Leute bringen". Damit wurde der Impuls von Leipzig fortgeführt und noch vertieft.
Inzwischen ist die Fülle an Literatur zu Mission und Evangelisation sowie an Praxisbeispielen kaum mehr zu überblicken. Infolge der Leipziger Synode hat es jedoch konkrete Folgen geben, die den Missionsimpuls weitergetragen haben und lebendig hielten und halten. Nur ein Beispiel will ich nennen.
In Greifswald wurde am 1. April 2004 das Institut zur Erforschung von Evangelisation und Gemeindeentwicklung begründet. Bereits im EKD-Text „Das Evangelium unter die Leute bringen" wurde festge-

---

[50] Kundgebung Leipzig, 42-43.
[51] Vgl. Jüngel, Einführung, 31-34.
[52] Kundgebung Leipzig, 41-42.
[53] Noack, Folgen, 76.
[54] Eine Zusammenstellung findet sich bei Pompe, Hans-Hermann, Die Leute holen. Missionarische Prozesse in den evangelischen Landeskirchen seit 2000 (Überblick und Zusammenfassung), in: Leseheft Magdeburg 2011, 79-83, http://www.ekd.de/download/lesebuch_schwerpunktthema_mission_internet.pdf [zuletzt besucht am 04.10.2012].
[55] Vgl. u. a. die Debatte, in: der PTh 91(2002) und 92 (2003), Grethlein, Mission.

stellt, dass das „evangelisierende Handeln der Kirche … der wissen-schaftlichen Begleitung"[56] bedarf. Die Empfehlung eines Institutes für Evangelisation wurde zunächst nicht von der EKD aufgegriffen, sondern von einem Initiativkreis umgesetzt.[57] Das Institut ist inzwischen gewachsen, sowohl in seiner personellen Ausstattung als auch in der Vielfalt der Arbeit, die es leistet. Es wird fast ausschließlich durch Drittmittel finanziert. Unter den Drittmittelgebern ist seit einigen Jahren auch die EKD, besonders über die Zusammenarbeit des Instituts mit dem später noch zu nennenden „Zentrum für Mission in der Region". Bischof a.D. Axel Noack resümiert 2011: „Die Arbeit des Institutes kann sich durchaus sehen lassen. Und, was aus meiner Sicht [Axel Noack] besonders hervorzuheben ist: sie bedient nicht nur ein bestimmtes Klientel."[58] In der wissenschaftlichen Buchreihe des Institutes sind inzwischen 18 Bücher erschienen, in der eher praktisch orientierten Buchreihe sind es 11 Bücher. Weiteres wäre zu nennen.

3. Kirche der Freiheit und der Reformprozess der EKD

Sieben Jahre nach der Leipziger Synode gab es einen neuen, ebenfalls sehr starken Impuls innerhalb der EKD. Der Rat der EKD veröffentlichte 2006 sein Reformpapier „Kirche der Freiheit". Ausgangspunkt für den Reformprozess ist eine nüchterne Erkenntnis der Planungsabteilung des Kirchenamtes, die sich in der vielfach zitierten Faustformel niederschlägt: Bis zum Jahre 2030 wird sich die Mitgliederzahl der Gliedkirchen der EKD um ein Drittel verringern und ihre Finanzkraft halbieren.[59] Das Impulspapier ist also kein missionarisches Unterfangen. Es zielt vielmehr auf grundlegende Reformen der evangelischen Kirchen in Deutschland. Davon sind alle Bereiche und Strukturen betroffen, auch die Mission. Das Impulspapier setzt dabei jedoch den Wandel in Sachen Mission, den die Leipziger Synode gebracht hat, eindeutig voraus.[60] Explizit wird die Leipziger Synode

---

[56] Das Evangelium unter die Leute bringen, 40.
[57] Dazu gehörten neben einigen anderen die Greifswalder Praktischen Theologen Michael Herbst und Jörg Ohlemacher, von der AMD (Arbeitsgemeinschaft Missionarische Dienste) Hartmut Bärend und Klaus Jürgen Diehl und von der Pommerschen Evangelischen Kirche Hans-Jürgen Abromeit. Die Entwicklungen bis zur Gründung schildert Herbst, Greifswalder Institut, 34-44.
[58] Noack, Folgen, 76.
[59] Kirchenamt der EKD (Hg.), Kirche der Freiheit. Perspektiven für die evangelische Kirche im 21. Jahrhundert. Ein Impulspapier des Rates der EKD, Hannover 2006 [= Kirche der Freiheit], 7.
[60] Vgl. Kirche der Freiheit, 18.

erwähnt und ihre Bedeutung für das erwachende Interesse an Mission in Deutschland.[61]
Das Impulspapier hat eine breite Diskussion hervorgebracht. Es wurde zum Teil scharf angegriffen, zum Teil auch vehement verteidigt. Wie meistens liegt der goldene Weg in der Mitte. Die Homepage des EKD-Reformprozesses bietet umfangreiches Material, um Stellungnahmen, Kommentare und Vorträge einzusehen.[62] In diesem Sinne hat das Impulspapier sein Ziel erreicht. Ein Impuls bringt etwas in Bewegung und das ist gelungen. Von Anfang an zielte „Kirche der Freiheit" auf einen Prozess.[63] Dieser Prozess hat inzwischen mehrere Stationen durchlaufen. Ich nenne nur die Eckdaten.
Im Januar 2007 (25.-27.) fand der erste Zukunftskongress des Rates der EKD in Wittenberg statt.[64] Repräsentanten der Kirchenleitungen, Synodale, kirchliche Verantwortungsträger und Vertreter von Reformansätzen kamen zusammen. Der Zukunftskongress bildete den Auftakt für die Reformdekade der EKD bis zum Reformationsjubiläum 2017. Die EKD-Synode 2007 in Dresden vertiefte synodal, was von Rat der EKD, Kirchenkonferenz und Kirchenamt begonnen worden war. Das Schwerpunktthema hieß „evangelisch Kirche sein". Die Kundgebung der Synode zeigt, wie sehr der missionarische Auftrag der Kirche inzwischen zum Selbstverständnis gehört. Unter Berufung auf Matthäus 28,20 heißt es: „Die Kirche ist von Jesus Christus in die Welt gesandt, um die Botschaft von Gottes Liebe zu den Menschen zu bringen und Gottvertrauen, Lebensgewissheit und Nächstenliebe in ihnen zu wecken."[65] 2009 gab es eine Zukunftswerkstatt in Kassel (24.-26. September 2009). Unter dem Motto „Kirche im Aufbruch" galt das Interesse der praktischen Seite des Reformprozesses. Innovative Ideen, vielfältige Beispiele und nachahmenswerte Initiativen präsentierten sich und regten zum Gespräch an.[66] Als nächster Meilenstein soll 2014 ein Zukunftsforum für die Mittlere Ebene unter dem Motto „Kirche vor Ort gestalten"[67] durchgeführt werden.

---

[61] Vgl. a.a.O., 41.
[62] http://www.kirche-im-aufbruch.ekd.de/index.html [zuletzt besucht am 04.10. 2012].
[63] Kirche der Freiheit, 101.
[64] http://www.kirche-im-aufbruch.ekd.de/reformprozess/wittenberg.html [zuletz besucht am 04.10.2012].
[65] Kundgebung der 10. Synode der EKD auf ihrer 6. Tagung zum Schwerpunktthema „evangelisch Kirche sein", Dresden 2007, http://www.ekd.de/synode2007/beschluesse/beschluss_kundgebung.html [zuletzt besucht am 04.10.2012], Absatz A.
[66] http://www.kirche-im-aufbruch.ekd.de/reformprozess/zukunftswerkstatt.html [zuletzt besucht am 04.10.2012].
[67] http://www.kirche-im-aufbruch.ekd.de/reformprozess/18279.html [zuletzt besucht am 04.10.2012].

Durchgängig wird festgehalten, dass im Zuge des Reformprozesses die missionarische Kompetenz gestärkt werden soll. Drei EKD-Kompetenzzentren werden als erste Ergebnisse des Reformprozesses gegründet. In Hildesheim ist das Zentrum für Qualitätsentwicklung im Gottesdienst angesiedelt. In Wittenberg das Zentrum für evangelische Predigtkultur. Das dritte Zentrum ist für „Mission in der Region" gebildet worden. Es hat seinen Hauptsitz in Dortmund und zwei Nebenstellen in Stuttgart und Greifswald. Damit soll den unterschiedlichen Situationen in Deutschland Rechnung getragen werden. Mit Region ist ein Begriff der Strukturdebatte aufgenommen worden. Dieser Begriff spielt seit Langem eine wichtige Rolle als Größe zwischen der Kirchengemeinde und den Kirchenkreisen bzw. Dekanaten. Bereits in dem zu Anfang erwähnten Arbeitspapier „Minderheit mit Zukunft" wird ihm eine zentrale Stellung eingeräumt.[68] Gleichzeitig wird dabei aus einer bestimmten Einsicht die entsprechende Konsequenz gezogen. Es ist nämlich nicht so, dass es in den evangelischen Kirchen keine oder nur wenig missionarische Bemühungen gäbe. Im Gegenteil, die Zahl missionarischer Aktionen hat sich wahrscheinlich sogar vermehrt. Viele bemühen sich, Kräfte und Ressourcen werden eingesetzt. Trotzdem geht die Mitgliederzahl weiterhin zurück. Der missionarische Erfolg ist überschaubar. Als ein fundamentales Problem (unter mehreren) wird dabei die mangelnde Zusammenarbeit vor Ort eingeschätzt. Startet eine Gemeinde oder ein kirchliches Werk eine missionarische Aktion, so wird diese von benachbarten Gemeinden u. U. lächerlich gemacht und grundsätzlich infrage gestellt. Es fehlt eine gemein-evangelische Corporate Identity. Das zeigt sich auch an der immer wieder auftretenden Schwierigkeit evangelischer Pfarrerinnen und Pfarrer zur vertrauensvollen Zusammenarbeit. („Selig sind die Beene, die vor dem Altar stehen alleene!") Aus solchen (und weiteren Beobachtungen) wuchs die Erkenntnis, dass in Sonderheit die Kompetenz zur missionarischen Zusammenarbeit in einer Region zu fördern ist. Sonst tritt bei allen missionarischen Bemühungen ein gegenseitiger Neutralisierungseffekt ein. Deswegen hat dieses Kompetenzzentrum eine eindeutige Schwerpunktsetzung: „Mission in der Region".

Zu nennen wären eine ganze Reihe von Projekten, die in diesem Zusammenhang gehören und im Zuge des Reformprozesses durchgeführt wurden, ich denke exemplarisch an das Jahr der Taufe oder die Glaubenskursinitiative Erwachsen Glauben.

Schaut man sich den EKD-Reformprozess genauer an, dann kann man in der Tat den Eindruck gewinnen, dass die „Kirche im Reform-

---

[68] Minderheit mit Zukunft, 37-41.

stress"[69] ist, wie Isolde Karle schreibt. An dieser Stelle ist mir noch einmal wichtig festzuhalten, dass der Reformprozess, beginnend mit „Kirche der Freiheit", zwar die missionarische Grundorientierung von Leipzig 1999 aufnimmt und weiterführt, aber auch viele andere Themen einschließt. Um die Gestaltung von Reformprozessen muss gerungen werden. Die grundsätzliche missionarische Ausrichtung der Kirche wird dabei jedoch nicht in Frage gestellt. Das Plädoyer Karles für starke Gemeinden und motivierte Mitarbeiter vor Ort lese ich darum im Sinne des Ringens um die Mission, nicht als Infragestellung der Mission.[70]

4. Die Magdeburger Synode 2011

2011 hat sich die EKD-Synode in Magdeburg wieder das Thema Mission auf die Tagesordnung gesetzt. Die Kundgebung der Synode erinnert zunächst noch einmal an den Impuls in Leipzig und freut sich über das viele, was in der Zwischenzeit an missionarischem Aufbruch geschehen ist.[71] Der Akzent liegt dann aber auf dem Stichwort „Vergewisserung". Magdeburg suchte Vergewisserung in Bezug auf den Auftrag. Anhand der Begegnung von Philippus und dem Kämmerer aus Äthiopien (Apg 8,26-39) bedachte die Synode Mission in dem Dreischritt „hinhören – aufbrechen – weitersagen". Damit wiederholte sie in Magdeburg Grundlegendes, was in Leipzig gesagt wurde. Ihr fiel es aber schwer, dieses Grundlegende neu zu sagen. Und so blieb die Magdeburger Kundgebung in ihrer Klarheit hinter Leipzig zurück.

An einzelnen Stellen trübt sie die Klarheit m.E. sogar. So fehlt der Hinweis darauf, dass die Mission absichtsvoll ist und überzeugen will. Sosehr Mission heute in einer dialogischen Haltung geschieht, so wenig erschöpft sie sich im Dialog. Genau diesen Eindruck kann man jedoch gewinnen, wenn man liest: „Gelingende Mission ist gemeinsames Entdecken von unverfügbaren Gottesüberraschungen, zu denen Gott uns führt. So nehmen wir teil an dem unaufhörlichen Dialog Gottes mit seiner Welt."[72] Natürlich verändert Mission auch den Missionar. Am Ende steht jedoch die Taufe des Kämmerers. Und

---

69 Karle, Isolde, Kirche im Reformstress, Gütersloh 2010.

70 Zur Antwort Hubers an Karle siehe Zeitzeichen 12 (2011), Heft 1, 13-15 und Heft 3, 44.

71 Kundgebung der 11. Synode der EKD auf ihrer 4. Tagung: „Hinhören – Aufbrechen – Weitersagen. Missionarische Impulse 2011" [= Kundgebung Magdeburg], http://www.ekd.de/synode2011/aktuell/edi_2011_11_09_synode_kundgebung_mission.html [zuletzt besucht am 04.10.2012].

72 Kundgebung Magdeburg, Absatz Weitersagen.

das bedeutet für ihn einen Gewinn und keinen Verlust, denn er zieht seine Straße fröhlich. Gerade der Abschnitt über die Taufe ist wenig pointiert und lässt nur vage erkennen, dass die Taufe ein explizites Ziel der Mission ist. Gegenüber Leipzig taucht jedoch ein weiteres Stichwort auf, das die neue Situation 12 Jahre später kennzeichnet: „Erschöpfung". Burn-Out ist in der Kirche zu einem großen Thema geworden. Vergewisserung meint darum in einem ersten Sinn, auf Gott zu hören und das Evangelium sich selbst sagen zu lassen. Für die Mission der Kirche schließt man daraus: „Kirche wird nicht missionarischer, wenn sie ‚mehr' tut, sondern wenn sie ihr Tun gezielter und klarer ausrichtet."[73] In diesem Sinne muss die Magdeburger Synode als Zeichen der Vergewisserung verstanden werden. Der klarere Impuls geht jedoch weiterhin von Leipzig aus.

5. Missionarische Kirche!

Im letzten Abschnitt meiner Ausführungen will ich die Frage stellen, wo wir heute stehen. Dazu ist es hilfreich, noch einmal auf den Kontext zu schauen, in dem die Mission in unserem Land geschieht. Zweitens ist es notwendig, nach dem Warum und Wozu, Grund und Ziel unserer Mission zu fragen. Und schließlich ergeben sich daraus Aspekte, die mir für die Erfüllung unseres kirchlichen Auftrags heute besonders wichtig erscheinen. In diesen drei Fragen werde ich Dietrich Bonhoeffer als theologischen Gesprächspartner zurate ziehen.

Der Kontext unserer Mission im Deutschland und Europa des 21. Jahrhunderts

Unsere Situation im wiedervereinigten Deutschland am Beginn des 21. Jahrhunderts ist oft genug charakterisiert worden. Ich will nur die wichtigsten Aspekte wiederholen, um deutlich zu machen, dass wir es dabei mit Faktoren zu tun haben, auf die wir nur sehr begrenzt Einfluss haben. Teilweise sind dies Faktoren, die kirchliche Arbeit erschweren und einschränken. Manfred Seitz spricht von einer Flut, deren Wellen das „Schiff, das sich Gemeinde nennt"[74] bedrohen. Teilweise sind es Faktoren, die unsere Arbeit stärken.

---

[73]   Kundgebung Magdeburg, Absatz Aufbrechen.

[74]   EGBay 589. Vgl. Seitz, Manfred, Theologischer Traktat über die Zukunft der Kirche [= Seitz, Zukunft], in: ThBeitr 43 (2012), 239.241-242.

a) Viele Jahrhunderte war das Christentum durch die Verbindung von Staat und Kirche geprägt. Man spricht von der konstantinischen Ära. Diese ist jedoch definitiv zu Ende. Die Staatskirche ist vorbei, aber auch die volkskirchlichen Strukturen, die in dieser Zeit entstanden sind, bröckeln deutlich ab oder sind schon völlig dahin. Die Auflösung der Verbindung von Thron und Altar ist in mancher Hinsicht eine Befreiung, gerade auch im Hinblick auf schwierige Episoden der Missionsgeschichte. Das Ende der konstantinischen Ära bedeutete auch viele neue Möglichkeiten des konstruktiven Zusammenwirkens von Staat und Kirche in einer freiheitlichen, pluralistischen und demokratischen Gesellschaft. Staatskirchenrechtlich und gesellschaftstheoretisch ist diese Transformation gelungen. Leider nicht im Blick auf die Mitgliederbindung. Wurde Mitgliedschaft im alten Paradigma zugeschrieben, so muss sie heute persönlich erworben werden. Die Bereitschaft dazu ist aber in weiten Kreisen nicht vorhanden. Schon das Reden über persönliche religiöse Einstellungen ist für viele Menschen schwierig. Die eigene, bewusste und selbst erworbene Mitgliedschaft ist noch nicht die Regel.

b) Der Säkularisierungsprozess führte in eine nachchristliche Gesellschaft. Aus evangelisch – theologischer Sicht ist dieser Prozess ambivalent. Einerseits entspricht es durchaus der protestantischen Sozialethik, dass Politik, Kirche, Wissenschaften und Gesellschaft mit den ihnen eigenen Gesetzmäßigkeiten geachtet werden müssen. Hier hat die Reformation sogar zu einer Befreiung des einen aus der Vorherrschaft des anderen beigetragen. Andererseits ist Säkularisierung dann häufig als Glaubenslosigkeit verstanden worden. Diese liegt selbstverständlich nicht im Interesse von evangelischer Theologie und Kirche. Auf jeden Fall ist die heutige Gesellschaft nicht vorschnell mit der Gesellschaft zur Zeit der Urkirche zu vergleichen. Bereits Bonhoeffer wies darauf hin, dass eine nachchristliche Gesellschaft nicht mit einer vorchristlichen, heidnischen Gesellschaft identisch ist. „Wir können nicht mehr predigen, als predigten wir zu Heiden"[75], sagt er in diesem Zusammenhang. Missionarische Verkündigung in unserem Land steht darum in einem Kontext, in dem Menschen das Evangelium bereits gehört haben, ihm aber gleichgültig oder ablehnend

---

[75] Bethge, Eberhard u. a. (Hgg.), Dietrich Bonhoeffer Werke, DBW XIV, Gütersloh 1998, 514 (im Folgenden immer mit DBW abgekürzt).

gegenüberstehen oder es schlichtweg vergessen haben.[76] Auf der anderen Seite gibt es in unserer nachchristlichen Gesellschaft noch eine tiefe Prägung durch den christlichen Glauben, die viele umfasst, die der Kirche und dem Glauben den Rücken zugekehrt haben. Ich denke hier z. B. an die soziale Verantwortung, die in unserem Land breit verankert ist, oder den Einsatz für ein schöpfungsgemäßes Wirtschaften. Allerdings bröckelt diese Tiefenwirkung langsam ab, wenn ich an die Debatten um Sterbehilfe, Selektion von ungeborenen Kindern und selbstverständlich gewordenen Umgang mit Abtreibung denke.

c) In kirchengeschichtlichen Dimensionen gedacht ist die jetzige Situation eine gewisse Ausnahmesituation. Wir haben den Auftrag, Kirche zu bauen, leben aber gleichzeitig in einer Situation, in der nach menschlichem Ermessen Reduktion, Schrumpfung und Rückbau angesagt ist. Auch die in einem kühnen Aufschwung gesetzten Ziele des „Wachsens gegen den Trend", wie sie im EKD-Reformprozess vorgegeben worden sind, werden wohl nicht eingehalten werden können[77]. Da ist es schwer, dem Auftrag treu zu bleiben, ohne in Depression zu verfallen.

d) Im Hinblick auf den globalen Kontext ist es eine bedeutsame Tatsache, dass die Kirche weltweit durchaus nicht schrumpft, sondern wächst. Der Glaube scheint dabei von Europa aus- und in andere Länder einzuziehen. Das ist für uns schmerzlich und freudig zugleich wahrzunehmen. Freudig, weil wir Geschwister im Glauben hinzugewinnen und wir Gottes Geist wirken sehen. Schmerzlich, weil wir dies uns auch für unser Land wünschten und wir deutlicher Gottes Geist bei uns spüren möchten. Bonhoeffer hilft uns auch hier weiter: Die Verheißung Gottes zielt für ihn darauf, „dass Gottes Wort sich allezeit ein Volk schaffen wird; aber nicht dahin, dass das deutsche

---

[76] Vgl. Abromeit, Hans-Jürgen, „Wie kann Christus der Herr auch der Religionslosen werden? Von der Volkskirche zur Missionskirche [= Abromeit, Religionslose], in: Herbst, Michael u. a. (Hgg.), Missionarische Perspektiven für eine Kirche der Zukunft, BEG 1, Neukirchen-Vluyn 2005, 80.

[77] Z. B. das Ziel, den Gottesdienstbesuch bis 2030 von 4 % auf 10 % zu steigern und gleichzeitig den prozentualen Anteil der Kirchenmitgliedschaft an der Gesamtbevölkerung konstant zu halten. Oder die Tauf- und Trauquote bei rein evangelischen Familien auf 100 % zu steigern, ebenso wie eine Steigerung der Tauf- und Trauquoten bei Familien, in denen nur ein Elternteil evangelisch ist. Vgl. Kirche der Freiheit, 52. Oder das Ziel, das Verhältnis von Pfarrerinnen und Pfarrern zu Prädikanten und Lektoren auf 1:1:1 anzuheben. Vgl. Kirche der Freiheit, 69.

Volk sich einst zu Christo bekehren werde."[78] Damit wehrt er
ein völkisches Verständnis des Christentums ebenso ab wie die
Hoffnung, unsere Mission könnte die Volkskirche, wie wir sie
lange Zeit kannten, wieder herstellen.

e) Als Kirche sind wir weiterhin betroffen von den gesellschaft-
    lichen Herausforderungen in unserem Land, wie der demogra-
    phischen Entwicklung, der Integration von Migranten und dem
    Umgang mit den Religionen, die sie mitbringen.

f) Für unseren deutschen Kontext ist zudem die Einheit der Kir-
    chen eine wichtige Frage. Für viele ist eine Spaltung der Kir-
    chen in evangelisch und katholisch nicht mehr nachzuvollzie-
    hen. Darum ist der Ruf nach der Einheit der Christen, wie er
    jüngst von prominenten Gemeindegliedern vorgetragen wur-
    de[79], wenn er auch etwas naiv anmutet, ernst zu nehmen. Wir
    können auf ihn jedoch nur mit einer gewissen Hilflosigkeit
    reagieren. Was soll die Evangelische Kirche konkret anders
    machen? Der gute Wille fehlt nicht. Und doch stimmt es: Die
    Trennung unserer Kirchen schadet der gemeinsamen Mission.
    Der Ruf nach Einheit darf aber nicht nur auf die evangelische
    Kirche und katholische Kirche zielen, sondern darüber hinaus
    auch auf die anderen christlichen Kirchen in unserem Land.
    Neben Freikirchen und Orthodoxen sind auch die Migranten-
    kirchen afrikanischer und asiatischer Herkunft einzubeziehen.[80]
    Die Letzten haben wir freilich bisher viel zu wenig in den
    Blick genommen.

Damit ist grob der Kontext umschrieben, in dem die Kirchen
Deutschlands berufen sind, an der Mission Gottes teilzuhaben. Diesen
Kontext können sie nicht wechseln. Es steht nicht zu erwarten, dass
sich kurzfristig an diesen Rahmenbedingungen etwas ändern wird.
Innerhalb dieser Faktoren gilt es, Glauben zu leben und Verände-
rungen herbeizuführen.

Unser Auftrag zur Mission

Für Mission gibt es verschiedene Gründe und Motivationen. Immer
wieder wurde darauf hingewiesen, dass der Selbsterhalt der Kirche

---

[78] DBW XIV, 513. Ähnlich ist auch Martin Luthers Wort vom „fahrenden Platz-
regen" zu verstehen. Siehe dazu Seitz, Zukunft, 245.
[79] http://oekumene-jetzt.de/index.php/aufruf-im-wortlaut [zuletzt besucht am am
4.10.2012].
[80] Vgl. dazu Seitz, Zukunft, 250: „Das Ineinander der Kirchen, eine innerge-
schichtliche Einheit der Christenheit ist wahrscheinlich nicht zu erhoffen, vielleicht
auch nicht zu erstreben. Sie könnte den Martyrien der letzten Zeit vorbehalten bleiben."

durch Mitgliedergewinnung keine theologische Begründung der Mission liefert, sosehr die Mitgliederpflege um der Mission willen betrieben werden muss. Bonhoeffer zeigt uns die entscheidende Begründung der Mission. Entscheidend ist die Sendung durch Jesus Christus: „Nicht um unserer noch so großen Liebe zu unseren Brüdern im Volk oder zu den Heiden in fremden Ländern willen bringen wir ihnen das Heil des Evangeliums, sondern um des Auftrags des Herrn willen, den er im Missionsbefehl (vgl. Math. 28,18-20) gegeben hat."[81] Mission geschieht also nicht aus irgendeiner menschlichen Anlage heraus wie Sympathie, Empathie oder zivilisatorischem Sendungsbewusstsein. Mission geschieht im Gehorsam gegen den sendenden Christus. Unser Ziel oder unser Erfolg bemisst sich darum nicht daran, wie viele Menschen wir für Christus begeistern können. Unser Ziel – und das ist das Einzige, worüber wir tatsächlich verfügen – ist die Treue gegen den Auftrag, der uns gegeben ist. Ob tatsächlich Glauben geweckt wird, liegt in Gottes Hand.

Aspekte der Treue gegen den Auftrag

Liegt der Segen in Gottes Hand, so können wir in unserer Teilhabe an der Mission dennoch etwas tun. Hierzu noch einmal Bonhoeffer: „Nicht in elanlose Schwärmerei, sondern in zielbewussten Gehorsam gegen die Verheißung Gottes führt die Erweckung."[82] In der Teilhabe an seiner Mission gibt Gott uns Handlungsspielraum. Diesen gilt es zu gestalten und zu nutzen. Darin zeigt sich unsere Treue gegen den Auftrag, den wir von ihm haben. In diesem Sinne will ich auf einige Aspekte hinweisen, die mir in unserer gegenwärtigen Lage wichtig erscheinen.

Der Zusammenhang von Mission und Diakonie ist ein wichtiger Schlüssel in der Erfüllung unseres Auftrages.[83] Der Kirchengeschichtler Christoph Markschies hat untersucht, was zum Erfolg des Christentums in den ersten Jahrhunderten beigetragen hat. Als einen entscheidenden Faktor nennt er die „intensive Sozialdiakonie der Christen, ihre Vorsorge für Arme, Witwen und Waisen, für alte und kranke Menschen"[84]. Der über mehrere Jahrhunderte lang anhaltende Dienst der Christen in der Diakonie veränderte das Gesicht der Antike. Markschies sieht in der Diakonie auch im 21. Jahrhundert ein Poten-

---

81   DBW IV, 198.
82   DBW XIV, 935.
83   Vgl. Kundgebung Leipzig, 43.
84   Markschies, Christoph, Die Chancen des Christentums im ersten und im einundzwanzigsten Jahrhundert [= Markschies, Chancen], in: Graf von Hardenberg, Andreas (Hg.), Reform, Reformer, Reformation. Vorträge zur Geschichte des Christentums und seiner jüdischen Vorgeschichte, Berlin 2011, 424.

zial des Christentums.[85] Der diakonische Einsatz von Christen in und außerhalb verfasster diakonischer oder sozialer Einrichtungen wird immer wichtiger.

So sieht es auch der Ratsvorsitzende der EKD, Präses Nikolaus Schneider, der unter Bezug auf das ökumenische Missionspapier „Code of Conduct in Mission" festhält: „Ein für mich wichtiger und nachdenkenswerter Akzent dieses Dokumentes ist, dass in ihm Mission als ‚Zeugnis im Wort' und Mission als ‚Zeugnis in der Tat' aufeinander bezogen sind. Missionarische Wort-Dienste und diakonische Dienste werden als komplementäre Äußerungen der ‚einen Mission' dargestellt."[86]

In den letzten Jahren sind die Kirchen sehr darum bemüht, das ehrenamtliche Engagement neu zu würdigen und zu fördern. Dies geschieht zum Teil vor dem Hintergrund, dass immer weniger hauptamtliche Mitarbeiter zur Verfügung stehen. Diese äußere Gegebenheit sollte uns nicht mehr als der Anlass sein, auf das theologisch Gebotene zu achten. Der Auftrag Jesu Christi gilt der Gemeinde als Ganzer, nicht nur oder in besonderer Weise den hauptamtlichen Mitarbeitern. Bonhoeffer betont diese Erkenntnis ebenfalls. Zum einen ist es die notwendige Konsequenz des Verständnisses der Kirche als „Christus als Gemeinde existierend"[87]. Wenn Christus der Sendende ist und durch seinen Geist in seiner Gemeinde lebt, dann ist auch die ganze Gemeinde an der Sendung Christi beteiligt. Bonhoeffer schließt daraus, dass der „Bringer dieses Wortes [gemeint ist das Wort Gottes] … nicht ein Einzelner, sondern die Gemeinde"[88] ist. Ganz ähnlich spricht die Synode in Leipzig davon, dass jeder „Christ … an seinem Platz ein Botschafter Jesu Christi"[89] ist. Ich ergänze: Jeder Christ, nicht als Einzelner, sondern als Teil der Gemeinde als Ganzer.

In diesem Zusammenhang ist noch ein Punkt zu beachten, der gerne übersehen wird. Wer von der Mission erreicht wird, wird selbst Träger der Mission. Bonhoeffer spitzt es zu: „Mit dem Christwerden beginnt sofort die Gewinnung des anderen."[90] Erst wenn wir dies ernst nehmen, nehmen wir die Menschen, denen wir das Evangelium

---

[85]   Markschies, Chancen, 428-429.
[86]   a) Schneider, Nikolaus, Christliche Mission heute. Vortrag bei der Jahrestagung DGMW am 6. Oktober 2011 in Leipzig, 6: http://www.ekd.de/download/Vortrag des _RV_zur_Jahrestagung_DGMW_Leipzig_(06.10.2011).pdf [zuletzt besucht am 04.10.2012]. b) http://www.oikoumene.org/de/dokumentation/documents/oerk-progr amme/interreligious-dialogue-and-cooperation/christian-identity-in-pluralistic-societi es/das-christliche-zeugnis-in-einer-multireligioesen-welt.html [zuletzt besucht am 04.10.2012].
[87]   DBW I, 87.
[88]   DBW XIV, 515-516.
[89]   Kundgebung Leipzig, 43.
[90]   DBW XVI, 498-501, zitiert nach Abromeit, Religionslose, 81.

verkünden, als mündige Subjekte ernst. Anderenfalls belassen wir sie – trotz aller gegenteiliger Beteuerungen – im Status des Objektes. Ein dritter Aspekt. Wenn Mission der Gemeinde als Ganzer anvertraut ist, dann durchzieht sie alles Handeln der Gemeinde. Diese missionarische Durchdringung aller kirchlichen Aktivitäten muss noch weiter voranschreiten. Ich will dies noch einmal mit einem Bonhoefferzitat verdeutlichen. In seiner Seelsorgevorlesung vom 26. Februar 1936 schildert Bonhoeffer den engen Zusammenhang von Seelsorge und Evangelisation.[91] Anhand von fiktiven Gesprächen erläutert er, wie Jesus Christus im seelsorglichen Gespräch zum Thema gemacht wird und wie darin zum Glauben gerufen wird. Dabei wird deutlich, dass Seelsorge eine „eminent missionarische Zielsetzung"[92] hat. „Seelsorge ist Verkündigung an den Einzelnen."[93] Nun muss man im Einzelnen nicht Bonhoeffers Gesprächstechniken folgen. Die Seelsorgetheorie und -ausbildung ist glücklicherweise vorangeschritten. Leider scheint ihr dabei manchmal vor lauter Empathie die missionarische oder kerygmatische Dimension verloren gegangen zu sein. Das gilt es wiederzugewinnen. Entsprechendes gilt auch für die anderen kirchlichen Handlungsfelder.

Christoph Markschies nennt als weiteren Erfolgsfaktor des antiken Christentums, dass die Botschaft des Evangeliums einerseits einfach zu verstehen und praktisch im Leben umzusetzen und gleichzeitig gedanklich tiefsinnig ist. Das Evangelium war dadurch für eine Vielzahl von Menschen unterschiedlicher Schichten und Bildungshintergründe interessant.[94] Sie ahnen es, dass ich im Anschluss an Markschies[95] auch heute darin eine Chance des christlichen Glaubens sehe. Die Einfachheit des Glaubens scheint in unserem intellektuellen Deutschland hingegen hinter einer langen Geschichte theologischer Theoriebildung verborgen zu sein. Die Suche nach einer einfachen Sprache des Glaubens[96] ohne eine Verflachung ist darum eine vordringliche Aufgabe. Mit Worten von Christoph Markschies gesagt: „Wir müssen darauf achten, so vom Christentum zu reden, dass die Einfachheit dieser Botschaft ebenso deutlich wird wie ihre Tiefe."[97] In der missionarischen Bildungsinitiative des EKD-Reform-

---

[91]   Vgl. DBW XIV, 575-579. Abromeit, Religionslose, 77-78.
[92]   Abromeit, Religionslose, 77.
[93]   DBW XIV, 555.
[94]   Vgl. Markschies, Chancen, 425-426.
[95]   Vgl. a.a.O., 429-430.
[96] Bereits bei der Gründung des Greifswalder Institutes zur Erforschung von Evangelisation und Gemeindeentwicklung habe ich auf diesen Punkt aufmerksam gemacht und eine der vornehmsten Aufgaben des Institutes in der Entwicklung einer „elementarisierte[n] Theologie" gesehen. Abromeit, Religionslose, 83.
[97]   Markschies, Chancen, 430.

prozesses[98] mit dem Projekt Erwachsen Glauben[99] sehe ich eine Chance dazu. Im Gespräch mit vielen Menschen, mit Gemeindegliedern, Mitarbeitern und Pfarrerinnen und Pfarrern höre ich immer wieder, dass wir mehr inhaltlich arbeiten und uns weniger mit unseren eigenen Strukturen befassen sollten. In Bezug auf meine eigene Kirche muss ich auch tatsächlich sagen, dass der Fusionsprozess zur Nordkirche viele Energien gebunden hat. Nun jedoch werden Kräfte für die Arbeit mit den Menschen frei. Dennoch gilt, dass wir als Kirche uns immer mit unseren Strukturen befassen müssen. Wir müssen dies um der Mission willen tun. Barmen III[100] hat uns gelehrt, dass auch die Ordnung der Kirche eine verkündigende Funktion hat. Unter sich verändernden Bedingungen muss sich darum die Ordnung und Struktur der Kirche verändern. Der Reformprozess Kirche der Freiheit beschäftigt sich deswegen zu Recht mit Fragen der Ordnung und Struktur der Kirche. Und es ist richtig, dass um strukturelle Veränderungen gestritten wird, ob sie der Erfüllung des Auftrags behilflich sind oder nicht. Bereits Bonhoeffer schlägt so radikale Maßnahmen vor, wie die Pfarrer aus den Dörfern abzuziehen, wo nur noch drei oder vier Gemeindeglieder zum Gottesdienst kommen, und sie stattdessen überparochial mit volksmissionarischen Aufgaben zu betreuen.[101] Man könnte dies als eine frühe Form von Regionalisierung verstehen. Auch wenn es manchmal lästig erscheint, das Ringen um die Gestalt der Kirche dient dem missionarischen Auftrag. Freilich kann sich Mission nicht nur darauf beschränken.

Ein Letztes: Die Synode in Magdeburg 2011 hat auf das Thema der Erschöpfung im Zusammenhang mit Mission aufmerksam gemacht. Sie warnt vor einem Aktionismus und fordert stattdessen, „Konzentration und Neuorientierung auch im Loslassen."[102] Man könnte sagen: Wir dürfen uns nicht verzetteln.

Diese Aspekte sind heute alle bekannt. Die Synodenpapiere und EKD-Texte zeugen davon. Doch ist unsere Kirche missionarischer geworden? Der frühere rheinische Oberkirchenrat und Evangelist Klaus Teschner hat einmal gesagt: „Die Papierlage zur Evangelisation ist so gut wie nie." Was können wir tun, dass unsere Kirche aber nicht nur auf dem Papier, sondern auch in ihrem Handeln missionarischer wird?

---

[98] http://www.kirche-im-aufbruch.ekd.de/themen_projekte/bildunginitiative.html; http://www.a-m-d.de/erwachsen-glauben-glaubenskurse/index.htm [zuletzt besucht am 04.10.2012].
[99] http://www.kurse-zum-glauben.de/ [zuletzt besucht am 04.10.2012].
[100] EG 810, Stammausgabe EKD.
[101] Vgl. DBW XVI, 498-501. Abromeit, Religionslose, 80.
[102] Kundgebung Magdeburg, Abschnitt Aufbrechen.

6. Missionarische Kirche?!

Die Frage nach der missionarischen Kirche hat zwei Aspekte. Zum Ersten: Was ist eine missionarische Veranstaltung? Mit dieser Frage habe ich begonnen. Konkret mit dem filmkunstfest on Tour in Mecklenburg-Vorpommern. Was würden Sie sagen? Hätten Sie das filmkunstfest mit Mitteln aus dem Haushalt für besondere missionarische Aktivitäten gefördert?

Ich denke nicht, dass dies eine missionarische Veranstaltung ist. Die Sache könnte aber eine missionarische Dimension haben. Denn zu den Themen, die in den Filmen behandelt werden, hat der Glaube an Jesus Christus etwas zu sagen. Nach den Erfahrungen in der Zeit des Nationalsozialismus und der Schuld, die die Kirchen hier auf sich geladen haben, ist es nicht mehr möglich, einer rechtsextremen Ideologie, die andere Ethnien gegenüber dem deutschen Volk als minderwertig ansieht, anzuhängen und gleichzeitig Christ zu sein. Wer Christ wird, muss sich von den Nazis abwenden.

Missionarische Kirche? Das war meine zweite Frage, die ich zu Beginn gestellt habe. Ich denke, es ist deutlich geworden, Kirche kann gar nicht anders, als missionarisch zu sein, oder sie ist nicht mehr Kirche Jesu Christi. Auf diesem einmal eingeschlagenen Weg zu bleiben und mutig weiterzugehen ist die Aufgabe, die sich unserer Generation stellt. Letztlich wird auf diesem Weg mehr in Bewegung geraten, als dass zu den vorhandenen Aktivitäten einige hinzukommen. Wir werden manches weglassen und anderes neu beginnen. Das Wichtigste ist, dass sich die Mentalität wandelt. Kirche ist nicht für sich, sondern „für andere da". Unsere Kirche wird sich auf diesem Weg wandeln, oder sie wird untergehen. Das verhüte Gott!

Autorinnen und Autoren

Hans-Jürgen Abromeit, Dr. theol., Bischof im Sprengel Mecklenburg und Pommern der Evangelisch-lutherischen Kirche Norddeutschlands, Greifswald.

Martin Alex, Dipl. theol., wissenschaftlicher Mitarbeiter am Institut zur Erforschung von Evangelisation und Gemeindeentwicklung, Universität Greifswald.

Matthias Clausen, Dr. theol., von 2009-2013 wissenschaftlicher Mitarbeiter am Institut zur Erforschung von Evangelisation und Gemeindeentwicklung, Universität Greifswald, jetzt Karl-Heim-Professor für Evangelisation und Apologetik an der Ev. Hochschule Tabor in Marburg sowie Hochschulevangelist der SMD bundesweit.

Ulrich Fischer, Dr. theol., Landesbischof der Evang. Landeskirche in Baden, Karlsruhe.

Michael Herbst, Dr. theol., Professor für Praktische Theologie und Direktor des Instituts zur Erforschung von Evangelisation und Gemeindeentwicklung, Universität Greifswald.

Margret Laudan, Pastorin, von 2009-2013 wissenschaftliche Mitarbeiterin am Institut zur Erforschung von Evangelisation und Gemeindeentwicklung, Universität Greifswald, jetzt Pastorin der Andreasgemeinde in Kiel-Wellingdorf.

Jens Monsees, Pfarrer, wissenschaftlicher Mitarbeiter am Institut zur Erforschung von Evangelisation und Gemeindeentwicklung, Universität Greifswald.

Martin Reppenhagen, Dr. theol., stellvertretender Direktor am Institut zur Erforschung von Evangelisation und Gemeindeentwicklung, Universität Greifswald.

Thomas Schlegel, Dr. theol., von 2009-2013 wissenschaftlicher Mitarbeiter am Institut zur Erforschung von Evangelisation und Gemeindeentwicklung, Universität Greifswald, jetzt Referatsleiter Gemeinde im Landeskirchenamt der Evang. Landeskirche in Mitteldeutschland, Erfurt.

Anna-Konstanze Schröder, Dipl.-Psych., von 2009-2013 wissenschaftliche Mitarbeiterin am Institut zur Erforschung von Evangelisation und Gemeindeentwicklung, Universität Greifswald.

Georg Warnecke, Pastor, wissenschaftlicher Mitarbeiter am Institut zur Erforschung von Evangelisation und Gemeindeentwicklung, Universität Greifswald.

Carla J. Witt, M. A., wissenschaftliche Mitarbeiterin am Institut zur Erforschung von Evangelisation und Gemeindeentwicklung, Universität Greifswald.